P9-BYT-972

Otros libros por Himilce Novas

Mangos, Bananas and Coconuts: A Cuban Love Story

Remembering Selena/Recordando a Selena

The Hispanic 100

Everything You Need to Know About Latino History

Otros libros por Rosemary Silva

Remembering Selena/Recordando a Selena

LA BUENA MESA

La auténtica cocina latinoamericana

LA BUENA MESA

La auténtica cocina latinoamericana

por *Himilce Novas* y *Rosemary Silva*

ALFRED A. KNOPF

NEW YORK 1997

Para nuestra redactora, Judith Jones, por su perseverancia, dirección y gran inspiración—¡muchas gracias por abrir el camino!

UN LIBRO BORZOI
PUBLICADO POR ALFRED A. KNOPF, INC.

 Publicado en los Estados Unidos de América por Alfred A. Knopf, Inc., Nueva York, y simultáneamente en Canadá por Random House de Canadá Limitado, Toronto. Distribuido por Random House, Inc., Nueva York

Dirección en el Internet de Random House: http://www.randomhouse.com/

Les agradamos a los siguientes por habernos proveido su permiso de utilisar en parte pasajes de sus libros:

Macmillan Publishing USA: Traducción al Español por Himilce Novas de las recetas Manchamanteles y Chile rojo adobo del libro *Food from My Heart: Cuisines of Mexico Remembered and Reimagined* [*Comida de mi corazón: La cocina de México recordada y re-imaginada*] por Zarela Martinez, derechos © 1992 por Zarela Martinez. Traducido y impresado con permiso de Macmillan Publishing USA, una publicación de Simon & Schuster Macmillan Company.

Harriet Wasserman Literary Agency: Varios pasajes de *Los Reyes del Mambo tocan canciones de amor* [*The Mambo Kings Play Songs of Love*] escrito por Oscar Hijuelos, derechos © 1989, 1996 por Oscar Hijuelos, utilisados con permiso de la Harriet Wasserman Literary Agency.

ISBN 0-679-44803-9
LC 97-74753

Impreso en los Estados Unidos de América
Primera edición

ÍNDICE

Agradecimientos *vi*

Introducción *vii*

Sopas *1*

Entremeses y ensaladas *27*

Pescados y mariscos *71*

Aves y animales de caza *99*

Carnes *129*

Arroz, frijoles y verduras *171*

Tamales y empanadas diversas *215*

Panes *245*

Postres *265*

Bebidas *301*

Recursos *320*

Índice alfabético *328*

AGRADECIMIENTOS

Muchas manos y muchos corazones tuvieron que ver con esta cosecha. Antes que nada, queremos dar las gracias a los millares de generosos hermanos y hermanas latinos que nos abrieron sus puertas, nos invitaron a sus cocinas y compartieron con nosotras sus recetas, sus álbumes familiares y sus antiguas tradiciones. También saludamos a todos los propietarios de restaurantes latinos, cocineros, camareros, comerciantes, compañías de ventas por correo, amantes de la buena cocina, agricultores y jardineros—tan numerosos que sería imposible destacarlos por nombre—por sus ofrendas, su sabiduría y sus muchas lecciones en el arte y el oficio culinario.

Quedamos agradecidas a los bibliotecarios de the New York Public Library, the Library of Congress, the University Research Library at U.C.L.A. y the Davidson Library en the University of California en Santa Barbara, por su ayuda durante largos meses de investigación. Por su entusiasmo y dedicación, muchas gracias a Gillian Speeth, por la asistencia artística de su compañía, Picture This, y a Susana Haake por su ayuda con la tradución del texto.

Y gracias también a nuestras amigas y amigos Rebecca Woolston, Michael Luckett, Harry H. Derderian y T. Bassing Mantenfel, por someterse mansamente a nuestros experimentos culinarios en Santa Barbara. Y sobre todo a nuestra familia, amigos, amigas, héroes y heroínas Ruth Elizabeth Jenks, Gail y Steve Humphreys, Guillermo Cabrera Infante, S. Jill Levine, Bill Campbell, Eli y Bill Krach, Cristina Saralegui, Julia Child, M.F.K. Fisher, Susan Herner, Deb Brody, Wendy Carlton, Nicolás Kanellos, Shirley Daigler, Fran y Ted Halpern, Marilyn Gilbert, Nathan Rundlett, Carol Storke, Michael Smith, Marlyn Bernstein, Dorothy Allison, Hope y Marcus Thrane, Penny y Terry Davies del Earthling Bookstore en Santa Barbara, Andre y Pat Piot, Gil y Marti García, David Perry y Jim Watkins de KQSB en Santa Barbara, Susan Gulbransen, Henry Blumstein, Jackie Green, Julie Barton, Steve Gilbar, el American Program Bureau, Edwina Cruise, Jeanne O'Shaughnessy, Jim y Dorothy Tate y Maggie Lewis. Y finalmente, nuestra gratitud infinita a M.B.E. por su inspiración y revelación dentro y fuera de la cocina.

INTRODUCCIÓN

Hace pocos años, cuando vivíamos en la ciudad de Nueva York, uno de nuestros pasatiempos sabatinos favoritos era investigar la comida de los diferentes países latinoamericanos. Himilce es cubano-americana; por lo tanto, muchos sábados nos llamaba la buena comida cubana. Con frecuencia, pasábamos la tarde saboreando plátanos maduros fritos en Victor's Café '52, un restaurante cubano en la zona teatral de Broadway. Otras veces caíamos en la tentación de esos apetitosos sandwiches rellenos de jamón, cerdo asado, queso suizo y pepinos encurtidos en las cafeterías cubanas del Upper West Side de Manhattan. Los sábados puertorriqueños solían caer en otoño, cuando las tardes eran lo suficientemente frescas como para ir en bicicleta hasta El Barrio (Spanish Harlem) en busca de frutas y vegetales tropicales en la famosa (y ya desaparecida) La Marqueta. A veces visitábamos las numerosas botánicas, esas maravillosas tiendas religiosas y naturopáticas donde se encuentra de todo un poco—desde ungüentos mágicos hasta velas sagradas, hierbas curativas y collares bendecidos por santeras o curanderas lucumíes. Por un mero accidente climático, los sábados brasileños caían siempre en medio del intenso invierno del mes de enero, porque Little Brazil queda cerca de nuestro antiguo apartamento, en la parte central de Manhattan, mucho más accesible que, digamos, Little Colombia, ubicada en Jackson Heights, Queens, donde tendríamos que pasar mucho frío y quizás varias tempestades para llegar. Todavía recordamos con nostalgia esos platos cálidos y suaves, durante aquellos días invernales en que el viento se colaba hasta los puros huesos. Nada caía tan bien como una *moqueca de camarão*—camarones guisados en una sublime salsa de coco y tomate—preparados por los cocineros de Vía Brasil, en West 46th Street.

Cada vez que se nos daba un viaje, seguíamos nuestros "sábados americanos," siempre en busca de los manjares auténticos de cada país. Cuando fuimos a Los Angeles a principios de los noventa, descubrimos comunidades mexicanas, salvadoreñas, guatemaltecas, nicaragüenses, belicenses, chilenas, costarricenses y argentinas mucho más grandes que las que conocíamos en Manhattan. No en balde a Los Angeles se le llama la Ellis Island del oeste—una ciudad políglota y multicultural con tres docenas de grupos étnicos y más de sesenta idiomas diferentes. Fue en Los Angeles donde nos dimos cuenta de que era posible probar las cocinas de la totalidad de las veintiséis naciones soberanas de Latinoamérica en un solo lugar, sin necesidad de salir del país— México, El Salvador, Nicaragua, Costa Rica, Guatemala, Honduras, Panamá, Venezuela, Colombia, Ecuador, Perú, Bolivia, Chile, Argentina, Uruguay, Paraguay, Cuba, Puerto Rico (estado libre asociado), República Dominicana, Haití, Belize, Jamaica, Surinam, Guyana, Guayana Francesa y Brasil. Fue así que nació en nosotras la idea de escribir un libro que compilara la mejor cocina latinoamericana en los Estados Unidos. En esta obra hemos omitido la cocina estadounidense con raíces en las islas más pequeñas del Caribe, situadas en el arco conocido como las Antillas Menores, que, en su mayoría, son colonias de los Estados Unidos, Gran Bretaña, Francia u Holanda, dado que aún no han influenciado tan dramáticamente la mesa norteamericana.

Pero los estadounidenses de origen latinoamericano son parte no sólo del censo y las estadísticas, sino de la propia psicología norteamericana. A aquéllos con raíces en países de habla española en Latinoamérica (es decir, los primeros mencionados arriba), se les conoce como latinos o hispanos. Pero en realidad, la denominación latino o latina no se circunscribe a personas de descendencia latinoamericana; también abarca a aquéllos cuyo idioma ancestral es el portugués, el inglés o el francés (los últimos países antes enumerados). Hoy en día, los latinos reconocen que el poder está en los números y se han unido a este concepto monolítico. El resultado es extraordinario porque además de identificarse como mexicano-americanos, cubano-americanos, etc., lo hacen igualmente como latinos o hispanos. Es así como los varios estilos culinarios de Latinoamérica se fueron mezclando poco a poco, tanto en la casa como en la calle. Gracias a este fenómeno, los latinos han ido forjando todo un nuevo estilo culinario en los Estados Unidos y es por esto que finalmente decidimos incluir recetas latinas estadounidenses bajo un mismo techo.

A medida que explorábamos cabalmente las buenas cocinas caseras americanas, nos dabamos cuenta de que esta rica contribución latina ha permanecido prácticamente oculta para la mayoría de los estadounidenses. Con asombro descubrimos, por ejemplo, que los habitantes de Texas, California, Nuevo México y Arizona saben identificar fácilmente los chiles que se usan en la cocina mexicano-americana, pero que los neoyorquinos no son capaces de diferenciar un chile serrano de uno poblano. Igualmente, los miamenses conocen perfectamente la diferencia entre un tostón y una yuca frita y

sin embargo, la mayoría de los otros estadounidenses no tienen la menor idea de esto. Los habitantes de Nuevo México disfrutan de sus sopaipillas y bizcochitos, pero es raro que hayan probado un pollo puertorriqueño o una empanada de carne jamaiquina, mientras que los neoyorquinos son expertos en esa cocina caribeña.

La comida salvadoreña se encuentra a la venta en un mercado de San Francisco. Muchos restaurantes y cafeterías salvadoreñas han abierto sus puertas en California desde los años ochenta, cuando comenzaron a llegar muchos salvadoreños a los Estados Unidios

Empezamos nuestra investigación por lo que conocíamos mejor. Himilce, que se crió al pie de la gastronomía cubana clásica en La Habana y en Nueva York, es experta también en la cocina dominicana, la jamaiquina y la mexicana. Rosemary se especializa en la cocina puertorriqueña, ya que obtuvo sus primeras lecciones bajo la tutela de su madre irlandes-americana, Jeanne Silva, cocinera profesional a cargo de un restaurante y gran aficionada a la comida de la isla del encanto. Jeanne aprendió a cocinar los manjares puertorriqueños en el barrio neoyorquino de su infancia, a la sombra del Spanish Harlem. Le gustaban tanto los pasteles (tamales puertorriqueños), el arroz con pollo, el flan y otros platos isleños, que una vez que se mudó a Texas, mandaba a su madre de vacaciones a Puerto Rico todos los años, para que le trajera pasta de guayaba, gandules y otras delicias que decía le eran tan necesarias como el sol y el agua.

Para escribir el libro, primero nos embarcamos en una expedición culinaria por todos los Estados Unidos en avión, automóvil y también en la computadora, por medio de la Internet. A veces nos acompañaron nuestros perros, Jellybean, un *black standard poodle,* y Bunny, una *apricot teacup poodle.* Queríamos probar y ver con nuestros propios ojos lo que estaba ocurriendo en las cocinas de toda una población con

raíces y recuerdos en Latinoamérica—13.496.000 mexicano-americanos, 1.044.000 cubano-americanos, 652.000 puertorriqueños continentales, 565.000 salvadoreño-americanos, 520.000 dominicano-americanos, 379.000 colombiano-americanos, 281.000 haitiano-americanos, 269.000 guatemalteco-americanos, 203.000 nicaragüense-americanos, 191.000 ecuatoriano-americanos, 175.000 peruano-americanos, 131.000 hondureño-americanos, 100.000 costarricense-americanos, 101.000 argentino-americanos, 92.000 panameño-americanos, 70.000 belicense-americanos, 69.000 chileno-americanos, 48.000 venezolano-americanos, 38.000 boliviano-americanos, 22.000 uruguayo-americanos, 7.000 paraguayo-americanos y los estadounidenses con raíces en Jamaica, Brasil, Surinam, Guyana y Guayana Francesa. Viajamos en la búsqueda del origen de sus creaciones culinarias. Investigamos cómo habían ido cambiando y evolucionando las recetas en los Estados Unidos—o en qué forma se habían mantenido fieles, de generación a generación.

Al principio, lo que más nos sorprendió fueron las grandes diferencias entre cocina y cocina. Nos encontramos con una multitud de platos especiales, que sólo pertenecen a una cultura en particular y que el resto de los latinos desconocen. La mayoría nunca había oído hablar del chilate, una bebida de maíz molido, cocinada a fuego lento con granos de pimienta de Jamaica, bebida por los salvadoreño-americanos. Tampoco conocían el chile malagueta, que es el pimiento preferido de los brasileño-americanos. Con frecuencia, los términos culinarios cambian tanto de cultura a cultura, que no llegan a entenderse entre sí; por ejemplo para los mexicano-americanos, una quesadilla es una tortilla rellena de queso derretido (y, en algunos casos, con carne guisada), mientras que para los salvadoreño-americanos significa pastel. Lo que los guatemalteco-americanos llaman enchilada, recibe el nombre de tostada en la mesa mexicano-americana. Los chicharrones son pieles de cerdo fritas en aceite para los mexicano-americanos, en tanto que para los estadounidenses con raíces en Centroamérica, son pedazos de cerdo fritos en aceite (lo que los mexicano-americanos llaman carnitas).

Y sin embargo, entre más escudriñamos las recetas y probamos nuevos platillos, tanto en restaurantes como en casas particulares, más nos dimos cuenta de que, a pesar de que cada cocina latinoamericana es única, también todas tienen mucho en común: las salsas sabrosas y las marinadas, las carnes de cerdo, de res, de pollo, guisadas o

asadas, así como el pescado y los mariscos; los postres de leche como el flan; las viandas, los frijoles y el arroz. Algunas de las cocinas tienen una predilección especial por el maíz, los chiles y el chocolate, mientras que otras se inclinan por las frutas tropicales, los aguacates y el coco.

Otro tema común en la cocina latinoamericana en los Estados Unidos es la lealtad a la tradición, a pesar del obstáculo que a veces representa conseguir los ingredientes auténticos. En parte, esto se debe al hecho de que los estadounidenses de descendencia latinoamericana son, históricamente hablando, nuevos inmigrantes—con la excepción, por supuesto, de los mexicano-americanos, cuyas familias en algunos casos han vivido dentro de las fronteras actuales de los Estados Unidos por muchos siglos. Un gran número de puertorriqueños inmigró a la parte continental de los Estados Unidos después de la segunda guerra mundial, mientras que los cubanos, dominicanos, costarricenses y colombianos empezaron a llegar en números considerables a las costas de los Estados Unidos en la década de los sesenta. Los otros grupos latinos emigraron a los Estados Unidos durante y después de los años setenta. Por ser nuevos estadounidenses, estos inmigrantes dependen en gran medida de las bodegas latinas y se esfuerzan por ser fieles a los platos de su antiguo país. Las cocineras y cocineros mexicano-americanos del norte de Nuevo México, cuyos antepasados poblaron el estado antes de que las fronteras de los Estados Unidos se extendieran hacia el oeste, aprecian la autenticidad y reproducen con orgullo los platos que han ido heredando de sus antepasados. No es ninguna coincidencia que la zona de Albuquerque y Santa Fe esté hoy en día a la vanguardia del movimiento en pro del cultivo y preservación de los chiles y frijoles autóctonos de la región.

Pero así como la tradición es importante en la cocina latina, también hierven la creatividad y el espíritu innovativo. Cuando la primera y segunda generación de inmigrantes con un pie todavía en el natal país, dan, paso a una tercera y cuarta generación, con sus dos pies firmemente plantados en los Estados Unidos, el cambio en la cocina es inevitable. Estas recientes generaciones añaden ingredientes novedosos a los platos tradicionales y los adaptan al gusto popular. Igualmente tienden a descartar los platos que han estádo basados en los mismos ingredientes o que se consideran demasiado exóticos en este país (como el estofado de cobayo). Asimismo mezclan sin temor y combinan platos de varias nacionalidades. En Manhattan, hemos cenado en mesas

Una de las muchas botánicas en El Barrio de la ciudad de Nueva York, donde tanto santeros como curanderas dispensan extractos jabón, velas y otros artículos santos.

nuyoricanas donde los espaguetis se sirven junto con el tradicional pernil asado (estofado de cerdo marinado). En Los Angeles, hemos visto a niños peruano-americanos comiendo hamburguesas con papas fritas acompañadas de Inka Cola importada. Una vez, fuimos a una fiesta de cumpleaños vegetariana en un hogar mexicano-americano de Chicago donde los tamales de maíz dulce se servían acompañados de *tabbouleh* y de *hummus.*

Sea cual fuere el grado de asimilación, los estadounidenses de descendencia latinoamericana parecen guardar siempre un lugar en sus corazones para la comida auténtica de sus antepasados. En nuestra exploración culinaria nos encontramos con docenas de latinos que a pesar de preferir las comidas típicas de los Estados Unidos, como la pizza y los platos chinos, de vez en cuando sienten un apetito voraz por saborear los platos de la abuela o el bisabuelo, aun si tienen que mover el cielo y la tierra para encontrarlos. En Seattle, una directora artística cubano-americana nos confesó que viajaba a Miami una vez al año para poder comerse un buen lechón asado con tostones y yuca con mojo en el legendario restaurante cubano Versailles. Conocemos también a un médico en Santa Bárbara, California, que durante los fines de semana recorre cien millas en automóvil hasta Los Angeles, para disfrutar del Ajiaco colombiano—un maravilloso guiso de pollo y papas—que le prepara su madre. También hallamos a un mexicano-americano en Wall Street que almuerza en el Hudson River Club, pero que por las noches se prepara sus buenas enchiladas, con las tortillas de harina que Léona's de Chimayó, en Chimayó, Nuevo México, le envía por Fedex.

Muchas compañías de comestibles se dedican exclusivamente a satisfacer el paladar latino. Por años y años, Goya Foods Inc., ha preparado y envasado comidas de todo tipo para los miles de cubano-americanos, puertorriqueños y otros caribeño-americanos de la costa este del país, que, a través del tiempo y las generaciones se mantienen fieles a sus gustos tropicales. Hace poco, Goya expandió sus actividades a la región del oeste de los Estados Unidos, para atraer compradores con raíces en México, Centro y Suramérica los supermercados en las regiones donde hay una gran población hispana, han ido aumentando cada vez más sus secciones latinas. Otros, tales como la cadena mexicano-americana Fiesta Mart de la ciudad de Houston y la cadena Tianguis en Los Angeles, ya se han dedicado por completo a satisfacer el gusto de la clientela hispana.

Los productos latinos en los supermercados también han ganado mucha popularidad ante los consumidores en general. Desde la década de los ochenta, los sabores apagados del Viejo Mundo fueron pasando de moda, y a su vez los explosivos sabores mexicanos, caribeños, centro y suramericanos, así como los asiáticos y los de la costa del Pacífico, se han ido cotizando cada vez más. En esta era de multiculturalismo y conciencia global, los estadounidenses se hayan ansiosos por recorrer un territorio gastronómico desconocido, con tanta pasión y curiosidad como cuando navegan por la Internet. Hoy en día, la pregunta en las bocas de muchos no es si la cena consistirá en bistec o spaghetti, se preguntan si han de comer comida china, japonesa, tailandesa, mexicana, o de la India. En las grandes ciudades, como Nueva York, Los Angeles, Chicago y Miami, se pueden dar el lujo de preguntar si la cena será cubana, jamaiquina, puertorriqueña, nicaragüense, brasileña, argentina o peruana. Los estadounidenses de todos los puntos del país sienten tanta avidez por los sabores mexicanos, que la venta de salsa ha sobrepasado la del *ketchup,* y ya nadie se asombra ante la existencia de los *bagels* y *scones* con jalapeños, o de quesadillas de *matzo.* Por otra parte, muchos se sienten también con plena libertad de añadir su propia contribución a los platos mexicanos clásicos, ya sea con enchiladas de queso de cabra, burritos de *tofu,* tamales de *pesto* y todo lo que les dicte su imaginación.

Nuestro zigzagueo por todos los Estados Unidos en busca de la cocina latina, nos hace pensar que lo mismo que ocurrió con la comida mexicana, ocurrirá con los platos del Caribe y de Centro y Suramérica. Muchas de las recetas que aquí les ofrecemos

pasarán de lo exótico a lo cotidiano. Quizás un día, las pupusas, los patacones y los pasteles llegarán a formar parte de la dieta norteamericana, al igual que sus predecesores—la salsa, las enchiladas y los burritos.

Otro tema que une a las distintas cocinas latinoamericanas en los Estados Unidos es la onda de lo nuevo. A fines de los años ochenta y en los noventa, varios chefs de descendencia latinoamericana, así como algunos aficionados de otras culturas, decidieron rescatar la cocina regional de los Estados Unidos. Esta moda dio lugar a nuevas categorías culinarias, tales como *Nouvelle Cuisine, California Cuisine* y *Louisiana Cajun Cuisine.* Por ende, los nuevos chefs también crearon la *New Florida Cuisine,* refinando la cocina caribeño-americana de la Florida y la *Southwestern Cuisine,* actualizando la comida mexicano-americana del sudoeste de los Estados Unidos. Más tarde, los chefs de la década de los noventa inventaron la *Fusion Cuisine,* ampliando aún más el panorama culinario al combinar en un mismo platillo ingredientes y métodos gastronómicos de todo el mundo, en particular de Europa, Asia y de la cuenca del Pacífico. Por su parte, los chefs, latinos o no, así como los dueños de nuevos restaurantes, decidieron que había llegado el momento de añadir elementos internacionales a la comida latina.

John Sedlar, de Nuevo México, chef y dueño de los restaurantes Abiquiu en Los Angeles y San Francisco, jugó un papel importante en la creación de la *Modern Southwest Cuisine* (también conocida como *New Southwestern Cuisine* y *Nouvelle New Mexican Cuisine*), cuando se lanzó a "fundir" ingredientes internacionales sobre el lienzo culinario mexicano-americano. Su *Flying Lobster Dude Ranch Sushi, "New Mexican Sushi of Lobster with Habanero Vinaigrette & Japanese Cucumber Salad"* (*Sushi* nuevomexicano de langosta con vinagreta de chile habanero y ensalada japonesa de pepinos), es a la vez un plato mexicano-americano, japonés y francés. Muchos otros siguieron la iniciativa de John Sedlar. En Manhattan, el Arizona Café introdujo a los neoyorquinos a la nueva cocina del sudoeste con platos como *Curried Chicken Tortilla with Coconut Rice, Cucumber Raita and Spicy Peanut Sauce* (la Tortilla de pollo al curry con arroz con coco, *raita* de pepino y salsa picante de maní). Mientras tanto, en Miami, Douglas Rodríguez elevó los clásicos platos cubanos a nuevos planos multiculturales y así inventó la cocina Nuevo Cubana desde su fogón en el famoso restaurante Yuca (nombrado así por la vianda y porque en inglés resulta un acrónimo para

La carroza de Goya Foods Inc., en uno de los muchos desfiles que se celebran cada año en el noreste de los Estados Unidos.

denominar a los jóvenes cubano-americanos con altas aspiraciones socio-económicas—*Young Upwardly-Mobile Cuban Americans*). Posteriormente, Claude Troisgros también puso una pica en Flanders al mezclar la cocina brasileña con la francesa en su restaurante C.T., en Manhattan.

Los chefs hispanos se participaron de la nueva onda, dando el paso lógico que llevó a la fusión de las cocinas de todos los países de Latinoamérica y creando un estilo bautizado con varios nombres—*Nuevo Americano, Pan-Latin* y *Nuevo Latino Cuisine.* Fue el mismo Douglas Rodríguez, que a estas alturas ya se encontraba trabajando en Nueva York, quien inauguró en 1994 la cocina Nuevo Latina con la apertura del restaurante Patria en Park Avenue South. El menú abarca toda Latinoamérica, pero la mayoría de los platos se basan en una cocina en particular, ya sea la ecuatoriana, la cubana, la peruana, la venezolana o la colombiana. El Tamal Cubano de Rodríguez, que "funde" la carne de cerdo desmenuzada, corazones de palmito y caldo de ajo, puede que esté basado en el clásico tamal cubano, pero también lo transciende con una originalidad deslumbrante. Y su Carramiñola, yuca al estilo colombiano, rellena con

queso en caldo de hongos y espinacas, sorprende tanto a un inmigrante colombiano como a un estadounidense de origen irlandés.

Douglas Rodríguez y su Patria iniciaron un furor Nuevo Latino que se ha extendido a lo largo de Manhattan y de todos los Estados Unidos. En el Inca Grill del SoHo, donde los *South American Eggs Benedict with Chorizo and Arepa* (Huevos *benedict* sudamericanos con chorizo y arepas) son una especialidad muy popular a la hora del almuerzo, el menú es un homenaje a la cocina Nuevo Latina. En Houston, Michael Cordúa, nacido en Nicaragua y chef del restaurante Américas, entrelaza elementos de la cocina italiana con la chilena, en platos como el *Chilean Salmon with Portobello Risotto and Champagne Sauce* (Salmón chileno con *risotto* de *portobello* y salsa de champaña). Xiomara Ardolina, nacida en Cuba, y Patrick Healy, su chef en el restaurante ¡Oye! de Pasadena, California, han logrado un lugar muy importante con su presentación de la cocina Nuevo Latina en el sur del estado, con creaciones como la *Cuban Black Bean Soup with Okra Croutons and Plantain Dumplings* (Sopa cubana de frijoles negros con cuscorros de kimbombó y bolas de plátano). Mark Miller del Coyote Café en Santa Fe, le ha dado un nuevo arranque a la cocina Nuevo Latina con la contraposición de sabores muy diversos en un mismo plato. Su Sandwich cubano *es* un delicioso matrimonio cubano-mexicano de lechón asado, jamón, queso suizo, pasta de frijoles negros y guacamole.

Con sus invenciones y refinamientos, estos intrépidos chefs (y muchos otros), han logrado presentar a millares de norteamericanos sin ningún conocimiento previo de la rica gastronomía latinoamericana, un mundo henchido de exquisitas sensaciones. Después de todo, hay que reconocer que fue Douglas Rodríguez quien les enseñó a los neoyorquinos sus primeras lecciones sobre el maíz tostado, la quinua y el chayote. Millares de estadounidenses desde San Diego hasta Philadelphia, con tradiciones muy distintas a las nuestras, han podido catar la cocina del sudoeste norteamericano, por primera vez, en restaurantes *New Southwestern.* Otros han dado sus primeros pasos en el planeta maravilloso de la cocina latina, inspeccionando los estantes del supermercado de la esquina o recorriendo los barrios latinoamericanos, repletos de tesoros culinarios. Quizás sin saberlo, estos nuevos turistas con apellidos irlandeses, polacos o

anglosajones, están tomando parte, junto a sus semejantes latinos, del gran advenimiento Nuevo Latino—la más reciente conquista en la rica historia de las Américas.

Nuestra empresa a través de los Estados Unidos nos reveló una cocina auténtica, abundante en sabores, colores, texturas y aromas embriagantes. Nunca hubiéramos podido imaginar los manjares que habríamos de encontrar—esas extraordinarias papas de los Andes, llamadas chuños, que pueden conservarse en la alacena casi indefinidamente; la deliciosa y espesa leche de chocolate nicaragüense, hecha con arroz blanco; el arroz frito chino del Perú; los ñoquis argentinos (*gnocchis*) y el aceite de palma brasileño llamado *dendê,* con su brillante color anaranjado. De algunas comidas nos enamoramos instantáneamente, como de las pukas bolivianas (pasteles de queso *feta* y aceitunas), el pastel de choclo con pollo chileno y el salpicón salvadoreño (carne de res marinada con menta y rabanitos). La increíble abundancia de todos estos platos, es el fruto del encuentro fortuito de muchas civilizaciones a lo largo de los siglos y de la historia—los mayas, los incas, los taínos, los africanos, los españoles, los portugueses, los británicos, holandeses, alemanes, italianos, chinos, japoneses . . . y quizás otros que aún desconocemos.

Tampoco hubiéramos podido imaginar la gran bondad de las familias latinas que compartieron sus recetas y recuerdos con nosotras o el gusto que les daría prepararnos sus platos especiales. Este libro es la culminación de esos días maravillosos con nuevos amigos—un álbum colmado de recetas antiguas y nuevas; de secretos y de historias familiares; de páginas que proclaman una contribución incalculable a la mesa americana en ambos hemisferios.

Una advertencia al lector: cuando se apreste a preparar las recetas del libro, puede que caiga víctima de una poderosa seducción gastronómica que lo haga rechazar muchas de las comidas comunes, porque comparadas a éstas, le han de parecer insípidas. Quizás poco a poco empezará a experimentar con las recetas y a desplegar sus propios toques y ocurrencias personales—y de esta forma terminará por contribuir, de su manera particular, a la fusión culinaria que está revolucionando al país. ¡Vamos, atrévase! Después de todo, así ocurren las conquistas en América . . .

UNA BUENA SOPA ES SUCULENTA. EN CAMBIO, UN CALDO SOSO ES EXCLUSIVAMENTE PARA LOS PUSILÁNIMES.

SOPAS

SANCOCHO DE GALLINA

El Sancocho de gallina—sopa de pollo con yuca, plátanos y papas—es una de las más deliciosas que se hayan inventado jamás. Al comienzo de su preparación, se asemeja a las demás sopas de gallina, con trozos del ave, cebollas y ajo, pero luego se le agrega una maravillosa mescolanza de verduras—la yuca con sabor a nuez, dulces papas nuevas y plátanos amarillos con un dejo de sabor agrio (en realidad son una fruta)—que dan a la sopa un carácter y textura exactamente equilibrados. El caldo está sutilmente sazonado con comino (que apenas se alcanza a distinguir), a fin de acentuar todos los distintos sabores, y se le añade también fuerza con jugo de limón, para crear un fondo en el que sobresale el sabor de las verduras. Esta sopa es una maravillosa introducción a la yuca y a los plátanos, dado que no hace falta más que pelarlos, cortarlos en pedazos y cocerlos de la misma manera que a las papas de la sopa. Entre los distintos grupos latinos, abundan diversas versiones del sancocho; en algunos casos, se prepara con carne de res, ternera, o cerdo, en lugar de la de gallina, y en ocasiones las sopas son tan espesas que pueden clasificarse como guisos (ver la receta del Sancocho dominicano-americano en la página 165). La versión que aquí damos es la colombiano-americana, que se apega mucho a la tradición.

No cocine la sopa más tiempo que el indicado, para evitar que las verduras se deshagan y pierdan su textura. Retire la olla del calor directo, en cuanto alcance el grado de cocción deseado. Si no va a servir la sopa enseguida, caliéntela justo antes de ponerla en los platos. El primer paso, la preparación del caldo, puede hacerse con anticipación y luego solamente hará falta cocer las verduras en él, empezando una hora antes de llevar la sopa a la mesa.

1 pollo (3½ libras)
¾ galón de agua
2 cebollas amarillas pequeñas, peladas y picadas
4 dientes de ajo medianos, pelados y picados
¼ cucharadita de sal o al gusto
⅛ cucharadita de pimienta negra recién molida o a gusto
¾ libra de yuca descongelada o fresca, pelada (leer información en la página 213 sobre la yuca y página 200 acerca de cómo pelar la yuca)
2 papas nuevas (coloradas) medianas, cortadas en trozos de ½ pulgada
⅛ cucharadita de comino molido
2 plátanos amarillos, cortados en rodajas de ½ pulgada y pelados (ver página 196 para información sobre los plátanos y página 198 para instrucciones acerca de cómo pelarlos y cortarlos)
⅓ taza de jugo de limón recién exprimido
2 chalotes medianos, sin las raíces y picados
2 cucharadas de culantro fresco bien picado

Lave el pollo con agua fría. Ponga el pollo, el agua, la mitad de las cebollas picadas, 2 dientes de ajo, la sal y la pimienta en una olla grande. Tape, caliente hasta que suelte el hervor, a una temperatura entre moderada y fuerte, después reduzca el calor y cocine a fuego lento, con tapadera, durante 1½ horas.

Saque el pollo del caldo y colóquelo en un plato grande. Deshuese las pechugas y córtelas en pedazos. Regrese los pedazos de pollo a la olla. Guarde el resto de la carne para darle otro uso.

Corte los pedazos de yuca a la mitad, a lo largo. Corte y deseche la parte fibrosa ubicada en el centro de cada pedazo, utilizando un pelalegumbres. Corte la yuca en trozos de ½ pulgada. Añádala al caldo, junto con las papas, el resto de las cebollas, 2 dientes de ajo y el comino. Hierva, tápelo, reduzca la temperatura y cocínelo a fuego lento durante 20 minutos.

Agregue los plátanos y el jugo de limón; cocine hasta que los plátanos estén blandos, aproximadamente 20 minutos. Retire la olla del calor directo y añada los chalotes y el culantro. Compruebe que la sopa esté condimentada a su gusto; si hace falta, agregue sal, pimienta o especias y sirva enseguida.

Alcanza para 8 o 10 porciones como primer plato y para 4 o 5 como plato principal

SOPA DE POLLO CON FIDEOS "LATIN FROM MANHATTAN"

Cuando llega el invierno a la ciudad de Nueva York, la *Big Apple* parece alimentarse solamente con sopa de pollo, puesto que millones de personas buscan refugio en su caldo dorado y caliente, para mantener a raya el frío. No existe otra ciudad donde se sirva tanta sopa de pollo cargada de *wontons,* gotas de huevo, fideos de huevo, *vermicelli, capelli d'angelo, semi di melone, tortellini, dumplings, matzo balls, kreplach* o arroz, en el invierno, como en Nueva York. Los puertorriqueños, conocidos como los *Nuyoricans,* han convertido a la ciudad en la meca de la sopa de pollo, con su famosa Sopa de pollo con fideos, parecidos a los *capelli d'angelo,* al estilo caribeño, envueltos en bulticos que tal parece que contuvieran nidos de aves. (La palabra fideos se originó en Cataluña, España, donde los fideos en forma de curva tienen una pulgada de largo y son tan finos como *capelli d'angelo* o tan gruesos como los *tagliolini.* Los fideos mexicanos se asemejan a los españoles, mientras que los del Caribe son siempre largos y finos.)

La preparación de la Sopa de pollo "Latin from Manhattan," comienza con un caldo fragante que combina una buena "penicilina judía" de Nueva York (algunos *Nuyoricans* la compran en las *delis* o comercios judíos, como la famosa David's Chicken en el Upper East Side, que se especializa en pollo asado y en sopas de *matzo ball*) y unas cucharadas de sofrito puertorriqueño, una vivaz mezcla de cebollas salteadas en aceite, ajo, tomates y pimientos. Todos estos sabores se combinan artísticamente, a medida que el caldo se cuece lentamente. Después se añaden trozos de papas y de pollo para darle cuerpo y textura. (En algunos casos se refuerza con garbanzos, pepperoni o chorizo español, pero esto depende del gusto particular.) Al final, se añaden los fideos. (A los puertorriqueños los apasionan los fideos, éstos se consiguen prácticamente en todos los supermercados en Nueva York y casi nunca compran otro tipo de pasta.) Ni piense en cocinar un segundo plato cuando "Latin from Manhattan" esté en el menú—todos los invitados sin duda querrán servirse más de este armonioso elixir.

PARA LA SOPA BÁSICA (PREPARADA EL DÍA ANTERIOR, SI ES POSIBLE):

1 pollo (alrededor de 3½ libras)
1 ala de pavo, o sustituya con otras 2 alas de pollo
1 cubito de caldo de pollo
¾ galón de agua fría
3 ramas medianas de apio, cortadas en 4 pedazos
1 zanahoria mediana, pelada y cortada en 4 pedazos
1 cebolla amarilla pequeña, pelada y cortada en 4 pedazos
1 diente de ajo mediano, pelado y machacado
1 hoja de laurel
⅛ cucharadita de grano de pimienta negra entera
Sal a gusto

PARA EL SOFRITO:

½ cebolla amarilla pequeña, pelada y picada
1 diente de ajo pequeño, pelado y picado
1 cucharadita de aceite de oliva
1 tomate pequeño maduro, cortado en trocitos
¼ taza de pimiento verde picado
1 cucharada de jugo de limón recién exprimido
⅛ cucharadita de orégano en polvo (no desmenuzado)

PARA LA SOPA:

1 libra de papas nuevas (coloradas), peladas y cortadas en pedazos de ½ pulgada
2 cucharadas de salsa de tomate
6 onzas de fideos o sustituya por *vermicelli* o *capelli d'angelo**
Sal y pimienta negra recién molida, a gusto
2 cucharadas de perejil fresco de hoja plana, bien picado

**Los fideos están a la venta en bodegas latinas y en algunos supermercados, especialmente en ciudades y poblaciones con un alto porcentaje de habitantes latinos.*

Prepare la sopa básica: ponga el pollo, el ala de pavo o 2 alas de pollo adicionales, el cubito de caldo y el agua en una olla o marmita. Hierva, tapado, a una temperatura entre moderada y fuerte; luego disminuya el calor y deje cocer a fuego lento, tapado, durante 30 minutos, sacando de vez en cuando la espuma que se forma en la superficie. Añada el apio, la zanahoria, la cebolla, el ajo, la hoja de laurel, los granos de pimienta y la sal al gusto. Siga cocinándolo tapado durante 2 horas.

Cuele el caldo. Deseche el ala de pavo o las alas de pollo, las verduras, la hoja de laurel y los granos de pimienta. Saque y deseche también la piel y los huesos del pollo, reservando la carne para la sopa. Ponga el caldo en el refrigerador hasta que la grasa se congele en la superficie (alrededor de 8 horas o toda la noche). Quite la grasa del caldo y vuelva a calentarlo antes de usarlo. (El caldo se conservará alrededor de 5 días en el refrigerador o puede congelarse por tiempo indefinido.)

Prepare el sofrito: saltee las cebollas picadas y el ajo en el aceite de oliva en una olla grande, a fuego moderado, revolviendo ocasionalmente, hasta que las cebollas se suavicen, aproximadamente 4 minutos. Agregue el tomate, el pimiento, el jugo de limón y el orégano y cocine hasta que el tomate esté lo suficientemente blando, unos 6 minutos. Saque todo el sofrito, a excepción de 4 cucharadas. Guarde el resto para usarlo en otra ocasión.

Agregue el caldo al sofrito. Hierva y luego baje el calor, cocinando a fuego lento, con la olla tapada, durante 20 minutos. Corte en trozos el pollo que apartó y revuélvalos en la sopa con las papas y la salsa de tomate. Cocine con la tapa puesta, a fuego lento, 20 minutos, o hasta que las papas se sientan blandas al atravesarlas con un tenedor. Rompa con cuidado los fideos, mézclelos en la sopa y cocine a fuego lento con la olla tapada durante otros 8 minutos o hasta que los fideos estén al dente. Pruebe y sazone con sal y pimienta negra al gusto. Retire la olla del calor directo y añada el perejil picado. Sirva de inmediato en platos hondos.

Alcanza para 8 o 10 porciones como primer plato y 6 como plato principal

SOPA DE TORTILLA

Cuando soplan los vientos invernales, pocas cosas resultan más agradables que un plato bien caliente de Sopa de tortilla, con su caldo guarnecido con jugo de limón y tomate. Pero el caldo es sólo el comienzo. Cada cucharada encierra una sorpresa de delicados pedazos de pollo, suaves tortillas, aguacates frescos y gustoso culantro. En los Estados Unidos de antaño, la Sopa de tortilla era un plato exclusivo de los mexicano-americanos, los auténticos herederos de recetas que trascienden a través de los siglos. Poco a poco, la Sopa de tortilla ha llegado a ocupar un lugar importante en el monumento a la fama de las sopas estadounidenses. Hoy en día, revistas y libros de cocina publican recetas de Sopa de tortilla, tanto tradicionales como originales, creadas tanto por latinos como por cocineros de muchas otras tradiciones.

Esta sopa es suficientemente substanciosa como para figurar como plato principal en una cena informal entre amigos o familiares. La comida puede iniciarse con una ensalada verde mixta con gorgonzola y pacanas y terminar con sopaipillas calientes de Nuevo México, espolvoreadas con azúcar mezclada con canela o endulzadas con miel (vea página 261).

PARA LAS TIRAS DE TORTILLA:

4 tortillas de maíz amarillo o azul
Aceite vegetal para freír

PARA EL CALDO:

1 cucharada de aceite de oliva
½ taza de cebolla amarilla bien picada
2 dientes de ajo grandes, pelados y bien picados
1 cucharadita de chile jalapeño bien picado
½ cucharadita de comino molido
2 tazas de pulpa de tomate en lata
5 tazas de caldo de pollo hecho en casa o de lata
1 tortilla de maíz, cortada en tiras de ¼ pulgada de ancho
2 cucharadas de jugo de lima recién exprimido

PARA LA SOPA:

1 taza de pechuga de pollo, asada o cocida y cortada al sesgo en dados de ½ pulgada
⅓ taza de queso *Monterey Jack* rallado
1½ aguacates tipo *Hass* medianos, maduros, cortados a la mitad, picados, sin hueso y cortados en dados de ½ pulgada
2 cucharadas de culantro fresco bien picado

Corte las tortillas en tiras de ⅛ de pulgada de ancho con un cuchillo afilado o unas tijeras. Cubra el fondo de una sartén grande con aceite vegetal. Caliente a fuego mode-

Una tipíca sopa de tortilla mexicano-americana

rado y fría la mitad de las tiras de tortilla, volteándolas una sola vez, hasta que estén tostadas y doradas, aproximadamente 2 minutos por lado. Pase las tiras de tortilla con una espátula a un plato grande cubierto con toallas de papel y deje escurrir el aceite. Fría la segunda tanda de tiras de tortilla, añadiendo más aceite si fuera necesario.

Prepare el caldo: caliente la cucharada de aceite de oliva en una olla grande a fuego moderado. Saltee las cebollas picadas, el ajo, el chile jalapeño y el comino aproximadamente 4 minutos, o hasta que las cebollas estén ligeramente blandas. Añada la pulpa de tomates, el caldo de pollo y la tortilla cortada en tiras. Ponga el caldo a hervir. Reduzca la temperatura y cocine a fuego lento por 20 minutos con la olla tapada.

Pase el caldo a una procesadora, añada el jugo de lima y hágalo puré. Regrese el caldo a la olla y vuelva a calentarlo a temperatura moderada. Sirva el caldo en 4 platos hondos. Ponga ¼ del pollo, del queso y del aguacate, en ese orden, en el centro de cada plato. Adorne con las tiras de tortilla y el culantro y sirva enseguida.

Para 4 porciones

TORTILLAS MEXICANAS

Aunque Léona Medina-Tiede, fundadora de la tienda Léona's de Chimayó, en Chimayó, Nuevo Mexico, creó una revolución con sus famosas tortillas de harina, confeccionadas con chocolate, arándanos y *pesto,* la auténtica receta mexicana de tortillas de maíz se ha mantenido intacta (ver Recursos, página 324). Sin embargo, el método antiguo de hacer las tortillas de maíz golpeándolas con las palmas de las manos (o con el palo de amasar, para las de harina) está desapareciendo lentamente, a medida que más y más cocineros y cocineras en los Estados Unidos prefieren comprar las tortillas hechas a máquina que, desafortunadamente, no son siempre tan frescas. Por suerte para los puristas, todavía quedan algunas tortillerías y restaurantes familiares

Haciendo tortillas en el festival Fiesta Days en California, junio de 1993

donde se venden hechas a mano y bien calientes. La tortillería La Azteca, de la ciudad de Los Angeles, renombrada por sus deliciosas tortillas de maíz hechas a mano, cuenta con una cuadrilla de empleados que empiezan a prepararlas temprano en la madrugada, para poder satisfacer la demanda. La Super-Rica Taquería, un diminuto restaurante mexicano en la ciudad de Santa Barbara, California, es otro establecimiento también muy conocido en el sur del estado por sus tortillas de maíz hechas a mano y cocidas a la perfección en la plancha, a la vista del consumidor, servidas aún humeantes. Si usted no puede conseguir tortillas de maíz hechas a mano en la zona donde vive, puede adquirirlas por encomienda, provenientes de una cantidad de tortillerías ubicadas a lo largo del país (ver Recursos, página 324). También puede prepararlas usted mismo. El proceso es simple. Sólo necesita comprar masa de harina instantánea (harina de maíz), agua pura y, lo más importante, disponer de una prensa para tortillas.

AJIACO CON POLLO

Durante los fines de semana, Robert M. Nagy, un respetado psiquiatra de Santa Barbara, California, viaja más de cien millas con rumbo a la casa de su madre, María Victoria Montaña, que vive en Rancho Palos Verdes, tan solo para comer el Ajiaco con pollo (también conocido como Ajiaco bogotano), que lo espera en la mesa. Este suculento platillo colombiano, preparado en una sola olla, es una sopa fuerte de crema de papas, salpicada con pedazos de pollo y hecha aún más sabrosa con alcaparras y crema agria.

"Cuando era niña," nos cuenta María Victoria, nacida en Bogotá, Colombia, "pasé muchas horas en la cocina, escuchando las conversaciones de las sirvientas y observando a una de ellas, llamada Anita, preparar las comidas. De vez en cuando se me permitía ayudar. Los domingos, Anita cocinaba un Ajiaco con pollo muy nutritivo y cremoso y me permitía probarlo mientras lo iba preparando. Esos momentos eran para mí de puro placer. He tratado de recrear fielmente el plato de mi querida Anita y así mantener el recuerdo de aquellos preciados momentos de mi infancia y de nuestras reuniones familiares. Esta receta es la que más se semeja el Ajiaco con pollo de mi niñez."

El Ajiaco con pollo es un lujoso plato sumamente apreciado, tanto a la hora del almuerzo como en una comida informal. El plato es aún más delicioso al día siguiente, cuando la magia de cada sabor se combina completamente con la de los otros ingredientes, al permanecer refrigerado toda la noche.

1 cebolla blanca pequeña, pelada y picada
3 dientes de ajo medianos, pelados y picados
2 cucharadas de aceite de oliva
1 pechuga de pollo pequeña entera, sin piel, deshuesada y cortada en 4 pedazos
4 puerros medianos (de 1¾ a 2 libras), solamente la parte blanca, bien lavados, escurridos y cortados en rebanadas finas
2 cucharadas de mantequilla
¼ galón de caldo de pollo hecho en casa o de lata
4 papas *russet* (*Idaho*) grandes, peladas y cortadas en rebanadas finas
1 taza de leche
1 taza de *half-and-half* (mitad crema y mitad leche)
¾ taza de queso *cheddar* (fuerte) rallado
Sal y pimienta blanca recién molida a gusto
¼ cucharadita de pimentón (*cayenne*), a su discreción
½ taza de crema agria, como aderezo
2 o 3 cucharaditas de alcaparras (escurridas), como aderezo

Ajiaco con pollo (continuación)

Saltee las cebollas picadas y el ajo en el aceite de oliva, en una sartén grande de teflón, a fuego moderado, hasta que las cebollas se suavicen, aproximadamente 5 minutos. Reduzca a una temperatura entre moderada y baja, añada los 4 pedazos de pechuga de pollo, tape la sartén y saltee aproximadamente 3 minutos o hasta que el pollo esté dorado de un lado. Revuelva las cebollas, que ya deberán estar doradas, voltee los pedazos de pollo y saltéelos tapados otros 3 minutos. Revuelva nuevamente las cebollas y siga cocinando el pollo 3 minutos más con la tapa puesta.

Saltee los puerros en la mantequilla en una olla grande, a fuego moderado, revolviéndolos con frecuencia, aproximadamente 7 minutos o hasta que estén blandos, pero no dorados. Añada el caldo de pollo y las papas. Hierva el caldo con la olla tapada a una temperatura entre moderada y fuerte. Baje el calor y deje cocer a temperatura baja, con la olla tapada, hasta que las papas estén blandas, de 15 a 20 minutos.

Haga un puré, con la mitad de la sopa, en una licuadora o procesadora de alimentos, hasta que quede bien disuelta. Regrese el puré a la olla y añada la leche y el *half-and-half.* Corte el pollo salteado en trozos de ½ pulgada y añádalos a la sopa, junto con la cebolla y el ajo salteados, el queso *cheddar,* la sal, la pimienta blanca y el pimentón (*cayenne*). Caliente la sopa a fuego moderado, revolviendo ocasionalmente. Sirva el Ajiaco en platos soperos grandes y adorne cada plato con 1 cucharadita de crema agria y ½ cucharadita de alcaparras escurridas.

Para 4 a 6 porciones

MENUDO

Los ecuatoriano-americanos prefieren la leche, los germano-americanos recurren al arenque, los filipino-americanos comen bananas, pero para millones de mexicano-americanos, el Menudo, la rica sopa de mondongo y pozole, es la única cura para la cruda. El primer día del año, esta sopa, con su dulce pozole y su tierno mondongo flotando en un caldo espeso con sabor a chile y ajo, se consume en los restaurantes y hogares mexicanos, como la mejor cura para combatir los efectos de los festejos de año nuevo. Pero el Menudo no es sólo un antídoto contra la cruda, es también una sopa muy preciada en cualquier ocasión, especialmente en el desayuno de los domingos. Muchas iglesias donde los fieles son inmigrantes mexicanos, preparan enormes ollas y lo sirven con tacos y tamales después de la primera misa matutina. (La segunda generación de mexicano-americanos tiende en cambio a preferir el café y las *donas.*)

El mondongo es el tejido musculoso que reviste el estómago de los rumiantes. En este país se vende más mondongo de vaca que de cualquier otro animal, ya sea cerdo u oveja. El mondongo más tierno y apreciado es el llamado mondongo redecilla, que proviene del segundo estómago del animal. El mondongo se consigue en la mayoría de los supermercados, así como en las bodegas latinas, chinas y vietnamitas. (Si compra mondongo en mercados asiáticos, asegúrese de que sea de res, puesto que estos comercios también venden mondongo de cerdo.) El mondongo que se vende en los supermercados ya está lavado, remojado y parcialmente cocido, por lo tanto, sólo hace falta enjuagarlo con agua fría y secarlo con toallas de papel antes de cocinarlo. El mondongo fresco tiene un olor agradable y no debe conservarse más de un día en refrigeración. Si no necesita reponerse de la cruda, puede acompañar su menudo con una buena cerveza mexicana como Dos Equis (XX). (Evite las cervezas mexicanas más ligeras, tales como Corona o Dos Equis (XX) Lager Especial).

El mondongo es más bien insípido por sí solo, pero absorbe fácilmente otros sabores si se lo deja cocer un tiempo prolongado. Por esto, el Menudo suele cocinarse con unas patitas de ternera o de cerdo. La médula y la carne le aumentan el sabor a la sopa, mientras que la piel gelatinosa le añade cuerpo. Las patitas de ternera o de cerdo están a la venta en la mayoría de los supermercados y en las bodegas latinas, chinas y del subcontinente asiático. En caso de no poder conseguirlas, sustitúyanlas por costillas de cerdo.

PARA LA SOPA:

2 libras de mondongo fresco de res, lavado, secado y cortado en cuadritos de 1 pulgada
1 patita de ternera o de cerdo, cortada en pedazos, o sustituya por ½ libra de costillas de cerdo
¾ galón de agua
¼ cucharadita de sal
1 cebolla amarilla pequeña, pelada y picada
3 dientes de ajo grandes, pelados y picados
1 cucharada de chile colorado seco y molido, no muy picante o a gusto (ver la nota sobre el chile colorado seco y molido en la página 178)
1 cucharadita de orégano en polvo (no desmenuzado)
Sal y pimienta negra recién molida, a gusto
1½ tazas de pozole blanco o amarillo, en lata o cocido, colado*

PARA EL ADEREZO:

3 chalotes medianos, sin las raíces y bien picados
2 limas cortadas en rodajas
½ taza de culantro fresco bien picado
2 cucharadas de orégano en polvo (no desmenuzado)
8 tortillas de maíz (a su discreción)
Salsa picante mexicana de su marca preferida

**Pozole es el grano de maíz blanco, amarillo o azul, grande, seco y desprovisto del germen y de la cáscara. El pozole en lata o seco está a la venta en comercios mexicanos y en algunos supermercados. El pozole seco también se consigue por encomienda postal (ver Recursos, página 325). Si se usa pozole seco, debe ser previamente reconstituido (siga las instrucciones para cocer pozole en la receta corres-*

pondiente de la página 155, pero use ½ taza, en vez de 1 taza entera). No utilice pozole seco molido para esta receta.

Ponga el mondongo, la patita de ternera o de cerdo y el agua en una olla grande. Añada la sal. Hierva el agua a fuego moderado fuerte, luego reduzca la temperatura y deje cocer a fuego lento durante 2 horas, con la olla destapada. Quite con una cuchara cualquier espuma que se forme en la superficie.

Saque del caldo la patita de ternera o de cerdo, colóquela sobre una tabla de picar y separe la carne de los huesos y el cartílago. Descarte éstos últimos. Corte la carne en pedazos pequeños y regréselos al caldo.

Añada las cebollas picadas, el ajo, el chile colorado molido, el orégano y la pimienta negra al gusto y deje cocer a temperatura baja durante 1½ horas. Agregue el pozole y hierva el menudo. Baje enseguida el calor y siga cocinando a fuego lento durante 1 hora más. Pruébelo para ver si le hace falta sal, pimienta o especias.

Ponga los chalotes, las rodajas de lima, el culantro picado y el orégano en platos individuales a fin de que cada persona pueda aderezar el menudo a su propio gusto. Retire la sopa de la estufa y revuelva. Reparta el menudo en 4 platos y sírvalo acompañado de tortillas de maíz calentadas de ante mano sobre una sartén seca, con los platillos de aderezos y la salsa picante, para quienes gusten de ella.

Para 4 porciones

SOPA DE HABICAS

"La Sopa de habicas, o sea la sopa de frijoles blancos, es una de las más preciadas recetas que los judíos españoles se llevaron consigo cuando fueron expulsados de España en 1492," dicen Lorraine Roses, Profesora de Español y Directora de Estudios Latinoamericanos de Wellesley College, y su hija Aviva Ben-Ur, candidata a un doctorado en historia judía. La sopa era un alimento reconfortante que podía reproducirse fácilmente donde quiera que erraran los judíos, tanto durante el trayecto entre España y el Caribe, como posteriormente en América y que siempre les recordaba el hogar que habían perdido. Como dice el proverbio, 'En todas partes se cuecen habas'."

La Sopa de habicas de Lorraine y de Aviva, basada en recetas de los archivos de docenas de judíos estadounidenses con raíces en el Caribe, ha calentado muchas almas y corazones durante las noches nevadas de Boston. "A pesar de que miles de años de historia hierven dentro de esta fragante sopa, con su reconfortante caldo dorado y sus tiernos frijoles color marfil, éste es un plato eterno que seguirá enriqueciendo el alma de futuras generaciones," dice Lorraine. "Al igual que la mayoría de las sopas de frijoles, su preparación requiere poco cuidado y es aún más sabrosa al día siguiente," explica Aviva. Madre e hija están de acuerdo en que la Sopa de habicas se transforma en una comida maravillosa, acompañada de pan de ajo tostado y un postre casero como pastel de manzanas o manzanas asadas rellenas de nueces.

1 taza de frijoles blancos secos del tipo de los *Great Northern, navy* o *cannellini* (judías), lavados
½ galón de agua
2 cucharadas de aceite de oliva
2 cebollas españolas medianas, peladas y picadas
1 diente de ajo grande, pelado y bien picado
1 libra de costillas de res carnosas y con la menor cantidad posible de grasa
½ taza de salsa de tomate
2 tomates maduros medianos, cortados en trocitos
1 cucharadita de estragón en polvo
Sal y pimienta negra recién molida, a gusto

Ponga los frijoles y el agua en una olla de sopa grande y hierva el agua. Baje luego el fuego, tape la olla y deje hervir durante 1 hora.

Caliente el aceite de oliva en una sartén grande, a fuego moderado. Saltee las cebollas y el ajo hasta que las cebollas estén blandas, aproximadamente 8 minutos. Ponga las cebollas a un lado de la sartén y coloque las costillas. Dore las costillas por ambos lados, unos 4 minutos de cada lado, y mézclelas bien con las cebollas para que no se quemen.

Lorraine Roses y Aviva Ben-Ur de compras en un mercado Latino en Boston

Agregue a los frijoles, las cebollas y las costillas, la salsa de tomate, los tomates, el estragón, la sal y la pimienta. Hierva a una temperatura entre moderada y fuerte; luego redúzcala y deje cocer 1 hora a fuego lento, con la olla tapada.

Con una cuchara colador extraiga de la olla, aproximadamente 1 taza de frijoles y hágalos puré en la licuadora o procesadora de alimentos. Añada el puré a la sopa. A continuación, saque las costillas y separe la carne de los huesos. Deséche éstos últimos y corte la carne en pedazos de 1 pulgada antes de regresarlos a la sopa. Corrija el sazón y sirva enseguida.

Para 6 porciones como primer plato

CHUPE DE CAMARONES

Esta hermosa sopa de color rosa coral, con camarones rosados y papas nuevas, culantro aromático y diferentes sabores que se complementan maravillosamente, es uno de los platos clásicos de la cocina peruana. Dolores Carver, dama peruano-americana que vive y trabaja como recepcionista en la ciudad de Chicago, se deleita preparando su receta de Chupe de camarones cada vez que recibe invitados. "Es una sopa tan elegante y deliciosa, además de fácil y rápida de preparar, que no me obliga a permanecer en la cocina cuando tengo invitados en la sala. Simplemente hiervo el chupe a fuego lento unas horas antes y añado los camarones cuando vuelvo a calentar la sopa antes de servirla. El Chupe de camarones está en realidad a mitad de camino entre una sopa y un guisado. Si lo sirvo como primer plato, le pongo menos maíz y papas, para lograr una consistencia de sopa, como en esta receta que les ofrezco. Cuando preparo el chupe como plato principal, le agrego el doble de maíz y papas para que salga como un guisado."

Aunque el Chupe de camarones a veces se prepara con arroz y papas, Dolores elige uno o el otro para su receta. (Para el Chupe de camarones con arroz, añádase simplemente media taza de arroz de grano largo, junto o en lugar de las papas.) A mediados del verano, o cerca del otoño, cocine con elotes frescos, cortados en pedazos, al estilo peruano, en vez de usar maíz de grano entero. En el Perú, el ají frutoso, un chile andino, amarillo brillante y muy picante (vea página 172) o el rocoto, un chile amarillo o rojo también muy picante (vea página 175), son los preferidos para darle el buen calor al Chupe de camarones. El carnoso rocoto es tan fuerte que se le llama afectuosamente "el levanta muertos" y también *gringo huanuchi,* es decir "mata gringos." Dado que los chiles ají no son fáciles de obtener (ver Recursos, página 325) y que los rocotos no se venden en los Estados Unidos, muchos peruano-americanos y otros aficionados al chile, los cultivan en sus jardines de semillas que obtienen por encomienda (ver Recursos, página 328). A nosotras nos gusta un toque agrio en el Chupe de camarones, así es que siempre lo servimos acompañado de un plato de limones en rodajas.

2 cucharadas de aceite de oliva

1 cebolla amarilla mediana, pelada y bien picada

2 dientes de ajo medianos, pelados y picados

1 tomate maduro grande, picado

¼ chile ají, sin el centro, ni las semillas y bien picado, o sustitúyalo por ½ chile jalapeño o serrano, o a gusto

1 cucharadita de paprika

¼ cucharadita de orégano en polvo (no desmenuzado)

6 tazas de caldo de pollo hecho en casa o de lata

2 papas nuevas (coloradas) medianas (¾ libra), peladas y cortadas en cubos de ½ pulgada

½ taza de maíz entero congelado o 1 elote fresco mediano, cortado en pedazos de 1 pulgada de grosor
1 libra de camarones, pelados, desvenados y enjuagados debajo de la llave de agua fría
¾ taza de *half-and-half* (mitad crema y mitad leche)
Sal y pimienta negra recién molida, a gusto
3 cucharadas de culantro fresco o eneldo picado
2 limas o 1 limón, cortados en rodajas (a su discreción)

En una cazuela o cacerola de ¾ o 1 galón de capacidad caliente el aceite de oliva a fuego moderado, y saltee las cebollas picadas y el ajo, revolviendo cada tanto, aproximadamente 10 minutos, o hasta que estén bien dorados. Añada el tomate, el chile, la paprika y el orégano y saltee 3 minutos más.

Agregue el caldo de pollo y las papas; cuando empiece a hervir, reduzca el calor y déjelo cocinar con la olla tapada, aproximadamente 25 minutos, o hasta que las papas estén muy blandas. (Si está usando maíz fresco cortado en pedazos, añádalo junto con las papas.) A continuación, agregue los camarones y el maíz (si es del tipo que viene congelado) y cocine durante unos 5 minutos o hasta que los camarones tomen un color rosado brillante.

Agregue el *half-and-half,* pruebe y sazone con sal y pimienta al gusto. Caliente bien la sopa, revolviendo frecuentemente. Ponga el Chupe de camarones en platos de sopa grandes, adorne con el culantro fresco picado o el eneldo y sírvalo de inmediato con rodajas de lima o limón.

Para 4 porciones como plato principal y 6 como primer plato

SOPA DE JAIBA

Esta espléndida sopa hondureño-americana está llena de dulce y delicada carne de cangrejo, de trozos de yuca con sabor a nuez y de plátanos, todo mezclado en un caldo de tomates, pimienta roja, leche de coco y jugo de limón. La sopa va bien como primer plato especial o constituye un verdadero banquete cuando se vierte con un cucharón en grandes platos soperos. Esta deliciosa creación puede parecer complicada, pero en realidad es fácil de hacer. La parte más difícil de la preparación es lograr la cooperación de los crustáceos, cuando se trata de darles un baño de vapor, pero a menos que sea uno demasiado aprensivo, como Woody Allen en la escena de la langosta viva en la película *Annie Hall*, no tendrá ningún problema si se acuerda que es necesario mantener la olla tapada. Muchas de las sopas de cangrejo hondureñas que hemos probado en los Estados Unidos, se sirven con el cangrejo todavía dentro de su caparazón. A fin de que no resulte tan difícil tomarla, nos hemos tomado la libertad de extraer los cangrejos de sus caparazones y de añadirlos a la sopa en la etapa final de su preparación.

La Sopa de jaiba no pertenece a la clase de sopas que pueden dejarse hervir largo rato. Debe cocinarse exactamente como lo manda la receta para que las verduras y la carne de cangrejo conserven su integridad. Los cangrejos azules de caparazón duro, provenientes de las costas del Atlántico y del Golfo, pueden obtenerse durante cualquier estación del año y son el ingrediente central de esta sopa, siempre que estén muy frescos. Por eso recomendamos comprar los cangrejos justamente antes de empezar a cocinar o, por lo menos, el mismo día en que se preparará la sopa. Los cangrejos azules deberán moverse y aparentar estar llenos de vida. Evite comprar los que no se muevan, porque estarán casi muertos y la carne será de calidad inferior. Hay quienes no soportan cocer los cangrejos al vapor mientras están aún vivos. Por si sirve de consuelo, les decimos a estas personas que los cangrejos tienen un sistema nervioso muy simple y que mueren a los pocos segundos de ser expuestos al vapor. La sopa puede prepararse también, sustituyendo el líquido donde se cuecen los cangrejos por ½ galón de caldo de pollo y los cangrejos, por una libra de carne del crustáceo comprada fresca.

⅜ galón de agua
6 cangrejos azules de caparazón duro, vivos
1 libra de yuca fresca o descongelada, pelada (ver la información acerca de la yuca en la página 213 y consultar la página 200 para aprender a pelarla)
2 cucharadas de aceite de oliva
½ taza de cebolla amarilla bien picada
2 dientes de ajo medianos, pelados y bien picados
1 tomate mediano maduro, picado
½ taza de pimiento rojo bien picado
2 plátanos amarillos, cortados en trozos de ½ pulgada y pelados (vea página 196 para información acerca de los plátanos y página 198 para aprender a pelarlos y cortarlos)
5 cucharadas de jugo de limón recién exprimido
1 taza de leche de coco en lata, sin azúcar
1 cucharada de culantro fresco bien picado
Sal y pimienta negra recién molida, a gusto
1 limón o 2 limas, cortados en rodajas (a su discreción)

Ponga el agua en una olla para cocinar cangrejos o en una olla grande para el baño María. Hierva el agua a una temperatura entre moderada y fuerte. Sosteniendo cada cangrejo firmemente con un par de pinzas, enjuáguelos debajo de la llave de agua fría, antes de colocarlos dentro de la olla. Tápela y sujete la tapa en su lugar, a fin de impedir que los cangrejos escapen. Repita la operación con cada cangrejo, hasta que todos estén dentro de la olla. Cueza los cangrejos al vapor, aproximadamente 10 minutos, o hasta que se pongan de un rojo brillante. Sáquelos luego de la olla, póngalos en un plato grande y déjelos enfriar hasta que sea posible volver a manipularlos. Pase por el colador el líquido de la olla, añada suficiente agua para obtener ½ galón y resérvelo.

Quítele la carne a los cangrejos: empezando con un cangrejo, dóblelo hacia atrás y sujételo con los dedos del extremo puntiagudo en la parte de abajo. Tire luego del caparazón, hasta separar la carne completamente. Descarte el caparazón. Junte cuidadosamente cualquier pedacito de cangrejo que se haya separado del pedazo principal y a continuación quíteles las agallas a los cangrejos (las bolsas esponjosas de forma puntiaguda) ubicadas en cada uno de sus lados. Parta el cangrejo por la mitad. Separe la carne del cuerpo del cangrejo y colóquela en una fuente o plato hondo mediano. Arránquele las patas y las pinzas, cuidando que éstas se separen del resto cuerpo del cangrejo en su punto de articulación con el mismo. Rompa las pinzas de los cangrejos con un cascanueces y quíteles la carne. Guarde los restos de las pinzas junto con las patas del cangrejo. Repita la operación con cada uno de los cangrejos. Cubra el plato que contenga la carne y póngalo en el refrigerador.

Coloque las pinzas, las patas y el agua del cangrejo en una olla grande y hiervalos, tapados, reduzca el calor y deje cocer a fuego lento durante 25 minutos. Cuele el líquido de cocción y resérvelo.

Corte los pedazos de yuca a la mitad y a lo largo. Use un pelalegumbres para quitarle a cada pedazo la parte fibrosa del centro y rebane en trozos de ½ pulgada.

Caliente el aceite de oliva en una olla a fuego moderado, saltee las cebollas picadas y el ajo, aproximadamente 3 minutos, o hasta que las cebollas estén blandas. Añada los tomates picados y el pimiento, revuelva y siga salteando unos 6 minutos o hasta que los tomates se deshagan. Agregue el agua de cocción del cangrejo y la yuca; hierva con la olla tapada. Baje luego la llama y deje cocer, tapado, a fuego lento durante 20 minutos.

Añada los plátanos y el jugo de limón y siga cocinando a temperatura baja, sin quitar la tapa, aproximadamente 20 minutos, o hasta que los plátanos estén blandos. Agregue la leche de coco, la carne de cangrejo reservada y el culantro. Caliente la sopa hasta que alcanze la temperatura deseada. Revuelva con cuidado, a fin de evitar romper los pedazos de cangrejo. Sazone con sal y pimienta negra recién molida al gusto. Sirva enseguida con rodajas de lima o limón a gusto.

Para 6 porciones como primer plato y 4 como plato principal

SOPA FRÍA DE PIMIENTOS COLORADOS Y COCO

Soupe froide au poivron rouge et coco

Esta sopa cremosa y delicada, preparada con pimientos colorados y coco, constituye un magnífico comienzo para una cena de fines del verano o comienzos del otoño, cuando los mercados y quioscos de verduras rebosan de pimientos. La versión que aquí presentamos posee todos los ingredientes de la clásica sopa haitiana de pimientos colorados dulces, pero los pimientos son asados en vez de cocidos, a fin de concentrar su sabor dulce natural. La leche de coco tropical, aporta una sorpresa sutil. El chile colorado, molido y espolvoreado en la superficie, como un estallido color escarlata, intensifica su atractivo visual. Si le gusta la comida muy condimentada, elija el chile colorado molido picante, en vez del más suave y, de ese modo, logrará un contrapunto al gusto suave de los pimientos colorados dulces.

Una vez que se han pasado por la llama los pimientos colorados y se les ha quitado la piel y las semillas, el resto de la preparación es rápida y fácil. (La tarea de preparar la sopa será aún más fácil, si se quema cuidadosamente la piel entera de los pimientos sobre la llama y se cuecen al vapor durante el tiempo indicado dentro de una bolsa de papel o de plástico bien cerrada.) Dado que la sopa debe enfriarse en el refrigerador, puede prepararla unas horas o incluso un día antes del momento de llevarla a la mesa.

2½ libras de pimientos colorados (alrededor de 5 pimientos grandes), asados (ver las instrucciones acerca de cómo asar pimientos en la página 179)
1 cucharada de mantequilla
1 cebolla amarilla pequeña, pelada y picada
2 tazas de caldo de pollo hecho en casa o de lata
2 cucharadas de pasta de tomate
½ taza más 4 cucharaditas de leche de coco en lata, sin azúcar
½ taza de *half-and-half* (mitad leche y mitad crema)
Sal y pimienta blanca recién molida, a gusto
2 cucharaditas de chile colorado seco y molido o de paprika, poco picante, picante o muy picante para aderezo (ver la nota acerca del chile colorado seco y molido, en la página 178)

Corte los pimientos colorados asados en trozos de 2 pulgadas. Derrita la mantequilla a fuego moderado en una cazuela o cacerola que tenga entre ¾ y 1 galón de capacidad.

Saltee las cebollas picadas durante unos 8 minutos, revolviéndolas de vez en cuando, hasta que estén ligeramente doradas. Añada los pimientos colorados, el caldo de pollo y la pasta de tomate y remueva. Hierva a una temperatura entre moderada y fuerte; después tape, baje el calor y deje cocer a fuego lento durante 20 minutos, revolviendo de vez en cuando.

Ponga los pimientos y su agua de cocción en una licuadora eléctrica o procesadora de alimentos y hágalos puré. Regrese el puré a la cazuela y vierta ½ taza de leche de coco y el *half-and-half.* Revuelva, pruebe y sazone con sal y pimienta blanca a gusto.

Deje enfriar la sopa hasta que alcance la temperatura ambiente y luego cúbrala y póngala en el refrigerador hasta que esté bien fría. Sirva la sopa en 4 platos hondos. Vierta 1 cucharadita llena de leche de coco sobre cada plato formando un diseño, espolvoree con ½ cucharadita de chile molido o paprika y sirva enseguida.

Para 4 porciones

SOPA DE CALABAZA CON AROMA DE NARANJA

Según dice la historia, los zapallos y las calabazas de invierno se originaron en México y Guatemala. Fueron cultivados hace muchos miles de años, junto con el maíz y el chile, por los antecesores de los incas. Por eso, no resulta extraño que abunden las recetas de sopa de calabazas, entre los estadounidenses de descendencia latinoamericana. A pesar de que nunca hemos encontrado dos sopas de calabaza de origen latinoamericano que fueran exactamente iguales, casi todas contienen los mismos ingredientes principales. Hay pocas sopas de origen jamaiquino-americano que no lleven tomillo y chiles *Scotch bonnet.* Y es rara la sopa de calabaza cubano-americana que no recurra al caldo de pollo (la mayoría de las sopas de calabaza sudamericanas son preparadas con caldo de res). Después de muchos años de probar sopas de calabaza tradicionales, así como las nuevas variedades (¡la más original incluía maíz y wontons chinos en su composición!), hemos concluido que nuestras preferidas de siempre son la Sopa de calabaza y cangrejo del diseñador de moda dominicano-americano, Oscar de la Renta, publicada en el *New York Cookbook* y esta otra sopa dominicana de calabaza asada, con un sutil aroma de naranjas, que probamos por primera vez en el mostrador de una cafetería dominicana en Washington Heights, en el corazón de la comunidad dominicano-americana en la ciudad de Nueva York.

Esta receta requiere la calabaza (también conocida como zapallo de las Indias Occidentales, zapallo verde y calabaza cubana), de venta en mercados y bodegas latinos. Si no puede conseguirla sustitúyala por cualquier zapallo de invierno que no sea demasiado dulce y que tenga una textura cremosa como la de los zapallos, llamados *butternut* (nogal blanco, por su sabor parecido a la nuez del árbol) y banana. Evite usar el demasiado dulce zapallo tahitiano o el *kabocha,* así como también el zapallo común de los Estados Unidos (reservado para las linternas del *Halloween*), porque suele ser acuoso e insípido. Tampoco convienen las calabazas de invierno, porque suelen ser granosas o fibrosas, como la llamada "calabaza espagueti" (*spaghetti squash*). La mayoría de las calabazas y los otros zapallos mencionados, pesan más que las dos libras que hacen falta para nuestra receta. Nosotras siempre asamos el zapallo que sobra, junto con las dos libras que usamos para la sopa, y luego lo comemos otro día con aceite de oliva extra virgen o salsa de *tamari* japonesa.

2 libras de calabaza fresca o de *butternut* o *banana squash,* sin las semillas y cortado en pedazos de 3 pulgadas de ancho (la piel debe quedar intacta)
Aproximadamente 1½ cucharadas de aceite de oliva
1 cucharada de mantequilla
1 cebolla amarilla mediana, pelada y picada
½ cucharadita de jengibre molido
½ cucharadita de nuez moscada molida
2½ tazas de caldo de pollo, preferiblemente hecho en casa
1¼ tazas de jugo de naranja
De 1 a 1¼ tazas de *half-and-half* (mitad leche y mitad crema)
Sal y pimienta blanca recién molida, a gusto
1 naranja sin semillas, cortada en rodajas lo más finas posible, para aderezo

Con un cepillo, unte ligeramente con aceite de oliva los pedazos de calabaza y póngalos sobre una bandeja para horno de *teflón.* Apoye los pedazos de calabaza sobre el lado recubierto de piel. Deje asar la calabaza; ponga la plancha en la parte superior de un horno precalentado a 450°F, hasta que los pedazos estén bien marrones (e incluso presenten partes quemadas) y se los note blandos al pincharlos con un tenedor, durante unos 35 minutos. Retire la calabaza del horno, coloque los pedazos en un plato grande y déjelos enfriar hasta que puedan ser manipulados. Quite la piel, que ya debe estar muy fina, de cada uno de los pedazos. Debe ser muy fácil separarla de la pulpa. (Tenga cuidado de quitar únicamente la piel y de dejar la capa marrón que aparece en el resto de la superficie.) Deseche la piel y corte los pedazos en trozos de 1 pulgada.

Derrita la mantequilla en una cazuela o cacerola de entre ¾ y 1 galón de capacidad, a fuego moderado saltee las cebollas, revolviéndolas ocasionalmente, hasta que estén ligeramente blandas, aproximadamente 8 minutos. Añada el jengibre y la nuez moscada y revuelva. Agregue la calabaza reservada, el caldo de pollo y el jugo de naranja. Hierva lentamente y luego reduzca la temperatura, tape y deje cocer a fuego lento 25 minutos, revolviendo de vez en cuando para ayudar a disolver los pedazos de calabaza.

Pase el contenido de la cazuela a una licuadora eléctrica o procesadora y licúelo hasta que quede bien suave. Regrese el puré a la cazuela. Caliéntela sobre fuego bajo y vierta lentamente el *half-and-half*, revolviendo constantemente hasta lograr la consistencia deseada. (Dependiendo de la densidad de la calabaza que se use, será necesario añadir hasta un máximo aproximado de 1¼ tazas de *half-and-half*.) Sazone con sal y pimienta blanca, según haga falta. Cocine la sopa aproximadamente 3 minutos, revolviendo constantemente, hasta que esté bien caliente, pero no la deje hervir.

Retire la sopa del fuego y sírvala de inmediato, o bien déjela enfriar primero a temperatura ambiente. Refrigérela por un mínimo de 3 horas y sírvala bien fría. En cualquiera de los dos casos, adorne cada plato con una rodaja de naranja.

Para 4 porciones

EL LOCRO GRINGO

Si nunca ha comido Locro, la venerable sopa andina, prepárese para disfrutar de algo realmente delicioso. El locro es una sopa de papas y queso sumamente reconfortante, substanciosa, pintoresca y suave como el terciopelo, perfecta para el comienzo de una comida sofisticada, especialmente si el menú incluye conejo, pato o venado. Muchos ecuatoriano-americanos lo aprecian a tal grado, que lo sirven como plato fuerte, acompañado de otro plato que consiste en pedazos de aguacate, en una vinagreta decorada con cebollas moradas salteadas al aceite y nueces asadas, que sirve para balancear la textura espesa de la sopa.

David Chiriboga, ecuatoriano-americano y director del Departamento de Promoción de la Salud y Gerontología de la rama médica de la Universidad de Texas en Galveston, recuerda una versión yanqui del locro que saboreó en su infancia y que aún hoy sigue atesorando. Explica David: "Mis padres emigraron a los Estados Unidos del Ecuador en los años veinte y se instalaron en Nueva Inglaterra. Crecí en Newton, Massachusetts, y, que yo sepa, éramos la única familia hispana de la ciudad. Como resultado, nos adaptamos rápidamente. Durante un sinfín de generaciones, la rama de mi familia en Quito usó un queso fresco y suave, parecido al *farmer cheese* de este país, para preparar el locro. Pero en Massachusetts, mi familia sustituyó el queso ecuatoriano por el queso *Vermont cheddar* de Nueva Inglaterra. A pesar de nuestra rápida adaptación a este país, el locro familiar nunca perdió todas sus cualidades auténticas. Siempre hemos preparado la sopa con achiote molido para darle ese agradable y pintoresco color rojizo. El achiote tiene un sabor ligeramente almizclado y a muchos estadounidenses les toma un poco de tiempo acostumbrarse al gusto. Las semillas son preciadas, sobre todo por el bello color que aportan a la comida. Muchas comidas estadounidenses, como la mantequilla, la margarina y el *cheddar* anaranjado le deben su color al achiote, aunque no el gusto. En ciertas regiones del Ecuador, se usa la paprika, en vez del achiote molido, en el locro. Mi receta combina elementos de ambos países y es por eso que la llamo El Locro Gringo."

David Chiriboga aún prepara El Locro Gringo, de la manera en que su madre le enseñó cuando era niño en Massachusetts. Lo hace no sólo porque es un plato delicioso y fácil de preparar después de un largo día de trabajo, sino porque le llena el corazón. Hoy en día, David comparte su locro con una nueva generación de ecuatoriano-americanos: sus hijos Carlos y David, quienes aprecian la exótica sopa, pero la prefieren con palomillas rebozadas en mantequilla, mejor que con la tradicional ensalada de aguacate que les sirve su padre.

2 cebollas amarillas medianas, peladas y picadas
1 diente de ajo grande, pelado y picado
1½ cucharadas de aceite de oliva
1 cucharadita de achiote molido (también llamado annatto) o sustituya por paprika*
3 libras de papas *russet* (Idaho), peladas y cortadas en cubos de 1 pulgada
¼ galón de caldo de pollo o de agua
1 taza de leche
1 taza (4 onzas) de queso rallado *cheddar* blanco, suave, mediano o fuerte
Sal y pimienta blanca recién molida, a gusto
½ taza de culantro fresco bien picado, como aderezo

**El achiote se vende molido o entero en bodegas latinas. Debe ser color ladrillo. Un tinte carmelito indica que las semillas ya están viejas y han perdido su sabor. Si sólo encuentra semillas enteras, colóquelas en una olla de agua hirviendo y déjelas cocer a fuego lento, 5 minutos, con la olla tapada. Déjelas enfriar en el agua a temperatura ambiente, cuélelas y muélalas en un mortero, una moledora de café bien limpia o en un* minichopper *eléctrico.*

Saltee las cebollas y el ajo en el aceite de oliva, a fuego moderado, en una cazuela de ¾ a 1 galón de capacidad. Revuelva con frecuencia hasta que las cebollas estén bastante blandas, unos 10 minutos. Agregue el achiote molido o la paprika y remueva.

Añada las papas y el caldo de pollo o el agua y hierva a una temperatura entre moderada y fuerte. Baje la llama, tape y cocine las papas lentamente, aproximadamente 25 o 30 minutos, o hasta que las sienta bien blandas al pincharlas con un tenedor.

Con una cuchara colador, pase aproximadamente la mitad de las papas cocidas a un plato hondo mediano. Hágalas puré con un majador de papas, vierta ½ taza del agua de cocción y bátalas con una batidora eléctrica o a mano, hasta que estén bien disueltas. (No use licuadora o procesadora de alimentos, porque las papas se ponen pegajosas como almidón.) Regrese el puré de papas a la cazuela, agregue la leche, revuelva y cocine la sopa a temperatura moderada, hasta que esté caliente, pero no deje que hierva.

Agregue el queso *cheddar,* mezcle bien y retire la sopa del calor directo. Sazone con sal y pimienta blanca a gusto. Sirva el Locro en platos hondos y decore con culantro picado. Sirva enseguida.

Para 6 porciones

SOPA FRÍA DE PALTAS CON SALSA DE MANGO Y CULANTRO

Esta sopa de aguacate, fría y aterciopelada, se basa en una receta chilena tradicional, modernizada con un toque de salsa de mango y culantro se convierte en un estallido de sabor y color tropical. La Sopa fría de paltas con salsa de mango y culantro es ideal entre los meses de junio y fines de agosto, cuando el clima es templado y los mangos, así como las variedades estivales del aguacate, están en su punto culminante. Sin embargo, hay muchas regiones del país donde tanto los aguacates como los mangos importados se consiguen durante todo el año—y en ese caso, esta buena sopa es perfecta en cualquier estación. La Salsa de mango y culantro puede prepararse con un día de anticipación, pero la sopa de aguacate debe hacerse el mismo día de la cena.

4 tazas de caldo de pollo, hecho en casa preferiblemente
4 aguacates *Hass* medianos y maduros
1 taza de *half-and-half* (mitad leche y mitad crema)
2 cucharadas de limón recién exprimido
½ cucharadita de salsa *Worcestershire*
Sal y pimienta blanca recién molida, a gusto
Salsa de mango y culantro, bien fría (vea página 31)

Vierta el caldo de pollo en una cazuela o cacerola y caliéntelo a una temperatura entre moderada y baja. Corte los aguacates por la mitad, quíteles los huesos y la cáscara y rebánelos en pedazos de 2 pulgadas. Ponga los pedazos de aguacate y la taza de *half-and-half* en una licuadora o procesadora de alimentos y licúelo hasta que quede bien suave.

Retire el caldo de pollo del calor directo, agregue el puré de aguacate, el jugo de limón y la salsa *Worcestershire;* mezcle bien. Sazone con sal y pimienta blanca al gusto. Refrigere la sopa al menos 3 horas. Sírvala en platos previamente enfriados y adorne cada uno con la salsa de mango y culantro.

Para 6 porciones

EL AGUACATE

Esta fruta del trópico y del subtrópico ya era cultivada en México siete mil años antes de Cristo. La palabra "aguacate" se deriva de *ahuacatl,* palabra náhuatl (lengua de los habitantes del México precolombino) que quiere decir testículo. Antes de que Colón pusiera un pie en el Nuevo Mundo, el aguacate ya había llegado a Suramérica y el Caribe. Cuando los exploradores españoles encontraron esta curiosa fruta, la llamaron "aguacate" (y los portugueses *abacate*), aproximándose al *ahuacatl.* Y así se le llama hoy en día en toda Latinoamérica, con la excepción de algunos países suramericanos como Chile y Argentina, donde se le denomina con una palabra incaica, palta, y Colombia, donde se la llama cura. Para los estadounidenses de habla inglesa, la fruta primero llevó el nombre de *alligator pear* y, más tarde, *avocado.*

Las variedades de aguacate más cultivadas en los Estados Unidos son el *Hass* (en honor al cartero Rudolph Hass, quien en 1926, fue el primero en sembrar esta variedad en los Estados Unidos) y el Fuerte. El *Hass* tiene un sabor robusto y la piel verdinegra y áspera. El Fuerte tiene la piel verde y lisa y no se cotiza tanto como el *Hass.* Los aguacates *Hass* se cultivan principalmente en California (muchos habitantes del sur del estado tienen árboles que dan este tipo de aguacate en sus propios jardines), mientras que los Fuerte se cultivan principalmente en el estado de Florida. Los *Hass* tienen sabor a nuez y en general contienen hasta un cincuenta por ciento más de aceite que los Fuerte, que saben un poco dulce y suelen ser acuosos. Algunas variedades del Fuerte presentan frutos minúsculos y se les llama *mini avocados, cocktail avocados* o *cukes.*

Los *avocados* maduran mejor cuando se cosechan aún duros y se les deja una o dos semanas a temperatura ambiente. También maduran mucho más rápido envueltos en una bolsa de papel. Para probar si el fruto está maduro, basta apretarlo ligeramente con el pulgar. Si se hunde, el aguacate está listo. Los aguacates maduros se conservan varios días en un lugar fresco y hasta una semana refrigerados. El fruto se ennegrece rápidamente una vez que se corta y es por eso que se debe esperar hasta el último momento para servirlo. Unas gotas de jugo de limón o de lima demoran el proceso de oxidación. Para que se conserve ya cortado dentro del refrigerador, es necesario dejarle la piel y el hueso, exprimirle el jugo de una lima o un limón y envolverlo en plástico bien ceñido.

Los aguacates juegan muchos papeles en la cocina latinoamericana en los Estados Unidos. En algunos casos, hacen su aparición como antojitos o aperitivos, en otros, como ensaladas, sopas, salsas, platos principales e incluso como postres. Los rellenos también se destacan. A los colombiano-americanos les gustan los dados de aguacate dentro de sus sopas y cocidos, así como en los batidos de leche y aguacate, mientras que a los brasilero-americanos les agrada el helado de esta fruta. Los cubano-americanos preparan vinagretas con aguacate cortado en dados o en rodajas o, al igual que los guatemalteco-americanos y chileno-americanos, como el ingrediente principal de una sopa fría. Los venezolano-americanos, los puertorriqueños y otros grupos latinos, aumentan sus ensaladas con aguacates cortados en trozos o en rodajas. Los mexicano-americanos lo machacan para hacer guacamole y los venezolano-americanos para hacer guasacaca. También lo sirven cortado en cubos para adornar las sopas y los platos de carne. Los mexicano-americanos emplean además las hojas de ciertas variedades con fragancia de albahaca y anís. Las hojas de aguacate están a la venta en algunos mercados latinos, pero abundan en la naturaleza y para obtenerlas, basta con arrancarlas de aquellos árboles que no hayan sido rociados con insecticidas.

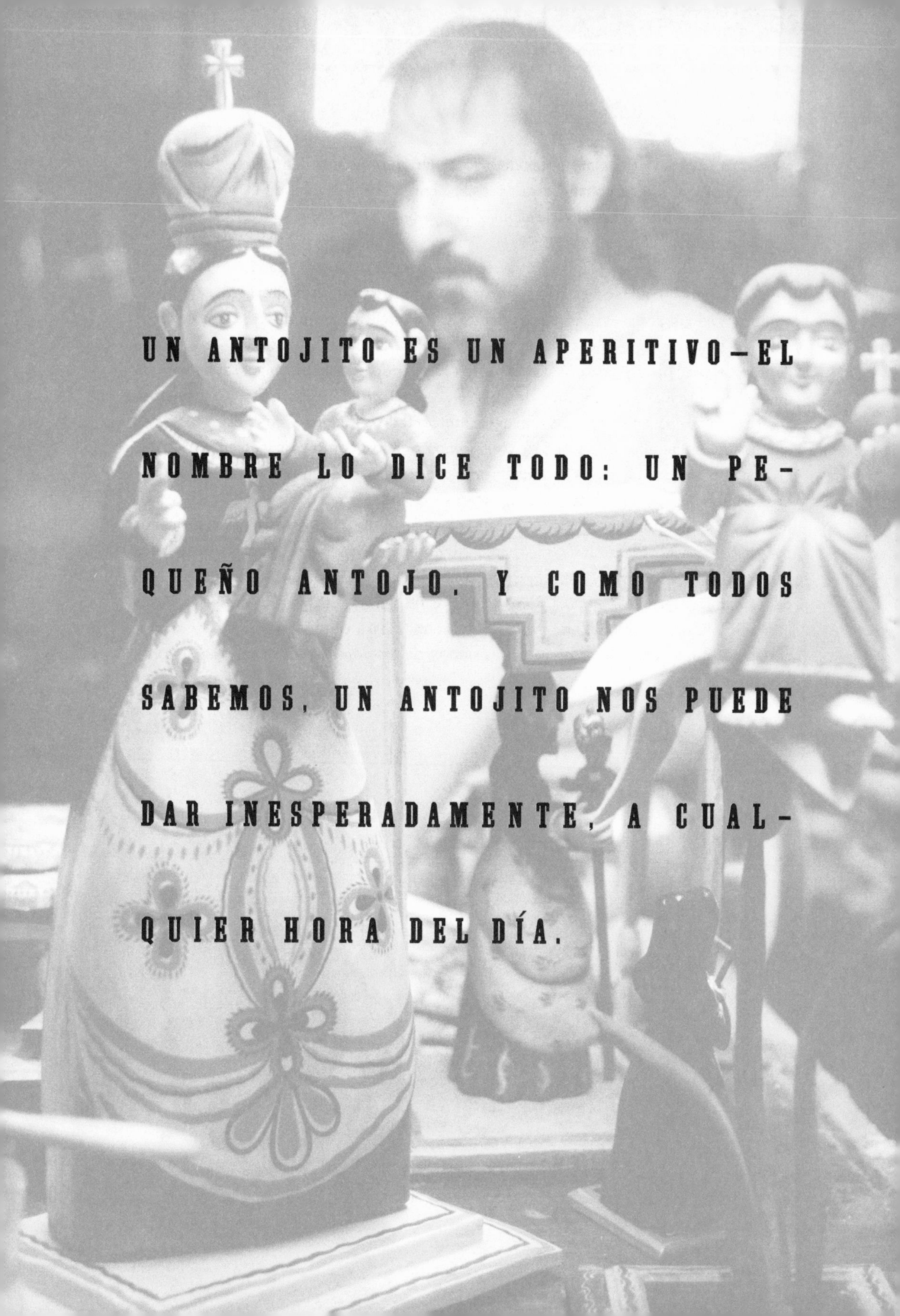

UN ANTOJITO ES UN APERITIVO—EL NOMBRE LO DICE TODO: UN PEQUEÑO ANTOJO. Y COMO TODOS SABEMOS, UN ANTOJITO NOS PUEDE DAR INESPERADAMENTE, A CUALQUIER HORA DEL DÍA.

ENTREMESES Y ENSALADAS

SALSAS

La palabra salsa significa simplemente eso, salsa, cualquier salsa; pero en los Estados Unidos se ha convertido en el apelativo general para bocadillos o condimentos crudos hechos con chile. Sin duda, muchas salsas llevan chile como ingrediente principal, pero la mayoría se destacan por los tomates frescos y bien picados. La Salsa verde, tradicionalmente preparada con tomatillos y chiles verdes, también se ha puesto muy de moda y ahora hasta se hace con aceitunas y nopalitos. Los chefs Nuevo Latinos han contribuido al furor con sus salsas de mango, papaya, durazno, piña y otras frutas, así como salsas originales de vegetales hechas con maíz y frijoles, que aderezan las sopas, los platos de carne, aves, pescados y mariscos. Douglas Rodríguez, chef del restaurante Patria de la ciudad de Nueva York, ha refinado y redefinido la salsa, con sus exóticas versiones como Salsa de queso blanco ahumado, Salsa de anchoas, Salsa de camarones secos y Salsa de pepinos y eneldo. Otros inventores culinarios también han salido con sus propias combinaciones y en resumen puede decirse que hoy en día la salsa ya no tiene límites.

Una gran variedad de salsas tradicionales y nuevas, de ligeras a muy picantes, saltan a la vista en los mercados y supermercados del país y es tan grande su popularidad, que las ventas anuales sobrepasan, desde hace ya varios años, las del *ketchup*. Y si la salsa (de la manera en que la definen los norteamericanos), es un elemento esencial en la cocina mexicano-americana y en la del sudeste de los Estados Unidos, también ocupa un lugar importante en las recetas de cocina de otros latinos, especialmente los de origen peruano, ecuatoriano y chileno y, en menor grado, entre los de origen brasilero y argentino. (Por supuesto, las salsas picantes, que para los estadounidenses son formas líquidas de chile que usan con moderación, son muy comunes en otros lugares de Latinoamérica.)

SALSAS DE CHILE

Muchas salsas se preparan casi exclusivamente con chiles y sin tomate de ningún tipo. Suelen ser muy picantes y se recomienda usarlas con cautela.

SALSA PICANTE PERUANO-AMERICANA

3 chiles ají, sin el centro ni las semillas y bien picados, o sustitúyalos por 3 chiles jalapeños (ver la información en la página 174 acerca de los ajíes)
1 cebolla amarilla pequeña, pelada y bien picada
2 chalotes medianos, con sus partes verdes y blancas, bien picados
3 dientes de ajo grandes, pelados y bien picados
2 cucharadas de aceite de oliva extra virgen
2 cucharadas de vinagre de vino

Combine todos los ingredientes en un plato hondo mediano y refrigérelos durante 1 hora.

Para la Salsa de ají picante ecuatoriano-americana: Ponga los chiles en un plato hondo mediano. Omita el resto de los ingredientes mencionados arriba. Añada ½ taza de cebolla morada bien picada. Agregue jugo de limón recién exprimido, hasta tapar los 2 ingredientes señalados, y sazone con sal a gusto. Cubra el plato hondo y déjelo en el refrigerador por lo menos 3 horas. Añada un poco de agua, si lo desea, para suavizar el gusto del jugo de limón, y sirva la salsa.

Para la Salsa de chile malagueta y de lima brasilero-americana (*Môlho de pimenta e limão*): (Ver la información que figura en la página 174 y Recursos, página 325, acerca de los chiles malaguetas.) Haga puré 3 malaguetas en conserva o 3 chiles *Scotch bonnet* frescos y sin semillas o chiles *Jamaica Hot,* junto con 1 cebolla amarilla pequeña, 1 diente de ajo mediano y ½ taza de jugo de limón o de lima recién exprimidos, en una procesadora de alimentos o licuadora eléctrica. Sazone con sal a gusto y sírvala.

SALSAS DE TOMATE

Las salsas de tomates son más sabrosas cuando se las prepara con ricos tomates que se han dejado madurar en la planta. Ni se le ocurra comprar esas anémicas imitaciones de cera que cultivan en invernaderos y venden en los supermercados bajo el nombre de tomates.

SALSA CHILENO-AMERICANA DE TOMATES FRESCOS

Pebre

3 tomates medianos maduros, cortados en trocitos
1 cebolla amarilla pequeña, pelada y picada
1 diente de ajo grande, pelado y picado
1 chile serrano o jalapeño, sin semillas y picado, o a gusto
1 cucharada de aceite de oliva extra virgen
1½ cucharadas de limón o lima recién exprimidos, o vinagre de vino tinto
2 cucharadas de culantro fresco bien picado
1 cucharada de perejil fresco bien picado
Sal y pimienta negra recién molida, a gusto

Combine todos los ingredientes en un plato hondo mediano. Pruebe y sazone con sal y pimienta al gusto. Cubra el plato hondo y déjelo en el refrigerador durante 1½ horas. Sirva la salsa con Porotos Granados (frijoles sancochados con maíz, zapallo y albahaca, vea página 193) y con carnes a la parrilla o asadas. (Algunas versiones de *Pebre* prescinden de los tomates por completo y requieren más chiles y aceite de oliva.)

Para la Salsa mexicana, a la que también se le llama Salsa cruda, Salsa fresca y, en Texas, Pico de gallo (ensalada de naranja y jícama en otras partes): Omita el aceite, el jugo de limón o de lima, el perejil y la pimienta negra. Añada una pizca de azúcar. Sirva la salsa a temperatura ambiente con cualquier plato mexicano que no esté cocinado en su propia salsa.

Para la Salsa de ají ecuatoriano-americana: Omita el ajo, el aceite de oliva, el jugo de limón o de lima, el perejil y la pimienta negra. Mezcle todos los otros ingredientes, con excepción de los chiles, en un plato hondo mediano. Quíteles las semillas a 2 ajíes, o sustitúyalos por 2 chiles serranos o jalapeños, y hágalos puré en una licuadora o procesadora de alimentos, añadiéndoles ¼ taza de agua. Mezcle el puré de chiles en la salsa poco a poco y sirva a temperatura ambiente con carnes asadas o a la parrilla y palmitas de tortilla.

Para la Salsa criolla argentino-americana: Mezcle 2 cucharadas de chile colorado seco y molido (vea página 178) y 2 cucharaditas de mostaza seca en un plato hondo grande. Añada ⅓ taza de vinagre de vino tinto y ½ taza de aceite de oliva extra virgen y bata con una espumadora. Agregue 3 tomates medianos cortados en trocitos, 1 cebolla mediana, 2 dientes de ajo y 2 cucharadas de perejil (estos últimos tres ingredientes, bien picados). Cubra el plato hondo y deje 3 horas en el refrigerador. Sirva la salsa con carnes asadas, a la parrilla o en barbacoa.

SALSA VERDE MEXICANO-AMERICANA

8 tomatillos verdes grandes frescos, o sustitúyalos por 1 lata de 13 onzas de tomatillos enteros, colados*

2 chiles serranos o jalapeños, asados, pelados y sin semillas (ver las instrucciones en la página 179, acerca de cómo asar los chiles), o a gusto

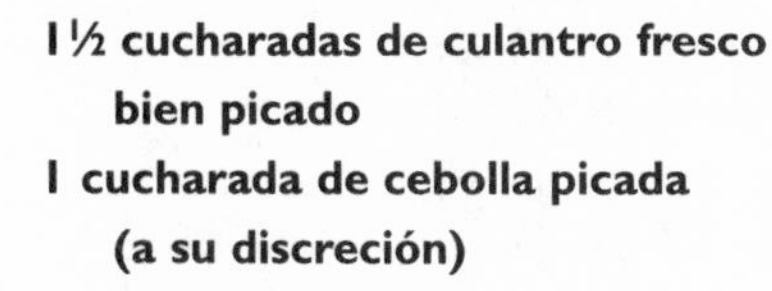

- 1½ cucharadas de culantro fresco bien picado
- 1 cucharada de cebolla picada (a su discreción)
- 1 diente de ajo pequeño (a su discreción)
- ¼ cucharadita de azúcar granulada, o a gusto
- Sal a gusto

**Los tomatillos, también conocidos como tomates verdes, fresadillas y tomatitos, pertenecen a la misma familia que los tomates y parecen tomates verdes pequeños con hojas de papel marrón pegadas. Los tomatillos se usan aún verdes y firmes. Tienen un sabor que se asemeja a una combinación de manzanas, limones y hierbas. De cuando en cuando están a la venta, frescos, en comercios latinos, algunos supermercados y tiendas especializadas.*

Si usa los tomatillos frescos, quíteles las hojas secas y póngalos en una cazuela con suficiente agua con sal para cubrirlos y hiervalos. Baje el calor y déjelos cocer aproximadamente 8 minutos o hasta que estén blandos. Cuele, corte los tomatillos en mitades, hágalos puré con los chiles asados, el culantro, la cebolla y el ajo (si lo desea) y el azúcar en una licuadora eléctrica o procesadora. Sazone con sal a gusto y deje la salsa en el refrigerador, por lo menos 3 horas antes de servirla. Emplee esta salsa como alternativa para las salsas de tomate.

SALSAS DE VERDURAS Y FRUTAS NUEVO LATINO

Escoja solamente las frutas y verduras de la mejor calidad y al punto culminante de su maduración. Las salsas de este tipo son más bien delicadas y, por lo tanto, hay que prepararlas el mismo día en que se planea servirlas.

SALSA DE MANGO Y CULANTRO

- 1 mango mediano maduro, pelado, sin el hueso y cortado en trocitos
- ½ taza de cebolla morada bien picada
- ¼ taza de culantro fresco bien picado
- 1 cucharada de jugo de lima recién exprimido
- ½ chile jalapeño colorado o chile serrano colorado, sin semillas y bien picado, o a gusto

Mezcle todos los ingredientes en un plato hondo pequeño. Cubra el plato y enfríe la salsa en el refrigerador por lo menos 3 horas. Pruébela con Sopa fría de paltas (vea página 23), pescado o mariscos a la parrilla o asados.

SALSA DE DURAZNO Y CHILE HABANERO

3 duraznos grandes maduros, pelados, sin carozo, y cortados en cubitos
½ chile habanero, sin semillas y bien picado, o a gusto
2 cucharadas de cebolla morada bien picada
Jugo de 1 lima
1 cucharada de azúcar morena (de la clara)
¼ cucharadita de canela molida
¼ cucharadita de clavo molido
Sal a gusto

Mezcle con cuidado todos los ingredientes en un plato hondo mediano. Cubra el plato y déjelo en el refrigerador durante 2 horas. Esta salsa acompaña muy bien a la carne de cerdo.

SALSA DE BAYA

1 taza de zarzamoras: *olallieberries, loganberries* o *boysenberries*, o frambuesas rojas, negras o doradas
1½ cucharadas de culantro fresco bien picado
1½ cucharadas de menta fresca bien picada
½ chile serrano colorado o jalapeño colorado, bien picado, o a gusto
1 cucharada de jugo de lima recién exprimido
Sal a gusto

Macheque la mitad de las bayas en un bol pequeño. Agregue la otra ½ taza de bayas enteras y el resto de los ingredientes, mezcle con cuidado y sirva de inmediato. Esta salsa le va muy bien al pernil asado, las costillas de cordero, al pollo a la parrilla y al pato.

Salsa con frijoles negros y maíz

- **2 elotes de maíz frescos, asados o cocidos al vapor y enfriados**
- **1 taza de frijoles negros cocinados y colados**
- **¼ taza de cebolla morada bien picada**
- **¼ taza de pimiento rojo bien picado**
- **3 cucharadas de jugo de limón o de lima recién exprimido**
- **1 cucharada de aceite de oliva extra virgen**
- **2 cucharadas de culantro fresco bien picado**
- **1 chile jalapeño colorado, sin semillas y bien picado, o a gusto**
- **1 diente de ajo grande palado y bien picado**
- **½ cucharadita de comino molido**
- **Sal a gusto**

Separe los granos de maíz del elote con un cuchillo bien afilado. Mezcle los granos de maíz con todos los demás ingredientes, a excepción de la sal, en un plato hondo mediano. Pruebe y sazone con sal a gusto. Cubra el plato y póngalo en el refrigerador hasta que llegue el momento de servir la salsa. Sírvala con carnes asadas o con pollo a la parrilla.

ENSALADA DE SALPICÓN SALVADOREÑO-AMERICANA

El salpicón salvadoreño es un picadillo de carne de res asada, bañado con un aliño con sabor a frutas cítricas. La carne se mezcla con suficientes cebollas y rábanos picados, como para ampliar el sabor, pero sin desplazarlo y lograr un equilibrio entre las diferentes texturas de cada ingrediente. La menta fresca aporta una nota refrescante. En este salpicón, la carne de res medianamente cocinada, ya sea el rosbif o el bistec asado al fuego o a la parrilla y cortado en pedazos de ¼ pulgada, sustituye a la carne de res bien cocinada y picada que suele llevar este plato. También preferimos reemplazar las cebollas por chalotes a fin de lograr un contraste verde con el rojo de los rábanos y agregamos dos ingredientes a los del salpicón tradicional: la salsa *Worcestershire* y el aceite de oliva.

El salpicón es un plato muy popular en las pupuserías (restaurantes salvadoreños

Un restaurante de la cadena Texis, que ofrece típicos platos salvadoreños—pupusas, salpicón, tamales de elote y otros

que se especializan en la pupusa, o tortillas gruesas rellenas) de los Estados Unidos. Casi todos sirven el salpicón bien frío o a temperatura ambiente, acompañado de arroz amarillo, frijoles hechos puré y decorado con lechuga, tomate y pepino. Una de las mejores maneras de saborear el salpicón, es servirlo sobre una ensalada (mixta verde) para el primer plato, el almuerzo o cena ligera, acompañado de una canasta llena de crujiente pan caliente. A veces nosotras lo comemos con pan (*Kaiser rolls*), en forma de sandwiches. Este plato es tan delicioso que cada vez que tenemos a mano sobras de rosbif, de costillas de res o de *London broil,* aprovechamos la oportunidad para transformarlas en un salpicón.

¼ taza de aceite de oliva, de preferencia extra virgen
3 cucharadas de jugo de naranja recién exprimido
2 cucharadas de jugo de lima o de limón recién exprimido
½ cucharada de vinagre de vino tinto
¼ cucharadita de salsa *Worcestershire*
Pimienta negra recién molida, a gusto
1 libra (alrededor de 2 tazas) de rosbif o de costillas de res medianamente cocinadas y cortadas en pedazos de ¼ pulgada
2 chalotes medianos, con las raíces cortadas y bien picados
½ taza de rábanos bien picados
¼ taza de menta fresca bien picada
6 onzas de ensalada verde mixta (tal como una mezcla de *lamb's lettuce,* arúgula y *frisee lettuce*)

En un tazón grande mezcle bien el aceite de oliva, el jugo de naranja, el jugo de lima o de limón, el vinagre, la salsa *Worcestershire* y la pimienta negra, para hacer el aliño. Añada la carne, los chalotes, los rábanos y la menta y mezcle con cuidado con el aliño.

Ponga la ensalada mixta en 4 platos grandes. Con una cuchara, coloque la carne sazonada en el centro de cada plato, sobre la ensalada. Vierta sobre la ensalada, el aliño que quedó en el tazón y sirva el salpicón enseguida, acompañado de pan crujiente al gusto.

Para 4 porciones como primer plato y 2 o 3 como plato principal

CHORIZO

El chorizo es una salchicha de carne de cerdo molida. La mayoría de los grupos latinos tiene sus propias recetas especiales para preparar chorizo. Los guatemalteco-americanos se distinguen por sus chorizos sazonados con ajo, orégano, comino y tomatillos. Pero sólo dos clases de chorizos están a la venta en los supermercados de los Estados Unidos, especialmente en California, el sudoeste y otras regiones del país que cuentan con grandes grupos de latinos. Uno es el chorizo estilo español, confeccionado con carne de cerdo ahumada y envuelto en tripas. Estos chorizos firmes pueden freírse o asarse a la parrilla con su envoltorio o cortarse en rodajas para sopas u otros platos.

El otro es el chorizo estilo mexicano, hecho con carne de cerdo muy condimentada con chile colorado, ajo, comino, orégano y vinagre. Es más picante que el español y viene embutido en materiales plásticos en vez de tripa natural. También puede comprarlo suelto o en pastelitos. La mayoría de las marcas comerciales del chorizo estilo mexicano tienen un alto contenido de agua y son lo suficientemente blandos para aplastarse con una cuchara. Por el contrario, los chorizos mexicanos caseros, cuando se los deja madurar, adquieren una textura más firme. El chorizo estilo mexicano por lo general se desmenuza or machaca (si el chorizo viene en segmentos con la tripa separada se descarta el envoltorio antes de cocinarlo) y luego se fríe lentamente en una sartén, a fin de evitar quemar las especias. Algunos comercios mexicanos en los Estados Unidos, confeccionan sus propios chorizos estilo mexicano, pero también ofrecen los comerciales. El chorizo estilo mexicano también esta a la venta en algunos supermercados, especialmente en el sudoeste, en California, en Texas y en las regiones donde abunda la población de origen mexicano.

Los estadounidenses de descendencia latinoamericana, reconocen que el chorizo casero es superior al que se encuentra a la venta en los comercios, que suelen ser grasosos y aumentados con cereales y preservativos. He aquí la receta básica para preparar el chorizo estilo mexicano en su forma suelta:

1 libra de carne de cerdo sin grasa, molida
1½ cucharadas de chile colorado seco y molido, poco picante, picante o muy picante (ver la nota sobre chile colorado seco y molido que aparece en la página 178)
1 cucharada de vinagre blanco destilado
1 diente de ajo mediano, pelado
1 cucharadita de paprika dulce
¼ cucharadita de comino molido
¼ cucharadita de sal
⅛ cucharadita de pimienta negra recién molida
⅛ cucharadita de orégano en polvo (no desmenuzado)

Pase todos los ingredientes por una procesadora durante unos segundos, o hasta que estén bien mezclados. Use de inmediato, refrigere hasta un máximo de 3 días, o ponga el chorizo en un recipiente hermético y guárdelo en el congelador por un mes como máximo.

Para 1 libra de chorizo

WONTONS FRITOS CON CHORIZO, CHILE Y QUESO *MONTEREY JACK* A LA BAYAMO

Bayamo, un restaurante de moda en Greenwich Village, se otorga el título de "La Cuna de la cocina chino-latina." El nombre se refiere a Bayamo, un pueblo en Cuba, donde unos jornaleros chinos sentaron sus reales en la isla por vez primera en el siglo dieciocho. Con el tiempo, los chinos fueron dejando su estampa en la cocina criolla. En la década que siguió a la toma del poder de Fidel Castro, en 1959, muchos de los 25.000 cubanos de descendencia china, huyeron hacia las costas de los Estados Unidos. Algunos se instalaron en la ciudad de Nueva York, donde unos pocos abrieron restaurantes chino-cubanos en Chelsea y en el Upper West Side, tales como el famoso Asia de Cuba. En los años sesenta, la cocina chino-cubana llegó a ser muy estimada en la ciudad de Nueva York. Pero la moda no habría de perdurar y poco a poco casi todos fueron cerrando sus puertas. En 1984, en un esfuerzo por mantener viva la tradición chino-cubana en la zona del lower Manhattan, Stewart Rosen, dueño de otro restaurante, abrió las puertas de Bayamo con el apoyo de su esposa, Christine, una escultora, y de su hijo Matthew. Rosen escogió a Anselmo Rodríguez, un chef mexicano-americano, para dirigir la cocina y expandió aún más sus horizontes, porque creó un menú verdaderamente chino-latino.

Rodríguez proviene del Estado de Puebla en Santa Inés, México, y aprendió desde muy joven a preparar platos típicos en la cocina de su madre, Rosa Mendoza. Ahora, en Bayamo, es capaz de producir tanto uno de sus suntuosos Sandwiches cubanos clásicos con lechón asado, jamón, queso suizo y pepinos, como su *Ribbons of Duckling Stir-Fried* (listones de pato sofrito), o en algunas ocasiones un plato que representa la verdadera fusión chino-latina, tal como su tentadora creación de *Wontons* fritos con chorizo, chile y queso *Monterey Jack.* (Los *wontons,* una especialidad de la cocina china, son "pequeños sombreros" de pasta rellena de cerdo molido, mariscos molidos o vegetales picados. Se sirven cocidos al vapor, fritos o en sopas.)

La belleza de los *Wontons* fritos con chorizo, chile y queso *Monterey Jack* es que pueden prepararse con días y hasta semanas de anticipación. También es posible almacenar la cantidad deseada en el congelador y cocinarlos sin necesidad de esperar a que se descongelen.

1 libra de chorizo estilo mexicano, preferiblemente hecho en casa (ver la receta en la página 35), preparado en forma de salchicha, pastelito, o suelto*

1 chile jalapeño fresco o de lata, sin semillas y bien picado (a su discreción)

1 diente de ajo grande, pelado y bien picado

8 onzas de queso *Monterey Jack*, rallado
1 huevo grande, batido
1 paquete de 12 onzas de pieles de *wonton*, ya sea frescas a la venta en bodegas asiáticas, o las marcas comerciales que se consiguen en los supermercados
Suficiente aceite vegetal para freír los *wontons*
Salsa *hoisin* para remojar, de venta en la mayoría de los grandes supermercados o en comercios chinos

**El chorizo está a la venta en comercios mexicanos y en algunos supermercados, pero el mejor chorizo es el hecho en casa.*

Prepare el relleno: Con un tenedor, deshaga el chorizo en un sartén grande (si el chorizo está en la tripa, remuévalo). Añada el jalapeño, si lo desea, y el ajo. Fría a fuego mediano durante 15 minutos, revolviendo cada tanto. Usando toallas de papel, déle golpecitos suaves al chorizo para quitarle el aceite que resulte excesivo. (Esto puede ser necesario cuando se usa chorizo comprado.) Ponga luego el chorizo en un tazón mediano, agregue el queso *Monterey Jack* y revuelva.

Bata el huevo en un tazón pequeño. Separe algunas pieles de *wonton* del grupo y alíselas sobre la superficie en la que va a trabajar. Cubra el resto de las pieles de *wonton* con una toalla húmeda, para evitar que se sequen. Sostenga una de las pieles en la palma de su mano, de manera tal que la forma se asemeje a un diamante. Ponga 1 cucharadita del relleno de chorizo en el centro del *wonton.* Humedezca los 2 bordes de la parte superior con el huevo batido y luego dé vuelta a la parte de abajo del *wonton,* por encima del relleno, a fin de que los bordes se junten formando un triángulo. Haga presión sobre los bordes, a fin de que queden pegados y luego voltee directamente hacia abajo los dos ángulos inferiores del triángulo, presionelos para que se cierren y pueda hacer el "pequeño sombrero." Ponga los *wontons* rellenos sobre una bandeja de horno que quepa en su congelador y cúbralos con toallas de papel húmedas. Repita la operación usando otra bandeja de horno si es necesario, hasta que se le acaben las pieles de *wonton* o el relleno. Una vez que haya rellenado todos los *wontons,* quite las toallas de papel húmedas, cúbralos con un pedazo de material plástico y déjelos 30 minutos en el congelador.

Caliente el aceite vegetal (use alrededor de 5 tazas de aceite) en una sartén honda o una freidora con canastilla, hasta que alcance una temperatura de 375°F. Saque los *wontons* del congelador y hágalos freír flotando en aceite, 1 docena a la vez, de 1 a 2 minutos o hasta que estén dorados. (En esta etapa, puede también dejarlos en el congelador hasta que estén completamente congelados y luego transferirlos a bolsas de plástico herméticas y guardarlos hasta que vaya a usarlos.) Ponga los *wontons* fritos en una fuente o bandeja cubierta con toallas de papel para que absorban el aceite. Sírvalos con un tazón de la salsa *hoisin* para bañarlos en la salsa antes de cada bocado.

Para alrededor de 5 a 6 docenas de wontons

FRIJOLES MOLIDOS

Frijoles molidos es un bocadillo preparado simplemente con frijoles negros, hechos puré hasta el punto en que se ponen cremosos, adornados con crema agria, pedacitos de tocino bien tostado y culantro. Se sirve con galletitas (*chips*) de tortilla de maíz azul o blanco, que sirven de cucharitas. Este bocadillo costarricense-americano es perfecto para las reuniones informales durante las frías noches del otoño o del invierno. En verano, se refrigera y se le puede poner un aderezo antes de servir. No tema si le sobra alguna cantidad porque este bocadillo puede transformarse en un instante en sopa de frijoles negros, en enchiladas de frijoles negros con salsa de tomate, en burritos de frijoles negros con queso *cheddar* rallado y salsa de tomate, o para acompañar platos de carne, de pollo, o vegetarianos. Incluso se puede esparcir sobre pan tostado con tocino, lechuga y tomate para preparar un sandwich que en inglés lo llaman *B.B.B.L.T.* (*black bean, bacon, lettuce and tomato*). Eso solamente en caso de que la salsa no desaparezca del refrigerador antes de tiempo . . .

Una cocinera mexicano-americana hace tacos en Olvera Street en el centro del barrio mexicao viejo, cerca de City Hall, en Los Angeles.

Las recetas de Frijoles molidos tradicionales no incluyen jugo de limón, pero unas cucharadas le añaden fuerza. Si piensa prepararla para un grupo grande, puede simplemente multiplicar la receta por dos.

10 onzas de frijoles negros secos, sin piedras ni ninguna otra clase de desechos, lavados bajo el chorro de agua fría y remojados durante toda la noche
3 cucharadas de aceite de oliva
½ taza de cebollas amarillas bien picadas
3 dientes de ajo grandes, pelados y picados
3 cucharadas de jugo de limón recién exprimido
½ cucharadita de salsa Tabasco, o a gusto
½ cucharadita de sal, o a gusto
3 cucharadas de culantro fresco bien picado
⅓ taza de crema agria
5 tiras de tocino, fritas y desmenuzadas

Vierta en un colador los frijoles negros que estuvieron en remojo y lávelos debajo de la llave del agua fría. Ponga los frijoles en una olla mediana, agregue agua hasta taparlos y hiérvalos a fuego mediano. Reduzca el calor y déjelos cocer 1½ horas o hasta que estén blandos, añadiendo más agua, si hace falta para mantenerlos cubiertos. Cuélelos y hágalos puré con 1 taza de agua en una procesadora o licuadora eléctrica.

Caliente el aceite de oliva en una sartén grande a fuego mediano y saltee las cebollas picadas y el ajo, aproximadamente 4 minutos o hasta que estén blandas. Reduzca el calor a una temperatura entre mediana y baja y añada el puré de frijoles negros, el jugo de limón, la salsa Tabasco y la sal. Cocine durante 10 minutos, revolviendo cada tanto, para que los frijoles no se peguen al fondo de la sartén. Disminuya el calor si los frijoles hierven demasiado rápido. Retírelos del fuego y déjelos reposar 15 minutos para que se asienten. (En esta etapa, también puede dejarlos enfriar y guardarlos en el refrigerador hasta 2 días.)

Agregue 2 cucharadas del culantro, mezcle bien y luego pase los frijoles a un tazón mediano. Adorne con unas cucharaditas de crema agria, el tocino desmenuzado y la última cucharada de culantro.

Para 6 u 8 porciones, dependiendo de si se sirve la salsa como entremés o como plato secundario

ANTICUCHOS

El penetrante aroma a humo de los anticuchos, bocadillos de corazón de res cargados de especias, ensartados con brochetas y asados a la parrilla, es suficiente para que los peruano-americanos sientan nostalgia por los viejos tiempos. "Anticuchos," palabra quechua que significa "plato de los Andes cocinado en un palillo," es el nombre del que posiblemente sea el más celebrado de todos los bocadillos y comestibles a la venta en las calles del Perú. El anticucho es el equivalente peruano del *hot dog* de los Estados Unidos. De hecho, constituyen el bocadillo ideal para un coctel, porque una vez que se asen, pueden descartarse las brochetas y sustituirse por palillos. También pueden servirse a la hora del almuerzo o en una cena ligera, acompañados por pan crujiente de ajo y una ensalada mixta con vegetales nutritivos de hoja verde, como la escarola, la arúgula, la verdolaga, la radicheta (endivia roja) o el berro, que pueden competir con los sabores intensos de los corazones de res.

A los peruano-americanos les gustan los anticuchos picantes—rabiosamente picantes. El escabeche que se prepara para sazonar a los anticuchos requiere los extrapotentes ajíes mirasol, pero estos chiles secos no son fáciles de conseguir en los Estados

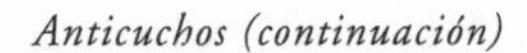

Unidos (ver página 172 para mayor información acerca del ají mirasol) y por eso suele reemplazárselos por chiles frescos picantes tales como los jalapeños o los serranos y en la cantidad que pueda tolerar cada consumidor.

1 corazón de res (alrededor de 4 libras), despojado de toda grasa visible y de su tejido fibroso
1 taza de vinagre de vino tinto
2 cucharadas de culantro fresco bien picado
1 cucharada de chile picante, así como jalapeño o serrano, bien picado, o a gusto
1 diente de ajo grande, pelado y bien picado
2 cucharadas de cebolla amarilla bien picada
2 cucharadas de aceite de oliva
1½ cucharaditas de comino molido
1 cucharadita de orégano en polvo (no desmenuzado)
Sal y pimienta negra recién molida, a gusto
Entre 6 y 8 brochetas de bambú o de alambre

Lave el corazón de res y séquelo dándole golpecitos con toallas de papel. Con un cuchillo bien afilado, corte el corazón en 24 cubitos.

Mezcle el vinagre, el culantro, el chile y el ajo en un plato hondo grande para preparar un adobo (escabeche). Sazone los cubitos de corazón de res en el adobo, cubriéndolos con un pedazo de material plástico y dejándolos en el refrigerador durante toda la noche.

Si piensa asar a la parrilla los cubitos de corazón de res, prepare el fuego usando carbón de leña, alrededor de 30 minutos antes de iniciar el siguiente paso en la preparación de los anticuchos. Asimismo, si va a usar brochetas de bambú, póngalas a remojar en agua, a fin de que éstos no se quemen al exponerlas al fuego.

Saltee las cebollas picadas en el aceite de oliva, aproximadamente 4 minutos, en una sartén pequeña, a fuego mediano, o hasta que estén blandas. Retire la sartén del fuego y añada el comino, el orégano, la sal y la pimienta negra y revuelva.

Ensarte 3 cubitos de corazón de res en cada una de las 8 brochetas, si va a servirlos como primer plato, o 4 cubitos en 6 brochetas, si lo hace como plato principal.

Rocíelos con el adobo y la mezcla de cebollas y especias. Cuando las brasas de carbón de leña estén listas, ponga las brochetas sobre una parrilla untada con aceite. Deje asar los cubitos de corazón de 1½ a 2 minutos de cada lado, dándoles vuelta una vez, hasta que adquieran un color dorado rojizo. Si los prepara en el horno, colóquelos a una distancia de 3 pulgadas del fuego y déjelos asar durante aproximadamente 4 minutos. Sirva los anticuchos con las brochetas como primer plato o como plato principal, o descarte las brochetas e inserte un palillo en cada uno de los pedazos, para disponer de ellos como aperitivos. Preséntelos en la mesa de inmediato.

Para 8 porciones como primer plato, 6 como plato principal y de 10 a 12 como aperitivos

SANDWICH CUBANO

Un poco de jamón, otro tanto de lechón asado con ajo, unas rebanadas finas de queso suizo suave, unos fuertes pepinos encurtidos, pan cubano de corteza dura y ligero a la vez, combinados con unos toques de mayonesa y mostaza, son todos los ingredientes esenciales del Sandwich cubano. Pero la diferencia entre un sandwich cubano verdaderamente rico y otro nada más "bueno," radica en la manera en que se le tuesta. Los sandwiches cubanos merecedores de cinco estrellas, se tuestan en una prensa especial para sandwiches hasta que el jamón, el lechón y los pepinos se calientan con su propio vapor, el queso comienza a salirse por los costados y la corteza se transforma en una capa fina y tostada. (En los restaurantes cubanos usan una prensa especial para sandwiches, pero usted puede usar un molde para hacer gofres.) Desde luego que lo que hace que un sandwich cubano sea algo formidable, es materia de discusión. Ciertos tradicionalistas dicen que es necesario saltear el jamón y el lechón antes de hacer el sandwich; otros prohíben absolutamente el uso de la mostaza. Por otra parte, algunos devotos insisten en armar sandwiches gigantes, al estilo de los de *Dagwood Bumstead,* con más de veinte capas de jamón, lechón y queso, mientras que otros sostienen que es más sabroso un sandwich con muchas menos capas—y que además son más fáciles de comer. Pero más allá de este debate perpetuo, cuando uno quiere deleitarse, no hay nada que supere a un buen sandwich cubano acompañado de un batido de mango, una materva o malta (bebidas cubanas sin alcohol), o de una Coca-Cola.

Nota: Cuando los cubano-americanos corren a la cocina a mitad de la noche, por lo general lo que buscan es una "medianoche"—una versión pequeña del Sandwich cubano, preparado con los mismos ingredientes salvo el pan; en este caso, un panecillo redondo de huevo, en vez de crujiente pan cubano. Para las medianoches, sustituya 8 panecillos de huevo, hechos en casa o comprados, por el pan cubano y prepare los sandwiches siguiendo las mismas instrucciones, pero usando en cada uno sólo la mitad de las carnes y queso que se indican aquí. Sirva 2 por persona.

1 Pan cubano (ver la receta que aparece en la página 249)
Mayonesa
Mostaza amarilla
½ libra de jamón comprado en una *delicatessen,* cortado fino
½ libra de lechón asado, cortado fino
8 rodajas finas de pepinos encurtidos y sazonados con semillas de eneldo
½ libra de queso suizo, cortado en rebanadas finas

Corte el pan en pedazos de 3 por 6 pulgadas, usando un cuchillo serrado. Para abrirlo, rebane en sentido horizontal. Unte un poco de mayonesa en el interior de las 4 tapas del pan y un poco de mostaza en las 4 mitades inferiores. Sobre éstas últimas, coloque ¼ del jamón y luego agregue ¼ del lechón, 2 rodajas de pepino y ¼ del queso. Cubra los sandwiches con las tapas de pan con mayonesa.

Ponga a asar los sandwiches en una prensa untada previamente con mantequilla y déjelos sobre el calor hasta que estén aplanados, el pan bien tostado y el queso derretido. Si no tiene una prensa especial para sandwiches, use un molde para hacer gofres (waflera). (Otra alternativa menos deseable, sería colocar los sandwiches sobre una tabla de picar, ponerles un plato encima y ejercer presión hasta aplanarlos.) Después, saltéelos en una sartén con 1 cucharada de mantequilla a fuego mediano, dándoles vuelta una vez, hasta que se doren por ambos lados. Siga allanándolos con el plato mientras saltea los sandwiches en la sartén. Corte cada uno a la mitad y sírvalos de inmediato.

Para 4 porciones

NUESTROS LUGARES PREFERIDOS PARA LOS SANDWICHES CUBANOS

Victor's Café 52, 236 West 52nd Street, New York, NY (212-586-7714)
Versailles, 3555 SW 8th Street, Miami, FL (305-445-7614)
Lario's on the Beach, 820 Ocean Drive, Miami, FL (305-532-9577)
La Carreta, 3632 SW 8th Street, Miami, FL (305-444-7501)
El Colmao, 2328 Pico Boulevard, Los Angeles, CA (213-386-6131)
Café Tropical, 2900 Sunset Boulevard, Los Angeles, CA (213-661-8391)
La Cubana, 720 East Colorado Street, Glendale, CA (818-243-4398)
Manny's Pastries, 633 Hyde Park Avenue, Roslindale, MA (617-325-2718)

CHICHARRONES DE POLLO

Este plato no debe confundirse con los chicharrones que son tan populares entre los latinoamericanos de varios países; aquellos son pedazos de piel de cerdo frita. Los Chicharrones de pollo, como lo indica el nombre, son pedazos de pollo frito, previamente cortados en bocados pequeños—una técnica que demuestra la influencia china en la zona del Caribe—y luego marinados durante muchas horas. Los Chicharrones de pollo ocupan desde hace mucho tiempo un lugar en la cocina de muchos hogares puertorriqueños, cubano-americanos y dominicano-americanos, tal vez por el hecho de ser el pollo frito más gustoso y tierno de este planeta. El secreto de su suculencia radica en el adobo, un escabeche de origen español-caribeño, preparado con vinagre o jugo de lima, jugo de limón o jugo de naranja amarga, ajo, hierbas y especias que varían un poco entre una cultura y otra.

El adobo dominicano clásico para los Chicharrones de pollo, se compone de jugo de lima o de limón, salsa de soja (otro indicio de la presencia china en el Caribe), y ajo. Algunas recetas tradicionales también invitan a añadir ron. (Si desea probar esta versión, añada simplemente ⅓ taza de ron a la receta que aparece más adelante.) Los pedazos de pollo deben marinarse en el adobo, por lo menos 4 horas, a fin de que se pongan bien tiernos y absorban todos los sabores. Según la tradición, los chicharrones de pollo se consideran como aperitivos, pero muchos de nuestros amigos dominicano-americanos de la ciudad de Nueva York, nos han dicho que en los Estados Unidos este plato a veces se sirve en la cena, después de un primer plato de ensalada verde mixta o ensalada de col (*coleslaw*), acompañado de frijoles rojos al estilo dominicano (habichuelas rojas) y arroz con coco, o puré de papas con ajo.

PARA EL ADOBO:

⅓ taza de jugo de limón o de lima recién exprimida
3 cucharadas de salsa de soja
3 dientes de ajo grandes, pelados y picados

PARA EL POLLO:

1 pollo (alrededor de 3 libras), con las piernas y las alas intactas; cada pechuga cortada en 4 pedazos y cada muslo en 2, lavado y secado con toallas de papel
1 taza de harina común sin blanquear
½ cucharadita de paprika dulce
Pimienta negra recién molida, a gusto
Suficiente aceite vegetal para freír los chicharrones

Prepare el adobo, combinando en un tazón grande el jugo de limón o de lima, la salsa de soja y el ajo. Revuelva los pedazos de pollo en el adobo a fin de que la superficie quede bien recubierta. Ponga a marinar el pollo, tapado, en el refrigerador, por lo menos 4 horas, dando vuelta a los pedazos a las 2 horas.

Mezcle la harina, la paprika y la pimienta negra en un plato mediano no muy hondo. Sacuda el adobo de los pedazos de pollo y muévalos uno a la vez en la harina, hasta que queden cubiertos de manera uniforme.

Caliente 2 pulgadas de aceite vegetal, hasta que alcance los 325°F, en una freidora, una sartén honda grande u olla. Fría el pollo en tandas de 4 pedazos, aproximadamente 6 minutos de cada lado, o hasta que estén dorados. Los muslos de pollo tardarán un poco más en cocinarse. (No fría más de 4 pedazos a la vez; de lo contrario, el aceite se enfriará mientras esté cocinando.) Saque los pedazos de pollo de la sartén con unas pinzas de cocina y póngalos en un plato cubierto de toallas de papel, para que se escurra el aceite sobrante. A continuación, acomode los pedazos de pollo en una bandeja para hornear y manténgalos en el horno a temperatura baja. Fría las 3 tandas de pollo restantes y sirva de inmediato.

Para de 6 a 8 porciones como primer plato y 4 como plato principal

ENSALADA DE POLLO Y JÍCAMA CON MAYONESA DE CULANTRO

Esta refrescante ensalada es una sinfonía compuesta con el sutil sabor dulce de la jícama, delicado pollo sancochado y queso *Jarlsberg* con sabor a nuez, todo mezclado con mayonesa de culantro y acentuado con chalotes verdes bien picados y pimientos rojos cortados en pedacitos. Recordando a la tradicional ensalada *Waldorf* (ensalada de pollo y manzana con mayonesa) se nos ocurrió que la jícama, que posee la misma textura de la manzana pero que no es tan dulce, podría ser una excelente variación latina. (Vea página 210 para más sobre la jícama.) Dado que la jícama no se oxida al quedar expuesta al aire, como ocurre con las manzanas, puede preparar esta ensalada con mucha anticipación y dejarla en el refrigerador.

PARA LA ENSALADA:

1½ libras de pechugas de pollo sin piel y deshuesadas, escalfadas, enfriadas hasta alcanzar la temperatura ambiente y cortadas en cubitos de ½ pulgada

1 libra de jícama, pelada y cortada en cubitos de ½ pulgada de lado (ver la información acerca de la jícama en la página 210)

1 taza (alrededor de 4 onzas) de queso *Jarlsberg* rallado, o de algún otro queso suave y semiblando

½ taza de pimiento rojo o anaranjado picado

2 chalotes medianos, sin las raíces y bien picados

PARA LA MAYONESA DE CULANTRO:

2 yemas de huevo a temperatura ambiente

3 cucharadas de culantro fresco picado

2 cucharadas de jugo de limón recién exprimido

1 cucharadita de mostaza *Dijon*

Una pizca de sal y de pimienta negra recién molida

1½ tazas de aceite vegetal

1 lechuga *Bibb* o *Boston,* con las hojas separadas

Mezcle el pollo, la jícama, el queso *Jarlsberg,* el pimiento y los chalotes en un tazón grande.

Prepare la mayonesa: Bata las yemas de huevo, el culantro, el jugo de limón, la mostaza, la sal y la pimienta en una licuadora eléctrica o procesadora de alimentos, durante 30 segundos. Con la licuadora o procesadora siempre funcionando, vierta el aceite en un chorro fino para obtener una mayonesa espesa. (Para preparar la mayonesa a mano, bata con una espumadora las yemas de huevo, el culantro, el jugo de limón, la mostaza y la sal y pimienta en un tazón grande. Vierta 2 cucharadas del aceite, gota a gota, batiendo sin parar con una espumadora y luego añada el resto en un chorro fino.)

Mezcle la ensalada con más o menos ¾ taza de mayonesa. Déjela en el refrigerador aproximadamente 2 horas para que esté bien fría. Para servir, coloque 1 o 2 hojas de lechuga en cada uno de 6 platos grandes. Ponga alrededor de 1 taza de la ensalada en el centro de las hojas de lechuga y sirva de inmediato.

Para 6 porciones

FRITURAS DE BACALAO CON GAZPACHO CRIOLLO A LA XIOMARA

Este aperitivo, que representa una fusión de las cocinas californiano-americana, japonesa, francesa y latinoamericana, es el producto de la inspiración de Xiomara Andolina, dama cubano-americana, propietaria y administradora de dos restaurantes ubicados en Pasadena, California, ambos bajo la dirección del distinguido chef ejecutivo y asesor de restaurantes Patrick Healy: Xiomara, especializado en la cocina californiano-francesa y ¡Oye! donde el tipo de cocina es Nueva Americana. Todos los platos que figuran en el menú de inspiración latina de ¡Oye¡ tales como el *Maine Lobster Tamal with Fresh Oregon Morels* (el Tamal de langosta de Maine con morillas de Oregón) y la *Caramelized Chocolate Plantain Cream Cake with Mango and Raspberry Sauces* (la Torta de crema de chocolate y plátanos acaramelados con salsas de mango y de frambuesa), son sublimes, pero nuestro plato absolutamente preferido son las *Crispy Bacalao Cakes with Criollo Gazpacho* (las Frituras de bacalao con gazpacho criollo).

Xiomara Ardolina en uno de sus dos restaurantes

Xiomara basó este plato en un recuerdo de su niñez: Bacalao a la vizcaína, un delicioso guisado de bacalao, que su madre preparaba todos los viernes para la cena familiar en San Francisco de Paula, un suburbio de La Habana. Nos cuenta Xiomara: "Mi madre salaba el bacalao un día antes y lo cocinaba con tomates, pimientos, cebollas, ajo y vino blanco, dejándolo cocer a temperatura baja en una esquina de la estufa. La casa se llenaba con su fragancia. Esas cenas de los viernes eran mi comida preferida de la semana. Decidí recrear el Bacalao a la vizcaína de mi infancia en un estilo más ligero y contemporáneo, con frituras de bacalao servidas sobre una ensalada verde mixta, rociada con un gazpacho refrescantemente picante, con las mismas verduras que usaba mi madre."

PARA LAS FRITURAS DE BACALAO:

1½ libras de bacalao (filetes salados y deshuesados)*
2¾ tazas de leche
1½ tazas de aceite de oliva extra virgen
3 yemas de huevos grandes
Sal y pimienta negra recién molida, a gusto
4 claras de huevos grandes
2 tazas de *Panko flakes* (pan rallado japonés) o pan rallado seco sin condimento**
½ taza de aceite vegetal para freír

PARA EL GAZPACHO CRIOLLO:

2 pimientos rojos medianos, sin el centro ni las semillas, cortados en trozos grandes
5 tomates peritas muy maduros, sin semillas y cortados en trozos grandes
¼ de pepino de invernadero (inglés), pelado, sin sus semillas, si las tuviera, y cortado en trozos grandes, o sustituya por 1 pepino pequeño sin semillas
¼ de cebolla amarilla pequeña, pelada y cortada en trozos grandes
½ chalote, pelado y cortado en pedazos
½ chile jalapeño, sin semillas
1 diente de ajo grande, pelado
2 cucharadas de vinagre de vino tinto
3 cucharadas de aceite de oliva extra virgen
Sal y pimienta negra recién molida, a gusto

PARA LA ENSALADA VERDE MIXTA:

½ libra de hojas verdes para ensalada
2 cucharadas de aceite de oliva extra virgen
1 cucharada de jugo de limón recién exprimido
Sal y pimienta negra recién molida, a gusto

**El bacalao está a la venta en bodegas latinas y en algunos supermercados generales.*
***Los* Panko flakes *se consiguen en comercios japoneses y en algunas tiendas especializadas en productos comestibles de otros paises del Asia.*

Lave el bacalao debajo de la llave del agua fría y luego déjelo en remojo, cubierto con agua fría, por lo menos 8 horas o toda la noche, cambiando el agua una vez.

Prepare el gazpacho: Haga un puré con todas las verduras, el vinagre y el aceite en una licuadora eléctrica hasta que se forme una pasta suave. Cuele el gazpacho en un colador muy fino (*chinois*) sobre un tazón de cerámica o de vidrio. Sazone con sal y pimienta a gusto. Cúbralo con papel plástico de envoltura y manténgalo en refrigeración por lo menos 3 horas.

Prepare las frituras de bacalao: Ponga los filetes de bacalao y 2 tazas de la leche en una cazuela grande, hiérvalos a temperatura media y cocine 2 minutos más. Retire la cazuela del calor directo 2 minutos, una vez que suelte el primer hervor. Deje escurrir el bacalao sobre toallas de papel y descarte la leche.

Escalde los ¾ taza de leche restantes en una cazuela pequeña. Vierta ½ taza del aceite de oliva restante en una sartén grande y colóquela en la estufa, a temperatura media, hasta que el aceite esté caliente, pero no humeando. Agregue los filetes de bacalao y saltee, moviéndolos lentamente, hasta que el bacalao esté seco pero no dorado, unos 5 minutos. Saque el bacalao del fuego y páselo con una espátula a un tazón o plato hondo de una mezcladora. Bata con un tenedor o con la pala de la mezcladora. Añada lentamente la leche escaldada y la taza del aceite de oliva restante, alternando una y otra. Incorpore lentamente las yemas de huevo. Sazone el bacalao con sal y pimienta a gusto.

Haga pequeñas tortitas con el bacalao, de 2 pulgadas de diámetro. Bata ligeramente las claras de huevo en un tazón poco profundo. Coloque los *Panko flakes* o el pan rallado en un plato o recipiente grande y pando. Sumerja una por una las tortitas de bacalao en las claras de huevo y luego rebócelas en el pan rallado hasta que queden cubiertas por completo.

Antes de cocinar las tortitas de bacalao, revuelva la ensalada verde para incorporarle el aceite de oliva y el jugo de limón. Caliente el aceite vegetal en una sartén grande. Fría las tortitas de bacalao aproximadamente 4 minutos de cada lado, o hasta que estén bien doradas por ambos lados, dándoles vuelta una vez.

Prepare los platos, poniendo ¼ taza de gazpacho frío en cada uno de 8 platos para pasta. Disponga una capa de ensalada verde sobre el gazpacho, en el centro de cada plato. Coloque 2 frituras de bacalao sobre la ensalada y sirva enseguida.

Para 8 porciones

CACHAPAS DE JOJOTO CON SALMÓN AHUMADO, CAVIAR Y SALSA DE CREMA Y DE *WASABI*

Los venezolano-americanos sirven Cachapas de jojoto—panqueques de maíz—ya sea como pan o como envoltorio, con una gran cantidad de platos diferentes, de la misma manera que los mexicano-americanos (y otros) usan la tortilla. Una noche, mientras disfrutábamos unos *Wipeout Rolls*—rollos de *sushi* con salmón ahumado, queso crema, aguacate y pepino—en Arigato, un restaurante japonés *nouvelle* de Santa Barbara, California, nos asaltó repentinamente una inspiración y decidimos crear nuestro propio plato fusión—salmón ahumado y caviar sobre cachapas de jojoto. De regreso a nuestra cocina, descubrimos que la combinación resultaba maravillosa, pero que el plato necesitaba un toque final y le agregamos una salsa de crema y de *wasabi* (salsa japonesa muy picante). El *wasabi* pierde por completo su fuerza en esta salsa, así que no debe preocuparse por esa sensación de fuego que siente en sus fosas nasales cuando come pasta de *wasabi* en sus rollos de *sushi.* Dado que el caviar de esturión, ya sea importado o doméstico, es terriblemente caro, recurrimos al caviar de salmón americano y al caviar dorado americano, ambos productos de este país. El económico caviar *Masago,* de pequeños y gustosos huevos color naranja, favorito entre los chefs *sushi* de California, es otra buena alternativa que satisface por igual al gusto y al bolsillo.

Las Cachapas de jojoto con salmón ahumado, caviar y salsa de crema y de *wasabi,* constituyen un excelente primer plato, pero también son muy ricas para un almuerzo ligero en ocasiones especiales. Las cachapas pueden prepararse en tan sólo 15 minutos, lo cual quiere decir que si se prepara la salsa de antemano, el plato estará listo en menos de 30 minutos.

PARA LA SALSA DE CREMA Y DE *WASABI:*

1 taza de vino blanco seco

2 cucharadas de cebolla amarilla bien picada

2 tazas de crema entera

2 cucharaditas de *wasabi* en polvo, de venta en comercios japoneses y en algunos supermercados selectos

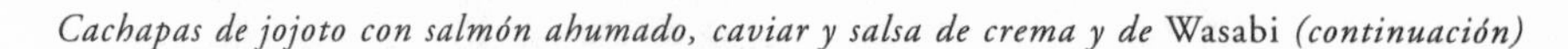

PARA LAS CACHAPAS DE JOJOTO:

½ taza de harina de maíz amarillo
2 cucharadas de harina común sin blanquear
½ cucharadita de bicarbonato de sodio
½ cucharadita de sal
½ taza de *half-and-half* (mitad crema y mitad leche)
½ taza de suero de leche
1 huevo grande
½ taza de granos de maíz frescos, en lata o congelados (descongelados)
Suficiente aceite de oliva para freír las cachapas

PARA EL ADEREZO:

3 onzas de salmón ahumado, cortado en 18 tajadas de 2 pulgadas cuadradas
2 onzas de caviar, puede usar caviar de salmón americano, caviar dorado americano, caviar *Masago*, o el caviar de su predilección
2 cucharadas de cebollana bien picada

Prepare la salsa de crema y de *wasabi:* Hierva el vino con las cebollas en una cazuela mediana a temperatura media. Deje hervir, hasta que el vino se haya reducido a ½ taza, aproximadamente 10 minutos. Agregue la crema y el polvo de *wasabi,* mientras bate todo bien con una espumadora. Baje un poco el calor y deje que siga hirviendo, hasta que se haya reducido a 1½ tazas, aproximadamente 30 minutos. Cuele la salsa inmediatamente, vuelva a vertirla en la cazuela, tápela y manténgala caliente.

Prepare las cachapas de jojoto: Mezcle la harina de maíz, la harina común, el bicarbonato y la sal en un tazón mediano. Bata juntos en otro tazón el *half-and-half,* el suero de leche y el huevo. Vierta los ingredientes líquidos en los secos y mézclelos. Por último, añada los granos de maíz y revuelva.

Caliente aproximadamente 1 cucharada de aceite de oliva en una sartén grande, a una temperatura entre mediana y fuerte. Revuelva la pasta, a fin de que los granos de maíz y la harina de maíz suban a la superficie, y luego vierta alrededor de 1 cucharada en la sartén. Repita la operación hasta que tenga 4 o 5 cachapas en la sartén. En cuanto vea que se forman burbujas sobre las cachapas y que los bordes se ponen oscuros, voltéelas y siga friéndolas, entre 30 y 45 segundos aproximadamente, hasta que estén doradas del otro lado. Haga lo mismo con el resto de la pasta, poniendo a freír solamente 4 o 5 cachapas a la vez y añadiendo aceite a medida que sea necesario. Salen entre 18 a 20 cachapas.

Arregle los platos: Ponga 3 cachapas en el centro de cada uno de 6 platos. Rocíe la salsa de crema y de *wasabi* alrededor de las cachapas. Coloque 1 tajada de salmón ahumado sobre cada cachapa. Decore cada tajada de salmón con un poco de caviar, espolvoree con las cebollanas y sirva de inmediato.

Para 6 porciones

BOMBAS DE CAMARONES Y PAPAS

Las Bombas de camarones y papas dominicano-americanas son un plato irresistible de croquetas fritas hechas con puré de papas, queso *Muenster* y perejil picado, rellenas de camarones y cebollas. Las croquetas pueden hacerse en forma de bolitas del tamaño de un bocado, antes de freír, para comerlas con los dedos como entremeses. La versión ligera (*light*) consiste en moldearlas como tortas gruesas y saltearlas, en vez de freírlas en aceite abundante. Unas buenas gotas de limón o de lima son el toque de gracia tradicional, pero son igualmente sabrosas con un poco de salsa tártara o salpicadas con salsa picante. Si desea una variación sutil en el sabor, puede reemplazar el perejil por una cantidad igual de eneldo fresco o culantro bien picados.

2 libras de papas *russet* (Idaho), peladas y cortadas en pedazos de 1 pulgada*
1 cucharada de mantequilla
2 yemas de huevos grandes
1 taza (alrededor de 6 onzas) de queso *Muenster* rallado, bien compactado
2 cucharadas de perejil fresco bien picado
Sal y pimienta blanca recién molida, a gusto
1 cucharada de aceite de oliva
1 cebolla amarilla pequeña, pelada y bien picada
½ libra de camarones medianos, pelados, limpios y cortados en pedazos de ½ pulgada
¾ taza de harina común sin blanquear
3 huevos grandes, ligeramente batidos
1 taza de pan rallado seco sazonado
Suficiente aceite de canola para freír las bombas
Rodajas de lima o de limón, como aderezo

**Evite usar papas cerosas tales como las nuevas (coloradas) o las* White Rose, *porque no tienen la textura esponjosa de las papas con más almidón, como las* russet *que son excelentes para hacer puré.*

Pele las papas, córtelas en pedazos de 1 pulgada y échelas en una olla grande llena de agua con sal. Hierva y déjelas cocer hasta que las note blandas al pincharlas con un tenedor, unos 20 minutos.

Cuele las papas, cuidando que no quede nada de agua, y transfiéralas a un tazón mediano. Agregue la mantequilla y aplaste las papas con un tenedor o con un majador de papas. Añada las yemas de huevo, el queso *Muenster,* el perejil, la sal y la pimienta; mezcle bien.

Caliente el aceite de oliva en una sartén grande a temperatura media y saltee las cebollas aproximadamente 6 minutos, revolviendo cada tanto, hasta que estén apenas doradas. Agregue los camarones y saltee, revolviendo con frecuencia, hasta que se vuelvan de un color rosado brillante, aproximadamente 4 minutos.

Moldee 2 cucharadas colmadas del puré de papas en forma de pelota. Abra un hueco y rellénelo con una cucharada de la mezcla de cebollas y camarones. Selle la croqueta, dando golpecitos sobre la masa de papas que cubre el relleno. Prepare el resto de la misma manera.

Ponga la harina, los huevos batidos y el pan rallado en 3 tazones poco profundos. Una por una, pase las croquetas por la harina, sumérjalas en huevo batido, reboce sobre el pan rallado, hasta que estén cubiertas por una capa uniforme. Coloque las croquetas en platos. Cúbralos con plástico sin ceñirlos demasiado y refrigere durante 30 minutos.

Caliente aproximadamente 1 pulgada de aceite de canola en una sartén grande, hasta que la temperatura alcance los 375°F. Fría las croquetas, de 3 en 3, hasta que estén bien doradas, aproximadamente 1½ minutos de cada lado. Con una cuchara colador, coloque las croquetas en platos cubiertos con toallas de papel y deje escurrir el aceite. Mantenga las croquetas calientes en el horno, a una temperatura baja, mientras termina de freír el resto. Sirva de inmediato con rodajas de lima o de limón.

Alcanza para 16 croquetas; 8 porciones como primer plato y de 4 a 5 como plato principal

ENSALADA DE JUEYES Y AGUACATE CON MAYONESA DE LIMA

La carne fresca de cangrejos azules, comprada ya cortada en pedazos, es siempre nuestra preferida para esta ensalada, porque es mucho más dulce y suculenta que la de cualquier otra clase de cangrejo, aunque los *Dungeness* son también muy sabrosos. La Ensalada de jueyes y aguacate con mayonesa de lima pertenece al repertorio culinario puertorriqueño, tan rico en platos de cangrejos gracias a los jueyes (cangrejos de tierra caribeños) que en una época iban a parar en las cocinas de Puerto Rico. El desarrollo comercial y la contaminación ambiental, han destruido la mayor parte del hábitat natural de los jueyes y la especie casi ha desaparecido de la isla. En los días en que los jueyes existían en abundancia, los puertorriqueños consideraban a estos crustáceos bastante ordinarios. Pero hoy en día, los habitantes de la isla dependen de la importación de cangrejos provenientes de diversos lugares del Caribe para la preparación de muchas de sus recetas favoritas, mientras que los que viven en la costa del este de los Estados Unidos, han adoptado el cangrejo azul y los de la costa oeste han hecho lo mismo con el *Dungeness.*

En la ensalada de jueyes y aguacate tradicional, el cangrejo se mezcla con un aliño de mayonesa y se presenta con aderezo de aguacate y tomate. Nosotras preferimos el cangrejo sobre una ensalada verde mixta, al estilo de la *Louis Salad,* la popular ensalada de cangrejo o de camarones californiana, aliñada con mayonesa, tomates y chiles. Esta ensalada vale por sí sola como primer plato, o con grisines de sésamo (palitos de ajonjolí) o *oyster crackers,* como plato principal ligero. Un vaso de chardonnay californiano la acompaña muy bien.

1 libra de carne de cangrejo suelta, ya sea de cangrejos azules o *Dungeness*
½ taza de mayonesa, de preferencia hecha en casa*
1 cucharada de jugo de lima o de limón recién exprimido
1 cucharada de cebolla amarilla bien picada
1 diente de ajo pequeño, pelado y bien picado
2 cucharadas de perejil fresco o culantro picado
¼ cucharadita de orégano en polvo (no desmenuzado)
Sal y pimienta negra recién molida, o a gusto
6 onzas de ensalada verde mixta
2 aguacates *Hass* maduros medianos, cortados por la mitad, sin huesos, pelados y cortados en tajadas de ¼ pulgada
2 tomates maduros pequeños, sin el centro y cortados en 8 pedazos iguales cada uno

**Ver la receta para la mayonesa de culantro en la página 45. Para la receta que presentamos aquí, simplemente debe omitirse el culantro.*

Quite con cuidado cualquier pedazo de caparazón o de cartílago que haya quedado mezclado con la carne de cangrejo. En un tazón mediano, mezcle bien la mayonesa, el jugo de lima o de limón, la cebolla, el ajo, el perejil o culantro, el orégano y la sal y pimienta. Añada la carne de cangrejo y mezcle sin revolver demasiado.

Coloque la ensalada verde mixta en platos grandes. Con una cuchara, ponga la carne de cangrejo en el centro de cada plato. Agregue las tajadas de aguacate y los pedazos de tomate, formando un círculo alrededor de la carne de cangrejo, y sirva de inmediato.

Para de 4 a 5 porciones como primer plato y 3 como plato principal

SEVICHE DE CAMARONES

El seviche (también se escribe sebiche, ceviche o cebiche) es un plato de pescado o mariscos crudos marinados durante varias horas en jugo cítrico, especialmente el de lima, hasta que el ácido de la fruta los "cocina," y la carne se torna opaca, firme y gustosa. Los camarones, la langosta, los langostinos, el pulpo, los calamares y las almejas, pueden usarse para preparar el seviche, pero deben hervirse primero y después marinarse brevemente, dado que el jugo de las frutas cítricas puede estropear su carne.

El seviche se originó en el Perú y luego se expandió a casi todos los rincones de Latinoamérica colonizados por los españoles, antes de llegar a los Estados Unidos, donde figura entre los platos más apreciados por los latinos. Muchos de los mejores seviches del mundo son creaciones de cocineros ecuatoriano-americanos, que usan el jugo de naranjas amargas (o una mezcla de jugo de naranja dulce con jugo de lima) como la base del adobo. Mientras que algunos ecuatoriano-americanos sirven el seviche acompañado del tradicional maíz tostado—maíz de granos grandes fritos en manteca de cerdo, con su toque de sal—muchos otros prefieren complementar su seviche a su manera.

Como primer plato o como plato principal ligero, este Seviche de camarones estilo ecuatoriano es delicioso con *bruschetta* (pan tostado, sazonado con aceite, sal, pimienta y ajo) o acompañado de cualquier otro pan crocante, o de polenta asada a la parrilla. Otra alternativa es servirlo sobre una ensalada verde mixta, preparada con arúgula y *lamb's lettuce,* o radicheta (endivia roja) y *frisee lettuce,* o escarola y *frisee lettuce.* El adobo de camarones sirve como un magnífico aderezo. El Seviche de camarones también es una maravilla acompañado de aguacate, a la manera en que los colombiano-americanos suelen servirlo, o con verduras tales como calabacitas, alcachofas y berenjenas japonesas, preparadas a la parrilla, o con espárragos frescos cocidos al vapor. Para un plato principal substancioso, sirva el Seviche de camarones acompañado de *tabbouleh* o *risotto,* o con su ensalada de pasta o de papas preferida. Desde luego, el seviche se basta a sí mismo, especialmente si lo sirve en una reunión tipo coctel. En este caso, sirva cada camarón ensartado en una brocheta pequeña.

2 docenas de camarones *jumbo* (alrededor de 1½ libras), pelados y limpios, pero conservando el cascarón de sus colas

1 taza de jugo de naranja dulce, recién exprimido o concentrado*

½ taza de jugo de lima recién exprimido*

¼ taza de aceite de oliva extra virgen

Sal y pimienta negra recién molida, a gusto

1 tomate maduro mediano, cortado en trocitos

½ taza de cebolla morada picada

1 cucharada de chile jalapeño picado, o a gusto

3 cucharadas de culantro fresco picado, como aderezo

**Si puede conseguir naranjas amargas, sustituya 1½ tazas del jugo de éstas por el jugo de naranja dulce y el jugo de lima.*

Ponga a hervir ½ galón de agua en una cazuela grande. Añada los camarones y hiérvalos a una temperatura entre mediana y fuerte, hasta que tomen un color rosado brillante, aproximadamente de 3 a 4 minutos. Cuélelos.

Mezcle bien el jugo de naranja, el jugo de lima, el aceite de oliva, la sal y la pimienta negra en un tazón grande de acero inoxidable, vidrio o cerámica. Revolviendo despacio, añada el tomate, la cebolla y el jalapeño. Agregue a la salsa los camarones y déjelos marinar en el refrigerador 1 hora con el tazón tapado. Sirva el Seviche de camarones frío o a temperatura ambiente, en tazones individuales de vidrio y adorne con culantro fresco.

Para 8 o 10 porciones como entremeses,
6 como primer plato y 4 como plato principal

SEVICHE DEL CANAL DE PANAMÁ

"Crecí en la Zona del Canal de Panamá donde el seviche, pescado crudo o mariscos marinados en jugo de frutas cítricas, forman parte del diario vivir," explica Jane Martin, de Crawfordville, Florida. "Mi familia comía seviche por lo menos una vez a la semana. Cuando era pequeña, ayudaba a mi padre a preparar nuestro seviche preferido—el seviche de corvina. (La corvina es un pez de la familia de la lubina que abunda en las aguas de casi toda Latinoamérica.) Después de deshuesar y cortar el pescado en rebanadas, mi padre dejaba que le ayudara a preparar el adobo de jugos cítricos y que lo virtiera sobre el pescado. A continuación esperábamos lo que nos parecía una eternidad, hasta que el pescado se ponía opaco, lo cual significaba que ya se había 'cocinado.' Mi padre siempre desplegaba los pedazos de pescado en una gran fuente, formando un hermoso diseño y luego lo decoraba con perejil. Siempre ponía una botella de salsa picante en la mesa, para quien quisiera su seviche aún más picante. Hoy en día, yo preparo seviche de lubina con frecuencia y lo decoro con perejil y rebanadas de aguacate, porque contrastan muy bien con la carne firme y sazonada del pescado. Me gusta servirlo en platos individuales con palillos chinos en vez de cubiertos. Por lo general lo preparo como primer plato, pero también es rico en cualquier momento, acompañado de una cerveza bien fría."

1 libra de filetes de lubina frescos (no congelados) y sin espinas, o sustitúyalos por otro pescado de carne firme y blanca, como pargo, lenguado, o pámpano
¾ taza de jugo de lima recién exprimido
¼ taza de jugo de naranja recién exprimido
1 tomate pequeño maduro, bien picado
1 cebolla amarilla pequeña, pelada y bien picada
¼ taza de pimiento verde bien picado
¼ cucharadita de chile jalapeño bien picado, o a gusto
1 cucharada de perejil fresco bien picado
⅛ cucharadita de sal, o a gusto
⅛ cucharadita de pimienta blanca recién molida, o a gusto
1 aguacate *Hass* maduro, cortado por la mitad, sin hueso, pelado y cortado en rebanadas finas
Ramas de perejil, para el aderezo
Salsa Tabasco (a su discreción)

Lave los filetes bajo el chorro de agua fría. Colóquelos de uno en uno a la vez sobre una tabla de cortar y córtelos en pedazos de 1 pulgada con un cuchillo filoso pero no serrado y manejándolo en un ángulo de 45 grados. Arregle los pedazos de pescado en una sola capa, si es posible, en un plato pando grande de hornear de vidrio o de cerámica.

Mezcle el jugo de lima, el jugo de naranja, el tomate, la cebolla, el pimiento, el chile jalapeño, el perejil y la sal y pimienta blanca en un tazón mediano, para preparar el adobo. Viértalo sobre el pescado, cubra con envoltura de plástico y deje marinar en el refrigerador aproximadamente 3 horas o hasta que los filetes estén firmes y opacos.

Coloque los pedazos de pescado en 4 platos grandes y decórelos con rebanadas de aguacate y ramas de perejil. Sirva de inmediato, con salsa Tabasco y palillos chinos, si lo desea.

Para 4 porciones

OSTRAS HIMILCE

Uno de los recuerdos de mi infancia en Cuba que más atesoro, es el de los vendedores callejeros chino-cubanos, situados por todas las esquinas de la Habana Vieja con sus carretillas de mano, desplegando seductoras ostras abiertas, arrancadas de sus lechos en el Caribe esa misma mañana. Todos los jueves, después de terminar con sus reuniones de negocios matutinas, mi madre iba caminando hasta la Habana Vieja para comprarme una docena de ostras. Durante el verano yo la acompañaba, pero cuando tenía que ir a la escuela, regresaba a casa a la hora del almuerzo y me encontraba las ostras esperándome en sus conchas adornadas con rodajas de lima. Todavía me enloquecen las ostras, pero hoy en día las preparo con toda una serie de aderezos distintos que he ido descubriendo e inventando con los años. —H.N.

Es mejor servir las ostras sin hielo, dado que las temperaturas muy frías sólo sirven para quitarles ese sabor natural del fondo del mar que les es propio.

PARA EL ADEREZO:

3 cucharadas de caviar beluga, o del caviar de su preferencia

3 cucharadas de *lemon grass* fresco bien picado (descarte las hojas, lave las ramas y córtelas en sentido transversal antes de picarlas)*

3 cucharadas de cebollanas frescas bien picadas

2 cucharadas de pimienta rosada entera

1 lima o limón, cortado en rodajas

26 ostras vivas en sus conchas, ostras del Atlántico tales como las Apalachicolas, las Chincoteagues, las Malpêques o su variedad favorita

*Lemon grass *es una hierba cuyo sabor y aroma se parecen al limón. Se usa en las cocinas tailandesas y vietnamitas. Está a la venta en comercios asiáticos.*

Ponga el caviar, el *lemon grass,* las cebollanas y los granos de pimienta rosada, en platillos hondos individuales. Enfríe el caviar, tapado, en el refrigerador, pero mantenga a temperatura ambiente el resto de los aderezos. Ponga las rodajas de lima o limón en un platito.

Saque las ostras de sus conchas, justo antes de servirlas. Ponga una ostra en una toalla de cocina doblada dos veces, con el lado plano hacia arriba y los goznes del lado donde usted se encuentra. Con cuidado, introduzca la punta de un cuchillo para ostras en el gozne y hágalo girar para abrir la concha. Deslice el cuchillo a lo largo de la superficie de la tapa superior, con el fin de cortar el músculo. Quite la tapa superior de la concha, y descártela cuidando de no derramar el líquido de la mitad inferior. A continuación, deslice el cuchillo debajo de la carne para cortar el pequeño músculo. Coloque la ostra en uno de dos platos grandes, teniendo siempre cuidado de no derramar el líquido. Repita la operación con cada una, hasta que tenga 13 ostras en cada plato.

Coloque sobre la mesa el platito con las rodajas de lima o limón y los platillos hondos con los aderezos, con cucharitas pequeñas en cada uno, y sirva las ostras en sus conchas de inmediato. Invite a cada persona a combinar los aderezos a su gusto.

Para 2 porciones

COCTEL DE ALMEJAS DULCES EN SU OSTRA

Los estadounidenses con raíces en la Costa Atlántica de Colombia, se inclinan por las ensaladas frías de mariscos, ya sean de caracoles marinos, langosta, camarones, pulpo, o incluso de ostras o almejas recién abiertas. Los mariscos se bañan primeramente con una selección de adobos clásicos, que varían entre una simple mezcla de aceite, vinagre, sal y pimienta, y combinaciones sofisticadas, como aceite de oliva, salsa de tomate, mayonesa, leche de coco y comino. También están de moda innumerables adobos Nuevo Latinos.

Un adobo auténtico para mariscos que los colombiano-americanos han conservado intacto, se compone de vino blanco, miel y jugo de limón. El gusto vivaz y agridulce del adobo es un contrapunto espléndido para el gusto salado de las carnosas almejas *cherrystone* frías. Si bien los mariscos marinados se sirven tradicionalmente sobre hojas de lechuga, muchos colombiano-americanos prefieren comer las almejas en sus conchas.

1 taza de vino blanco dulce, tales el Johannisberg Riesling o el Muscat Canelli
2 cucharadas de jugo de limón o de lima recién exprimido
2 docenas de almejas *cherrystone*, o sustitúyalas por almejas *littleneck* del Atlántico o cualquiera de las variedades de ostras del Atlántico, vivas y con sus conchas

Combine el vino y el jugo de limón o de lima en un tazón grande.

Saque las almejas de sus conchas: Deslice el filo de un cuchillo especial para almejas, a lo largo del espacio ubicado entre los dos lados. Mueva el cuchillo en dirección al gozne de la concha y ábrala. Deslice el cuchillo debajo de la almeja para cortar el músculo. Vierta la almeja y su líquido en el adobo. Repita la operación con cada una y déjelas marinar durante 5 minutos. Mientras tanto, cepille las conchas de las almejas y séquelas con toallas de papel.

Para servir, coloque en 2 platos una docena de mitades de concha sobre hielo, si lo prefiere. Regrese cada almeja a su concha y añádale una cucharadita de adobo a cada una. Sirva de inmediato.

Para 4 porciones como primer plato y 2 como una comida ligera

LLAPINGACHOS CON SALSA DE MANÍ

Toda la región andina del Ecuador, incluso la parte norte donde se encuentra la ciudad de Quito, pertenecía en una época al vasto imperio de los incas. Ya en el año 750 A.C., los incas cultivaban en las templadas laderas de las montañas de los Andes, diversas variedades nativas de papas de colores tan insólitos como el azul, el morado y el rosado, con sabores y texturas igualmente sorprendentes (ver Recursos, página 327). Fue solamente en 1532, cuando los españoles conquistaron a los incas, que los europeos probaron las papas por vez primera. En la actualidad, muchos siglos después de la desaparición del imperio incaico, las papas siguen siendo una de las bases de la cocina de la región montañosa del Ecuador, figurando en docenas de platos como El Locro, una sopa cremosa de papas y queso (ver la receta en página 21) y los Llapingachos, exquisitas tortas de papas y queso con salsa de maní—otra de las plantas originalmente cultivadas por los incas.

Los Llapingachos son especialmente populares entre las aproximadamente 191.000 personas de descendencia ecuatoriana que viven en los Estados Unidos, dado que el repertorio culinario tradicional de las mismas se encuentra algo limitado, debido a la escasez en los Estados Unidos, de muchas otras viandas de los Andes tales como la oca, que se asemeja a la zanahoria, pero cuyo interior es blanco y su piel varía entre el color blanco y el rojo; el yacón, cuyo sabor es parecido al de la jícama y se come tanto crudo como cocido y la mashua, que tiene un parecido con el rábano cuando está cruda y que cocida sabe a una papa ligeramente dulce. (Ver Recursos, página 327 para el yacón y la mashua.) Los ecuatoriano-americanos sirven los Llapingachos como plato principal, con salsa de maní o bien con huevos fritos, tajadas de cerdo, salchichas, arroz y plátanos maduros fritos. Como primer plato, lo acompañan con salsa de maní y rodajas de aguacate y a veces con lechuga y tomate. Hemos notado que los niños norteamericanos acostumbrados a la dieta de manteca de maní con jalea (*peanut butter and jelly*), encuentran los Llapingachos irresistibles.

PARA LA SALSA DE MANÍ:

2 cucharadas de aceite de oliva
1 taza de cebollas amarillas bien picadas
2 tomates medianos maduros, cortados en trozos grandes
¼ taza de pimiento verde bien picado
1 taza de manteca de maní con pedacitos de maní mezclados, de maní molido, o de manteca de maní bien suave
½ cucharadita de sal, o a gusto
¼ cucharadita de pimienta negra recién molida, o a gusto
½ taza de agua

PARA LAS TORTITAS DE PAPA:

2 libras de papas nuevas (coloradas)
Una pizca de sal
1½ cucharadas de mantequilla
1 cebolla amarilla mediana, pelada y bien picada
1 taza de queso *Muenster* rallado (alrededor de 4 onzas), o 4 onzas de queso crema, cortado en 12 pedazos
Suficiente aceite de oliva para saltear las tortitas de papa

PARA EL ADEREZO:

1 aguacate *Hass* mediano maduro, cortado por la mitad, sin hueso, pelado y cortado en rodajas
3 cucharadas de culantro fresco bien picado

Prepare la salsa de maní: Caliente el aceite de oliva en una sartén grande sobre fuego entre moderado y fuerte. Saltee las cebollas hasta que estén doradas, aproximadamente 5 minutos. Reduzca la temperatura hasta obtener un calor mediano, añada el tomate y el pimiento y cocine, revolviendo cada tanto, durante unos 10 minutos o hasta que el tomate se desintegre. Agregue la manteca de maní, sal y pimienta; revuelva y luego retire la sartén del calor directo, añadiendo el agua poco a poco, para obtener una salsa espesa. Pruebe la sazón y manténgala caliente.

Prepare las tortitas de papa: Pele las papas y córtelas en trozos de 1½ pulgadas. Ponga los trozos de papa en una cazuela grande, con suficiente agua para taparlos y añada una pizca de sal. Hierva las papas hasta que las sienta blandas al pincharlas con un tenedor, aproximadamente 20 minutos. Después de colarlas, colóquelas en un tazón grande y aplástelas con un majador de papas, hasta que estén suaves.

Derrita la mantequilla en una sartén mediana a una temperatura media. Saltee las cebollas picadas en la mantequilla hasta que estén bien doradas, aproximadamente 10 minutos. Saque las cebollas de la sartén y póngalas en un tazón pequeño.

Forme 12 bolas con el puré de papas y haga un hueco en cada una de ellas, rellenándolo con las cebollas salteadas y 1 cucharada colmada de queso *Muenster* rallado o 1 pedazo de queso crema. Tape el hueco con el puré y aplane cuidadosamente cada una de las bolas rellenas, para darles la forma de pequeños pastelillos de 3 pulgadas de diámetro.

Caliente 1 cucharada de aceite de oliva en una sartén de *teflón* grande sobre fuego entre moderado y fuerte. Saltee las tortitas de papa en tandas de 3 o 4, dándoles vuelta una sola vez, hasta que estén bien doradas de los dos lados, aproximadamente 3 minutos por lado. Pase las tortitas a una fuente grande cubierta con toallas de papel y deje que el aceite se escurra. Añada tanto aceite de oliva como sea necesario, mientras saltea las tortitas.

Para arreglar el plato, ponga con una cuchara la salsa de maní en 6 platos grandes de servicio individual hasta formar "lagunas" del mismo tamaño en cada uno. Ponga

2 tortitas de papa en el centro de cada "laguna". Decore con las rodajas de aguacate y el culantro picado. Sirva de inmediato.

Para 6 porciones como primer plato, plato secundario o plato principal en un almuerzo ligero

QUINUA | La quinua es un grano nativo de la región andina de América del Sur y en un tiempo fue uno de los alimentos habituales de los incas, quienes la llamaban "la madre de los granos." Los nutricionistas han proclamado a la quinua como un grano superior, dado que tiene menos carbohidratos y más grasas no saturadas que la mayoría de los demás granos. Además, es el único grano que tiene la propiedad de ser una proteína completa. Antes de cocerse, los granos de quinua, muy parecidos a los granos de mijo, son muy pequeños y tienen el color del marfil. Una vez cocidos—al igual que el arroz, pero en la mitad del tiempo que le lleva a este otro grano—los granos de quinua revientan y se expanden hasta aumentar 4 veces su tamaño. La quinua tiene una textura fina y su sabor, como el de la mayor parte de los granos, no es muy fuerte. Por esa razón, necesita combinarse con otros ingredientes. Los estadounidenses con raíces en la región andina de América del Sur, particularmente en Bolivia, Ecuador y Perú, han heredado una plétora de recetas para preparar postres, bebidas, panes, ensaladas, platos cocidos y sopas que le añaden sabor a este grano.

SALPICÓN DE QUINUA

Hemos bautizado como Salpicón de quinua, a una ensalada de quinua de sabor suave, tomates madurados al sol y pepinos tostados, Quinua *tabbouleh,* porque tiene un parecido notable con el *tabbouleh* del Medio Oriente—la quinua ocupa el lugar del trigo (*bulgur wheat*) y los chiles picantes le dan su carácter peruano. El Salpicón de quinua tradicional no cuenta al ajo entre sus ingredientes, pero a nosotras nos gusta añadírselo como si fuera *tabbouleh.*

Tradicionalmente, el Salpicón de quinua se sirve sobre una ensalada verde y adornado con una amplia variedad de aderezos, como rodajas de huevos duros, de elotes, alcaparras, aceitunas negras deshuesadas y cubitos de un gustoso queso peruano parecido al *feta.* Como ya tenemos todos los pepinos y hierbas en la ensalada, solemos pasar por alto la ensalada verde y añadimos como aderezo queso *feta* búlgaro (más cremoso que el griego) y aceitunas de *Kalamata.* El Salpicón de quinua acompañado de un pan crujiente como el *lavash* o la *bruschetta* y de un vino blanco con gusto a fruta, constituye por sí solo una comida completa, pero puede seleccionar cualquier otro acompañamiento que se le ocurra. Un postre de frutas tropicales cortadas en rodajas y un pastel de natilla de coco, o Tres leches (vea página 277), pueden ser un espléndido toque final.

2 tazas de quinua*
4 tazas de agua
¼ taza de aceite de oliva, preferentemente extra virgen
3 cucharadas de jugo de lima o de limón recién exprimido
2 tomates maduros medianos, cortados en cubitos
1 pepino mediano, pelado y cortado en cubitos
3 chalotes medianos, sin sus raíces y con sus partes verdes y blancas picadas
1 diente de ajo grande, pelado y picado
1 chile serrano o jalapeño, sin semillas y bien picado, o a gusto (a su discreción)
¼ taza de perejil fresco de hoja plana o de culantro bien picado
¼ taza de eneldo fresco o de menta bien picada
Sal y pimienta negra recién molida, a gusto
1 taza de queso *feta* búlgaro o griego, desmenuzado o cortado en cubitos, como aderezo
½ taza de aceitunas *Kalamata,* como aderezo

**La quinua se consigue en algunos supermercados y en la mayoría de las tiendas de alimentos naturales.*

Ponga la quinua en un colador grande y lávela bajo el chorro de agua fría, frotándola con la punta de sus dedos, hasta que el agua del colador salga limpia; de esta forma, la quinua quedará libre de cualquier residuo de saponina, una substancia jabonosa que suele adherírsele.

Hierva el agua con la quinua en una cacerola mediana sobre fuego mediano. Reduzca la temperatura y deje cocer hasta que haya absorbido toda el agua y los granos estén transparentes, aproximadamente de 10 a 15 minutos.

Ponga la quinua cocida en un tazón grande, déjela enfriar hasta que alcance la temperatura ambiente y luego cubra el tazón y póngala a enfriar en el refrigerador 1½ horas como mínimo.

Mezcle el aceite de oliva con el jugo de lima o de limón en un tazón pequeño. Revuelva el aliño con la quinua. Agregue los tomates, el pepino, los chalotes, el ajo, el chile serrano o jalapeño, el perejil o culantro y el eneldo o menta y mezcle con cuidado.

Pruebe y sazone con sal y pimienta al gusto. Con una cuchara, ponga la quinua en platos grandes y decore con el queso *feta* y las aceitunas *Kalamata* o lo que usted prefiera. Sirva la quinua por sí sola o acompañada de algún pan crujiente, como el *lavash* o la *bruschetta*.

Alcanza para 6 a 8 porciones como primer plato y 4 como plato principal

ENSALADA DE PIÑA Y AGUACATE CON NUECES FRITAS

Esta atractiva y refrescante ensalada, que es una interpretación de un plato clásico cubano-americano, refleja a la tradición, salvo en el agregado de las nueces fritas en aceite de oliva. La ensalada es un buen acompañamiento para el pollo o el pescado a la parrilla, especialmente en los días calurosos del verano. La calidad de la piña es un elemento clave en su preparación; por lo tanto, haga esta ensalada sólo cuando estén a la venta las piñas más jugosas y dulces. Además, tenga en cuenta que no debe prepararse mucho antes del momento de servirla, a fin de preservar la integridad del aguacate que se oxida cuando queda expuesto al aire sin importar el tiempo que sea. Como una variante pruebe aderezarla con coco tostado y rallado o piñones, en lugar de nueces.

2 tazas de piña fresca en pedazos (trozos de ¾ pulgada)
1 cucharada de jugo de lima
3 cucharadas de aceite de oliva extra virgen
1½ cucharadas de azúcar
¼ taza de nueces, preferiblemente recién peladas, como aderezo
2 aguacates *Hass* medianos maduros

En un tazón mediano, mezcle los trozos de piña con el jugo de lima, 2 cucharadas del aceite de oliva y el azúcar. Compruebe si está bien sazonada. Cubra el tazón y déjelo 1 hora en el refrigerador.

A continuación, caliente la cucharada de aceite restante en una sartén pequeña a temperatura media. Saltee las nueces, dándoles vuelta con una espátula, hasta que estén bien doradas, aproximadamente 4 minutos. Inmediatamente pase las nueces a un tazón pequeño; pueden quemarse si las deja en la sartén.

Rebane los aguacates a lo largo en 2 mitades. Quíteles los huesos y la piel. Córtelos (a lo largo) en rebanadas finas y arréglelas formando un diseño circular en 4 platos grandes para servicio individual. En el centro de cada plato, disponga trozos de piña en montones de aproximadamente ½ taza, ya escurridos. Con una cuchara, bañe las rebanadas de aguacate con el adobo que quedó en el tazón. Decore con las nueces tostadas y sirva de inmediato.

Para 4 porciones

ENSALADA DE PALMITO

Salada de palmito

Los palmitos constituyen uno de los alimentos más voluptuosos del mundo. Los tiernos brotes color marfil se asemejan, de manera curiosa, a espárragos blancos desprovistos de sus puntas y son muy cotizados por los brasilero-americanos que aprovechan la extremada versatilidad y sabor de los palmitos para usarlos como complemento, o ingrediente principal en la preparación de ensaladas, sopas, guisados, gratinados y empanadas. La Ensalada de palmito es un plato clásico del Brasil. Aquí presentamos nuestra versión, servida encima de una capa de arúgula y radicheta (endivia roja), salpicada con queso *Parmigiano-Reggiano* rallado grueso.

Para los novatos: Los palmitos son las médulas comestibles extraídas del tallo de la palmera, árbol de la familia de las palmas. En los Estados Unidos, los palmitos frescos pueden conseguirse solamente en el estado de Florida, uno de los lugares de origen de la palmera. Los palmitos envasados en agua y provenientes del estado de Florida o del Brasil, pueden conseguirse en algunas tiendas de comestibles donde se venden productos selectos, así como también en algunos supermercados bien surtidos a lo largo de todo el país. Los palmitos, ya sea frescos o enlatados, son más bien caros, dado que el árbol de la cual se extraen, debe sacrificarse para llegar a la medula. Si usa un recipiente no metálico, los palmitos pueden conservarse en su propio líquido y en el refrigerador, una semana a lo sumo.

2 cucharadas de jugo de limón o de lima recién exprimida
4 cucharadas de azúcar
½ cucharadita de salsa de *tamari,* o sustitúyala por salsa de soja
Pimienta negra recién molida, a gusto
6 cucharadas de aceite de oliva extra virgen
3 onzas de radicheta (endivia roja), lavada y seca
3 onzas de arúgula, lavada, seca y con las hojas partidas si son demasiado grandes
1 lata de 14 onzas de palmitos, colados y cortados transversalmente en rodajas de 1 pulgada
¼ taza de queso *Parmigiano-Reggiano* rallado grueso, u otro queso parmesano

En una ensaladera, bata juntos con una espumadera el jugo de lima o de limón, el azúcar, la salsa de *tamari* o de soja y la pimienta, hasta que el azúcar esté disuelto. Vierta el aceite de oliva gradualmente y siga batiendo con la espumadera hasta formar el aliño.

Con sus manos, o usando cubiertos para servir ensalada, mezcle con cuidado la radicheta y la arúgula con el aliño. Reparta la ensalada en 4 platos grandes. Ponga varias rodajas de palmitos en el centro de cada ensalada. Decore con el queso *Parmigiano-Reggiano* y sirva de inmediato.

Para 4 porciones

NUEVO VIGORÓN

La suavidad de la yuca contrasta maravillosamente con el crujiente repollo y el tocino tostado, en esta ensalada inspirada en el vigorón, la ensalada más popular en todos los restaurantes y hogares nicaragüense-americanos. La ensalada vigorón tiene una capa de yuca tierna cubierta de repollo, bañada con un aderezo de jugo de fruta cítrica y adornada con chicharrones, es decir, pedazos de piel de cerdo que se dejan freír flotando en aceite dos veces, hasta que quedan bien inflados y tostados. (Los chicharrones pueden ser de distintos tamaños. En algunas tiendas latinas hemos visto chicharrones de tres o más pies de largo expuestos en las vidrieras, otros de una pulgada y empacados en bolsas parecidas a las de las *chips* de papa. También otros cuyos tamaños fluctuaban entre los de las dos clases.) En vez de formar dos capas separadas con la yuca y el repollo, preferimos mezclar las dos cosas juntas con un poco de cu-

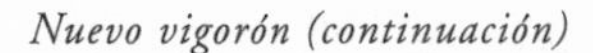

lantro y esparcir tocino desmenuzado, o chicharrones, sobre la ensalada con aguacate cortado en dados. (Si desea preparar una versión vegetariana, puede adornarla con queso *feta* desmenuzado.)

La yuca cocida se torna más bien seca y áspera cuando se la enfría (algo así como lo que les ocurre a las papas fritas en iguales circunstancias), por lo tanto, este plato debe prepararse justo antes de servirlo y no debe refrigerarse. En el caso de que sea necesario refrigerar esta ensalada, deberá esperarse a que alcance la temperatura ambiente, para que la yuca recupere la textura deseada. La ensalada Nuevo vigorón puede servirse sola o como un acompañamiento para la carne de res o de cerdo.

1¼ libras de yuca fresca, pelada, cortada en pedazos de 1 pulgada y lavada, o sustitúyala por yuca congelada (ver la información acerca de la yuca en la página 213 y ver las instrucciones que aparecen en la página 200, acerca de cómo debe pelarse)
¼ taza de jugo de lima o de limón recién exprimido, a temperatura ambiente
Una pizca de sal
1 cucharadita de azúcar granulado
¼ taza de aceite de oliva extra virgen
3 tazas de repollo (bien compactado, alrededor de 10 onzas) cortado muy fino en rebanadas, a temperatura ambiente
1 tomate mediano maduro, cortado en trocitos de ¼ pulgada
2 cucharadas de cebolla morada o amarilla bien picada
1 diente de ajo mediano, pelado y bien picado
2 cucharadas de culantro fresco bien picado
Pimienta blanca recién molida, a gusto
1 aguacate *Hass* mediano maduro, cortado por la mitad, pelado y cortado en dados de ½ pulgada (a su discreción)
5 onzas de chicharrones, rotos en pedazos de 1 pulgada, o sustitúyalos por 6 tiras de tocino, fritas hasta quedar tostadas y luego desmenuzadas

Ponga la yuca en una cacerola grande y cúbrala con agua fría. Añada ½ cucharada del jugo de lima o de limón y una pizca de sal. Ponga la cacerola tapada sobre fuego entre moderado y fuerte, hasta que el agua empiece a hervir rápidamente. Entonces reduzca la temperatura y deje cocer hasta que esté blanda, aproximadamente 25 minutos. Escúrrala. Con cuidado saque cualquier capa fibrosa que aparezca en la superficie y quite también con un cuchillo la parte fibrosa del centro. Corte los pedazos de yuca en trocitos de ½ pulgada.

Bata juntos con una espumadora el jugo de lima o de limón restante y el azúcar, en un tazón grande, hasta que el azúcar esté bien disuelta. Añada y bata con la espumadera el aceite de oliva para hacer el aliño. Mezcle la yuca, el repollo, los tomates, las cebollas, el ajo y el culantro con el aliño. Sazone con pimienta a gusto.

Para servir, reparta el vigorón en 4 o 6 platos grandes. Decore cada plato con dados de aguacate y chicharrones, o bien con tocino desmenuzado y sirva de inmediato.

Para 6 porciones como primer plato o plato secundario y 4 como plato principal ligero

CAVIAR DE BERENJENA

Una berenjena asada y pulposa, tomates rojos y bien maduros, cebollas aromáticas, ajo y jugo de limón crean una bella harmonía en el "Caviar de berenjena," una de las tapas más populares en todo el mundo. Este plato campesino es originario de la Georgia, Armenia y Moldavia y se convirtió en un plato clásico en las cocinas de Rusia y Ucrania, donde se le conoce como el 'caviar del pobre', así como en la América Latina. Gracias a los inmigrantes de todo el mundo, hay cientos de variaciones de esta receta en los Estados Unidos. La que ofrecemos aquí, tiene su toque latino debido al culantro que le presta su sabor inigualable.

El Caviar de berenjena es un condimento perfecto para el verano. Sírvalo como entremés con rebanadas finas de pan, con Pan cubano (vea página 249), *crostini,* pan *pita* cortado en triángulos, o como acompañamiento en un plato de pollo a la parrilla, bistec, o pescado. Escoja sólo las berenjenas firmes y brillantes que no estén magulladas, y deje que el Caviar de berenjena se enfríe bien—toda la noche si es posible—para que los distintos sabores se mezclen bien.

2 berenjenas (aproximadamente 1 libra cada una)
2 cucharadas de aceite de oliva
1 cebolla amarilla mediana, pelada y bien picada
2 tomates maduros, bien picados
3 cucharadas de salsa de tomate
2 dientes de ajo medianos, pelados y picados
1 cucharada de limón recién exprimido
1½ cucharadas de perejil fresco, bien picado
1½ cucharadas de culantro fresco, bien picado
Sal y pimienta recién molida, o a gusto

Haga varios agujeros en las berenjenas con un tenedor y póngalas a hornear en una bandeja de horno en la parte central del horno, precalentado a 375°F hasta que la piel se ponga arrugada y quemada en varias partes y la pulpa se ponga suave, aproximadamente 1 hora. Deje que las berenjenas se enfríen lo suficiente como para poder tocarlas. Córtelas a la mitad, a lo largo, sáquele la carne con una cuchara y córtela en pedacitos. Coloque los pedacitos de berenjena en un colador y apriételos con una cuchara o espátula para sacarles todo el líquido posible.

Caliente el aceite de oliva en una sartén grande sobre fuego mediano y saltee las cebollas hasta que estén doradas, aproximadamente 7 minutos. Añada la berenjena, los tomates y la salsa de tomate y continúe cocinando, revolviendo de vez en cuando, aproximadamente 15 minutos, o hasta que los tomates se desmoronen. Añada el ajo y el jugo de limón, tape, y quite del fuego. Deje que la berenjena se asiente, tapada, 10 minutos.

Añada el perejil y el culantro, mezcle y sazone con sal y pimienta a gusto. Pase el Caviar de berenjena a un plato de servir, enfríe en el refrigerador por lo menos 4 horas o toda la noche. Mezcle bien el Caviar de berenjena antes de servir.

Alcanza para de 4 a 6 porciones como primer plato y 10 como aperitivo

GUASACACA

La Guasacaca venezolana, que es más bien una salsa de aguacate bien cremosa, acentuada con chiles, tomates picados, pimiento verde dulce y cebolla, es parecido al guacamole mexicano, pero enriquecido con aceite de oliva extra virgen. La Guasacaca es muy útil tanto como salsa como condimento en la cocina venezolano-americana. En su papel tradicional de marinada, se le pone al pollo, a los platos de res al pescado y a los mariscos antes de ponerlos en la parrilla. Como condimento siempre acompaña a las famosas Arepas, el pan preciado de los venezolanos (vea página 250). Muchos venezolano-americanos sustituyen la mayonesa o la mostaza por Guasacaca y la ponen en sandwiches de todo tipo—desde *B.L.T.* y *clubs,* hasta *Reubens* y hamburguesas. A nosotras nos encanta este condimento espeso dentro de pan pita relleno de queso *feta* y mazas de alfalfa, o en sandwiches de pan *pumpernickel* con rosbif o carne de cordero y arúgula. La Guasacaca también es deliciosa acompañada de vegetales crudos y como aderezo para una ensalada mixta verde con piñones y ajo tostados o espinaca fresca con cintas de queso provolone.

El aguacate se oxida rápidamente una vez que se expone al aire, de manera que debe preparar este plato minutos antes de servirlo (vea página 24 para más información acerca del aguacate).

⅓ taza de aceite de oliva, extra virgen si es posible

1½ cucharadas de vinagre de vino tinto, o sustituya por jugo de limón o lima recién exprimidos

2 aguacates *Hass* medianos maduros

1 tomate mediano maduro, cortado en pedacitos

¼ taza de pimiento rojo o amarillo, bien picado

2 cucharadas de cebolla morada, bien picada

1 chile serrano o jalapeño, sin semillas, bien picado, o sustituya por ¼ cucharadita de chile colorado seco y molido, poco picante o picante, o a gusto (ver la sección acerca del chile colorado seco y molido en la página 178)

Sal a gusto

Para preparar el aderezo, mezcle bien el aceite de oliva y el vinagre en un tazón mediano.

Corte los aguacates a la mitad, a lo largo, pélelos y quíteles la semilla. Corte la carne del aguacate en trozos y mézclelos en el aderezo. Machaque los aguacates con un tenedor o majador de papas hasta que estén completamente suaves.

Añada el tomate, el pimiento, la cebolla y el chile. Pruebe y sazone con sal si es necesario. Sirva enseguida.

Para guacamole mexicano-americano: Sustituya el aderezo de aceite y vinagre por 1½ cucharaditas de lima o limón recién exprimido. Omita el pimiento y ponga sólo chile serrano o jalapeño bien picados (no chile colorado seco y molido). Añada 1 diente de ajo mediano, machacado, si desea.

LOS PESCADOS Y LOS MARISCOS—SIEMPRE ACOMPAÑADOS POR UN VIGOROSO ADOBO O SALSA—DEBEN BAILAR MAMBO EN SU LENGUA. UN ABADEJO A LA PARRILLA, ASÍ A SECAS, ES ABSOLUTAMENTE INADMISIBLE.

PESCADOS Y MARISCOS

CAMARONES ENCHILADOS CRISTINA

"Este es el plato que preparé para seducir a mi esposo, Marcos Ávila, músico y uno de los fundadores del grupo Miami Sound Machine de Gloria Estefan," bromea la cubano-americana Cristina Saralegui, anfitriona de *El Show de Cristina,* a quien cien millones de aficionados de toda Latinoamérica, Estados Unidos y Europa, conocen simplemente como Cristina. *El Show de Cristina* es el programa de entrevistas en español por televisión que ocupa el primer lugar del mundo en su categoría. Y por si eso fuera poco, tiene su propia revista y un programa radial que se distribuye a varias estaciones: *Cristina opina.* "Cada fin de semana, preparaba Camarones Enchilados—camarones en salsa de tomate y pimiento—para Marcos, aunque de vez en cuando sustituía los camarones por langosta. Después que nos casamos, Marcos me dijo, 'Mira, ahora estamos casados, me encantan tus camarones y tu langosta pero ya no necesitas seguir cocinando . . . de ahora en adelante, cocinaré yo.' Desde entonces, Marcos dejó la música, se hizo mi administrador y productor, además de chef de la casa. Definitivamente él es *Mr. Mom.*

"Lo que me gusta de los Camarones enchilados es que tienen poca grasa, pero estallan de sabor. Los artistas comen diferente al resto de la gente. O bien tienen diverticulitis, como Celia Cruz, o temen engordar. De todas formas, siempre tienen que adaptar las recetas para que tengan poca grasa, poco azúcar y mucho sabor. Cuando cenamos en casa de Gloria Estefan, Glorita cocina un picadillo (guisado caribeño de carne de res molida) maravilloso con carne de pavo sin grasa, en lugar de carne de res, y plátanos. Cocina los plátanos sin aceite en el horno microondas, los aplasta, los pone en un plato y después coloca encima el picadillo. A este plato, Glorita le llama Tambor. Yo preparo un plato de plátanos semejante. Mezclo plátanos maduros con clavos de olor, cáscara de naranja y *Equal,* usando la cantidad de cada ingrediente que se me ocurra, y meto la mezcla en el horno microondas durante 5 minutos. ¡Son deliciosos! Los llamo Plátanos en tentación."

PARA LA SALSA:

1 pimiento verde grande, sin el centro ni las semillas y cortado en trozos grandes
2 cebollas amarillas medianas, peladas y cortadas en trozos grandes
3 dientes de ajo medianos, pelados
½ taza de perejil fresco, picado
½ taza de pimientos morrones envasados en frasco, colados*
1 taza de salsa de tomate
½ taza de *ketchup*
½ taza de vino blanco seco
½ cucharada de vinagre de vino tinto
1 cucharadita de salsa *Worcestershire*
1 cucharadita de salsa de tomate mexicana, poco picante, picante o muy picante (su marca preferida o casera)

PARA LOS CAMARONES:

2 cucharadas de aceite de oliva (Cristina prefiere un aceite de oliva ligero)
2 libras de camarones medianos o grandes, pelados y limpios
1 hoja de laurel
3 cucharaditas de perejil fresco picado, para el aderezo

**Los pimientos morrones envasados en frasco están a la venta en los supermercados.*

Prepare la salsa: Haga un puré con todos los ingredientes, en una licuadora o procesadora de alimentos.

En una olla grande de *teflón,* caliente el aceite de oliva a fuego moderado. Saltee los camarones, revolviéndolos con frecuencia, aproximadamente 4 minutos o hasta que estén rosados. Saque los camarones y su jugo de la olla y viértalos en un plato.

Agregue a la olla la salsa y la hoja de laurel. Cuando empiece a hervir lentamente, baje el fuego, tape y deje cocer a fuego lento, durante 25 minutos, revolviendo cada tanto. Retire del fuego y añádale los camarones con su jugo. Siga cocinando la salsa hasta que esté lo suficientemente caliente como para servirla. Descarte la hoja de laurel. Sirva los camarones y la salsa de inmediato, junto con arroz blanco al vapor y, si lo desea, con Plátanos en tentación, según la receta de Cristina. Decore cada plato con el perejil.

Para 6 porciones

GUISADO DE CAMARONES CON LECHE DE COCO, LIMÓN Y CULANTRO

Moqueca de camarão

"La cocina brasilera puede ser tan sutilmente seductora como una balada de *bossa nova* o tan irresistible como un canto febril del Carnaval," observa el brasilero-americano Jayme Vasconcellos. "Desde chorizos de penetrante gusto y carnes asadas de la región de los gauchos en el sur del país, a empanadas y guisados de frijoles negros y de cerdo de los estados centrales, a los platos picantes de mariscos sazonados con aceite de palma y pimienta de Bahía, hasta platos nativos del Amazonas, tales

Improvisacón, dice Jayme Vasconcellos, es el ingrediente clave en la cocina brasileño-americana.

como sopa de pato salvaje y guisado de tortuga—la mesa de este gigante del continente promete originalidad y aventura." Jayme Vasconcellos debería saberlo, dado que pasó gran parte de su vida en Brasil, con su padre brasilero y su madre estadounidense. Jayme, que ahora reside permanentemente en los Estados Unidos, dirige el Centro Latino Americano en la ciudad de Eugene, Oregón, la agencia latina de servicios sociales más grande y antigua de ese estado.

Jayme Vasconcellos nunca olvidó las comidas de su pasado: "Cuando el primer aroma del aceite de *dendê* (un aceite rojizo-anaranjado, que se extrae de la fruta de la palmera africana) llega a mi cocina, las paredes se disuelven. De pronto me encuentro en Salvador, la más hermosa y triste ciudad del Brasil, con su música extraordinaria, su arquitectura, su comida . . . Estoy rodeado de amigos en un restaurante de la playa de Ipanema, frente al mar, con una toalla sobre mi traje de baño mojado y tomando tragos de un coctel de *cachaça,* mientras hecho leña a una discusión apasionada acerca de un funesto equipo nacional de fútbol—y me preparo a consumir la *moqueca* en la mesa."

Las *moquecas* son guisados fragantes de mariscos que celebran el encuentro de las culturas indígena, portuguesa y africana en el estado brasilero de Bahía. La receta para la *Moqueca de camarão* de Jayme Vasconcellos "representa, en partes iguales, recuerdos, sentido práctico e improvisación." La clave está en esta última. Los ingredientes básicos, como el culantro y la leche de coco, pueden conseguirse fácilmente en los Estados Unidos, gracias a la popularidad de las cocinas mexicana y del sudoeste de este país, así como de la Tailandia. Pero otros ingredientes fundamentales de la *moqueca* y de la cocina bahiense en general, son imposibles o muy difíciles de encontrar en los Estados Unidos. Jayme aconseja buscar sustitutos, en vez de prescindir de un plato tan rico. Por ejemplo, si no tiene acceso a un comercio que venda aceite de *dendê,* reemplácelo por aceite de oliva o de maní, aun cuando el sabor resulte dramáticamente diferente.

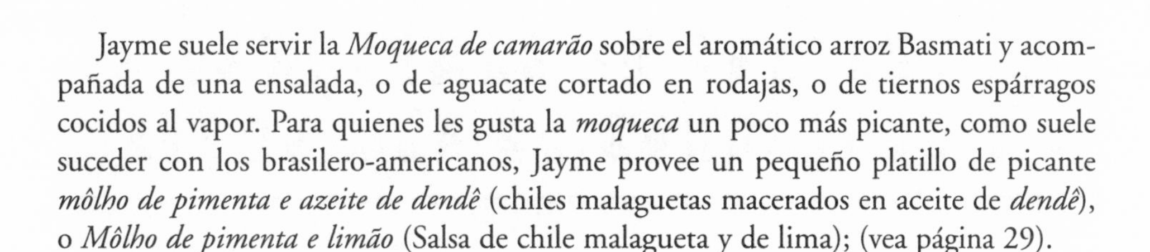

Jayme suele servir la *Moqueca de camarão* sobre el aromático arroz Basmati y acompañada de una ensalada, o de aguacate cortado en rodajas, o de tiernos espárragos cocidos al vapor. Para quienes les gusta la *moqueca* un poco más picante, como suele suceder con los brasilero-americanos, Jayme provee un pequeño platillo de picante *môlho de pimenta e azeite de dendê* (chiles malaguetas macerados en aceite de *dendê*), o *Môlho de pimenta e limão* (Salsa de chile malagueta y de lima); (vea página 29).

1 libra de camarones medianos, pelados y limpios (reserve las cáscaras)
4 cucharadas de aceite de *dendê* brasilero, aceite de oliva, aceite de maní, o aceite de palma de La Polinesia (ver Recursos, página 327)
1 cebolla amarilla mediana, pelada y bien picada
1 diente grande de ajo, pelado y picado
2 tomates medianos y maduros, cortados en trocitos
1 taza de leche de coco sin endulzar, enlatada
½ cucharadita de sal, o a gusto
Pimienta negra recién molida, a gusto
2 cucharadas de culantro fresco bien picado
Jugo de 1 limón mediano

Hierva 2 tazas de agua con las cáscaras reservadas de los camarones, en una cacerola mediana de fondo grueso, con la tapa puesta, sobre una llama entre moderada y fuerte. Destape la cacerola y deje hervir el contenido aproximadamente 20 minutos, o hasta que el agua se haya reducido a 1 taza.

Entretanto, caliente el aceite de *dendê,* de oliva, de maní o de palma, en una sartén grande sobre una llama moderada. Saltee las cebollas bien picadas, aproximadamente 4 minutos o hasta que se pongan transparentes. Agregue el ajo y después los tomates. Siga cocinando, sin dejar de revolver ocasionalmente, hasta que los tomates se desintegren y la mezcla se transforme en una pasta espesa, aproximadamente 10 minutos.

Vierta la taza del caldo de camarones y la leche de coco en la sartén que contiene la pasta de tomate, la cebolla y el ajo. Añada la sal, la pimienta negra molida y 1 cucharada del culantro. Cocine la salsa a fuego moderado, aproximadamente 10 minutos, hasta que se vuelva un poco más espesa que una sopa de crema.

Mientras espera a que la salsa se espese, adobe los camarones en el jugo de limón. Después añada éstos, con su jugo de limón, a la salsa. Siga cocinando la *moqueca* aproximadamente otros 5 minutos o hasta que los camarones se vuelvan rosados. Pase luego la *moqueca* a una fuente de servir, espolvoree con la última cucharada de culantro, y sirva enseguida.

Para 4 porciones

CUAJADO DE CAMARONES Y CORAZONES DE ALCACHOFA

Enrique Sandino, un productor independiente de cine y televisión y director en Hollywood, ha estado experimentando en la cocina, desde que abandonó a su Colombia nativa cuando era un joven, con objeto de estudiar baile en Londres. Para mantenerse, trabajaba como *au pair* y preparaba sus propias comidas en sus horas libres. Con frecuencia se hacía cuajados, un plato colombiano preparado en una cazuela que lleva huevos, acompañados de frutas, carne o mariscos. El cuajado es semejante a una *frittata* o tortilla española gruesa y se prepara con facilidad. Ahora que vive en Los Angeles, Enrique cocina cuajados más sofisticados, con ingredientes internacionales y una técnica original. En esta receta, el productor revoluciona el Cuajado de camarones con tiernos y carnosos corazones de alcachofa y un toque culinario de su propia inspiración: el aceite de oliva con ajo y amor de Sandino, que también embotella para regalar a sus familiares y amigos. (La receta que aquí presentamos lleva sólo aceite de oliva y ajo picado.) En vez de hervir las papas de antemano, tal como lo establece la costumbre, Enrique las saltea en la cazuela junto con las cebollas, a fin de intensificar el gusto y conservarles la forma.

El Cuajado de camarones y corazones de alcachofa, es ideal para un desayuno dominical, acompañado de jugo de naranja recién exprimido, ensalada de frutas frescas y una canasta repleta de *muffins* de limón y semillas de amapola o bien de *muffins* de banana y nueces.

1 cucharada de mantequilla
1 cucharada de aceite de oliva
½ libra de papas pequeñas y de textura cerosa, como las nuevas, *rose fir*, o *German fingerling*, peladas y cortadas en cubitos de ¼ pulgada
1 cebolla amarilla mediana, pelada y picada
2 dientes de ajo grandes, pelados y picados
¾ libra de tomates peritas, cortados en trocitos
Sal y pimienta negra recién molida a gusto
4 huevos grandes
1 libra de camarones pequeños o medianos, pelados y limpios
1 frasco de 6½ onzas de corazones de alcachofa en escabeche, colados y cortados en pedazos de ¼ pulgada* (a su discreción)

**Los corazones de alcachofa se encuentran a la venta en la mayoría de los supermercados.*

Caliente la mantequilla y el aceite de oliva a fuego moderado, en una sartén grande de *teflón*. Saltee las papas, las cebollas picadas y el ajo aproximadamente 15 minutos, revolviendo cada tanto, o hasta que las papas estén blandas y se vuelvan de un tono carmelita claro. Añada los tomates, la sal y pimienta y siga cocinando, revolviendo de vez en cuando, aproximadamente 10 minutos o hasta que los tomates estén bien blandos.

Entretanto, separe los huevos en 2 platos hondos grandes. Bata las yemas con una cuchara, hasta que estén bien mezcladas. Con una batidora eléctrica y en otro plato, bata las claras de huevo hasta que estén firmes (tenga cuidado de no batirlas demasiado). Vierta ⅓ de este merengue al plato que contiene las yemas, e incorpórelo con movimiento envolvente. Después agregue el resto de las claras y revuelva.

Añada los camarones y los corazones de alcachofa al contenido de la sartén y cocine, revolviendo con frecuencia, hasta que los camarones se vuelvan de un color rosado brillante, aproximadamente 4 minutos. Vacíe los huevos en la sartén, mezcle suavemente y siga cocinando durante 5 minutos. Tape la sartén, retírela del fuego y espere 5 minutos para dar tiempo a que los huevos se asienten por completo. Sirva el cuajado caliente o a temperatura ambiente, directamente de la sartén, dado que éste no tendrá la consistencia sólida para pasarlo a una fuente de servir en una sola pieza, como una *frittata.*

Para 4 porciones

NOPALITOS TIERNOS EN CHILE ROJO CON TORTAS DE CAMARÓN

"El nopalito simboliza el desierto. Florece en el desierto, como yo," observa la mexicano-americana Lupe Rulfo, quien tiene sangre pápago en sus venas y cuya familia ha vivido innumerables generaciones en las mismas tierras de sus antepasados, al sur del estado de Arizona y en la zona fronteriza del estado mexicano de Sonora. "Los nopalitos aparecen en la primavera," dice Lupe, "y como la primavera es símbolo de Cuaresma o Pascua Florida para los católicos, nosotros asociamos algunos platos de nopalitos con esta celebración. Los Nopalitos tiernos en chile rojo con tortas de camarón nos recuerdan la importancia que tenía el nopal para los pápagos. Fermentaban la fruta de la planta y luego bebían el licor de cacto, hasta la saciedad, en una ceremonia para propiciar la lluvia y para que la tierra también se saciara con ésta."

Lupe aprendió de niña a preparar nopalitos tiernos de su tía Rosa, cuando vivía en los alrededores de la ciudad de Phoenix. En la primavera solían ir en coche a cortar nopalitos en pleno desierto—las tiernas paletas nuevas del cacto de nopal, que luego usaban para preparar la salsa. "Mi tarea era preparar la mezcla para las tortas de camarón, ligeras y doradas," cuenta Lupe, "y aun ahora que los camarones frescos están a la venta en los supermercados, las tortas se siguen preparando con camarones secos, tal como se hacía en las Américas en los viejos tiempos, por muchos cientos y quizá miles de años. La tía Rosa les quitaba las espinas, los hervía y luego los echaba en una fragante salsa de chile colorado que burbujeaba sobre de la estufa. Luego servía la salsa de chile en los platos y agregaba las tortas para que flotaran en la salsa. Apenas terminábamos de comer el primer bocado celestial, la tía Rosa empezaba a planear con entusiasmo nuestra próxima expedición al desierto en busca de nopalitos."

PARA LA SALSA DE CHILE COLORADO:

¼ taza de aceite de oliva
1 cebolla amarilla o blanca grande, pelada y bien picada
5 dientes de ajo medianos, pelados y bien picados
½ taza de chile colorado seco y molido, poco picante, picante o muy picante (ver la nota acerca del chile colorado seco y molido en la página 178)
1 taza de agua fría
¾ taza de nopalitos frescos, cortados en tiras de ¼ pulgada de ancho y hervidos durante 15 minutos, o sustitúyalos por nopalitos enlatados o envasados en frasco cortados en tiras (nopalitos tiernos en rajas), lavados y escurridos (ver la información sobre los nopalitos en la página siguiente)

PARA LAS TORTAS DE CAMARÓN:

4 huevos grandes
½ taza de camarones secos y molidos*
Suficiente aceite vegetal para freír las tortas

**A la venta en comercios mexicanos y chinos y en donde se expenden productos comestibles propios del sudeste asiático.*

Prepare la salsa de chile colorado. Caliente el aceite de oliva en una sartén grande, a fuego moderado. Saltee las cebollas picadas y el ajo en el aceite, aproximadamente de 8 a 10 minutos, o hasta que estén dorados. Incorpore el chile colorado molido y siga cocinando durante 1 minuto más, revolviendo constantemente. Tenga cuidado de no inhalar los vapores del chile. Vierta el agua para hacer una salsa y después baje el fuego, hasta obtener una llama entre moderada y lenta. A continuación añada los nopalitos, revuelva una vez y siga cocinando durante 5 minutos. No añada sal a la salsa, dado que las tortas de camarón son un tanto saladas.

Prepare las tortas de camarón: Separe los

***Nopalitos*—las tiernas paletas del cacto nopal—son el ingrediente clave en muchos platos mexicano-americanos.**

NOPALES Y NOPALITOS

Los nopales son paletas ovaladas maduras que crecen en los cactos denominados nopal o tuna. Los nopales maduros no son un ingrediente deseable en la cocina. En cambio, los nopalitos—las tiernas paletas de color verde brillante—tienen un sabor suave y fresco, parecido al de las habichuelas o al de los espárragos con el agregado de un toque ácido, son deliciosos por sí solos, en ensaladas o como parte de otro plato. En la primavera, cuando los nopalitos están más tiernos que nunca, muchos mexicano-americanos del sur de California, Texas y la zona sudoeste de los Estados Unidos, usan un cuchillo afilado para cortarlos de los cactos de nopal que crecen a lo largo de los caminos y carreteras. (Siempre usan guantes para evitar que las pequeñas espinas se les claven en las manos y le aconsejamos, por experiencia, que haga lo mismo.)

Para preparar los nopalitos, primeramente hay que rasparles la superficie con un cuchillo o pelapapas, con mucho cuidado, y quitarles las espinas, tratando de conservar la piel. Luego se lavan para quitarles las docenas de espinitas finas y casi invisibles. Los nopalitos pueden comerse crudos, pero por lo general se cortan en tiras de ¼ pulgada de ancho y se hierven aproximadamente 15 minutos o hasta que estén tiernos (también son sabrosos cocidos al vapor, salteados, asados o a la parrilla). Al igual que el kimbombó, los nopalitos hervidos sueltan una especie de baba o líquido viscoso y por eso se recomienda cocinarlos con una cebolla cruda o dos dientes de ajo, que absorben bien la baba. Los nopalitos pueden envolverse en plástico y se conservan en el refrigerador durante una semana como máximo. A pesar de que no saben igual, los nopalitos en lata o en frascos de vidrio, cortados en tiras y envasados en agua o en salmuera, a veces junto a un chile jalapeño y rebanadas de cebolla y ajo, pueden sustituirse por nopalitos frescos. Una vez que se abre la lata, los nopalitos deben pasarse a un recipiente de vidrio o de plástico y guardarse en el refrigerador en su líquido. Los nopalitos envasados en salmuera se conservarán por tiempo indefinido, mientras que los envasados en agua duran una semana a lo sumo. Los nopalitos frescos (de venta solamente durante la primavera) y los nopalitos cortados en tiras y envasados en latas o en frascos de vidrio se consiguen en comercios mexicanos y en algunos supermercados selectos principalmente en los ubicados en California, Texas, la zona sudoeste de los Estados Unidos y en otras regiones del país que cuentan con grandes comunidades mexicano-americanas.

huevos, poniendo las yemas en un plato pequeño y las claras en un plato hondo grande. Bata las claras de huevo con una mezcladora eléctrica hasta que estén firmes. Continúe batiéndolas mientras añade los camarones molidos y luego las yemas de huevo para obtener una pasta. Siga batiendo solamente hasta que todos los ingredientes se hayan incorporado.

Caliente ½ pulgada de aceite vegetal en una sartén pequeña a fuego moderado, hasta que alcance aproximadamente 400°F. Vierta ⅓ taza de pasta en la sartén. La pasta deberá flotar y crepitar enseguida. Fría la torta de camarón durante más o menos 1 minuto de cada lado, o hasta que esté dorada. Dele vuelta a la torta una sola vez con una espátula. Saque la torta de la sartén con una cuchara colador y póngala en una fuente grande recubierta de toallas de papel. Deje escurrir el aceite. Repita la operación hasta que haya usado toda la pasta. Alcanza para 9 o 10 tortas.

Para servir, reparta la salsa de chile colorado con los nopalitos, entre 4 platos, formando una "laguna" en cada plato. Ponga 2 tortas de camarón en el centro de cada "laguna." Sirva enseguida con arroz blanco, frijoles y tortillas calientes de harina o maíz, si lo desea.

Para 4 a 5 porciones

LUBINA ASADA CON CERVEZA

Peixe assado com cerveja

A los brasilero-americanos, especialmente a aquellos que pertenecen a la primera generación de inmigrantes, les gusta cocinar lo mismo pescados enteros que filetes. Por lo general, el pescado se sumerge primeramente en una de los muchos adobos que tienen en común el hecho de tener vino o cerveza como ingrediente clave, y luego se asa en el mismo adobo, hasta lograr la consistencia deseada. En esta receta para marinar una lubina entera y asarla después en cerveza y jugo de limón, preferimos usar una cerveza brasilera importada, como la cerveza *Brahma,* una *pilsner,* o la cerveza *Xingu Black,* que es similar a la *Schwarzbier* alemana. Cada cerveza imparte un sabor único al pescado, así que experimente con sus cervezas. Nosotras preferimos acompañar al *Peixe assado com cerveja* con arroz blanco y una ensalada de lechuga *romaine* y queso de cabra caliente.

1 lubina entera grande o 2 enteras medianas (4 o 5 libras en total), o sustitúyala por pargo, sin las vísceras ni las escamas, con cabeza y cola
1 cebolla amarilla mediana, pelada y picada
¾ taza de cerveza, de su marca preferida
½ taza de jugo de limón o de lima recién exprimido
½ taza de perejil fresco bien picado
1 cucharada de aceite de oliva

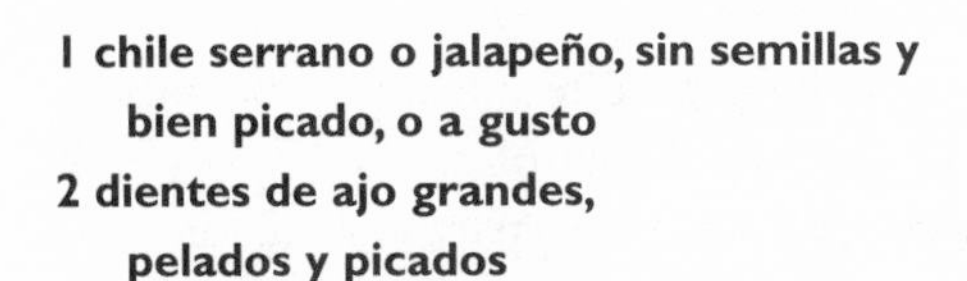

1 chile serrano o jalapeño, sin semillas y bien picado, o a gusto
2 dientes de ajo grandes, pelados y picados
¼ cucharadita de sal, o a gusto
3 cucharadas de mantequilla

Ponga el pescado sobre una tabla de cortar u otra superficie de trabajo y hágale en el lomo 6 cortes diagonales que lleguen hasta el hueso.

En un plato de hornear del tamaño justo para acomodar al pescado, prepare un adobo, mezclando las cebollas picadas, la cerveza, el jugo de limón o de lima, el perejil, el aceite de oliva, el chile, el ajo y la sal. Ponga el pescado en el adobo, cubra el plato y déjelo marinar en el refrigerador durante 2 horas, dándole vuelta de vez en cuando.

Saque el pescado del adobo, séquelo con toallas de papel y unte la superficie exterior con 1 cucharada de mantequilla. Vierta el adobo en un plato hondo. Lave y seque el plato de hornear y úntelo con las 2 cucharadas de mantequilla restantes. Ponga el pescado en el plato de hornear y cúbralo con el adobo. Deje asar el pescado en un horno precalentado a 400°F, hasta que la carne se obscurezca por dentro (haga una incisión) y la espina dorsal se desprenda fácilmente al tirar de ella, más o menos entre 20 y 30 minutos, según el tamaño. Báñelo con el adobo frecuentemente. Tenga cuidado de no dejar el pescado en el horno más tiempo del necesario.

Ponga el pescado en una fuente grande y quítele la piel de la parte superior, usando sus manos y un cuchillo. Vierta sobre el pescado el agua que le quedó en la fuente de hornear y sírvalo de inmediato, acompañado por arroz blanco al vapor.

Para 6 porciones

SALSA DE PERRO

"La Salsa de perro es un guisado de pescado cubano que es más conocido en Caibarién, mi pueblo natal en la costa norte de la provincia de Villaclara, que en cualquier otro lugar. El pescado, de preferencia mero, se cocina a fuego lento en un caldo de pescado espeso, al cual se le agrega un poco de vino blanco para resaltar su gusto. Algunos ingredientes clásicos de la cocina mediterránea como la cebolla, el ajo y el pimiento, intensifican los sabores del guisado y las papas le dan el espesor," explica la autora de obras de teatro y poeta cubano-americana, Dolores Prida. Entre sus varios escritos está el libro titulado *Beautiful Señoritas and Other Plays* (1991). Según ella, abundan las teorías sobre el origen del nombre de este delicioso plato. Algunos dicen que proviene de un pescado antiguamente llamado "perro." Otros afirman que viene del Caribe francés, donde se prepara un condimento picante y frío para acompañar platos de aves y de pescado, llamado *Sauce chien* (Salsa de perro).

Dolores Prida recuerda con afecto la Salsa de perro que preparaba su madre: "Era el plato favorito de mi mamá, Lola, cuando vivíamos en Cuba, y ella lo preparaba mejor que nadie. Decía que el mero era el único pescado que servía para la Salsa de perro por su sabor delicado y su carne firme que no se desintegra en la olla. Estoy de acuerdo con ella, pero desafortunadamente el mero no se consigue en las pescaderías neoyorquinas como se consigue en el sur de la Florida o en el Caribe. Tanto Lourdes, mi hermana, como mi tía Silvia y yo, la cocinamos con hipogloso, lubina, o cualquier otro pescado de carne firme, cuando no podemos conseguir mero.

PARA EL CALDO:

1 libra de cabezas y huesos de pescado fresco
1 papa *russet* (Idaho) grande, pelada
1 cebolla amarilla mediana, pelada
1 pimiento verde mediano
4 dientes de ajo grandes, pelados
1 hoja de laurel
5 tazas de agua

PARA EL GUISADO:

Un mero entero (4 libras), o sustitúyalo por hipogloso, lubina u otro pescado de carne firme, sin las vísceras, piel o agallas, cortado en filetes de 1 pulgada, o 2 libras de filetes de mero, de pargo colorado, o de pargo *yellowtail,* sin la piel
Sal y pimienta negra recién molida, a gusto
½ cucharadita de comino molido, o a gusto
¼ taza de aceite de oliva
1 cebolla amarilla mediana, pelada y cortada en rodajas de ¼ pulgada
1 pimiento verde mediano, sin el centro ni las semillas y cortado en ruedas de ¼ pulgada
4 dientes de ajo grandes, pelados y machacados
2 puerros medianos, sin raíces, cortados a lo largo por la mitad, bien lavados y picados en pedacitos de ¾ pulgada
2 papas *russet* (Idaho) grandes (alrededor de 1¼ libras), peladas y cortadas en tajadas de ¼ pulgada
1 taza de vino blanco seco
¼ taza de culantro fresco bien picado, para el aderezo
3 limas, cortadas en 6 rodajas, para aderezo

Prepare un caldo de pescado: En una olla grande, a fuego entre moderado y fuerte, hierva las cabezas y huesos de pescado, la papa entera, la cebolla entera, el pimiento entero, los 4 dientes de ajo enteros, la hoja de laurel y el agua. Reduzca la temperatura y deje que el caldo siga hirviendo a fuego lento, durante 30 minutos. Saque la papa de la olla y deshágala en un plato hondo pequeño con un majador de papas, para hacer un puré que le dará espesura al caldo. Páselo por un colador de malla mediana. Deseche las cabezas y huesos de pescado, la cebolla, el ajo, la hoja de laurel y el pimiento.

Quítele cualquier espina que quede en los filetes de pescado con pinzas o tenazas. Quíteles las espinas dorsales con un cuchillo pequeño y afilado. Sazone con sal, pimienta negra y comino.

Coloque los ingredientes del guisado en la olla en el orden siguiente: el aceite de oliva, las rodajas de cebolla, las ruedas de pimiento, el ajo machacado, los pedacitos de puerro, el puré de papas reservado, las tajadas de papas y el pescado.

Cocine el guisado, con la olla tapada, a fuego moderado, aproximadamente 8 minutos, a fin de que las cebollas del fondo de la olla se frían en el aceite de oliva. Vierta el caldo de pescado y el vino blanco. El líquido debe cubrir el pescado por completo. Si es así, añada agua.

Tape la olla, hierva, reduzca la temperatura y déjelo cocinar a fuego lento hasta que las papas estén blandas, aproximadamente 35 minutos. Agite la olla de vez en cuando, para evitar que los ingredientes se peguen en el fondo, pero no los revuelva. Ponga el guisado en los platos, con un cucharón que alcance el fondo de la olla. Adorne cada plato con el culantro y las rodajas de lima y sirva de inmediato.

Para 6 porciones

PARGO DORADO CON SALSA DE COCO Y LIMA

El filete de pescado dorado, presentado en una voluptuosa salsa de coco avivada con lima, constituye un plato venerado y clásico en el Caribe, Venezuela, Brasil y Honduras. Esta receta tradicional de Pargo dorado con salsa de coco y lima, es parte del repertorio culinario de la cocina dominicano-americana y un buen ejemplo de lo gustosa que puede ser la unión del pescado con la leche de coco. Se comienza por adobar el pargo en una marinada de jugo de lima, ajo y especias. A continuación, se espolvorea con harina y se saltea en un poco de aceite de oliva, hasta que esté crujiente. La suavidad y la riqueza de la salsa de coco y lima hacen un maravilloso contrapunto. Este plato suele servirse acompañado de arroz blanco cocinado al vapor y Plátanos maduros fritos (vea página 195). Una simple ensalada mixta para comenzar, un Sorbete de mango (vea página 298) o frutas tropicales frescas de postre y una limonada o una buena cerveza *Jamaican Red Stripe Lager,* completan la cena.

PARA EL ADOBO:

¼ taza de jugo de lima recién exprimido
2 dientes de ajo grandes, pelados y machacados
½ cucharadita de orégano en polvo (no desmenuzado)
¼ cucharadita de sal y otro tanto de pimienta negra recién molida

PARA EL PARGO:

1½ libras de filetes de pargo colorado fresco sin espinas ni piel, o filetes de cualquier otro pescado magro de carne blanca, como lenguado, cortado en 8 pedazos iguales
½ taza de harina común sin blanquear
Aceite de oliva para saltear

PARA LA SALSA DE COCO Y LIMA:

1 cebolla amarilla pequeña, pelada y bien picada
1 diente de ajo mediano, pelado y bien picado
1 chile jalapeño o serrano, sin semillas y picado, o a gusto (a su discreción)
1 cucharada de aceite de oliva
½ cucharada de ron ligero
1 lata de 14 onzas de leche de coco sin endulzar
1½ cucharadas de pasta de tomate
1 hoja de laurel
¼ cucharadita de sal, o a gusto
1 cucharada de jugo de lima recién exprimido

Ramitas de perejil fresco, para el aderezo

En un plato de hornear grande de vidrio, no demasiado hondo, mezcle juntos todos los ingredientes para el adobo. Ponga los filetes de pescado en el plato, cúbralo con envoltura plástica y déjelos marinar en el refrigerador durante 1 hora, pero no más tiempo.

Entretanto, prepare la salsa de coco y lima, salteando las cebollas picadas, el ajo y el chile en el aceite de oliva a fuego moderado, hasta que las cebollas empiecen a dorarse, aproximadamente 4 minutos. Vierta el ron y deje cocinar los vegetales 1 minuto más. Añada la leche de coco, la pasta de tomate, la hoja de laurel y la sal y mezcle bien. Baje la llama y deje cocer la salsa a fuego lento durante 5 minutos. Vierta el jugo de lima, revuelva durante 30 segundos y luego retire la salsa del fuego y manténgala caliente.

Esparza la ½ taza de harina sobre una hoja de papel encerado. Seque bien los filetes, dándoles golpecitos con toallas de papel y luego cúbralos completamente de harina por los 2 lados. Sacuda la harina excedente. Cubra el fondo de una sartén grande con aceite de oliva. Caliente el aceite sobre una llama moderada. Saltee los filetes, aproximadamente 2½ minutos de cada lado, en tandas de 3 o 4, formando solamente una capa y dándoles vuelta una sola vez, hasta que estén dorados (los filetes más gruesos tendrán que freírse 1 minuto más). Con una espátula, saque los filetes de la sartén, póngalos en un plato cubierto con toallas de papel y deje escurrir el aceite. Si hace falta, añada más aceite de oliva a la sartén mientras saltea los filetes.

Para servir los platos, vierta la misma cantidad de salsa de coco y lima en cada uno de 4 platos y ponga 2 filetes de pargo sobre la salsa. Adorne cado uno con una ramita de perejil y sirva de inmediato con arroz blanco al vapor y plátanos maduros fritos.

Para 4 porciones

EPERLANOS DORADOS FRITOS

Pesca'itos fritos

"Mi bisabuela, Olympia Rosa Rodrigues, originaria de Andalucía, era la matriarca hispana por excelencia: severa, dura, fantástica como consejera y feroz con sus enemigos," dice Toni Flores, profesora de Estudios sobre la mujer y de estudios Americanos en Hobart y William Smith Colleges de Geneva, en el estado de Nueva York. "Gobernaba a mi familia en Brooklyn con mano de acero, administrando nuestra casa de huéspedes e incluso ayudando a inmigrantes recién llegados a conseguir trabajo y esposa. También era una cocinera maravillosa. La recuerdo parada junto a la estufa, con la espalda erguida, mientras preparaba un fragante potaje de cordero y habas de lima, o un maravilloso picadillo cubano—guisado de carne de res molida—que le había enseñado a preparar Luga, su querida cuñada cubana. Le encantaba preparar el plato más famoso de Andalucía, España, los *Pesca'itos frito*—pequeños eperlanos fritos. Olympia rellenaba pequeños eperlanos con pan rallado y varios condimentos; luego los freía en

Toni Flores con sus hijos, John y Anthony

aceite de oliva, hasta que quedaban tan dorados como los aretes andaluces que colgaban de sus orejas. Los pescaditos siempre quedaban crujientes y ligeros, nunca aceitosos, gracias al aceite de oliva. Siguiendo los consejos de Luga, adornaba los pequeños pescados fritos al estilo caribeño, con rodajas de lima o de limón. Los servía como primer plato o en cualquier momento del día, acompañados de Plátanos maduros fritos cubanos (vea página 195), otra de las creaciones de Luga."

Para preparar esta receta, se necesita disponer de bastante tiempo, dado que hay que rellenar cada uno de los pescaditos, pero sin duda vale la pena. Los eperlanos son peces pequeños (como promedio tienen entre 3 y 7 pulgadas de largo) y se cocinan con las espinas. Nosotras elegimos los más pequeños, puesto que de esa manera los huesos se desintegran al freírlos y se pueden comer enteros. (A los más grandes hay que quitarles las espinas antes de comerlos.) Toni fríe los eperlanos sin cortarles la cabeza, como solía hacerlo su abuela, pero usted puede hacerlo, si lo prefiere. Observe que el aceite de oliva se quema con facilidad y por lo mismo, no se debe calentar tanto como los aceites de maíz, cártamo y maní. Para obtener mejores resultados, mantenga la temperatura del aceite entre los 260°F y los 270°F. Cuando los *pesca'itos* ya están en la sartén, es más fácil maniobrarlos con un par de palillos chinos.

1 ½ libras de eperlanos pequeños (alrededor de 3 pulgadas de largo) frescos o congelados, limpios y con o sin sus cabezas, según se prefiera*

1 ½ tazas de pan rallado

2 cucharadas de algún queso duro, como el manchego, parmesano o pecorino romano, rallado

¼ cucharadita de sal, o a gusto

Una pizca de pimienta negra recién molida, o a gusto

2 huevos grandes, batidos

¼ taza de aceite de oliva, y más para freír los esperlanos

1 diente de ajo grande, pelado y bien picado

2 cucharadas de perejil fresco bien picado

Limones o limas cortados en rodajas, como aderezo

**La temporada de pesca del eperlano comienza en septiembre y termina en mayo. Dado que este pescado se descompone con extrema rapidez, se lo congela enseguida que se saca del mar.*

Ponga los eperlanos en un colador y lávelos con cuidado bajo el chorro de agua fría. Déjelos que se sigan escurriendo, mientras usted prepara el relleno.

Mezcle bien el pan rallado, el queso, la sal y pimienta en un plato hondo mediano. Añada los huevos, ¼ taza de aceite de oliva, el ajo y el perejil, a los ingredientes secos. Mezcle bien con una cuchara. El relleno debe tener un aspecto seco y parecer fácil de desmenuzar, pero al apretarlo entre los dedos, no debe separarse. Si el relleno está demasiado seco, agregue más aceite de oliva, una cucharadita a la vez.

Rellene cada eperlano con alrededor de ¼ a ½ cucharadita de relleno, según el tamaño del pescadito. Apriete los lados con cuidado para que ambos queden pegados al relleno. Seque los eperlanos suavemente con toallas de papel y póngalos en un plato grande.

Caliente ¼ pulgada de aceite de oliva en una sartén grande y pesada sobre una llama entre moderada y fuerte, hasta que alcance una temperatura de 275°F. Fría los eperlanos en tandas de 12, volteándolos solamente una vez con un tenedor o palillos chinos, hasta que estén dorados, aproximadamente 3 minutos de cada lado. Saque los pescados de la sartén con una cuchara colador o con palillos chinos y póngalos sobre toallas de papel para dejar escurrir el aceite. Manténgalos calientes en el horno a una temperatura de 200°F, hasta que termine de freír el resto. Adorne el plato de eperlanos fritos con rodajas de limón o de lima y sírvalos enseguida con plátanos maduros fritos, si lo desea.

Alcanza para 6 a 8 porciones como primer plato

PUDÍN DE PESCADO

"El Pudín de pescado es un suntuoso flan entremezclado con delicados pedacitos de pargo," explica Ivette Sánchez, estudiante de la Universidad Baylor en Waco, Texas. "Era una de las especialidades de mi abuela, Teresa Castillo de Sánchez, nacida en Matanzas, Cuba, y radicada después en Miami, Florida. Lo que prefería, sobre todas las cosas, era preparar platos cubanos elegantes y exóticos, como el pudín de pescado, para mi abuelo, José Ángel Sánchez, y para el resto de la familia, leer la Biblia y recibir amigos en su casa. Siempre tenía algún plato maravilloso en la estufa para convidar a sus amigos y amablemente compartía sus recetas con ellos. A partir de los seis años, estuve constantemente al lado de mi abuela en la cocina, aprendiendo primero las bases y más tarde las sutilezas de la cocina cubana. Hicimos muchos, muchos pudines y flanes juntas; pudines de pescado y de espárragos y flanes de vainilla, de coco, de piña, de chocolate y ella siempre insistía en que los hiciéramos sin usar nada que ya viniese preparado. Su lema era: 'La paciencia es una virtud imprescindible para un cocinero, ya sea para hacer un flan, pudín o cualquier otra comida.' "

El Pudín de pescado tiene la jugocidad y gusto suave de la *mousse* de salmón, pero es un poco más denso, puesto que lleva más huevos en relación con la cantidad de leche y no tiene crema. Aunque por tradición se lo sirve bien frío, cubierto de una fina capa de mayonesa, el Pudín de pescado también es delicioso caliente. Es un primer plato maravilloso o puede servirse como almuerzo ligero acompañado de pan negro o *lavash* y vasos de sauvignon blanc.

1 libra de filetes de pargo colorado, lenguado, lubina o cualquier otro pescado magro de carne blanca sin piel
1 cebolla amarilla pequeña, cortada en 4 pedazos
1 hoja de laurel
5 huevos grandes
1½ tazas de leche
5 onzas (alrededor de 6 rebanadas normales) de pan blanco, cortado en cubitos de 1 pulgada
2 cucharadas de mantequilla, derretida, más otro poco para engrasar el plato
2 cucharadas de perejil fresco picado o de perejil seco
⅛ cucharadita de sal
Mayonesa, para el aderezo

Coloque los filetes en una sartén grande, formando solamente una capa, junto con la cebolla y la hoja de laurel. Añada agua suficiente para cubrirlo todo. Póngala a fuego entre mediano y fuerte, hasta que comience a hervir. Reduzca la temperatura y cocine el pescado, teniendo cuidado de que no vuelva a hervir, hasta que se quiebre al pincharlo con un tenedor, aproximadamente 10 minutos.

Descarte la hoja de laurel y pase el pescado por un colador, reservando los pedazos de cebolla y poniendo a un lado el caldo para usarlo en otra ocasión. Ponga el pescado en un plato hondo grande, quítele cualquier espina que le haya quedado, desmenúcelo finalmente con un tenedor y déjelo que se enfríe hasta alcanzar la temperatura ambiente.

Bata los huevos en una procesadora de alimentos o licuadora eléctrica. Añada los pedazos de cebolla que había apartado, la leche, el pan, la mantequilla derretida, el perejil y la sal y haga un puré. Incorpórelo al pescado y mezcle bien.

Corte un círculo de papel encerado a la medida del fondo de un plato para suflé de ⅓ galón o de cualquier otro plato refractario con paredes llanas y colóquelo en el fondo (el papel impedirá que la parte de abajo del pudín se pegue al plato). Unte con suficiente mantequilla la cara del papel encerado que va contra el plato, así como las paredes del refractario. Vacíe la mezcla del pescado en el plato para suflé y póngalo a baño maría en 1 pulgada de agua caliente. Coloque el pudín en un horno precalentado a 325°F y hornéelo durante 1 hora y 10 minutos o hasta que la capa de arriba se ponga levemente dorada y cuando al insertar un cuchillo en el centro del pudín, salga limpio el cuchillo.

Retire el pudín del horno y sáquelo con cuidado del baño maría. Déjelo enfriar durante 5 minutos. Sáquelo del molde después de pasar un cuchillo afilado y sin dientes alrededor de la parte interior, para despegarlo. Inviértalo sobre un plato grande y quite el papel encerado. Con cuidado voltéelo nuevamente sobre una fuente de servir, a fin de que el lado dorado del pudín quede a la vista. Sírvalo caliente, a temperatura ambiente, o enfriado. Antes de cortar, cúbralo con una fina capa de mayonesa con una espátula, si lo desea, o bien sirva la mayonesa al lado.

Para 8 porciones como primer plato o 6 como plato principal ligero

CAZUELA DE MARISCOS COLOMBIANO-AMERICANA

Comimos por primera vez la Cazuela de mariscos colombiano-americana, un delicioso guisado parecido a la bouillabaisse, con abundancia de langosta, camarones, calamares, pescado y almejas—durante una elegante cena de cumpleaños en un hogar colombiano-americano de la ciudad de Miami. Siguiendo el espíritu del gran mosaico estadounidense, la cazuela fue precedida por una *Caesar salad* perfectamente clásica y luego acompañada por crujiente pan de ajo, un sauvignon blanc y un chardonnay de la costa central de California. Una hermosa tarta de peras *Bosc* y el típico pastel de manzanas estadounidense, con helado de vainilla casero, fueron la culminación de esta cena memorable.

La Cazuela de mariscos colombiano-americana es un hermoso plato para una cena con pocos comensales o cualquier otra ocasión festiva. Para variar, nosotras a veces preparamos este guisado con mejillones, en vez de almejas y lubina o hipogloso en lugar del pargo. Si no consigue una langosta viva, las colas de langostas frescas o congeladas hacen un sustituto perfectamente adecuado.

1 langosta viva de 1½ libras, o 2 colas de langosta de ½ libra, frescas o descongeladas
7 tazas de agua fría
1 docena de almejas *littleneck,* bien limpias
1 taza de apio bien picado
1 pimiento verde mediano, sin el centro ni las semillas y cortado en pedacitos
1 pimiento colorado mediano, sin el centro ni las semillas y cortado en pedacitos
1 taza de zanahorias ralladas
1 lata de 6 onzas de pasta de tomate
½ cucharadita de sal, o a gusto
1 taza de perejil fresco bien picado
1 libra de calamares frescos, limpios, lavados y cortados en ruedas de ½ pulgada*
¾ libra de camarones grandes, pelados y limpios
1½ libras de filetes de pargo (ya sea de pargo colorado o de pargo *yellowtail*), cortados en pedazos de 1½ pulgadas
1 taza de vino blanco seco
1 taza de crema entera

**Ver las instrucciones acerca de cómo limpiar calamares en la receta de la página 94.*

Para preparar la langosta, póngala panza arriba sobre una tabla de cortar e inserte la punta de un cuchillo largo y afilado en la marca en forma de cruz que tiene detrás de la cabeza, para matarla instantáneamente. Pase el cuchillo por el cuerpo de la langosta hasta llegar a la cola, cortándola a lo largo a la mitad. A continuación, con un cuchillito

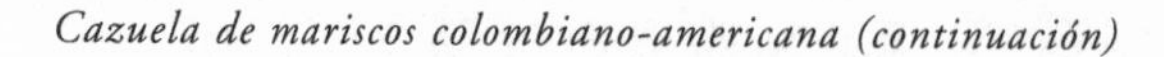

bien afilado, quítele el estómago (una bolsa dura ubicada debajo de la cabeza), los intestinos y la vena que corre a lo largo del cuerpo del crustáceo. (Separe la suave substancia verde, llamada *tomalley,* que se encuentra en la parte media de la langosta. Cocinada, es deliciosa con una galletitas o combinada con mantequilla derretida). Corte las pinzas. Separe la cola del resto del cuerpo de la langosta y córtela en 4 pedazos, dejando intacto el caparazón. A estas alturas del proceso, deberá tener 2 pinzas de langosta, 4 pedazos de cola y 2 pedazos de la cabeza y de la parte media.

Hierva las 7 tazas de agua en una olla grande a fuego entre moderado y fuerte. Eche las almejas y déjelas cocer tapadas durante 5 minutos o hasta que estén abiertas. Con cuidado, saque las almejas de la olla, asegurándose de que el caldo caiga de nuevo en ella. Descarte las almejas que no estén abiertas. Para quitar la arena del caldo de almejas, viértalo a través de un cedazo en un plato hondo grande. Lave la olla y vuelva a poner el caldo.

Hierva nuevamente el caldo a fuego entre moderado y fuerte, añada el apio, el pimiento verde, el pimiento colorado y las zanahorias, tape la olla y deje hervir durante 5 minutos. Añada los pedazos de langosta, la pasta de tomate, la sal y el perejil y deje cocer el guisado a fuego lento durante otros 5 minutos con la olla tapada. Agregue los camarones y el pargo colorado o *yellowtail* y siga cocinando lentamente, con la tapa puesta, 5 minutos más. A continuación, vacíe los calamares, las almejas cocidas al vapor y el vino; cocine, sin tapar, durante 2 minutos. Vierta la crema en la olla y espere a que el guisado empiece a hervir nuevamente a fuego lento, aproximadamente 5 minutos. Sirva la cazuela de mariscos enseguida en platos soperos grandes con pan de ajo.

Alcanza para 6 a 8 porciones

PAELLA FESTIVA JACOBO DE LA SERNA

"A pesar de que abundan las variaciones, es la originalidad de esta paella lo que la hará desaparecer del plato en su próxima reunión," dice Jacobo de la Serna, historiador y *santero*—es decir, fabricante de *santos*—retablos y bultos representativos de los santos católicos en el estilo colonial español, muy cotizadas en todo el mundo, y que han ido evolucionando a través de los siglos en el norte del estado de Nuevo México. Jacobo de la Serna anima a los cocineros a experimentar con los condimentos para la paella, de la misma manera en que un pintor inventa colores y formas en sus lienzos. "Las especias le dan sabor a la vida," dice el santero, "y uno puede cambiar sutilmente el gusto de un plato, añadiéndole más ajo o paprika, comino o nuez moscada. Además, cada tipo distinto de chile le imprime su nota personal."

Alrededor de ⅓ taza de aceite de oliva
10 camarones grandes, pelados y limpios
2 docenas de véneras (*bay scallops*)
2 pechugas de pollo enteras medianas, sin huesos ni piel
1 libra de salchicha de cerdo en tripa, preferiblemente chorizo estilo español o salchicha picante italiana, cortado en rodajas de ¾ pulgada
1 cebolla amarilla mediana, pelada y bien picada
2 pimientos rojos medianos, sin el centro ni las semillas y cortado en tiras
5 dientes de ajo medianos, pelados y picados
2 tazas de tomates frescos o de lata, cortados en trocitos
¼ taza de perejil fresco bien picado
3 tazas de arroz blanco de grano corto
5½ tazas de caldo de pollo hecho en casa o de lata
1 taza de vino blanco seco, mezclado con una pizca de polvo de azafrán o hilos de azafrán
Sal y pimienta negra recién molida, a gusto
10 puntas de espárragos medianos, ligeramente cocidos al vapor
1 pimiento rojo asado, cortado en tiras (ver las instrucciones para asar pimientos en la página 179)

Caliente 2 cucharadas de aceite de oliva en una cazuela para paella (paellera) o en una cazuela grande, sobre una llama entre moderada y fuerte. Saltee los camarones en el aceite, hasta que se vuelvan un color rosado brillante, aproximadamente 4 minutos. Páse los de la cazuela a un plato.

Añada aceite de oliva, poco a poco, según haga falta, para evitar que al saltear los camarones, éstos se peguen a la cazuela. Saltee las véneras, distribuyéndolas en la cazuela en una sola capa y dándoles vuelta una sola vez, aproximadamente 1 minuto por lado. Sáquelos de la cazuela y acomódelos en el plato junto con los camarones. A continuación, ponga en la cazuela las pechugas de pollo y hágalas saltear hasta que estén bien doradas de ambos lados, aproximadamente 8 minutos. Agregue las rodajas de salchicha y deje que se doren bien por ambos lados, unos 8 minutos. Ponga el pollo y la salchicha en un plato. Corte el pollo en tiras de 1 pulgada de ancho.

Baje la llama hasta obtener un fuego moderado y añada 2 cucharadas más de aceite de oliva a la cazuela. Saltee las cebollas picadas y los pimientos hasta que estén blandos,

PAELLA: LA REINA DE LA MESA EN ESPAÑA Y EN SU IMPERIO

La paella, el clásico plato de arroz que reina en las mesas españolas y en las mesas de la colonia española, marca el punto de encuentro entre dos grandes civilizaciones que dejaron su huella en la Península Ibérica. Hace más de mil años, los romanos llevaron su sistema de irrigación a Valencia y más tarde, durante el siglo dieciocho, los moros introdujeron el arroz a la región. Los romanos llevaron las cazuelas a España y éstas influyeron profundamente en la manera de cocinar. Los valencianos combinaron el arroz que cultivaban en las tierras irrigadas, con los alimentos que tenían a mano, es decir, conejos, pollos y verduras y llamaron al plato por el nombre del alimento fundamental, paellera, derivada de la palabra latína *patella*.

Cuando los conquistadores españoles fundaron colonias en el Caribe durante los siglos quince y dieciséis, plantaron cosechas nuevas como frijoles, frutos cítricos, caña de azúcar, café, trigo y arroz. El trigo no sobrevivió en las tierras del Caribe y por lo tanto, los platos de arroz españoles se hicieron muy populares en la cocina cubana, puertorriqueña y dominicana. Las paellas del Nuevo Mundo evolucionaron dramáticamente a partir del plato clásico valenciano. Casi todas las paellas caribeñas están colmadas de mariscos de las aguas locales. Dependiendo de la pesca del día y del capricho del cocinero, pueden contener una variedad de almejas, mejillones, véneras, langosta, camarones, cangrejos o calamares. La paella a la criolla, una versión puertorriqueña, combina algunos ingredientes del Viejo Mundo, como el pollo y el chorizo, el picante embutido español, con la prodigalidad del Nuevo Mundo. Los cubanos inventaron una aventurada versión llamada paella borracha, que sustituye el agua por cerveza. Todas las paellas del Nuevo Mundo, sean del Caribe, México, América Central o del Sur, han llegado a las páginas de los recetarios, a las notas de los cocineros y a las memorias de los inmigrantes latinoamericanos de los Estados Unidos, quienes han continuado su evolución.

aproximadamente 5 minutos. Incorpore el ajo, los tomates y el perejil. Siga cocinando hasta que todo el líquido se haya evaporado.

Artista Jacobo de la Serna presenta su obra maestra: la paella.

Entretanto, lave el arroz debajo de la llave del agua fría y déjelo escurrir. Suba la llama entre moderada y fuerte y vierta el caldo de pollo en la cazuela. Agregue el arroz, asegurándose de que todos los granos queden sumergidos en el caldo, luego el pollo y las salchichas reservadas. Vacíe en el arroz el vino saturado de azafrán. Sazone con sal y pimienta negra a gusto. Hiérvalo baje la llama, tape la cazuela y siga cociendo la paella a fuego lento, aproximadamente 30 minutos, revolviendo cada tanto, hasta que todo el líquido se haya absorbido y el arroz esté blando.

Cuando el arroz esté casi listo, colóquele encima los camarones y véneras reservados. Retire la paella del fuego y adórnela con las puntas de espárragos cocidos al vapor y las tiras de pimiento rojo asado. Sirva de inmediato.

Alcanza para 8 a 10 porciones

CALAMARES EN SALSA VERDE

Los calamares fritos en mantequilla en la sartén hasta que estén completamente sauves y dorados, hacen un bocado exquisito, especialmente si se los prepara con una vibrante salsa acentuada con limón, perejil y jerez. Ésa es la esencia de los Calamares en salsa verde, obra de arte argentino-americana que demuestra que, a pesar de que la carne de res sea la pasión argentina, también los frutos de mar tienen un lugar de honor en la mesa y no todos viven en las parrilladas (esos restaurantes donde preparan carnes a la parrilla, tan populares en ciudades como Nueva York, Los Angeles y Miami). Los Calamares en salsa verde son descendientes directos de los calamares al jerez, un plato popular de esa ciudad española en la región de Andalucía, famosa por su jerez y su cognac.

A pesar de la abundancia de *calamari* en los menús de los restaurantes italianos en los Estados Unidos, muchos norteamericanos se ponen verdes ante la mera sugerencia de que cocinen calamares en la casa. Esto quizás se debe al hecho de que estos moluscos, con sus conchas internas, les resultan estéticamente desagradables y además tienen la inmerecida reputación de ser difíciles de limpiar—en realidad son tan fáciles de preparar como los camarones. Para aquéllos que no se animan a enfrentar la tarea, hay calamares ya preparados a la venta en muchas pescaderías y supermercados. Si se dispone a comprarlos frescos, elija los más pequeños y fíjese que tengan los ojos claros y un aroma dulce, no un olor fuerte a pescado. Los calamares se conservan en el refrigerador un día como máximo y es necesario guardarlos en una bolsa de plástico cerrada herméticamente.

2 libras de calamares frescos o previamente congelados
1 cucharada de jugo de limón recién exprimido
Sal y pimienta blanca recién molida, a gusto
¾ taza de harina común sin blanquear
Alrededor de 7 cucharadas de mantequilla
½ taza de chalotes bien picados
1 taza de caldo de pollo, preferentemente casero
½ taza de jerez seco (fino)
½ taza de perejil fresco bien picado

Lave cada calamar bajo el chorro de la llave del agua fría. Corte los tentáculos justo arriba de los ojos. Ahora proceda a extraer los ojos. Desprenda el pequeño pico duro (boca) del centro de los tentáculos. Recorra con los dedos toda la cavidad del cuerpo, exprimiendo a partir del extremo cerrado y avanzando en dirección hacia la abertura, con el fin de extraer las vísceras. Arranque la espina transparente (el cartílago) de la cavidad del cuerpo y raspe la piel fina y veteada con un cuchillo. Lave muy bien tanto la cavidad interior, como los tentáculos, debajo del chorro de agua fría, y déjelos escurrir.

Corte el cuerpo de los calamares en ruedas de ½ pulgada y rebane los tentáculos a la mitad o en 4 partes, si son grandes. Rocíe el jugo de limón sobre los calamares y sazone ligeramente con sal y pimienta blanca. Eche la harina en un plato pando. Pase ligeramente los calamares por la harina. Derrita 1 cucharada de la mantequilla en una sartén grande sobre una llama moderada y ponga a freír una tanda pequeña de calamares, dándoles vuelta una sola vez, hasta que estén bien dorados, aproximadamente 1½ minutos de cada lado. Saque los calamares de la sartén con una espátula y acomódelos en una bandeja de hornear. Manténgalos calientes en el horno, a una temperatura de 200°F, mientras termina de cocinar el resto. Será necesario añadir 1 cucharada de mantequilla a la sartén, cada vez que se disponga a freír una nueva cantidad de calamares.

Saltee los chalotes en la mantequilla sobrante en la sartén (si no sobró, añada 1 cucharada), a una temperatura entre moderada y baja, aproximadamente 5 minutos, o hasta que se suavicen. Añada el caldo de pollo, el jerez, por último el perejil y raspe el fondo de la sartén para incorporar a la salsa todos los pedacitos dorados. Déjela cocer a fuego lento, aproximadamente 5 minutos, o hasta que el perejil esté blando. Pruebe la sal y la pimienta. Pase los calamares de la bandeja de hornear a la sartén, revuelva lentamente y sirva de inmediato con arroz blanco al vapor.

Para 4 o 6 porciones

MEJILLONES EN SALSA CARIBE Y VINO BLANCO

"Mi padre, Pedro Rivera, prepara una salsa increíble que nosotros llamamos salsa Caribe. No es una salsa en el sentido mexicano de la palabra, sino una espesa pasta o marinada para untar color carmesí, hecha de adobo puertorriqueño, tomate, cebolla, ajo, jugo de limón y aceite de oliva," explica Gibran X. Rivera, un *Woodrow Wilson Fellow* en el último año de su carrera en Boston College. Gibran es especialista en Estudios Internacionales. "Esparcimos la salsa sobre el pollo asado, la carne a la parrilla y el pescado asado durante los minutos finales de su cocción. También se la untamos a cualquier otra cosa que se nos ocurra. Mi papá perfeccionó la receta de su salsa, cuando todavía vivíamos en Puerto Rico. Recuerdo que siempre llevábamos un frasco a la playa, dentro de la canasta del picnic. Después de mudarnos cerca de Boston, mi padre siguió preparando su salsa, especialmente durante los largos y nevados meses del invierno, para que no olvidáramos nuestra isla querida. Cada vez que regreso de la universidad y traigo a mis compañeros de habitación oriundos de Sri Lanka y de Senegal, o a mi novia, que es árabe, mi papá siempre prepara una buena cantidad de su salsa, porque está orgulloso de poder compartir el sabor de Puerto Rico con el resto del mundo.

"La salsa caribe es una base ideal para los mejillones cocidos al vapor. Como vivo en Nueva Inglaterra, le he tomado el gusto a este tipo de mariscos," explica Gibran. "En mi receta se le añade la salsa a los mejillones, a los tomates y al vino blanco para crear una especie de *marseillaise* de mejillones puertorriqueña. Sirvo los mejillones con la salsa, sobre linguini *al dente,* con un plato rebosante de pan de ajo al estilo de mi papá. Es una de las muchas formas en que gozamos la salsa caribe en casa."

4 docenas de mejillones grandes vivos

PARA EL ADOBO:

6 dientes de ajo medianos, pelados y enteros
½ cucharada de orégano en polvo (no desmenuzado)
½ cucharadita de sal, o a gusto
⅛ cucharadita de pimienta negra recién molida, o a gusto
2 cucharadas de jugo de limón recién exprimido o de vinagre blanco destilado
1 cucharada de aceite de oliva

PARA LA SALSA CARIBE:

2½ cucharadas de aceite de oliva
2 cebollas amarillas medianas, peladas y picadas
4 dientes de ajo grandes, pelados y picados
4 cucharadas de pasta de tomate
2 cucharadas de jugo de limón recién exprimido, o sustitúyalo por vinagre blanco destilado
½ cucharada de azúcar granulada

PARA LA SALSA:

5 tomates maduros medianos o 1½ tazas de tomates pelados en lata, cortados en trozos
1½ tazas de vino blanco seco
¼ taza de perejil fresco o de culantro bien picado, para el aderezo

Prepare los mejillones: Descarte cualquier mejillón que no esté cerrado o que pese mucho menos que los demás (esto indica que están muertos) o los que pesen más que los demás (esto quiere decir que están llenos de arena). Cepille los mejillones debajo de la llave del agua fría con un cepillo duro, para desprenderles la tierra y los escaramujos. Quíteles las barbas, cortando cualquier hilo que se asome fuera de las conchas, con un cuchillo o un par de tijeras. Ponga los mejillones en un balde lleno de agua fría y déjelos en remojo durante 1 hora para quitarles cualquier resto de arena. Lávelos en un colador y deje escurrir el agua.

Prepare el adobo: Bata el ajo, el orégano, la sal, la pimienta y el jugo de limón o el vinagre blanco destilado, en una procesadora de alimentos o licuadora eléctrica, hasta que estos ingredientes estén mezclados. Vierta el aceite de oliva e incorpórelo bien.

Prepare la salsa caribe: Caliente el aceite de oliva en una olla grande a fuego moderado y saltee las cebollas y el ajo, revolviendo cada tanto, hasta que las cebollas estén blandas, unos 6 minutos. Agregue la pasta de tomate, el jugo de limón o el vinagre blanco destilado, el azúcar y 2 cucharaditas del adobo restante.

Vacíe los tomates y el vino blanco en la salsa caribe y cocine, con la tapadera puesta, durante 10 minutos. Suba el fuego entre moderado y fuerte, añada los mejillones y siga cocinando con la olla tapada hasta que los mejillones se abran, aproximadamente 5 minutos. (Descarte los mejillones que quedaron cerrados.)

Sirva los mejillones en 4 platos grandes. Vierta la salsa sobre los mejillones con un cucharón y rocíe con culantro o perejil picados. (También puede servir los mejillones y la salsa sobre un plato de linguini.) Sirva de inmediato y ponga un plato hondo grande en el centro de la mesa para las conchas de los mejillones. Acompañe con pan de ajo o pan italiano de corteza dura.

Para 4 porciones

LAS CARNES DE AVES Y DE LOS ANIMALES DE CAZA SABEN MEJOR CON LA BUENA COMPAÑÍA DEL CHILE Y OTRAS SALSAS FUERTES. NO HAY NADA MÁS TRISTE PARA EL PALADAR LATINOAMERICANO, QUE UN POLLO ESCUETO REPOSANDO EN EL PLATO.

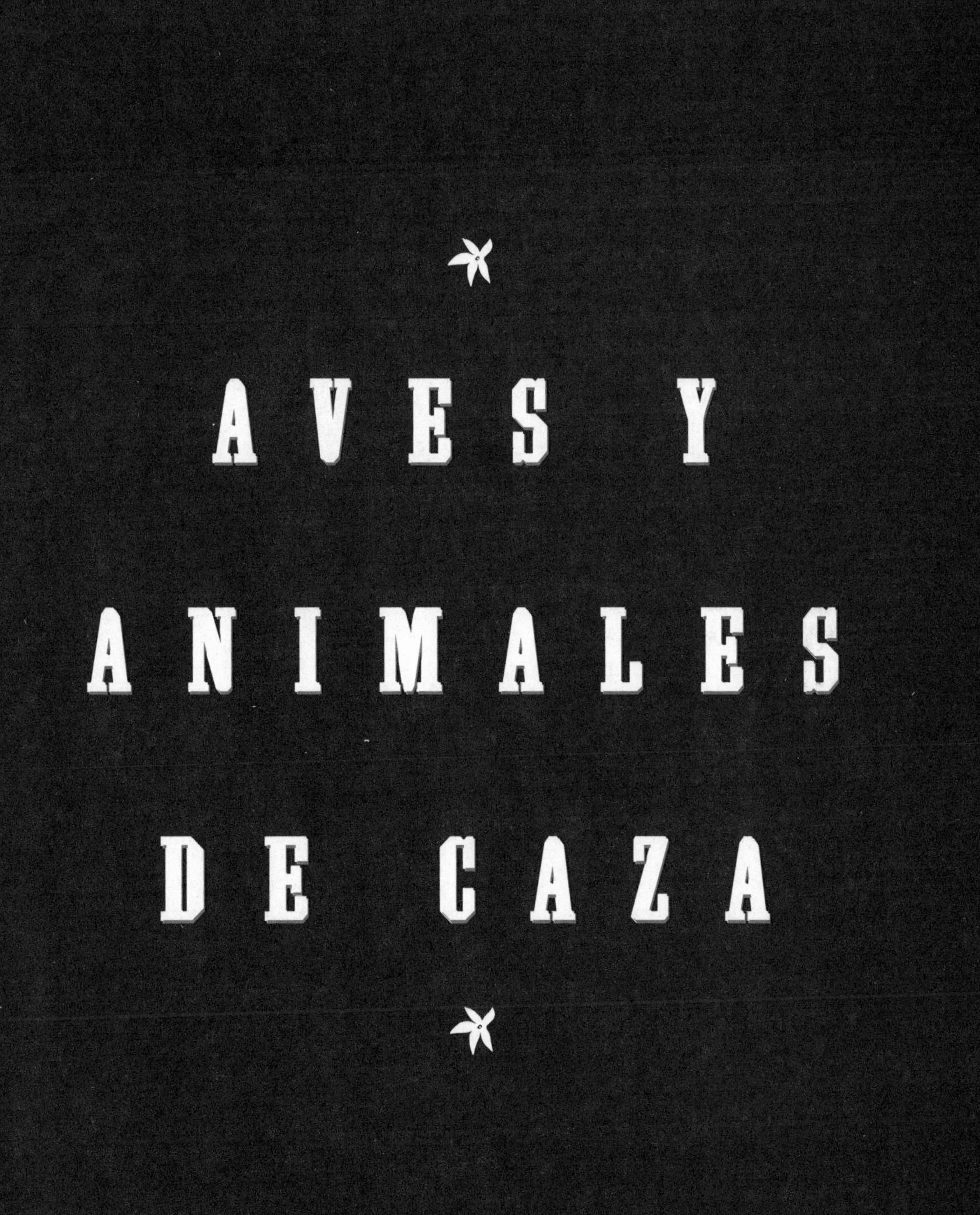
AVES Y
ANIMALES
DE CAZA

ASOPAO DE POLLO PIRI THOMAS

"El Asopao de pollo, un reconfortante guisado de pollo, que consiste en algo así como una combinación entre una paella de pollo digna de un rey y una sencilla sopa de pollo y arroz, es un plato que despierta las emociones de casi todos los puertorriqueños (otro plato que tiene este efecto es el arroz con gandules)," dice Piri Thomas, escritor puertorriqueño-cubano-americano. Piri ha escrito tres libros autobiográficos que fueron muy bien recibidos por la crítica y el público y cuyos contenido tratan de la vida cotidiana en el barrio puertorriqueño de la ciudad de Nueva York. Estos libros que mencionamos, incluyen su muy conocida obra titulada *Down These Mean Streets* (1967) y su colección de cuentos breves, *Stories from El Barrio* (1978). Siendo el mayor de siete hermanos, Piri aprendió a cocinar el asopao en la ciudad de Nueva York, cuando era niño. Su madre, Dolores Montáñez, nacida en Bayamón, Puerto Rico, lo eligió como su aprendiz en la cocina y le transmitió todos sus secretos, incluso la clave para preparar un soberbio asopao de pollo.

Piri Thomas, autor de *Down These Mean Streets*, prepara un asopao delicioso.

La clave, nos reveló Piri, es la calidad del sofrito, una combinación de aromas de hierbas, especias, cebollas, ajo, pimientos y tomates. Para la cocina puertorriqueña, el sofrito es lo que el *mirepoix* es para la francesa, el *five-spice powder* para la china y *garam masala* para la hindú. (El sofrito se usa con tanta frecuencia en las comidas de los puertorriqueños, que la mayoría de ellos lo tienen siempre a la mano guardado en un frasco en el refrigerador o en las charolas para cubitos de hielo dentro del congelador.) Piri sostiene que el sofrito debe estar impregnado de jugo de limón para poder elevar un asopao de lo común a lo extraordinario.

PARA EL SOFRITO:

1 cebolla amarilla mediana, pelada y bien picada
2 dientes de ajo grandes, pelados y bien picados
1 cucharada de aceite de oliva
3 tomates medianos maduros, cortados en pedacitos

1 pimiento verde mediano, sin el centro ni las semillas, y bien picado
3 cucharadas de jugo de limón recién exprimido
½ cucharadita de orégano en polvo (no desmenuzado)

PARA EL ASOPAO:

1 pollo de entre 3 y 3½ libras de peso, cortado en 8 pedazos
2 cucharadas de aceite de oliva
1½ cucharadas de semillas de achiote (también llamadas annatto), o sustitúyalas por 1 cucharadita de azafrán o ½ cucharadita de paprika dulce*
¼ libra de jamón magro curado, cortado en dados de ½ pulgada
¼ libra de chorizo estilo español cortado en rodajas de ½ pulgada, o sustitúyalo por salchicha italiana
2 tazas de arroz blanco de grano largo
7 tazas de agua
¾ taza de arvejas congeladas
½ taza de aceitunas verdes rellenas con pimientos, cortadas en pedacitos
3 cucharadas de alcaparras, escurridas
2 cucharadas de culantro fresco bien picado
Sal y pimienta negra recién molida, a gusto
1 frasco de 4 onzas de pimientos morrones, escurridos, como aderezo

**Las semillas de achiote, llamado "el azafrán de los pobres," se usan para colorear alimentos, pero al mismo tiempo imparten un ligero gusto ahumado. Pueden conseguirse en establecimientos expendedores de comida latina y en algunos comercios y supermercados donde hay productos asiáticos. Elija semillas de achiote de color rojo ladrillo; un tinte marrón es señal de que las semillas son viejas y han perdido su sabor.*

Prepare el sofrito: Saltee las cebollas picadas y el ajo en 1 cucharada de aceite de oliva en una sartén grande, a fuego moderado, removiendo de vez en cuando, hasta que las cebollas estén blandas, alrededor de 7 minutos. Añada los tomates, el pimiento, el jugo de limón y el orégano. Cocine el sofrito durante unos 10 minutos o hasta que los tomates estén bastante suaves.

Lave los pedazos de pollo bajo el chorro de agua fría y séquelos después, dándoles golpecitos con toallas de papel. Caliente las 2 cucharadas de aceite de oliva en una olla grande, a fuego moderado. Añada el achiote y revuelva, cocinando durante 1 minuto. Retire la olla del fuego y deje en reposo unos 5 minutos o hasta que el aceite se torne de un color entre anaranjado y rojo. Saque las semillas de achiote de la olla con una cuchara o espátula. (Si está utilizando hebras de azafrán o paprika, omita esta etapa y agregue el azafrán o paprika dulce junto con el sofrito en el paso siguiente.)

En el aceite saltee los pedazos de pollo, volteándolos ocasionalmente, unos 20 minutos, o hasta que estén bien dorados. Añada el jamón y el chorizo y hágalos dorar 5 minutos, removiendo varias veces. Con una cuchara saque los residuos de grasa, a excepción de unas 2 cucharadas. Vierta el sofrito y mezcle. Cocínelo durante 5 minutos.

Agregue el arroz y el agua. Mezcle. Suba la llama hasta tener un fuego entre moderado y fuerte. Cuando el asopao suelte el hervor, baje la llama y deje cocer a fuego lento, con la olla tapada, unos 20 a 25 minutos, hasta que el arroz esté blando. Añada las arvejas, las aceitunas, las alcaparras, el culantro, sal y pimienta negra al gusto y siga cociendo el asopao a fuego lento otros 5 minutos. (Tome en cuenta que el guisado debe tener la consistencia de una sopa.) Compruebe si está bien condimentado. Con un cucharón, vacíe el asopao en tazones individuales. Adorne cada plato con tiras de pimiento morrón y sirva de inmediato.

Para 5 porciones

POLLO ESTOFADO CON TOMATES, PASAS Y ACEITUNAS

El Pollo estofado con tomates, pasas y aceitunas, versión panameña del antiguo plato español conocido como pollo fricasé, consiste en pollo bañado con una gloriosa salsa que es una combinación de verduras frescas, hierbas y vino blanco, acentuada con aceitunas verdes saladas y dulces pasas. Dado que este plato es conveniente y elegante a la vez, los panameño-americanos lo sirven por igual en las reuniones informales de familiares o amigos y en aquéllas que exigen más formalidad. Para lograr una linda mezcla de sabores y colores, nos gusta dar comienzo a una comida cuyo plato central es el pollo estofado, con una ensalada de radicheta con trocitos muy finos de queso parmesano o *Bibb lettuce* con queso caliente de cabra. Tradicionalmente, este plato se sirve con arroz, pero como las papas forman parte de los ingredientes, por lo general lo dejamos de lado.

Los panameño-americanos no son los únicos que han heredado esta joya de la cocina española. Como fueron los conquistadores quienes trajeron el pollo fricasé a toda Latinoamérica, los mexicano-americanos tienen su propia versión del plato, que sirven por separado con papas cocinadas o con arroz. Una versión cubano-americana clásica, llamada Fricasé de pollo, está adornada con arvejas, pimientos morrones y alcaparras y se acompaña con arroz. Los guatemalteco-americanos, a su vez, han heredado una versión del pollo fricasé que refleja claramente el cruce de la cultura española con las culturas indígenas en Guatemala: El plato está generosamente provisto de chayote, un zapallo tropical, y de chicha, una bebida alcohólica preparada con tamarindo fermentado y piel de ananá (piña).

4 cucharadas de aceite de oliva
1 pollo de entre 3 y 3½ libras de peso, lavado, seco y cortado en 8 pedazos
1 cebolla amarilla mediana, pelada y bien picada
1 pimiento verde mediano, sin el centro ni las semillas y cortado en pedacitos
3 tomates medianos maduros, cortados en trozos grandes
2 dientes de ajo medianos, pelados y bien picados
2 papas nuevas (coloradas), cortadas en pedazos de ½ pulgada
1 rebanada de pan blanco, tostado y cortado en pedazos de 1 pulgada
1 taza de vino blanco seco
1 taza de caldo de pollo
½ cucharadita de romero seco, o si puede conseguirlo, 1 cucharadita de romero fresco, bien picado
½ cucharadita de orégano seco, o si puede conseguirlo, 1 cucharadita de orégano fresco, bien picado
¼ cucharadita de pimentón (*cayenne pepper*)
¼ cucharadita de paprika
Sal y pimienta negra recién molida, a gusto
¼ taza de aceitunas verdes deshuesadas, cortadas a la mitad
1 cucharada de pasas negras sin semillas

Caliente 2 cucharadas del aceite de oliva en una sartén grande, a fuego entre moderado y fuerte. Saltee las piernas y los muslos de pollo durante 5 minutos. Añada las pechugas y las alas. Dórelas por todos lados, unos 10 minutos.

En una olla grande, caliente las 2 cucharadas de aceite de oliva restantes, a fuego entre moderado y fuerte. Saltee las cebollas picadas y el pimiento verde aproximadamente 5 minutos o hasta que ambos estén blandos. Incorpore, revolviendo, los tomates y el ajo picado. Cocine 10 minutos. Añada el pollo dorado, las papas, el pan, el vino blanco, el caldo de pollo, el romero, el orégano, el pimentón, la paprika, sal y pimienta. Reduzca la temperatura y deje cocer a fuego lento durante 40 minutos con la olla tapada.

Corrija la sazón, si hace falta. Agregue las aceitunas verdes y las pasas y siga cocinando a fuego lento otros 5 minutos. Sirva de inmediato.

Para 4 porciones

Para el Fricasé de pollo cubano-americano: suprima el romero. Agregue ¼ taza de arvejas frescas o descongeladas junto con el pollo dorado, las papas, etc. Añada 1½ cucharadas de alcaparras escurridas, además de las aceitunas verdes y las pasas. Adorne cada porción con algunas tiras de los pimientos morrones en conserva (escurridos).

MANCHAMANTELES DE POLLO

"Yo creo que las comidas regionales de México van a incorporarse a la nueva ola culinaria en los Estados Unidos," dice Zarela Martínez, una de las expertas en cocina mexicana más reconocidas del mundo, anteriormente chef principal del Café Marimba de la ciudad de Nueva York y la propietaria e inspiradora de Zarela, un restaurante mexicano de Manhattan que goza de una magnífica reputación desde que abrió sus puertas en 1987. Muchos de los platos que figuran en el menú de Zarela, el cual reúne a lo mejor de las cocinas regionales de México, han sido sutilmente transformados en la cocina de Martínez. Por ejemplo, ella ha alterado la receta original para preparar el Manchamanteles de pollo, plato proveniente de Chiapas, México, al dorar el pollo para mejorar su aspecto y textura, en vez de hervirlo a la manera tradicional.

Zarela Martínez descubrió por primera vez los manchamanteles en Agua Prieta, México, cuando unos amigos de su familia, provenientes del estado sureño de Chiapas, en la República Mexicana, le sirvieron a una joven Zarela y a sus padres este suculento plato en una cena dominical. Ella quedó cautivada por el sabor y el aroma impactante de los manchamanteles—hasta ese momento solamente había conocido la cocina del norte de México. Su madre, Aída Gabilondo, recreó el plato en su casa y luego le enseñó a prepararlo a Zarela, quien de inmediato procedió a hacerle mejoras. En ese instante, sus ojos se abrieron a la multitud de cocinas "exóticas" del sur y centro de México y recibió la inspiración que la llevaría a "explorar" la gastronomía de su país natal.

Según Zarela Martínez, numerosas versiones de los manchamanteles se han transmitido de generación a generación. Algunas de ellas llevan cerdo solamente; otras utilizan cerdo y pollo combinados con frutas y, en algunos casos, hasta nueces molidas. La receta de Zarela Martínez es la unión entre el pollo y la fruta y figura en su libro de cocina titulado *Food from My Heart: Cuisines of Mexico Remembered and Reimagined* (Macmillan, 1992).

De ⅔ a ¾ taza de aceite vegetal
1 cebolla mediana, cortada en medialunas finas (1 taza)
2 dientes de ajo grandes, pelados y picados
1 lata de 28 onzas de tomates enteros, con jugo
2 hojas de laurel
De ½ a 1 cucharadita de pimienta negra recién molida, o a gusto y un poco más para sazonar el pollo
De 1 a 2 cucharaditas de sal, o a gusto
De ¼ a ⅓ cucharadita de clavos de olor molidos
1½ cucharaditas de canela molida
1 cucharadita de comino molido
1 cucharadita de orégano mexicano seco, desmenuzado
½ taza de damascos secos, cortados en rebanadas
¾ taza de ciruelas pasas deshuesadas, enteras o cortadas en rebanadas

½ taza de pasas blancas

1 lata de 20 onzas de pedazos de ananá (piña) sin endulzar, con jugo

½ taza de jerez seco o vino tinto

1 cucharada de vinagre de manzana

¾ taza de adobo de chile colorado (ver la receta que aparece más adelante)

2 pollos de unas 3½ libras por cabeza, cortado cada uno en 6 a 8 pedazos

De 1 a 2 manzanas ácidas medianas, del tipo de las *Granny Smith*, sin el corazón y cortadas en 8 pedazos iguales

De 1 a 2 cucharadas de mantequilla (a su discreción)

1 plátano maduro grande, pelado y rebanado (a su discreción)

Azúcar de canela, preparada con 1 cucharada de azúcar por cada cucharadita (o a gusto) de canela molida (a su discreción)

Ponga 2 cucharadas del aceite en una cazuela mediana a fuego entre moderado y fuerte, hasta que esté caliente pero sin que llegue a humear. Añada la cebolla y el ajo. Cocine, revolviendo, durante 3 o 4 minutos, hasta que los 2 ingredientes se tornen dorados y transparentes. Agregue los tomates, rompiéndolos con la mano, seguidos por las hojas de laurel, ½ cucharadita de la pimienta negra, 1 cucharadita de la sal, los clavos de olor, la canela, el comino y el orégano. Cuando suelte el hervor, baje la llama y deje cocer a fuego lento de 10 a 12 minutos, sin tapar. Ponga la mezcla en la licuadora y hágala puré, dividiendo la mezcla en tandas, si es necesario. Pase el puré a una olla grande o *Dutch oven.*

Coloque la olla sobre una llama fuerte, hasta que la salsa hecha puré suelte el hervor, añadiendo mientras se calienta, las frutas secas, el ananá con sus jugos, el jerez o vino tinto y el vinagre. Déjela cocer a fuego lento durante un minuto y luego añada el adobo. Pruebe y agregue sal si lo necesita. Reduzca el fuego a una llama entre mediana y lenta y deje cocer la salsa unos 10 minutos con la cazuela destapada. Mientras tanto, caliente sobre una llama fuerte alrededor de ½ taza de aceite vegetal en una sartén grande y pesada, hasta que esté a punto de empezar a humear. Rocíe con sal y pimienta cada presa de pollo por todos lados. Trabajando con 3 a 4 piezas a la vez, dore el pollo por ambos lados (agregue un poco más de aceite en la sartén, si hace falta). A medida que se vayan dorando, eche los pedazos de pollo en la salsa. Añada los pedazos de manzana. Ponga la salsa a hervir nuevamente. Baje la llama y cueza a fuego lento, con la sartén tapada, entre 25 y 30 minutos, hasta que el pollo esté completamente cocido. Sírvalo con tortillas de maíz.

Si desea adornar el plato, derrita la mantequilla en una sartén mediana a fuego moderado. Cuando empiece a burbujear, añada las rodajas de plátano y cocínelas, removiendo, hasta que estén bien doradas por ambos lados. Espolvoréelas con el azúcar de canela y acomódelas sobre los manchamanteles.

Para 8 porciones

ADOBO DE CHILE COLORADO

2 cucharadas de manteca de cerdo o aceite vegetal
4 chiles colorados secos enteros, medianamente picantes, ya sea anchos, guajillos o Anaheim secos, y con sus tallos intactos (para mayor información acerca de estos chiles, ver páginas 175, 178 y 173)
1 ½ tazas de agua hirviendo
1 diente de ajo grande, pelado y bien picado
1 cucharadita de orégano mexicano seco
1 taza de agua

Caliente la manteca de cerdo o el aceite en una sartén pesada pequeña o mediana, a fuego moderado, hasta que empiece a burbujear. Fría los chiles enteros, uno a uno, de 30 a 60 segundos, dándoles vuelta varias veces con unas tenacillas, hasta que estén llenos de aire y tomen un color rojo o ligeramente anaranjado. *¡Tenga cuidado de no dejarlos quemar!*

A medida que los chiles estén listos, agréguelos al agua hirviente en un tazón. Déjelos en remojo unos 10 minutos, hasta que se suavicen. Empújelos hacia el fondo del plato si suben a la superficie. Escúrralos.

Arranque o corte los tallos de los chiles y quíteles las semillas raspando con un cuchillo. Descarte los tallos y las semillas. Ponga los chiles remojados en una licuadora junto con el ajo, el orégano y 1 taza de agua. Haga con ellos un puré suave. Añada un poco más de agua, si lo desea, para que sea más fácil licuar la salsa, pero cuide que quede espesa.

Ponga un colador de malla mediana sobre un tazón y vacíe el puré. Con la ayuda de una cuchara de madera, raspe y haga presión para que pase la mayor cantidad posible de sólidos. Deseche cualquier pedazo que no pase por el colador. El adobo puede conservarse, bien tapado, hasta por un mes en el refrigerador, e indefinidamente en el congelador.

Para entre ¾ o 1 taza de adobo
(dependiendo de cuánta mezcla se pierda al pasarla por el colador)

GALLINA EN PEPITORIA A LA PUERTORRIQUEÑA

Tanto los puertorriqueños que viven en el continente, como aquéllos que viven en la isla, donde el pollo no tiene rival y se lo sirve en la mesa casi todos los días, adoran los guisados de pollo con arroz cocinados en una sola olla y han desarrollado un vasto repertorio de este tipo de platos. Uno de nuestros guisados puertorriqueños favoritos es la Gallina en pepitoria a la puertorriqueña. La clave de esta receta es la salsa, a la cual una gran cantidad de almendras molidas la hacen cremosa y espesa, a la vez que la canela y los clavos de olor le prestan su aroma penetrante. La salsa de almendras logra transformar lo que de otro modo sería un guisado de pollo común y corriente, en un plato sutil y elegante. Lo único que hace falta para acompañar a la Gallina en pepitoria a la puertorriqueña, es una pequeña ensalada para empezar la comida, tal vez de radicheta y arúgula para imprimirle un toque de color y como culminación, un postre vibrante como, por ejemplo, Sorbete de Granadilla (vea página 303 para információn sobre la fruta).

Los puertorriqueños no son los únicos estadounidenses de descendencia latinoamericana que preparan pollo con salsa de nueces o semillas molidas. De hecho, donde quiera que se hallan latinos en los Estados Unidos, las nueces son la base de muchas salsas preparadas para acompañarlo. Los dominicano-americanos preparan un maravilloso plato llamado Pollo en salsa de almendras y avellanas, al cual se le añade un chile picante para realzar su sabor y darle más chispa. Los mexicano-americanos usan chiles picantes en algunos platos de pollo con salsa de almendras, como el Pollo verde almendrado y el Pollo en pipián de almendra.

Los estadounidenses con raíces en Bahía, Brasil, combinan pollo y camarones frescos o secos con una salsa hecha con almendras o nueces de acajú molidas y maní molido, para preparar su *Xin-Xin.* Los ecuatoriano-americanos tienden a cocinar el pollo en una salsa de nueces que pueden ser almendras, como en el caso del pollo en salsa de almendras, o nueces molidas para preparar el pollo en salsa de nuez. Los peruano-americanos se inclinan en general por las salsas hechas con maní molido o nueces para preparar sus platos de pollo, en vez de recurrir a las almendras. Un plato de pollo y nueces muy popular entre los peruanos es la carapulcra (pollo, cerdo y papas con salsa de maní). Los guatemalteco-americanos cocinan esta ave en una salsa de semillas de sésamo molidas y semillas de calabaza (pepitas) para preparar su plato conocido como Pollo en pepián.

Gallina en pepitoria a la puertorriqueña (continuación)

1 cebolla amarilla mediana, pelada y picada
2 dientes de ajo grandes, pelados y picados
3½ cucharadas de aceite de oliva
½ taza de almendras blanqueadas
⅓ taza de harina común sin blanquear
⅛ cucharadita de pimienta negra recién molida
1 pollo de 3½ a 4 libras de peso, cortado en 8 pedazos
3 tomates peritas (alrededor de ½ libra), cortados en trocitos
2 tazas de agua
1 trozo de canela en rama
6 clavos de olor enteros
½ cucharadita de sal, o a gusto
2 huevos medianos, ligeramente batidos
2 cucharaditas de jugo de limón o de lima recién exprimido
2 cucharadas de perejil fresco bien picado, como aderezo

Saltee las cebollas picadas y el ajo en 1½ cucharadas del aceite de oliva en una sartén grande a fuego moderado, revolviendo cada tanto, hasta que las cebollas estén blandas, aproximadamente 6 minutos. Retírelas del fuego.

Entretanto, muela las almendras blanqueadas en la licuadora o procesadora, hasta obtener un polvo fino.

Mezcle juntos la harina y la pimienta en un plato no muy hondo. Lave los pedazos de pollo debajo del grifo del agua fría y séquelos, dándoles golpecitos con toallas de papel. Cubra los pedazos de pollo con la harina mezclada con pimienta y sacuda después los pedazos para despojarlos de la harina que resulte excesiva.

Caliente las 2 cucharadas del aceite de oliva restante en una olla grande a fuego entre moderado fuerte. Haga dorar uno de los lados de las piernas y muslos del pollo, alrededor de 5 minutos. Luego añada las pechugas y las alas, al tiempo que voltea las piernas y los muslos para que se doren del otro lado. Siga salteando todos los pedazos de pollo hasta que estén bien dorados, aproximadamente 6 minutos de cada lado.

Agregue el resto de las cebollas y del ajo, las almendras molidas, los tomates, el agua, el trozo de canela en rama y los clavos de olor. Hierva el pollo con la olla tapada. Baje el fuego y deje cocer a fuego lento, con la tapa puesta y revolviendo cada tanto, hasta que note que el pollo esté tierno, aproximadamente 35 minutos. Pase los pedazos de pollo a un plato refractario calentado previamente o a una bandeja de hornear, cúbralos con papel de aluminio y manténgalos calientes en el horno a temperatura baja, mientras prepara la salsa.

Quítele la grasa a la salsa. Hiérvala a fuego entre moderado y fuerte. Siga cocinando, revolviendo frecuentemente con una cuchara, unos 8 minutos o hasta que se haya reducido a 1½ tazas. Sazone con sal y retírela del fuego. Quíteles a la salsa el trozo de canela en rama y los clavos de olor y deséchelos.

Rápidamente bata los huevos y el jugo de limón o de lima en un tazón pequeño y luego vierta esta mezcla en la salsa, batiendo mientras la incorpora, hasta que todo combine bien. La salsa deberá espesarse enseguida. Vuelva a poner los pedazos de pollo en la salsa y sirva de inmediato con arroz blanco cocido al vapor y con un aderezo de perejil picado.

Para 4 porciones

Para el Pollo en pipián de almendra mexicano-americano: Siga la receta que aparece arriba, hasta el momento de saltear el pollo. Luego, en vez de tomates, canela, clavos de olor, huevos crudos, jugo de lima o de limón y perejil, añádale al pollo salteado un chile serrano verde o colorado, sin semillas, junto con las cebollas restantes, el ajo, las almendras molidas y el agua. Siga cocinando unos 35 minutos. Pase el pollo a un plato refractario y manténgalo caliente, tal como se indicó anteriormente. Quítele la grasa a la salsa y añada 2 huevos duros cortados en pedacitos, 1 taza de pan rallado y otra taza de agua. Haga un puré con la salsa en una licuadora eléctrica o procesadora de alimentos, antes de volver a colocarla en la olla. Agregue poco a poco más agua, si la salsa le parece demasiado espesa. Sazone con sal y pimienta negra recién molida a gusto. Vuelva a poner los pedazos de pollo en la salsa y sirva de inmediato con arroz blanco cocido al vapor.

ENCHILADAS TAPATÍAS

Gabriela Navarro Guttry, una productora de televisión que trabaja en Los Angeles, dice que esta receta para preparar Enchiladas tapatías, tortillas de maíz remojadas en salsa de chile, ligeramente salteadas y rellenadas luego con pollo desmenuzado, era de su abuela Ernestina, de Guadalajara, México. "De los trece hijos que tuvo mi abuela, más de la mitad eran mujeres. Todas se juntaban en la cocina para compartir risas, amores, penas de amor y esperanzas, mientras preparaban, bajo la tutela de la abuela Ernestina, magníficos platos como las Enchiladas tapatías para las fiestas, cumpleaños, grados, bautismos y funerales. Más adelante, mis hermanas, mis primas y yo empezamos a participar en ese intercambio de cultura culinaria e historia familiar. No falta mucho tiempo para que mi hija Caitlin, que tiene tres años, empiece a ayudarme en la cocina. Espero que ella también disfrute de esta faceta de su historia familiar y conserve para las futuras generaciones las recetas de Ernestina."

¾ taza de crema agria
¼ taza de leche
1 pechuga de pollo entera sin piel ni huesos
½ cebolla amarilla pequeña
4 dientes de ajo grandes, pelados
1 cucharada de perejil fresco o culantro bien picado
⅛ cucharadita de orégano en polvo (no desmenuzado)
Sal a gusto
6 chiles poblanos, sin el centro ni las semillas (ver la información acerca de los chiles poblanos que aparece en la página 175)
3 tomates maduros medianos
Aceite de oliva para saltear
8 tortillas de maíz
1 cebolla amarilla pequeña, pelada y bien picada (a su discreción)
4 hojas de lechuga grandes, cortadas en tiras
1 aguacate *Hass* mediano maduro, cortado por la mitad, sin semilla, pelado y cortado en rebanadas finas
1 taza (alrededor de 6 onzas) de queso fresco (queso mexicano también llamado queso ranchero), desmenuzado, o sustitúyalo por 1 taza (alrededor de 4 onzas) de queso *Monterey Jack* rallado

Prepare el aderezo de crema agria que se sirve sobre las enchiladas: Mezcle bien en un tazón pequeño la crema agria y la leche. Cúbralo con envoltura de plástico y refrigérelo.

Cocine la pechuga de pollo, la media cebolla, 2 de los dientes de ajo, el perejil o culantro, el orégano, la sal y ¼ galón de agua, en una cazuela grande, a fuego entre moderado y fuerte. Cuando suelte el hervor, reduzca la temperatura y siga cocinando a fuego lento hasta que el pollo esté muy tierno, unos 15 minutos.

Pase el pollo a un plato grande, desmenúcelo con 2 tenedores o con los dedos y consérvelo caliente. Vierta el contenido de la cazuela en un plato, sobre un colador de malla metálica fina.

Combine los chiles poblanos, los tomates y los 2 dientes de ajo restantes con 2 tazas de agua en la cazuela. Hierva sobre una llama entre moderada y fuerte; después reduzca la temperatura y siga cocinando durante 15 minutos. Deje escurrir los chiles, los tomates y el ajo; páselos luego a una licuadora. Añada ¼ taza del líquido que usó para cocinar el pollo y licúe hasta que se suavice. La salsa de chile debe estar bastante espesa, casi como una pasta. Si está demasiado espesa, agregue un poco más del líquido. Con una cuchara pase la salsa a un plato grande de poca profundidad.

Caliente 1 cucharada de aceite de oliva en una sartén mediana. Sumerja una tortilla en la salsa de chile y luego póngala en la sartén y hágala saltear aproximadamente 10 segundos de cada lado, volteándola una sola vez. Con una espátula, pase la tortilla a un plato grande y manténgala caliente. Repita la operación con el resto de las tortillas, añadiendo más aceite de oliva, a medida que sea necesario.

Rellene las tortillas, una a la vez, poniendo una cucharada de pollo desmenuzado en el centro de cada una y añadiendo un poco de cebolla picada, si lo desea.

Enrolle las tortillas apretadamente. Ponga 2 tortillas en cada uno de 4 platos grandes. Con una cuchara, vierta sobre las tortillas cualquier sobrante de la salsa de chile y luego adorne con la lechuga cortada en tiras, las rebanadas de aguacate, la cebolla picada que todavía le quede y el queso fresco o *Monterey Jack.* Coloque sobre las tortillas un copo del aderezo de crema agria y sirva de inmediato.

Para 4 porciones

PASTEL DE CHOCLO CON POLLO

Este suculento pastel de pollo, preparado en una marmita y cubierto con una pasta de maíz y mantequilla, es el equivalente chileno del pastel de tamales de los mexicano-americanos. El relleno del pastel es una clásica fusión latina de pollo, pasas y aceitunas, con un toque de comino y orégano. Algunos chileno-americanos también añaden carne molida de res al relleno, pero nosotras preferimos la simplicidad del pollo sin la carne de res. Una capa de puré de maíz enriquecido con huevos y mantequilla, cubre el relleno del pastel y luego la parte de arriba se espolvorea con azúcar para añadirle un toque dulce. En el horno, la masa se torna tostada y dorada por fuera, pero conserva la humedad en su interior. Una de las maravillas de este pastel de pollo preparado en la olla consiste en que todos sus ingredientes son elementos cotidianos de la cocina estadounidense, pero la manera en que están yuxtapuestos en este pastel, es novedosa y atractiva. El Pastel de choclo con pollo es el sueño de quienes aman las reuniones informales donde cada quien lleva algo de comer, dado que puede prepararse con anticipación, es fácil de transportar y sobre todo, es delicioso.

Nosotras probamos por primera vez este pastel (la versión que incluye la carne de res molida) en el Rincón Chileno de la Avenida Melrose en Los Angeles, un restaurante chileno y tienda de comidas preparadas que tiene un gran movimiento de clientes, particularmente en lo que concierne a las comidas para llevara casa. La demanda más fuerte es la del pastel de choclo "*to go,*" y por lo tanto, los propietarios del restaurante, Ricardo y Cristina Flórez, tienen siempre una buena provisión a mano, así como una completa selección de vinos chilenos que sirven para complementar el plato. Le aconsejamos que después de disfrutar este reconfortante pastel de pollo en la olla y algunos vasos de vino blanco chileno o una cerveza pilsner como la *Brahma Beer* brasilera, culmine la experiencia con un postre ligero y "jazzy" como las rodajas de mango y frambuesas con crema Devonshire, o la Torta borracha (vea página 281), o los *biscotti* de chocolate con macadamias.

PARA EL RELLENO DE POLLO:

1½ libras de pechugas de pollo con hueso
1 libra de muslos de pollo
1 cebolla amarilla pequeña, pelada
2 tazas de caldo de pollo, preferentemente casero
1 hoja de laurel
¼ taza de pasas blancas (doradas) sin semilla
3 cucharadas de aceite de oliva
2 cebollas amarillas medianas, peladas y picadas
1 diente de ajo mediano, pelado y picado
½ cucharadita de paprika
½ cucharadita de orégano en polvo (no desmenuzado)
¼ cucharadita de comino
Sal y pimienta blanca recién molida, a gusto
2 huevos duros, cada uno cortado en 8 pedazos con forma de cuña (a su discreción)
1 docena de aceitunas negras medianas deshuesadas, cortadas en pedacitos

PARA LA CUBIERTA DE CHOCLO:

5 tazas de choclo (granos de maíz) fresco o descongelado
1 taza de leche
½ taza (1 barra) de mantequilla, más otra cucharada para engrasar la cacerola
¼ cucharadita de sal, o a gusto
⅛ cucharadita de pimienta recién molida, o a gusto
1 cucharadita de paprika
1 cucharada de azúcar glaseado, o a gusto

Prepare el relleno de pollo: Ponga las pechugas y los muslos de pollo, la cebolla entera, el caldo de pollo y la hoja de laurel, en una olla grande y hágala hervir lentamente sobre una llama entre moderada y fuerte. Baje la llama, tape la olla y dejelo hasta que el pollo esté cocido, aproximadamente 30 minutos. Pase los pedazos de pollo a un plato grande. Una vez que se haya enfriado, quítele la piel y arranque la carne de los huesos. Descarte la piel y los huesos, la hoja de laurel y corte la carne en dados. Reserve el líquido de cocción y la cebolla.

Ponga a remojar las pasas en un plato hondo pequeño con agua caliente, para que se ablanden. Entretanto, caliente el aceite de oliva en una sartén mediana a fuego moderado y saltee las cebollas picadas y el ajo, revolviendo cada tanto, hasta que empiecen a dorarse, unos 8 minutos. Deje escurrir las pasas y viértalas en la sartén junto con el pollo cortado en dados, ½ taza del líquido que usó para cocinarlo, la paprika, el orégano y el comino. Cocine durante 5 minutos. Pruebe y sazone con sal y pimienta blanca a gusto. Retire el relleno del fuego y manténgalo caliente.

Prepare la cubierta de choclo: Haga un puré suave con el choclo, la leche y la cebolla que doró en una procesadora de alimentos o licuadora. Derrita la ½ taza de mantequilla en una sartén grande a fuego entre moderado y fuerte. Vierta y mezcle el puré de choclo en la sartén. Cocine 5 minutos, revolviendo cada tanto, hasta que quede tan espeso como avena cocida. Pruebe y sazone con sal y pimienta negra a gusto.

Para armar el Pastel de choclo con pollo: Con la cucharada de mantequilla restante, unte una cacerola con una capacidad de ½ galón, pero que no sea muy honda. Esparza el relleno de pollo en el fondo. Presione las cuñas de huevo duro y los pedacitos de aceituna para incrustarlos en el relleno. Esparza la cubierta de choclo sobre el pollo y alísela con una espátula de goma. Espolvoree la parte de arriba del pastel con la paprika y luego con el azúcar glaseado.

Hornee el Pastel de choclo con pollo en un horno precalentado a 350°F, hasta que la parte superior esté firme y levemente dorada, unos 45 minutos. Coloque el pastel en la parrilla del asador precalentado de su horno, a una distancia de 4 pulgadas de la fuente de calor, hasta que se dore por encima, alrededor de 4 minutos. Sirva enseguida.

Alcanza para 4 a 6 porciones

CROQUETAS DE POLLO CARIBE CON SALSA DE DURAZNO Y CHILE HABANERO

Estas sencillas y reconfortantes croquetas de pollo con un toque de jamón ahumado, pertenecen a la cocina dominicano-americana, si bien se pueden encontrar variaciones de la misma entre los estadounidenses de descendencia caribeña. Al igual de lo que ocurre con muchos bocados fritos al estilo del Caribe, las croquetas dominicanas se complementan tradicionalmente con limas o limones cortados en rodajas, no con la salsa blanca a la que tantos estadounidenses están acostumbrados. En esta receta, añadimos a las croquetas una salsa de durazno y chile habanero, a fin de crear un bello contraste de colores y un contrapunto dulce. Naturalmente, cuanto más dulces y jugosos sean los duraznos, más gustosa resulta la salsa. Así que si los duraznos de peluza amarilla o los duraznos blancos están fuera de temporada o no alcanzaron su grado máximo de madurez, déjelos de lado y sustitúyalos por otra fruta dulce y vibrante como el mango, por ejemplo.

Los cocineros y cocineras de todos los tiempos han reconocido que las croquetas son una maravillosa manera de aprovechar las sobras de comida. Si su refrigerador todavía está repleto de pavo cuando sus invitados se despiden después de celebrar la fiesta del Día de acción de gracias, tómese la libertad de usarlo, en lugar de pollo, al preparar esta receta. Las Croquetas de pollo caribe son ricas con una simple ensalada en una comida ligera, o bien con puré de papas con ajo, o arroz silvestre con piñones, si se trata de un festín.

2 cucharadas de mantequilla
1½ cucharadas de cebolla amarilla bien picada
2 cucharadas de pimiento rojo o amarillo bien picado
2 cucharadas de perejil fresco bien picado
½ cucharadita de nuez moscada molida
¼ cucharadita de sal, o a gusto
⅛ cucharadita de pimienta negra recién molida, o a gusto
1¼ tazas de harina para todos los usos sin blanquear
1 taza de leche
1½ tazas de pollo cocido molido
¼ taza de jamón cocido (*country ham*), picado (a su discreción)
2 huevos grandes, ligeramente batidos
1 taza de pan rallado seco sazonado
Aceite de canola para freír las croquetas

Salsa de durazno y chile habanero, refrescada (vea página 32)
Limas o limones, cortados en rodajas

Derrita la mantequilla en una cacerola o cazuela a fuego moderado. Saltee la cebolla hasta que esté blanda, aproximadamente 3 minutos. Añada el pimiento, el perejil, la nuez moscada, la sal y la pimienta negra. Siga cocinando durante otros 3 minutos. Agregue ½ taza de harina, pero no deje que se dore. Agregue la leche, baje la llama y siga cocinando, revolviendo sin cesar, unos 5 minutos, hasta que la mezcla se espese. (Cualquier grumo se disolverá al remover y cuando revuelva en la cazuela el pollo y el jamón.)

Retire la cazuela del fuego. Añada, revolviendo, el pollo y el jamón. Transfiera la mezcla a un tazón mediano y deje que se enfríe hasta alcanzar la temperatura ambiente. Usando alrededor de 2 cucharadas de mezcla por croqueta, deles una forma redonda, ovalada, o cilíndrica. Ponga los ¾ taza de harina restantes, los huevos ligeramente batidos y el pan rallado en pequeños platos individuales de poca profundidad. Una por una, pase las croquetas por la harina, sumérjalas en los huevos batidos y hágalas rodar sobre el pan rallado.

En una cazuela grande y honda, caliente 1 pulgada de aceite de canola hasta que alcance una temperatura de 375°F. Fría las croquetas, en tandas de 4 o 5 a la vez, hasta que estén doradas, aproximadamente 1½ minutos por lado. Con una cuchara colador pase las croquetas a platos cubiertos con toallas de papel y déjelas escurrir. Manténgalas calientes en el horno a una temperatura baja, mientras termina de freír el resto de las croquetas. Sírvalas con la Salsa de durazno y chile habanero o con rodajas de lima o de limón.

Salen 12 croquetas aproximadamente; para 6 porciones como primer plato y 4 como plato principal

PECHUGAS DE POLLO ESPAÑOL A LA PARRILLA ADOBADAS EN JUGO DE LIMÓN

La doctora mexicano-americana Ruth González, matemática geofísica que trabaja para la Exxon en la ciudad de Houston, Texas, y su hermana Sylvia González Cardwell, directora de diseño en la estación de televisión KRON de San Francisco, acostumbraban a dar juntas cenas maravillosas hasta que Sylvia debió mudarse a California. Separadas ahora por miles de millas, las dos hermanas siguen ofreciendo sus cenas "juntas" al preparar una y otra los mismos platos para sus respectivos invitados. Para las reuniones informales de los fines de semana del verano, Ruth y Sylvia gustan de preparar pechugas de pollo a la parrilla, luego de marinarlas en jugo de lima, limón y naranja con especias, una técnica originaria de Yucatán que sirve para hacer más blandas y añadir sabor a las carnes. Las hermanas sirven el pollo húmedo y lleno de sabor, ya sea con una ensalada *Caesar* y tortillas de maíz calientes, o con verduras como las calabazas de verano, las berenjenas italianas (*Italian baby eggplant*), los tomates miniatura (*cherry tomatoes*), las cebollas y los hongos o en algunas ocasiones, también con rodajas de aguacate y *tabbouleh.* Tanto si el pollo se prepara en Houston como en San Francisco, los invitados de las dos hermanas forman fila para volver a servirse.

3 pechugas de pollo grandes enteras, deshuesadas y sin piel
El jugo de 2 limas recién exprimidas
El jugo de 1 limón recién exprimido
El jugo de 1 naranja recién exprimida
1 cucharada de aceite de oliva
½ chile jalapeño, sin semillas y bien picado, o a gusto
1 diente de ajo grande, pelado y machacado
¼ cucharadita de chile Nuevo México seco y molido o de chile ancho suave (ver la nota sobre chile colorado seco y molido que aparece en la página 178)
¼ cucharadita de comino molido
¼ cucharadita de albahaca seca
¼ cucharadita de orégano molido
⅛ cucharadita de sal, o a gusto

Ponga las pechugas de pollo en un plato grande de poca profundidad y de material no metálico. Mezcle todos los demás ingredientes en un plato hondo pequeño para hacer un adobo. Vacíe el adobo sobre el pollo y déjelo marinar en el refrigerador, cubierto con envoltura de plástico, de 2 a 3 horas.

Prepare una parrilla con carbón de leña o pedacitos de leña. Cuando el fuego esté listo, ponga las pechugas de pollo sobre una parrilla untada con aceite. Deje asar hasta que empiece a chorrear el jugo, de 3 a 4 minutos por lado, dependiendo del grosor de la carne. Transfiera el pollo a los platos individuales y sirva enseguida con los acompañamientos que guste.

Alcanza para 4 a 6 porciones

POLLO GUARACHERO DE CELIA CRUZ

A lo largo de una ilustre carrera musical que abarca ya cuatro décadas, Celia Cruz, la Reina de la Salsa, de esos ritmos afro-cubanos, ha grabado más de setenta y cinco álbumes, veinte de los cuales han sido de oro y ha merecido más de mil premios, incluyendo una estrella en el Hollywood Walk of Fame. Celia Cruz escapó a la revolución de Fidel Castro al desertar en 1960, durante una gira que realizaba en el extranjero con su orquesta La sonora matancera. Como represalia, el gobierno de Cuba se ha negado a permitirle visitar la isla—ni para enterrar a su madre que falleció en 1962—y también ha prohibido su música. A pesar de la ruína que ha sufrido Cuba

Celia Cruz, la Reina de la Salsa—y del Pollo guarachero.

desde que Castro subió al poder, Celia Cruz aún sueña con regresar algún día. Mientras tanto, lleva a Cuba en su memoria a través de sus canciones y en su amor por las tradiciones culturales cubanas.

Celia Cruz también conserva vivas sus memorias de la isla en la cocina. Su amor por el azúcar y las especias cubanas es tan grande como su amor por la salsa. De hecho, durante sus actuaciones le gusta gritar ¡azúcar! para el deleite de la audiencia. Esta práctica comenzó en la década de los años setenta, cuando Celia Cruz y su esposo Pedro Knight (quien también es su administrador y director musical) estaban cenando en un restaurante y le preguntaron a la artista si prefería su café con o sin azúcar. Celia quedó desconcertada, dado que los cubanos nunca toman café sin azúcar. Después relató el episodio a sus músicos y ellos empezaron a hacerle bromas sobre ello. El resto es historia.

La receta de Celia Cruz para preparar pollo frito puede no necesitar del azúcar, pero tiene un toque de sabor cubano y es jugosa y suave. La cantante ha bautizado a su plato con el nombre de Pollo guarachero, en honor al título que sus compatriotas cubano-americanos le han conferido a ella: Guarachera del mundo, lo que significa "la cantante de guaracha más grande del mundo," siendo la guaracha un estilo de canción y de baile popular del Caribe. Celia Cruz sirve su pollo frito con arroz blanco cocido al vapor y con una ensalada que simplemente se revuelve antes de servir.

3½ libras de muslos de pollo (sin las patas pegadas), sin piel y bien lavados
1 cucharadita de orégano en polvo (no desmenuzado)
2 hojas de laurel
1 cucharadita de jugo de limón recién exprimido
2 huevos grandes
El pan rallado sazonado de su preferencia
Suficiente aceite vegetal para freír el pollo

Ponga el pollo en una olla grande justo con la cantidad de agua necesaria para taparlo. Añada el orégano, las hojas de laurel y el jugo de limón. Hierva a fuego entre moderado y fuerte y cocine 8 minutos, de manera que el pollo esté cocido por fuera, pero aún rosado por dentro. Con una cuchara colador, transfiéralo de la olla a un plato.

Bata los huevos en un plato hondo pequeño y ponga el pan rallado en un plato llano. Sumerja los muslos de pollo, uno por uno, en el huevo batido y luego giruelos sobre el pan rallado, hasta que queden bien cubiertos.

Caliente alrededor de ¾ pulgada de aceite vegetal a 320°F en una cazuela de fondo grueso, sobre una llama entre mediana y fuerte. Con cuidado deje caer 4 muslos de pollo en el aceite caliente. No deje que las piezas se toquen. Fría, volteando los pedazos, una sola vez, hasta que estén bien dorados y cocidos, unos 7 minutos de cada lado. Con un tenedor, una cuchara colador o una espumadera de alambre, pase el pollo a un plato grande o fuente cubierta con toallas de papel y deje que se escurra el aceite sobrante. Use el mismo procedimiento para freír el resto de los muslos, en tandas de a 4.

Para 4 porciones

POLLO GUISADO CON HONGOS Y ALGAS WANGI AL ESTILO CHINO-LATINO

En este plato chino-peruano, cuyo aroma y sabor evoca al pato de Pekín, el pollo está sumergido en una salsa que es enteramente china, excepto por el hecho de contar entre sus ingredientes con un toque de pisco, el cognac de uva peruano. Los hongos negros selváticos, orejas de nube satinadas y el punzante anís, todos ingredientes asiáticos por excelencia, intensifican el sabor y diversifican la textura. Probamos por primera vez esta receta, que nosotras hemos apodado pollo chino-latino, en el hogar de Rogger y Diana Vivar, en Santa Barbara, California. Rogger es el pastor peruano-americano de una iglesia evangélica independiente y productor de programas de televisión en idioma español y Diana, quien es mitad china y mitad peruana, es traductora. Según la explicación de Diana y Rogger, el pollo chino-latino y otros platos híbridos fueron apareciendo al entrecruzarse las cocinas peruana y china en el siglo diecinueve, cuando el Perú, al igual que muchos otros países de Latinoamérica, vieron llegar a sus costas olas de inmigrantes chinos.

Diana heredó esta receta de su bisabuela materna que nació en Hawai y que luego se estableció en Perú. Ya que las papas están consideradas como parte integral de una comida peruano-americana, ella frecuentemente sirve el pollo chino-latino junto al plato preparado con papas más apreciado del Perú, Papas a la huancaína, papas al gratén con queso suave, huevo y salsa de chile.

5 hongos negros chinos (alrededor de 1 onza)*
½ onza de orejas de nube secas (conocidas también como orejas de árbol, hongo de árbol, orejas del bosque y hongo negro)**
1 pollo de entre 3½ y 4 libras, cortado en 8 pedazos
3 cucharadas de aceite de oliva
3 dientes de ajo grandes, pelados y picados
2 cucharadas de salsa de soja
1 cucharada de pisco, o en su lugar *grappa* o cognac*** (a su discreción)**
1 cucharadita de azúcar granulado
1 anís estrellado (*star anise*)
Pimienta negra recién molida, a gusto
1 taza de caldo de pollo o de agua
3 chalotes medianos, sin las raíces y cortados en rodajas de ½ pulgada

**Los hongos negros chinos se encuentran a la venta en la mayoría de los comercios de productos asiáticos.*
***Las orejas de nube secas pueden conseguirse en los establecimientos de productos chinos y del sudeste asiático. Se expanden hasta alcanzar 5 veces su tamaño, cuando se las pone en remojo. Compre las más pequeñas (tienen el aspecto de pequeñas escamas negras secas), puesto que son las más tiernas y usted no necesitará cortarlas una vez que estén reconstituidas.*
****El pisco importado se consigue en los comercios donde venden vinos y licores especiales (ver Recursos, página 329).*

Remoje los hongos negros secos y las orejas de nube, macerándolos 30 minutos en tazones separados con suficiente agua hirviendo para cubrirlos. Lave los hongos, déjelos escurrir, exprímalos para quitarles el agua excedente, recorte sus tallos duros y luego corte sus sombreretes a la mitad, en sentido diagonal. Lave por completo las orejas de nube y deje que se les escurra el agua. Si son grandes, quítele los tallos y corte las orejas en rebanadas de 1 pulgada.

Lave los pedazos de pollo debajo del grifo del agua fría y séquelos, dándoles golpecitos con una toalla de papel. Caliente el aceite de oliva en una olla grande, a fuego moderado. Saltee los pedazos de pollo, volteándolos una sola vez, hasta que estén bien dorados, aproximadamente 8 minutos por lado.

Añada el ajo, mezclando. Saltéelo durante 1 minuto. Agregue, revolviendo, los hongos reconstituidos y las orejas de nube, la salsa de soja, el pisco o *grappa* o cognac, el azúcar, el anís estrellado y la pimienta; por último, el caldo de pollo o agua. Baje la llama y deje cocer el pollo a fuego lento 30 minutos. Añada los chalotes y siga cocinando otros 10 minutos. Sirva de inmediato con arroz blanco cocinado al vapor.

Para 4 porciones

PICADILLO CARMEN

"El amor entra por la cocina, dice un refrán cubano. Mi madre mostraba el amor que le tenía a sus siete hijos y a su marido, preparando exquisitos platos como el picadillo, un sensacional guisado de carne molida de res tachonado con pasas blancas y aceitunas rellenas de pimiento," dice Carmen Alea Paz, cubana de nacimiento, profesora universitaria y autora de una colección de poemas titulada *El caracol y el tiempo* y de una novela próxima a publicarse, *Hilos de silencio*. "Mamá servía el picadillo con arroz, huevos fritos, rodajas de aguacate y de tomate, o con una ensalada simple que se revuelve antes de servir. A veces preparaba plátanos maduros fritos, que ella freía hasta el punto justo para que los bordes azucarados de los plátanos se hicieran caramelo y se derritieran en la boca. Dado que éramos tantos niños, cada uno de nosotros preparaba su plato como quería. Recuerdo cómo nos deleitábamos durante esas largas comidas y las maravillosas conversaciones que teníamos en la mesa, antes de que nuestro mundo cambiara de una manera tan radical."

A pesar de la diversidad de las influencias culinarias que la rodean en una ciudad tan multicultural como Los Angeles, ciudad en la que radica desde 1962, Carmen Paz ha permanecido fiel al picadillo de su madre, con la única excepción de que ahora le añade salsa *Worcestershire* y alcaparras y que al igual que otros cubano-americanos, en algunas ocasiones reemplaza la carne de res por la de pavo. Carmen sirve su picadillo con arroz blanco cocido al vapor y Plátanos maduros fritos (vea página 195) y todos los que se sientan alrededor de su mesa, incluso su esposo Carlos, se deleitan con el manjar que aparece delante de sus ojos.

1 libra de carne de pavo molida, o sustitúyala por carne de res molida sin grasa
4 cucharadas de jugo de limón recién exprimido
3 cucharadas de vino blanco seco
1 taza de cebolla amarilla picada
1 pimiento verde pequeño, sin el centro ni las semillas y bien picado
3 dientes de ajo medianos, pelados y bien picados
2 cucharadas de aceite de oliva, preferiblemente extra virgen
1 lata de 8 onzas de salsa de tomate
½ taza de pasas blancas sin semillas (no muy comprimidas en la taza)
½ taza de aceitunas verdes rellenas con pimientos, escurridas y cortadas por la mitad transversalmente
1 cucharada de alcaparras, escurridas
1 cucharada de salsa *Worcestershire*
Pimienta negra recién molida, a gusto

Ponga a adobar el pavo en el jugo de limón y el vino, en un plato hondo mediano de vidrio, acero inoxidable, o cerámica. Cúbralo con envoltura de plástico y déjelo por lo menos 1 hora en el refrigerador.

PICADILLO | El picadillo, un sabroso guisado de carne molida con tomates, cebollas, ajo y otros ingredientes, es uno de los numerosos platos españoles (como el flan y la paella) que llegaron hasta la mayoría de las cocinas de Latinoamérica. Como resultado de este hecho, muchos de los grupos latinos de los Estados Unidos tienen sus propias versiones del picadillo. Algunos estadounidenses de descendencia latinoamericana, según su origen étnico, se inclinan por la carne molida de res o la del pavo, mientras que otros recurren a la carne de cerdo o de ternera. Algunos sirven el picadillo no solamente con arroz, sino también con puré de papas y lo usan para rellenar empanadas, tamales, pimientos, berenjenas, calabazas y plátanos.

Saltee la cebolla, el pimiento y el ajo en el aceite de oliva, en una sartén grande, tapada, a fuego moderado, durante 3 minutos. Añada el pavo con el adobo. Cocine sin tapar la sartén, a fuego moderado, revolviendo constantemente con un tenedor para separar la carne molida, aproximadamente 5 minutos o hasta que desaparezca su color rosado.

Añada la salsa de tomate, las pasas, las aceitunas verdes, las alcaparras, la salsa *Worcestershire* y la pimienta negra, mezclando bien. Baje la llama y deje que se siga cocinando el picadillo a fuego lento, con la tapa puesta, durante 25 minutos, revolviendo cada tanto. Sirva el picadillo de inmediato, con arroz blanco cocido al vapor y plátanos maduros fritos.

Para 4 porciones

PAVO RELLENO CON INFUSIÓN DE VINO A LA CRISTINA

Cristina Saralegui, la anfitriona cubano-americana de *El Show de Cristina,* el programa de entrevistas por televisión en idioma español, número uno en el mundo entero, descubrió el método para asar el pavo que aquí presentamos, durante un viaje que realizó a Colombia en compañía de su esposo, Marcos Ávila. Este método se ha convertido en una de las formas preferidas por ellos para preparar el pavo durante las fiestas que se celebran durante el invierno. "La clave para el éxito del pavo," dice Cristina, "es inyectarle vino tinto la noche anterior al día en que se piensa asarlo, teniendo cuidado de no romperle la piel. El vino hace que el pavo quede increíblemente jugoso y gustoso. (Los colombianos no son los únicos que inyectan los pavos. Los brasileros también lo hacen, pero con cerveza, vino o *cachaça,* un licor parecido al ron.) Luego se lo frota por dentro y por fuera con un adobo que intensifica aún más su sabor. La primera vez que Marcos, el chef de la familia, preparó este plato, cocinó un pavo de cuarenta libras. ¡Era tan grande, que no cabía en nuestro horno, y tuvimos que cocinarlo con la puerta del horno abierta!"

PARA EL PAVO:

1 pavo fresco (de 10 a 12 libras)

½ taza de vino tinto

PARA EL ADOBO:

1 cebolla amarilla mediana, pelada y picada

3 dientes de ajo grandes, pelados y machacados

¾ taza de jerez dulce

¼ taza de vinagre de vino tinto

El jugo recién exprimido de un limón mediano por cada 3 libras de pavo

2 cucharadas de mostaza *Dijon*

1 cucharada de mantequilla sin sal, derretida

Sal y pimienta negra recién molida, a gusto

PARA EL RELLENO:

2 libras de carne de cerdo molida, sin grasa

⅓ libra de tocino en tiras, cortadas en pedazos de 1 pulgada

2 cebollas amarillas medianas, peladas y cortadas en trozos grandes

3 tomates peritas, pelados, sin semillas y cortados en cuadritos

3 pimientos morrones grandes, sin el centro ni las semillas y cortados en cuadritos

1 hoja de laurel

½ taza de agua

¾ taza de jerez dulce

3 rebanadas de pan francés, o de cualquier pan blanco cortadas en cubitos de 1 pulgada

⅓ taza de almendras cortadas en rebanaditas

¼ taza de aceitunas verdes deshuesadas, escurridas y cortadas en rebanaditas

¼ taza de alcaparras escurridas

PARA ASAR JUNTO CON EL PAVO:

1 taza de vino blanco seco

3 tomates peritas, cortados en trozos grandes

1 cebolla amarilla mediana, pelada y cortada en trozos grandes

Sal y pimienta negra recién molida, a gusto

Prepare el pavo la noche anterior. Sáquele las vísceras y guárdelas para otro uso o deséchelas. Quite cualquier exceso de grasa que rodee la abertura de la cavidad interior del pavo y deséchela. Lave el pavo por dentro y por fuera debajo del grifo del agua fría y séquelo, dándole golpecitos con toallas de papel. Coloque el pavo, con la pechuga hacia arriba, en una fuente de asar no demasiado profunda, preferiblemente de *teflón*. Llene con vino tinto un cuentagotas grande, especial para rociar los jugos de la cocción del pavo. Haga un pequeño agujero en la piel, en la parte de arriba de la pechuga del pavo y eche un chorro de vino por dicho orificio.

Cristina Saralegui y Marcos Avila con sus hijos

Prepare el adobo: Combine todos los ingredientes del adobo en un plato hondo grande. Frote el interior y el exterior del pavo con el adobo, envuélvalo completamente con plástico y refrigérelo toda la noche.

Prepare el relleno: Mezcle el cerdo molido, el tocino, las cebollas, los tomates, los pimientos, la hoja de laurel y el agua en una cazuela grande. Cocine la mezcla a fuego moderado, durante 20 minutos, mientras deshace la carne con un tenedor. Luego tape la cazuela, baje la llama y siga cocinando a fuego lento otros 40 minutos, revolviendo cada tanto. Deseche la hoja de laurel y permita que la mezcla se enfríe hasta el punto en que pueda ser manipulada.

Combine la carne y las verduras cocidas, el jerez, el pan, las almendras, las aceitunas y las alcaparras en un plato hondo grande y mézclelo todo bien con sus manos. Si le parece que el relleno está demasiado seco, añada un poco más de agua. Quítele la envoltura de plástico al pavo. Meta el relleno en la cavidad del pavo, sin comprimirlo demasiado, y cósalo o ciérrelo con pequeños pinchos para sujetar aves. Si le sobra relleno, hornéelo en una cacerola cubierta y póngalo junto con el pavo cuando falten 35 minutos para retirar del horno.

Añada todos los ingredientes que deben asarse junto con el pavo al adobo en la fuente de asar y mézclelos a fin de que queden bien distribuidos. Coloque el pavo en la fuente y después ponga a ésta última en la parrilla ubicada a media altura de un horno precalentado a 450°F. Deje asar el pavo durante 30 minutos, rociándolo con los jugos que se acumulen en la fuente; luego reduzca la temperatura a 325°F. Siga asando el pavo, bañándolo con los jugos de la fuente cada 20 minutos, durante 3 o 3½ horas, según el tamaño del pavo, o hasta que un termómetro para carnes de lectura instantánea marque una temperatura interna de 180°F, o cuando los jugos del pavo se vean claros al introducir un pincho en el muslo. Recuerde que es necesario añadir agua a la fuente del pavo, dado que los jugos de la misma se evaporan. Si la pechuga está bien dorada antes de que el pavo se haya terminado de cocinar, cúbrala con papel de aluminio durante la última etapa del proceso.

Saque el pavo del horno y páselo de la fuente de asar a una fuente de mesa grande. Despójelo de los pinchos o del hilo y descártelos. Cubra el pavo con papel de aluminio y déjelo en un lugar caliente durante 20 minutos antes de cortarlo. Entretanto, prepare la salsa, desglaseando la fuente de asar. Quítele la grasa a los jugos de la fuente y póngala a fuego moderado. Vierta entre ½ y 1 taza de agua sobre los jugos (dependiendo de lo que quede en la fuente) y desprenda los jugos que se hayan solidificado en el fondo y las paredes de la misma. Deje cocer la salsa hasta que se torne espesa. Con una cuchara, pase el relleno a un plato de mesa. Sirva el pavo, el relleno y la salsa de inmediato, junto con otros acompañamientos que desee.

Alcanza para de 10 a 14 porciones

PATO TROPICAL EN SALSA DE PIÑA

Mucho antes del siglo dieciocho, cuando las piñas se transformaron en emblemas de riqueza y hospitalidad en Europa y los Estados Unidos, hasta el punto en que se llegó a ornamentar el mobiliario de los comedores, las puertas y los postes de las entradas con reproducciones de las mismas, los habitantes pre-incaicos de Latinoamérica ya tallaban artefactos decorativos en forma de piña. Así empezó el romance entre los latinoamericanos y esta fruta tropical. En efecto, los paraguayos admiraban tanto esta fruta que eligieron la palabra nana, que significa fruto exquisito, para denominarla. Los centroamericanos y los suramericanos pronto descubrieron que la piña acentúa el sabor rico, tan rico que hace agua la boca, del pato asado y hasta la fecha, siguen disfrutando de la unión de la fruta y dicha ave. La receta para preparar el Pato tropical con salsa de piña que aquí presentamos, es clásica en el repertorio panameño.

Nosotras preferimos cocinar con piña fresca, pero la fruta en lata puede ser un sustituto en la preparación de esta receta. Si usted se propone usar la fruta fresca, elija una piña que esté blanda al tacto y no tenga manchas verdes. Las hojas deberán ser verdes y las puntas de las mismas no deberán presentar un color marrón o amarillo. Si la piña no está completamente madura, déjela expuesta a la temperatura ambiente durante algunos días, para que se reduzca su grado de acidez.

1 cucharada de aceite de oliva
1 taza de pimiento verde, cortado en pedacitos
1 cebolla amarilla mediana, pelada y cortada en rebanadas finas
½ taza de panceta (tocino italiano curado con sal y especias pero no ahumado), cortado en dados, o sustitúyalo por tocino en tiras
1 cucharadita de harina común sin blanquear
1 taza de piña fresca o enlatada, cortada en cubos de 1 pulgada
1 taza de jugo de piña
⅓ taza de vino blanco seco
1 cucharadita de vinagre de vino tinto
1 cucharadita de azúcar granulado
Sal y pimienta negra recién molida, a gusto
2 patos *Pekín* frescos o totalmente descongelados y carnosos o 2 patos *Muscovy* de sabor fuerte (entre 4¼ y 5 libras cada uno)
¼ taza de semillas de sésamo tostadas

Caliente el aceite de oliva en una sartén grande a fuego moderado. Saltee el pimiento y las rebanadas de cebolla hasta que estén blandas, aproximadamente 5 minutos. Agregue la panceta y siga salteando 4 minutos más. Vierta la harina mientras remueve y permita que se dore. A continuación, eche en la sartén la piña, el jugo de piña, el vino, el vinagre y el azúcar. Siga cocinando la salsa a fuego moderado y revolviendo cada tanto, hasta que la piña quede hecha compota, aproximadamente 10 minutos. Pruebe y sazone con sal y pimienta negra.

Entretanto, extraiga las vísceras y la grasa excedente que pueda haber en el interior de los patos. Lávelos y séquelos, dándoles palmadas con toallas de papel. Pinche la piel por todos lados con un tenedor, sálelos por dentro y por fuera y póngalos en una fuente de asar grande. A continuación, métalos al horno precalentado a 450°F y déjelos asar durante 15 minutos en la fuente colocada sobre la parrilla ubicada a media altura del horno. Reduzca la temperatura a 375°F y siga asando los patos otros 10 minutos. Retire los patos del horno y deshágase la grasa derretida.

Con una cuchara, rocíe la salsa de piña alrededor de los patos y continúe asándolos sobre la misma parrilla, sin taparlos, y a una temperatura de 375°F, otros 45 minutos, o hasta que los note tiernos al pincharlos con un tenedor.

Retíre los patos del horno y páselos a una fuente de mesa grande. Espere unos minutos antes de trincharlos. Corte los patos en porciones individuales. Vierta sobre ellos la salsa de piña con una cuchara y adórnelos con semillas de sésamo tostadas. Sirva de inmediato con arroz blanco cocido al vapor o con los acompañamientos que prefiera.

Para 4 porciones

CONEJO ROSADO

Cuando a los peruano-americanos se les antoja comer un conejo bien sabroso, suelen preparar este plato deslumbrante, en el cual la carne delicada del conejo se pone a adobar en un jugo de frutas cítricas y penetrantes especias, se saltea hasta que se pone dorada y luego se deja cocer a fuego lento en una elegante salsa de vino blanco, hasta ponerse blanda. Entre todos los estadounidenses de descendencia suramericana, aquéllos que pertenecen a la primera generación peruano-americana parecen experimentar la avidez más intensa por el suculento conejo (aunque muchos se les ilumina también el rostro ante la mera mención de otros bocados peruanos como el charqui, carne de llama seca, y el cuy, un cobayo o conejillo de Indias de la región de los Andes). Tienen tal entusiasmo por el conejo, que lo cocinan de todas las maneras imaginables, al igual que lo harían con el pollo, es decir, asado, al horno, frito, salteado y guisado en una infinidad de salsas. Se disfruta poco del conejo ahora dado que el mismo no se encuentra por lo general a la venta en los Estados Unidos y además sus hijos y nietos de los peruanos comparten el mismo sentimiento que tienen los estadounidenses hacia los conejos y por lo tanto rechazan la mera idea de un conejo servido a la mesa en una fuente. Afortunadamente, las costumbres culinarias son muy resistentes y los peruano-americanos todavía siguen comparando notas en torno a las diversas maneras de preparar conejo, y la mayoría están de acuerdo con que el adobado en jugos cítricos y guisado en salsa de vino es la mejor manera y más fácil de preparar a este animal de caza menor.

1 conejo (3 o 3½ libras), cortado en 8 pedazos, de venta en muchas carnicerías y en algunos supermercados y comercios de productos gastronómicos
½ taza de jugo de limón o de lima recién exprimido
½ taza de jugo de naranja fresco o previamente congelado
1 cebolla blanca mediana, pelada y bien picada
1 diente de ajo grande, pelado y bien picado
¼ cucharadita de comino molido

¼ cucharadita de orégano molido
¼ cucharadita de paprika
1 hoja de laurel
½ taza de harina común sin blanquear
¼ cucharadita de sal
¼ cucharadita de pimienta negra recién molida
5 cucharadas de aceite de oliva
1 taza de vino blanco seco

Lave los pedazos de conejo bajo el chorro de agua fría y séquelos, dándoles golpecitos con toallas de papel. Para preparar un adobo, mezcle bien el jugo de limón o de lima, el jugo de naranja, las cebollas, el ajo, el comino, el orégano, el paprika y la hoja de laurel en una fuente de hornear no muy honda y de material no metálico. Adobe los pedazos de conejo en el refrigerador, cubiertos con envoltura de plástico, por lo menos durante 4 horas, volteándolos cada hora.

Retire los pedazos de conejo del adobo y séquelos con toallas de papel, hasta que estén casi secos. Deseche la hoja de laurel y reserve el adobo. Mezcle juntas la harina, la sal y la pimienta en un plato no demasiado hondo. Gire los pedazos de conejo en la harina sazonada para que queden cubiertos con una capa fina.

Caliente el aceite de oliva en una olla pesada y grande a fuego moderado. Saltee los pedazos de conejo formando una sola capa en la olla, volteándolos una sola vez, hasta que estén bien dorados, aproximadamente de 5 a 7 minutos por lado. Añada el adobo reservado y el vino, baje la llama, tape la olla y deje cocer a fuego lento hasta que el conejo esté blando, alrededor de 1 hora.

Pase los pedazos de conejo a una fuente grande de mesa con una cuchara colador y manténgalos calientes. Si a la salsa le falta espesar, bata un poco de harina con unas cucharadas de agua para obtener una pasta y luego mézclela en la salsa con una espumadera. Déjela cocer a fuego lento unos minutos, o hasta que esté bien espesa y luego viértala sobre el conejo. Sirva el conejo de inmediato, con las papas de su preferencia.

Para 4 porciones

LA CARNE ES LA DUEÑA DE LA MESA—PERO NO NECESARIAMENTE LA CARNE DE RES. LOS NORTEAMERICANOS CON RAÍCES EN LATINOAMÉRICA LE DAN PREFERENCIA A LA CARNE DE CERDO—O "LECHON ASADO."

CARNES

CARBONADA CRIOLLA

La carne de res es el alimento básico de los argentinos, no solamente en la Argentina de Suramérica, sino también en la Argentina de los Estados Unidos. Los estadounidenses de descendencia argentina—uno de los grupos de inmigrantes más recientes de los Estados Unidos—además de conservar su inclinación por la carne de res, prefieren comerla a la usanza argentina. Por ejemplo, el asado criollo, el bistec, las costillas, la morcilla y otras vísceras tales como el hígado de ternera, los riñones de res, ubres y tripas, asados todos a la parrilla, siguen siendo en los hogares argentinos de los Estados Unidos y en las "parrillas" (restaurantes donde se sirven carnes preparadas a la parrilla), una institución tan importante como lo es en la Argentina. Igual ocurre con el matambre, que significa eso literalmente, que mata el hambre que y consiste en falda de res rellena de palmitos, espinacas y jamón o huevos duros y la Carbonada criolla, un magnífico y colorido guisado al que se le da fragancia y sabor, añadiéndole duraznos y zapallo.

A menos que sea durante la temporada de verano, cuando los puestos y mercados de fruta se encuentran repletos de duraznos maduros y jugosos, es preferible preparar la Carbonada criolla con duraznos en lata. Para las ocasiones festivas de otoño e invierno, los argentino-americanos sirven a veces la carbonada dentro de un zapallo que asan por separado y ahuecan para dar lugar a la carbonada. La pulpa del zapallo también se añade a la carbonada cuando el guisado se vierte en platos soperos con un cucharón. Para lograr una mayor simplicidad, en la mayor parte de los casos se prescinde del zapallo para servir la carbonada y en su lugar se agregan pedazos del mismo a los demás ingredientes, como en la receta que aquí presentamos. El tipo de calabaza que se usa en la Argentina para preparar la carbonada es el zapallo, el cual se asemeja a la calabaza (también conocida como zapallo verde o calabaza cubana) que se puede comprar en los comercios que venden productos latinos en los Estados Unidos. Si usted no logra adquirir esta variedad de zapallo o calabaza, use *sugar pumpkin, Hubbard squash,* o la *butternut squash,* pero evite el zapallo común de los Estados Unidos, dado que tiende a ser desabrido. Los argentino-americanos algunas veces sirven la Carbonada criolla acompañada de arroz blanco, pero nosotras pensamos que este guisado es lo suficientemente gustoso como para requerir refuerzo alguno.

2 libras de paletilla de res (*beef chuck*) magra, cortada en pedazos para guisado
2 cucharadas de aceite de oliva
½ taza de cebollas amarillas picadas
2 dientes de ajo medianos, pelados y bien picados
1½ tazas de caldo de carne de res, hecho en casa o de lata, o agua
1 taza de tomates maduros frescos, pelados, sin semillas y cortados en pedazos, o tomates en lata, escurridos
1 cucharada de vinagre de vino tinto

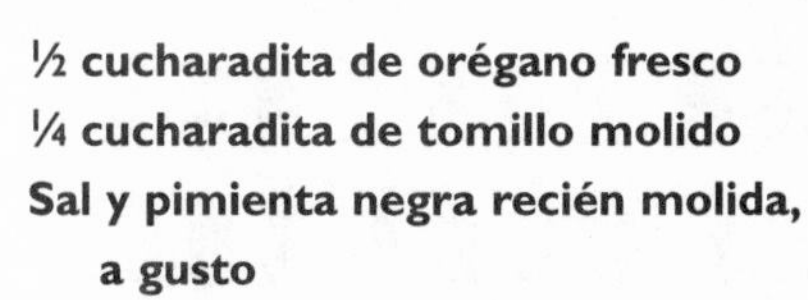

½ cucharadita de orégano fresco
¼ cucharadita de tomillo molido
Sal y pimienta negra recién molida, a gusto
2½ tazas (alrededor de 13 onzas) de calabaza, *sugar pumpkin, Hubbard squash* o *butternut squash,* pelado, sin semillas y cortado en trozos de 1 pulgada
1 zanahoria mediana, pelada y cortada diagonalmente en rodajas de ½ pulgada
3 duraznos maduros medianos y gustosos, pelados, cortados por la mitad, deshuesados y cortados en cubitos de 1 pulgada, o 6 mitades de duraznos enlatados, escurridos y cortados en cubitos de 1 pulgada
¾ taza de granos de maíz (choclo) frescos, congelados o enlatados (escurridos en este caso)
½ taza de pasas sin semillas, negras o blancas
2 cucharadas de culantro fresco, bien picado, para el aderezo

Seque la carne, dándole golpecitos con toallas de papel. Caliente el aceite de oliva en una olla grande sobre fuego entre moderado y fuerte. Saltee la carne con las cebollas picadas y el ajo, revolviendo cada tanto, hasta que todos los lados de la carne estén dorados, aproximadamente 10 minutos. Añada el caldo de carne de res o el agua, los tomates, el vinagre de vino tinto, el orégano, el tomillo, sal y pimienta. Reduzca la temperatura y deje cocer, con la olla tapada, a fuego lento durante 1 hora, revolviendo cada tanto.

Suba la llama para que el guisado hierva a fuego moderado. Agregue la calabaza y las zanahorias, tape y cocine por otros 20 minutos. Revuelva el guisado. A continuación, agregue los duraznos, los granos de maíz y las pasas, vuelva a tapar la olla y siga cocinando durante 10 minutos más. Con un cucharón, vierta el guisado en platos soperos o si lo desea, sobre una capa de arroz. Adórnelo con culantro y sírvalo de inmediato.

Para 4 porciones sin arroz y 6 si lo sirve con éste

CARNE DE PECHO DE RES PARA ASAR A LA *BORSCHT BELT* CON ACENTO MEXICANO

"La belleza de este plato de carne," dice la novelista Montserrat Fontes, autora de las obras tituladas *First Confession* (1991) y *Dreams of the Centaur* (1996), "no es sólo el hecho de que es una comida completa en una cacerola, sino que también es fácil de preparar, a pesar de que por su sabor, cualquiera diría que una se pasó el día en la cocina." Montserrat Fontes aprendió a cocinar a través de su abuela materna, Encarnación Elías de Gómez, quien llegó a Los Angeles de México con sus dos hijos a mediados de la década de los veinte, a instancias del abuelo materno de Montserrat, el candidato presidencial, General Arnulfo R. Gómez. En 1927, el General Gómez fue ejecutado en México y para mantener a su familia, Encarnación abrió las puertas de El Carmen Café, un restaurante mexicano ubicado en la esquina de 3rd Street y La Brea Avenue, en la ciudad de Los Angeles, barrio en el que vivían muchos judíos de la ciudad y que más tarde habría de conocerse como el *Borscht Belt.* Muchos de sus clientes conversaban en *yíddish* (judeo-alemán) y hasta el día de su muerte, a la edad de noventa y seis años, Encarnación habló inglés con acento judío. También incorporó a su menú platos judíos de Europa Central, tales como el *brisket* (carne de pecho de res), o *gedempta brust,* que era uno de los platos diarios de *Shabbas.*

Montserrat heredó de su abuela su amor por el *gedempta brust,* pero la receta para prepararlo le llegó a través de su amiga Norine Dresser, una folklorista que comparte su pasión por combinar platos pertenecientes a diferentes culturas. Montserrat le ha dado un toque mexicano al clásico *brisket* judío de Norine hecho con mezcla preparada para sopa de cebolla, al añadirle las especias y el maíz mexicano que dice llevar en sus venas. El *brisket* debe cocinarse lentamente en el horno, para hacer más tierna la carne y aumentar su sabor. Este plato es todavía más sabroso al día siguiente, cuando todas las especias han impregnado la carne. Montserrat Fontes sirve su Carne de pecho de res para asar a la *Borscht Belt* con acento mexicano, junto con tortillas calientes de maíz o de harina, o para añadirle al plato aún otra dimensión cultural, con pan pita tostado.

2 tazas de pulpa de tomate
2 tazas de salsa de tomate, hecha en casa o de su marca comercial preferida
1 paquete de mezcla preparada para sopa de cebolla
3 libras carne de pecho de res (*brisket*) con poca grasa
4 dientes de ajo grandes, pelados y cortados finamente en sentido longitudinal
6 papas nuevas (coloradas) pequeñas o

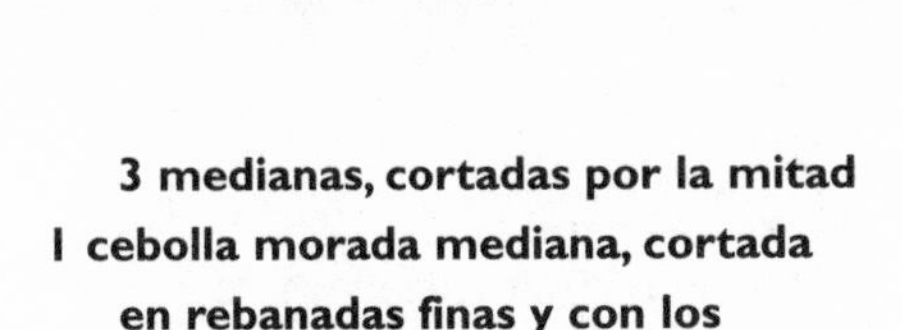

3 medianas, cortadas por la mitad
1 cebolla morada mediana, cortada en rebanadas finas y con los aros separados
2 pimientos rojos grandes, cortados en rebanadas finas
1 lata de 7 onzas de granos de maíz enteros, escurridos

Mezcle la pulpa y salsa de tomate con la mezcla preparada para sopa de cebolla en un plato hondo grande. Con un cuchillo afilado, haga numerosas incisiones de ¼ pulgada en la carne de pecho de res e inserte una rebanadita de ajo en cada una.

Ponga la carne, con la parte grasosa hacia arriba, en una cacerola grande con tapa de cierre hermético. Cubra la carne con la salsa y déjela adobar, tapada en el refrigerador, durante 3 horas o toda la noche.

Hornee la carne con su adobo, tapada, en un horno precalentado a 350°F, por espacio de 30 minutos. Retire la carne del horno, rocíelo con la salsa y coloque las papas y las cebollas a su alrededor, asegurándose de que se encuentren sumergidas por completo en la salsa. Regrese la carne al horno y continúe cocinándola durante 1½ horas. Saque otra vez la carne del horno, quítele la grasa excedente, báñela nuevamente con la salsa y añada los pimientos y el maíz. Póngala nuevamente en e horno, tapada, y déjela cocinar 1 hora más o hasta que esté blanda. Saque la cacerola del horno y transfiera la carne a una tabla de picar. Con un cuchillo afilado, corte la carne en dirección contraria a sus fibras, en tajadas finas. Acomode las rebanadas de carne en una fuente grande de mesa y luego vierta encima las verduras y la salsa con una cuchara. Sirva de inmediato con tortillas calientes de harina o de maíz o con pan pita, si lo prefiere.

Alcanza para 6 a 8 porciones

ROPA VIEJA

"Durante el siglo dieciséis, los colonizadores españoles introdujeron a las Américas la Ropa vieja, un maravilloso guisado español de carne de res con una salsa muy rica en sabor, sazonada con canela y clavos de olor y adornada con alcaparras saladas y pimiento morrón. El plato encontró sin dificultad un lugar permanente, a veces bajo un nombre distinto, en el repertorio culinario de muchas naciones latinoamericanas, incluyendo a Cuba, Puerto Rico, Chile, Venezuela y Brasil. Cada país tiene su propia relación con el plato, pero en todos ellos se ha preservado el proceso de desgarrar la carne de res, o en algunos casos de cerdo, hasta que ésta, con un poco de imaginación, se asemeja a ropa vieja y harapienta—de ahí el nombre de la receta. A través de los cambios que se fueron dando en las fronteras de los Estados Unidos y su incesante inmigración, las distintas variaciones de la receta original, finalmente hicieron su aparición en cocinas de todos los puntos del país, donde de nuevo volvieron a experimentar transformaciones.

La Ropa vieja es un plato permanente en los menús de los restaurantes cubanos de los Estados Unidos, tales como el Versailles de Miami, el Versailles de Los Angeles y el Victor's Café 52 de la ciudad de Nueva York, donde se lo sirve ingeniosamente acomodado dentro de una canasta de legumbres tropicales. La Ropa vieja es también una "vieja" preferida en las cocinas de los hogares cubano-americanos, dado que los ingredientes necesarios son fáciles de conseguir en los supermercados, la receta es relativamente simple y los resultados son el sueño de un *bon vivant.* Tal como se acostumbra hacerlo en Cuba, la mayoría de los cubano-americanos sirven Ropa vieja con arroz blanco cocido al vapor o hervido. El arroz es un grano que los españoles introdujeron en el Caribe y que floreció en las tierras del Nuevo Mundo. A veces también se sirve con Tostones (plátanos verdes fritos, vea página 198); con Plátanos maduros fritos (vea página 195); o con Yuca con mojo (vea página 202). La falda de res, un corte de carne muy popular en toda Latinoamérica, es la que mejor se adapta a la preparación de este plato, dado que es bastante magra y se desmenuza fácilmente después de cocerla a fuego lento. La Ropa vieja sabe aún mejor al día siguiente.

1 trozo de falda de res (*flank steak*), con un peso de 1¾ libras
2 cebollas amarillas grandes, peladas; 1 cortada por la mitad y la otra picada
1 hoja pequeña de laurel
1 pimiento verde mediano, sin el centro ni las semillas y cortado en trocitos
2 dientes grandes de ajo, pelados y picados
4 cucharadas de aceite de oliva
1 taza de puré de tomate
¼ cucharadita de canela molida
¼ cucharadita de clavos de olor, molidos
½ cucharadita de sal, o a gusto
3 cucharadas de alcaparras, escurridas
1 frasco de 4 onzas de pimientos morrones cortados en rebanadas, escurridos

Extienda la falda de res en el fondo de una olla grande. Agregue las mitades de cebolla, la hoja de laurel y suficiente agua fría para cubrir estos ingredientes y hierva a fuego entre moderado y fuerte. Tape, reduzca la temperatura y deje cocer a fuego lento durante 1½ horas, o hasta que la carne esté blanda.

Transfiera la carne a una tabla de cortar, déjela enfriar 20 minutos y luego córtela en sentido contrario a sus fibras, en tiras de 2 pulgadas de ancho. Con los dientes de dos tenedores, desgarre las tiras hasta obtener hebras finas y luego ponga la carne deshebrada en una fuente grande de mesa y manténgala caliente. Deseche las mitades de cebolla y la hoja de laurel. Reserve el caldo.

Prepare la salsa: En una sartén grande sobre fuego moderado, saltee el pimiento, las cebollas picadas y el ajo en el aceite de oliva, revolviendo de vez en cuando, hasta que las cebollas estén completamente blandas, unos 10 minutos. Añada el puré de tomate, 1½ tazas del caldo reservado, la canela, los clavos de olor y la sal. Reduzca la temperatura y deje cocer la salsa a fuego lento, tapada, durante unos 15 minutos. Agregue las alcaparras y siga cociendo a fuego lento otros 5 minutos.

Vierta la salsa sobre la carne deshebrada. Revuelva la carne con un tenedor para mezclarla uniformemente con la salsa y adorne la Ropa vieja con las rebanadas de pimiento morrón. Sirva de inmediato con arroz blanco.

Para 4 porciones

En Versailles en Los Angeles (existen tres), la Ropa vieja es uno de los platos más populares.

Para una versión brasilero-americana de Ropa vieja (*Roupa Velha*): Cocine a fuego lento la carne de falda junto con 1 zanahoria mediana pelada, 1 tallo mediano de apio y 4 granos de pimienta, además de las mitades de cebolla y la hoja de laurel. Deseche la zanahoria, el apio y los granos de pimienta junto con las mitades de cebolla y la hoja de laurel. Omita el pimiento verde, la canela, los clavos de olor y las alcaparras en la preparación de la salsa. Agregue a ésta ¼ taza de perejil fresco picado, junto con el puré de tomate. Justo antes de vertir la salsa sobre la carne, añádale 1½ cucharadas de vinagre de sidra o jugo de limón recién exprimido y salsa Tabasco (a su discreción). Omita el pimiento morrón.

Para una versión venezolano-americana de Ropa vieja (Pabellón criollo): Omita el pimiento verde, la canela, los clavos de olor, las alcaparras y el pimiento morrón. Sírvalos también como un plato principal llamado Pabellón con baranda, con tajadas de plátano (Plátanos maduros fritos, vea página 195) y caroatas (frijoles negros similar a los frijoles negros Carola, vea página 191).

ESTOFADO ARGENTINO

"El Estofado Argentino, un plato fuerte de carne de res rellena primeramente con zanahorias ralladas, perejil fresco, mucho ajo penetrante y luego cocida a fuego lento en una salsa de tomate con la fragancia de la albahaca dulce, el tomillo, la nuez moscada y la mejorana, figura entre nuestra lista de platos reconfortantes favoritos," dicen Roberto y Anita Cano, propietarios de la librería y galería de arte Cultura Latina, en Long Beach, California, una de las mejores librerías especializadas en latinos del país y Latinoamérica. La cocina en el hogar de los Cano podría definirse como panamericana, o *Pan-Latin,* dado que Roberto proviene de la Argentina y Anita de México. Pero en aquellos días en que la pareja prepara el Estofado argentino, el ambiente es decididamente argentino. De la cocina emergen acompañamientos para la carne que reflejan las raíces italianas de la mitad de la población argentina—una hogaza de pan italiano caliente y crujiente, una ensalada para mezclar en el último momento, polenta, o ravioles o *tortellini* con queso parmesano recién rallado, o quizás algunos *gnocchi,* conocidos por los argentinos como ñoquis, y un intenso vino argentino como un Fabre-Montmayou merlot.

Roberto y Anita Cano aprendieron juntos a preparar el Estofado argentino, durante una visita a la adorada abuela de Roberto, doña Elvira, en su casa del tradicional barrio de Boedo en Buenos Aires. Anita recuerda que antes de ponerse a cocinar, seguian la rutina de ir a surtirse de lo necesario, visitando la verdulería, la carnicería y la fábrica de pastas italianas—una manera europea de hacer las compras que lamentablemente ha desaparecido casi por completo en los Estados Unidos. De vuelta en su casa, sobre la playa del sur de California, Roberto y Anita le enseñaron a su hija Andrea, estudiante de la Universidad de California en Berkeley, a preparar el Estofado argentino. A seis mil millas del barrio de Boedo y dos generaciones después, la tradición continúa.

1½ tazas de zanahorias peladas y ralladas
1½ tazas de perejil bien picado
4 dientes de ajo grandes, pelados y bien picados
1 punta de res con un peso aproximado de 3 libras sin nada de grasa visible*
4 cucharadas de aceite de oliva
½ taza de pimiento verde, sin el centro ni las semillas y cortado en trocitos
½ taza de pimiento rojo, sin el centro ni las semillas y cortado en trocitos
2 latas de 28 onzas de pulpa de tomate
½ cucharadita de azúcar granulada
2 hojas de laurel
½ cucharadita de orégano en polvo
½ cucharadita de paprika
½ cucharadita de albahaca dulce seca
¼ cucharadita de mejorana molida
¼ cucharadita de tomillo molido
¼ cucharadita de nuez moscada molida
½ cucharadita de hojuelas de pimiento rojo seco (a su discreción)
Sal y pimienta negra recién molida, a gusto

**La punta de res es un corte de carne de vaca triangular proveniente de la sección localizada justo debajo de donde se cortan los bistecs de lomo. En California, la punta de res se conoce como* tri tip, *debido a su forma.*

Mezcle ½ taza de las zanahorias, ½ taza del perejil y 2 de los dientes de ajo picados en un plato hondo pequeño. Haga penetrar un cuchillo largo y afilado en la carne, en sentido longitudinal, de manera que la punta del cuchillo salga por el otro extremo. Rebane el interior de la carne con el cuchillo, en cualquier dirección, con objeto de formar a todo lo largo una cavidad de 1½ pulgadas de ancho. (No atraviese con el cuchillo ninguno de los costados, ya que la punta de res debe permanecer intacta.) Rellene la cavidad con las

Anita Cano y Roberto Cano le han enseñado sus secretos culinarios de México y Argentina a su hija Andrea.

verduras mezcladas. (No es necesario atar el trozo de carne con un hilo, puesto que las verduras permanecerán seguras dentro de la cavidad.)

Caliente el aceite de oliva en una olla grande sobre fuego entre moderado y lento. Saltee las tazas restantes de zanahorias y perejil, los 2 dientes de ajo picados que quedaban, así como los pimientos verde y rojo en el aceite, revolviendo cada tanto, hasta que las zanahorias estén blandas, aproximadamente 8 minutos.

Agregue la pulpa de tomates. Cocine la salsa hasta que empiece a burbujear y luego añada el azúcar, las especias y la sal y pimienta. A continuación, añada la punta de res rellena. Con una cuchara, vierta un poco de salsa sobre la carne y luego tape la olla y deje cocer a fuego lento, revolviendo cada tanto con un tenedor, hasta que la carne esté blanda, aproximadamente 1½ horas.

Pase el estofado a una tabla de cortar, rebánelo en tajadas de ½ pulgada de ancho y acomode las tajadas en una fuente de mesa. Sirva la carne de inmediato, acompañada con pasta o polenta, junto con la salsa y queso parmesano recién rallado.

Para 6 porciones

HAMBURGUESAS CON RITMO CARIBEÑO

Las Hamburguesas con ritmo caribeño son una invención escandalosamente deliciosa de Max Norat, residente del condado de Rockland en el estado de Nueva York, un actor puertorriqueño a quien se puede admirar en la película *Faithful.* A Max se le ocurrió la idea de preparar estas hamburguesas cuando Charlie Squires, un querido amigo suyo de las islas Barbados, le contó cómo las hamburguesas a la Barbados que él preparaba, hacían que la gente bailara el calipso. Max entonces imaginó que si él le añadía a su propia receta para las hamburguesas los ingredientes provenientes de diversas islas del Caribe ¡lograría que la gente bailara al mismo tiempo el calypso, el mambo, la salsa y el merengue! Y en efecto, cuando Max probó los resultados de sus Hamburguesas con ritmo caribeño, sirviéndoselas a su esposa, Acté Norat (también conocida como la Dra. Acté Maldonado), Decana del departamento de Educación Continuada del Borough of Manhattan Community College CUNY, y a Eric, el hijo adolescente de ambos, "¡fue como si la cocina se hubiera transformado en el teatro Palladium de la ciudad de Nueva York y la orquesta de Tito Puente y Celia Cruz estuvieran debutando juntos!"

Max prefiere asar sus hamburguesas a la parrilla y servirlas sobre *Kaiser rolls* o panecillos de hamburguesas junto con papas fritas, ensalada de papas, o platanitos (plátanos maduros fritos), uno de los bocados favoritos a través de todo el Caribe. ¡Qué viva el Caribe!

PARA LA SALSA *JERK:*

¼ de chile *Scotch bonnet*, o sustitúyalo por ½ chile jalapeño o serrano, sin semillas y machacado, o a gusto
2 chalotes medianos, sin las raíces y cortados en trozos grandes
1 cucharadita de vinagre de vino tinto
1 cucharadita de salsa de soja
¼ cucharadita de canela molida
⅛ cucharadita de nuez moscada molida
⅛ cucharadita de pimienta negra recién molida

PARA EL MOJO CRIOLLO:

2 tazas de salsa de tomate en lata
¼ taza de aceite de oliva
1 cebolla amarilla pequeña, pelada y cortada en trocitos
2 cucharadas de alcaparrado con líquido, o sustitúyalo por 1 cucharada de alcaparras y otra de aceitunas rellenas de pimiento, con el líquido*
1 cucharada de vinagre de vino tinto
½ cucharadita de sal
2 hojas de laurel

PARA LAS HAMBURGUESAS:

2 libras de carne molida de res sin grasa
¼ taza de cebollas amarillas bien picadas
1 diente de ajo grande, pelado y machacado
½ cucharadita de orégano en polvo (no desmenuzado)

**El alcaparrado es una mezcla de aceitunas, alcaparras y pimientos cortados en pedacitos. Se lo consigue en los comercios latinos que sirven a una clientela caribeña.*

Prepare la salsa *jerk:* Haga un puré con todos los ingredientes en una licuadora eléctrica o procesadora de alimentos. Cúbrala y refrigérela.

Prepare el mojo criollo: Combine todos los ingredientes en una cazuela mediana. Hierva el mojo sobre fuego entre moderado y fuerte. Después reduzca la temperatura y deje cocer a fuego lento, con la cazuela tapada, durante 45 minutos. Vierta el mojo en un plato no muy hondo.

Prepare las hamburguesas: Mezcle juntos todos los ingredientes en un tazón mediano junto con la salsa *jerk.* Con la carne molida, forme 6 hamburguesas del mismo tamaño. Ponga las hamburguesas en el plato que ya contiene al mojo criollo y cúbralo bien con envoltura de plástico. Ponga a marinar las hamburguesas en el refrigerador durante 2 horas, volteándolas una sola vez.

Puede asar las hamburguesas a la parrilla, freírlas o prepararlas en el asador del horno, hasta que alcancen el punto que usted desee. Acompáñelas con ritmo caribeño en *Kaiser rolls* o panecillos de hamburguesas junto con los condimentos de su preferencia y con lechuga y tomate, si lo desea. Sirva las hamburguesas con Plátanos maduros fritos (vea página 195), papas fritas, ensalada de papas, o el acompañamiento de su preferencia.

Para 6 porciones

PASTEL DE PAPAS CELESTIAL

"Cuando vivía en Chile, el Pastel de papas, hecho con carne picada, pasas y aceitunas, dentro de una masa preparada con papas y perfumada con nuez moscada, era un plato celestial que se preparaba regularmente en mi casa," recuerda Santiago Daydí-Tolson, profesor de Estudios Hispánicos en el departamento de Español y Portugués de la Universidad de Wisconsin en Milwaukee. "El pastel combina la suavidad cremosa y elegante simplicidad del puré de papas, con los sabores más ricos y vivaces del *pino de carne,* el relleno de carne picada de las empanadas que disfrutábamos cada domingo. En nuestra casa, el Pastel de Papas se servía siempre para el almuerzo en los días fríos y obscuros de invierno. Cada vez que la montaña de papas dorada aparecía sobre la mesa, la casa se llenaba de paz y tranquilidad instantáneamente. Yo atesoro esos momentos en los que se cortaba el pastel para servirlo y el aroma del relleno caliente se esparcía por la casa. No menos delicioso era cumplir con el simple ritual—que se practica en todo Chile—de añadirle un poco de azúcar al pedazo de pastel de uno."

Santiago Daydí-Tolson ha ensado clases sobre comida y glotonería en la literatura latinoamericana, utilizando las obras de escritores como Gabriela Mistral y Pablo Neruda; pero cuando está en la cocina se concentra en los sabores chilenos, reconstruyendo platos que se preparaban en su hogar y añadiéndoles un toque de imaginación. Clases sobre comida y glotonería incluídadción utilizando las obras de "He modificado el Pastel de Papas en algunas formas sutiles. En Chile el pastel siempre tenía pedazos de huevo duro dentro del relleno, pero yo muchas veces reemplazo el huevo con tomates secados al sol o con otro ingrediente aventurado. Pero a menudo lo sirvo con vino blanco semi-seco, en contraste con las empanadas, que siempre deben ir acompañadas por un buen vino tinto con cuerpo. Además, siempre comienzo una comida de Pastel de papas con una ensalada chilena tradicional de tomates, compuesta por tomates jugosos cortados muy finos y de cebollas blancas o moradas cortadas en medias lunas lo más finas posibles, que en Chile se les llama 'cebollas plumas,' sazonando con aceite de oliva, sal y pimienta. Por supuesto, a veces tiro la tradición por la ventana y desparramo un poco de queso de cabra desmenuzado y de albahaca dulce fresca picada sobre la ensalada."

PARA EL RELLENO DE CARNE:

½ taza de pasas negras sin semillas
2 cucharadas de aceite de oliva
2 cebollas amarillas medianas, peladas y picadas
2 dientes de ajo grandes, pelados y picados
1 libra de carne molida magra
1 cucharada de paprika dulce
1 cucharadita de comino molido
½ taza de tomates secados al sol enlatados en aceite de oliva (escurridos), picados
Sal y pimienta negra recién molida, a gusto

PARA LA MASA DE PAPAS:

3 libras de papas *russet* (Idaho)*
2 cucharadas de mantequilla
½ taza de leche
1 cucharadita de nuez moscada molida
Sal y pimienta blanca recién molida, a gusto

PARA EL ADEREZO:

1 lata de 6 onzas de aceitunas negras medianas maduras deshuesadas
Azúcar granulada (a su discreción)

**Evite las papas cerosas como las nuevas (coloradas) o las* White Rose, *dado que no tienen la textura esponjosa de las papas con más almidón como las* russet, *excelentes para preparar un puré de papas.*

Prepare el relleno: Remoje las pasas en un plato pequeño que contenga suficiente agua tibia para taparlas. Entretanto, caliente el aceite de oliva en una sartén grande sobre fuego moderado y saltee las cebollas y el ajo, revolviendo cada tanto, hasta que estén blandos, aproximadamente 6 minutos. Agregue la carne molida y cocínela, se parándola con un tenedor mientras se dora, unos 10 minutos.

Añada la paprika dulce y el comino. Saque las pasas del agua, déjelas escurrir y agréguelas junto con los tomates secados al sol. Pruebe y sazone con sal y pimienta negra al gusto. Retire el relleno del fuego y manténgalo caliente.

Prepare la masa de papas: Pele las papas, córtelas en pedazos de 1 pulgada y échelas en una olla llena de agua con sal, a medida que lo va haciendo. Hierva las papas y cocínelas hasta que las note tiernas al pincharlas con un tenedor, aproximadamente de 20 a 25 minutos.

Cuele bien las papas y déjelas escurrir completamente y luego colóquelas en un plato hondo grande. Agregue 1 cucharada de la mantequilla y presiónelas con un tenedor o con un majador de papas. Añada la leche y la nuez moscada y bata con una batidora eléctrica hasta obtener un puré suave. (También puede pasar los pedazos de papa a través de una prensa y luego simplemente agregar la mantequilla y después de ésta, la leche y la nuez moscada.) El puré de papas deberá estar bastante firme, dado que es necesario que mantenga su forma después de moldearse. Pruebe y sazone con sal y pimienta blanca a gusto.

Para armar el pastel de papas: Unte con la cucharada de mantequilla restante un plato para suflé o cualquier otro plato de hornear que tenga una capacidad de ½ galón. Con una espátula, forme una capa de 1 pulgada de espesor en el fondo y en los costados del recipiente elegido, dejando sin cubrir un borde de ½ pulgada en la parte superior de los lados. (Deberán sobrarle suficientes papas para la tapa del pastel o capa superior, la cual deberá tener un espesor de entre ½ y 1 pulgada.) Alise las papas con la espátula.

Con una cuchara, vierta dentro del hueco así creado, el relleno de carne molida. El relleno deberá alcanzar la misma altura que la capa de las papas a los costados del recipiente. Introduzca las aceitunas dentro del relleno, haciendo presión para que se distribuyan uniformemente. Esparza el resto de las papas sobre del relleno. (La parte superior del pastel podrá ser plana o tener forma de bóveda.) Alise las papas con la espátula. Si desea una costra azucarada, esparza 1 cucharadita de azúcar encima.

Hornee el pastel de papas en un horno precalentado a 350°F, aproximadamente 35 minutos o hasta que la costra que cubre el relleno tenga un color levemente dorado y esté tostado. Con un cuchillo, corte el pastel de papas en 6 pedazos triangulares y sírvalo de inmediato junto con una ensalada de tomates chilena o con la ensalada de su preferencia. Haga circular una azucarera entre los comensales, para quienes deseen endulzar sus porciones aún más.

Para 6 porciones

CHILES RELLENOS A LA NUEVO MÉXICO

Para la mayoría de los estadounidenses, la mención de los chiles rellenos conjura la imagen de largos chiles verdes recubiertos de una capa frita de huevos batidos, rellenos con queso *Monterey Jack* o *Colby* derretido y flotando en una laguna de salsa de tomate. En las cocinas mexicano-americanas, los chiles rellenos también se rellenan comúnmente con frijoles refritos y con picadillo, una combinación de carne molida de res, cebollas y especias. A través de todo el estado de Nuevo México, los cocineros y cocineras mexicano-americanos, preparan otra versión más de los chiles rellenos con picadillo, en la cual los chiles—siempre los bien amados chiles verdes de Nuevo México—se cortan en trocitos, mezclados con el picadillo, y después se usan para hacer croquetas bañadas en huevo batido, antes de freírse. Estos chiles rellenos se sirven solos o con una salsa de tomate o de chile colorado, o también con un jarabe de canela. Algunos mexicano-americanos también endulzan las croquetas añadiendo a la receta básica azúcar morena, piñones o pacanas, canela y pimienta de Jamaica. Los chiles rellenos dulces se sirven por lo general como un primer plato o como postre, durante la celebración de determinadas fiestas o en otras ocasiones festivas.

La ceramista Margaret Durán, de la ciudad de Albuquerque, Nuevo México, prepara unos de los mejores y más apetitosos chiles rellenos que nosotras hayamos probado. "La receta básica para mis chiles rellenos," nos contó Margaret, "es una herencia familiar; viene de mi bisabuela Stackpole de Socorro, Nuevo México, quien se la pasó a mi abuela de apellido Armijo de Albuquerque, quien a su vez se la transmitió a mi madre, Isabel Durán. Siempre que mi cerámica, mi trabajo en la Oficina de Desarrollo de la Universidad de Nuevo México y los caballos de carreras que crío me dejan un poco de tiempo libre, me gusta preparar estos chiles rellenos para mis amigos y familiares." A nosotras nos parecen irresistibles los apetitosos chiles rellenos de Margaret, especialmente con arroz a la española estilo Nuevo México y frijoles pintos cocidos a fuego lento.

PARA LA SALSA DE TOMATE:

1½ libras de tomates peritas maduros
1 cucharada de aceite de oliva
1 cebolla amarilla pequeña, pelada y bien picada
1 diente de ajo grande, pelado y bien picado
¾ taza de caldo de pollo
Sal y pimienta negra recién molida, a gusto

PARA LOS CHILES RELLENOS:

1½ libras de chiles verdes de Nuevo México, o sustitúyalos por chiles verdes Anaheim, asados, pelados y sin semillas (ver las páginas 174–179 para obtener información acerca de estos chiles y para indicaciones sobre la manera de asar pimientos)
½ cucharada de aceite de oliva
½ libra de carne magra de lomo molida
¼ taza de cebolla bien picada
¼ cucharadita de sal, o a gusto (a su discreción)
Aproximadamente ½ taza de harina común sin blanquear
5 huevos grandes, con claras separadas en un plato hondo grande y sus yemas en un plato pequeño
2½ tazas de aceite vegetal, o la cantidad necesaria para freír

Prepare la salsa de tomate: Corte los tomates en cuatro y hágalos puré en una licuadora eléctrica o procesadora de alimentos. Caliente el aceite en una cazuela grande sobre fuego moderado. Saltee las cebollas y el ajo hasta que las cebollas estén blandas, unos 4 minutos. Agregue los tomates hechos puré y el caldo de pollo. Cuando suelte el hervor, reduzca el calor y siga cocinando la salsa durante 15 minutos, revolviendo cada tanto. Pruebe y sazone con sal y pimienta, si hace falta. Manténgala caliente.

Prepare los chiles rellenos: Corte los chiles asados en trocitos. Caliente la ½ cucharada de aceite de oliva en una sartén de 10 pulgadas de diámetro, sobre fuego moderado. Saltee la carne molida en el aceite hasta que esté dorada, unos 5 minutos. Agregue las cebollas picadas y saltéelas hasta que estén blandas. A continuación, incorpore los trocitos de chile y siga salteando sobre fuego entre moderado y bajo, revolviendo constantemente, alrededor de 5 minutos. Añada la sal y luego retire la cazuela del fuego. Pase la mezcla a un plato hondo mediano (para que se refresque con mayor rapidez) y déjela enfriar hasta que alcance la temperatura ambiente.

Enharine ligeramente 2 bandejas de hornear y luego sus manos. Enrolle entre las palmas de sus manos 1 cucharada rebosante de la mezcla de carne y chile para formar una croqueta gruesa y de 1½ pulgadas de longitud. Ponga la croqueta sobre una de las bandejas de hornear. (Tal vez le resulte difícil evitar que las croquetas se deshagan un poco al principio, pero trate de darles forma lo mejor que pueda. Se mantendrán unidas como una albóndiga, una vez que se hayan enfriado un poco más sobre la bandeja de hornear.) Continúe enharinando sus manos, a medida que haga falta, mientras prepara las croquetas.

Con una batidora eléctrica, bata las claras, hasta que estén firmes. Incorpore las yemas y 1 cucharadita de harina, mezclando hasta obtener una pasta suave.

En una sartén grande o sartén eléctrica, caliente el aceite vegetal hasta que alcance una temperatura de 400°F. Coloque una croqueta en una cuchara grande y sumérjala en la pasta de huevos hasta que se sature por completo. Con mucho cuidado, deposite la croqueta sobre la superficie del aceite caliente. Si en la parte de encima de la croqueta hay un lugar que no esté recubierto por la pasta de huevos, viértale un poco de la mezcla con una cuchara. Repita la operación rápidamente con otras 2 croquetas. Fríalas durante aproximadamente un minuto, o hasta que estén doradas por debajo y luego deles vuelta con un tenedor o con un desgrasador de alambre; siga friéndolas hasta que estén doradas del otro lado. Con el desgrasador de alambre o una cuchara colador, pase los chiles rellenos de la sartén a un plato cubierto de toallas de papel y déjelos escurrir. Continúe el mismo procedimiento con el resto de las croquetas, friéndolas en tandas de a 3.

Vierta la salsa de tomate en 4 platos con una cuchara. Ponga 2 o 3 croquetas en la laguna de salsa de tomate en cada uno de los platos y sirva de inmediato sin acompañamiento, o con arroz español y frijoles, u otro acompañamiento que usted elija.

Para 4 porciones

Como una variación, nosotras combinamos los apetitosos chiles rellenos de Margaret con chiles rellenos dulces, para obtener lo que llamamos semi-dulces. Estas croquetas perfumadas con canela y pimienta de Jamaica y nueces que le imparten la textura y color de la tierra, no son demasiado dulces; por lo tanto, pueden servirse con salsa de tomate.

Para preparar los Chiles rellenos semi-dulces: Añada a la mezcla de carne molida ½ taza de piñones o pacanas cortadas en pedacitos, 2 cucharaditas de azúcar morena, 1 cucharadita de canela y ½ cucharadita de pimienta de Jamaica, junto con la sal y siga las instrucciones que aparecen arriba.

PERNIL DE CERDO AL HORNO EDDIE

Cada vez que quiere deslumbrar a sus amigos, el actor puertorriqueño Eddie Castrodad prepara la receta puertorriqueña de Pernil de cerdo al horno que pertenece a su madre—una paletilla de cerdo frotada con un adobo, una mezcla de aceite de oliva, ajo y especias y luego asada hasta que la superficie de la carne del cerdo se pone tostada y el resto se transforma en una carne sabrosa y jugosa. Eddie, como la mayor parte de los puertorriqueños, sostiene que el mejor corte de carne para preparar el

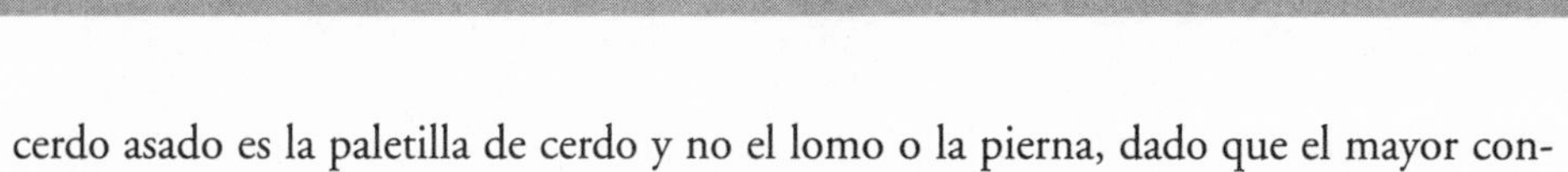

cerdo asado es la paletilla de cerdo y no el lomo o la pierna, dado que el mayor contenido de grasa de esa parte lo hace todavía más suculento.

El Pernil de cerdo al horno, por lo general se prepara en los hogares puertorriqueños para la cena de la Navidad y en otras ocasiones especiales, al igual que en los hogares de familias originarias de Cuba, Guyana y otros países del Caribe que residen en los Estados Unidos. Los puertorriqueños tienen sus propios acompañamientos tradicionales que incluyen el Arroz con gandules (vea página 189), los Pasteles (vea página 237) y las alcapurrias, bananas verdes rellenas de carne de res molida. En lugar de pernil de cerdo, algunos puertorriqueños que viven en el continente, sirven en estas ocasiones festivas un lechón asado, consistente en un cerdo entero, cuyo peso promedio es de 12 libras, frotado con adobo y asado en el horno. (En Puerto Rico, comúnmente se asan en espetón y al aire libre, cerdos de hasta 100 libras de peso. El humo del fuego les imparte un sabor y aroma maravillosos.) La mayor parte de los puertorriqueños del noreste de los Estados Unidos, como los *Nuyoricans* (puertorriqueños que viven en Nueva York), comen el lechón asado en las lechoneras en vez de hacerlo en sus hogares, dado que es difícil acarrear un cerdo entero hasta un apartamento de Nueva York, aunque algunos se las arreglan para hacerlo.

1 trozo de paletilla de cerdo con hueso (de 4½ a 5 libras)
12 dientes de ajo medianos (1 cabeza mediana), pelados y enteros
1 cucharada de orégano en polvo (no desmenuzado)
1 cucharadita de sal, o a gusto
½ cucharadita de pimienta negra recién molida, o a gusto
¼ taza de vinagre blanco destilado*
2 cucharadas de aceite de oliva

**Algunos prefieren la misma cantidad de jugo de lima recién exprimido.*

Lave la paletilla de cerdo debajo del grifo del agua fría. Séquela, dándole palmadas con toallas de papel. Usando un cuchillo pequeño y afilado, haga tajos no muy profundos sobre toda la superficie del pedazo de carne.

Prepare un adobo: Haga puré al ajo junto con el orégano, sal, pimienta y vinagre en una procesadora de alimentos o licuadora eléctrica. Agregue el aceite de oliva y mezcle bien. (O bien, prepare el adobo a la antigua, machacando el ajo con el orégano y la sal y pimienta en un mortero y luego mezclándolo con el vinagre y el aceite.)

Coloque el cerdo en una fuente de hornear que no sea muy honda y luego vierta el adobo encima. Frote el adobo en el cerdo con sus dedos, forzándolo a penetrar por las hendiduras de los tajos. Cubra el cerdo con envoltura de plástico y póngalo a marinar en el refrigerador durante toda la noche.

Ase el cerdo en el horno a una temperatura de 350°F, aproximadamente de 2½ a 3 horas, hasta que esté blando. Báñelo cada tanto con los jugos acumulados en la fuente. Retire el cerdo de la fuente y póngalo sobre una tabla de cortar. Déjelo reposar 10 minutos antes de cortarlo en rebanadas. Sirva el cerdo caliente o tibio junto con arroz puertorriqueño con gandules o con los acompañamientos que prefiera.

Alcanza para 6 a 8 porciones

LOMITOS DE CERDO RELLENOS

"Los estadounidenses de origen argentino o uruguayo tienen pasión por la carne. Supongo que lo traen en su sangre italiana y de gauchos españoles," dice el uruguayo-americano Carlos Petkovich, quien junto con su esposa, María, ejerce el arte de la magia culinaria en Los Gauchitos, un restaurante, carnicería y pastelería que goza de mucho prestigio en la ciudad de Miami. "Los clientes que vienen de nuestro viejo país piden mucho el filete de solomillo, que nosotros masajeamos con sal gruesa para impedir que se escapen los jugos y después lo asamos a la parilla. Los chivitos—auténticos sandwiches uruguayos con rebanadas de bistec, jamón, panceta, mozzarella, lechuga, tomate, e incluso un huevo, formando una pila de una milla de alto entre 2 pedazos de pan catalán—tienen mucha demanda. Otro plato que también piden mucho y a mí me encanta, son los Lomitos de cerdo rellenos, suculentas chuletas de cerdo con un relleno de ciruelas y aceitunas verdes en una salsa de crema con sabores a frutas. Para mí ese plato es como un romance: es dulce, apetitoso, intenso y uno espera que dure para siempre. Los uruguayos y los argentinos nunca se hartan de comer fruta, de manera que yo sirvo las chuletas de cerdo rellenas, junto con un terso puré de manzanas casero que preparo con manzanas *Granny Smith* y al cual le agrego un poco de azúcar y canela para hacerlo menos intenso. Las papas nuevas asadas también son un buen acompañamiento."

4 chuletas de lomo de cerdo sin hueso y magras (de 1 pulgada de espesor), despojadas de toda la grasa
Pimienta negra recién molida, a gusto
1 taza de ciruelas deshuesadas, picadas
¾ taza de aceitunas verdes rellenas de pimientos, ½ taza picadas y ¼ taza enteras
1 docena de palillos (mondadientes)
3 cucharadas de aceite de oliva

½ taza de agua
½ taza de jerez seco (fino)
½ taza de crema entera
1 *bouquet garni* pequeño (un ramito de hierbas aromáticas consistente en 1 hoja de laurel, 2 ramitas de tomillo fresco y ramitas de perejil amarradas con un hilo)
1 cucharadita de mostaza *Dijon*

Con un cuchillo, haga incisiones en cada chuleta de cerdo creando una especie de bolsillos para el relleno. Sazone las chuletas por dentro y por fuera con pimienta y rellene cada una con 1 cucharada de las ciruelas y 2 cucharadas de las aceitunas picadas. Cierre las chuletas y asegúrelas, insertando 3 palillos (mondadientes) en cada una, a lo largo de la abertura.

Caliente el aceite de oliva en una sartén grande y pesada sobre fuego entre moderado y fuerte y haga dorar cada chuleta por todos lados, aproximadamente 10 minutos. Añada el agua, el jerez, la crema y el *bouquet garni* (el ramito de hierbas aromáticas) y deje cocer, tapado, a fuego lento hasta que las chuletas estén cocidas, unos 35 minutos.

Añada la mostaza y mezcle. Incorpore las ciruelas y aceitunas restantes y siga cocinando, sin tapar, de 5 a 10 minutos o hasta que la salsa esté espesa. Pase las chuletas de cerdo a una fuente de mesa y quíteles los palillos (mondadientes). Saque el *bouquet garni* de la salsa y deséchelo. Vierta la salsa sobre las chuletas y sirva de inmediato con puré de manzanas y papas nuevas asadas, o con los acompañamientos de su preferencia.

Para 4 porciones

EL FAMOSO MENÚ DE PIZZA ARGENTINA Y URUGUAYA DE LOS GAUCHITOS

Los argentinos y los uruguayos prefieren la pasta y la pizza, casi tanto como la carne. En Miami corren a Los Gauchitos para comer los divinos ravioles caseros rellenos de carne de res y ricotta, o sesos y espinaca. Cuando se trata de pizzas, Los Gauchitos las preparan de muchas maneras únicas. A primera vista puede que se parezcan a la típica pizza californiana, pero son completamente de autenticas pizzas argentinas y uruguayas. Siempre que preparamos pizza en casa, consultamos el menú de pizzas de Los Gauchitos en busca de ideas para los ingredientes que la cubren.

La especial de Los Gauchitos:
jamón, palmitos, huevos, queso, tomates, hongos, mozzarella y salsa golf
mejillones
anchoas
espárragos, cebollas, tomates y pimientos
berenjena, salsa blanca y queso rallado
napolitana
chorizo, cebollas y hongos
jamón, huevos y queso
palmitos, jamón y mozzarella
corteza de pizza hecha con harina de garbanzos saturada en aceite de oliva y sal (llamada *faina*)
cebolla sazonada y mozzarella
mozzarella

CHILE VERDE CON NOPALITOS

"Siguiendo una tradición centenaria dentro del arte culinario del desierto del sudoeste de los Estados Unidos, mi abuela materna, Elvira De La Rosa, preparaba cientos de platos basados en plantas silvestres, incluyendo a los nopalitos, las paletas jóvenes de nopal, que ella cosechaba en el jardín de su casa de la ciudad de Phoenix," relata Virginia Widing (Rojas, de soltera), una cocinera fantástica que se crió en la casa vecina a la de sus abuelos. "Mis abuelos vinieron a los Estados Unidos desde Santa Ana, Estado de Sonora, México, y por lo tanto, mi crianza estuvo basada en platos y valores auténticamente mexicanos. Pasé innumerables horas en la cocina, al lado de mi abuela, mientras ella me enseñaba, no solamente a cocinar sin medir los ingredientes y a siempre seleccionar alimentos propios de la estación, sino a amar a Dios, a la familia y a toda la humanidad.

"Uno de los platos preferidos de mi abuela durante la primavera, cuando brotaban los nopalitos de vivo color verde, era el chile colorado con nopalitos, que consistía en carne de res y nopalitos cocidos en una salsa de chile colorado," dice Virginia. "Con el tiempo, yo alteré la receta, añadiendo culantro y reemplazando la carne de res con cerdo y los chiles colorados Anaheim y chiles Santa Fe grandes amarillos con chiles poblanos y jalapeños, para preparar un chile verde en vez de colorado." (Para mayor información acerca de estos chiles, vea páginas 173–5.) Virginia sirve su Chile verde con nopalitos de la misma manera en que su abuela lo hacía con el arroz español, frijoles refritos o frijoles pintos salpicados con pedacitos de cebolla recién cortados, tortillas de harina caseras y salsa fresca. Su esposo, Bob Widing, un agente inmobiliario, tiene pasión por las tortillas, de manera que Virginia las prepara en grandes cantidades. Para tomar, Virginia sugiere una limanada o limonada preparada con frutas cítricas recién exprimidas.

½ taza de harina común sin blanquear
¼ cucharadita de sal y otra de pimienta negra recién molida, o a gusto
2 libras de lomo o paletilla de cerdo sin hueso, cortada en cubitos de 1 pulgada
3 cucharadas de aceite de oliva
1 cebolla amarilla mediana, pelada y cortada en trocitos
3 chalotes medianos, sin las raíces y cortados en trocitos
4 dientes de ajo grandes, pelados y picados
3 chiles poblanos, asados, pelados, sin semillas y cortados en trocitos (vea página 175 para información acerca de los poblanos y página 179 para instrucciones sobre cómo asar los chiles)
3 chiles jalapeños, sin semillas y picados, o a gusto
5 tomates medianos maduros, cortados en trocitos, o 1 lata de 28 onzas de tomates cortados en trocitos

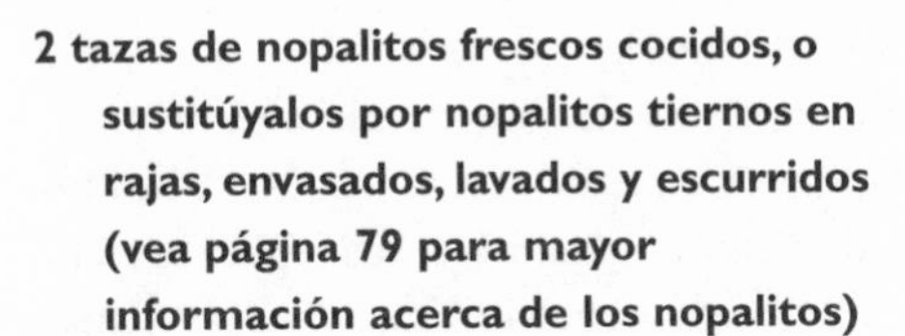

2 tazas de nopalitos frescos cocidos, o sustitúyalos por nopalitos tiernos en rajas, envasados, lavados y escurridos (vea página 79 para mayor información acerca de los nopalitos)

¼ taza de culantro fresco, bien picado

Mezcle en un plato no demasiado hondo, la harina, la sal y la pimienta. Gire los cubitos de cerdo en la harina sazonada.

Caliente el aceite de oliva en una olla grande sobre fuego entre moderado y fuerte. Saltee los cubitos de cerdo, ⅓ a la vez, en el aceite, hasta que se doren por todos lados. Conforme se vayan dorando, transfiéralos a un platón. Una vez que haya terminado de dorar el cerdo, y si es necesario, use una cuchara para sacar de la olla el aceite y la grasa, hasta que queden solamente 3 cucharadas de los jugos de la cocción. Agregue las cebollas, los chalotes, el ajo, los chiles poblanos asados y los jalapeños y saltee el contenido de la olla durante 3 minutos. Añada los tomates y siga cocinando un minuto más.

Regrese el cerdo a la olla y luego añada suficiente agua para cubrir apenas la carne. Cuando suelte el hervor, reduzca el calor, tape y siga cociendo la carne de cerdo a fuego lento, revolviendo cada tanto, hasta que esté tierna, aproximadamente 1 hora. Agregue los nopalitos y el culantro y siga cocinando durante 15 minutos más. La salsa debe quedar bien espesa. Añada más agua si es necesario, sin dejar de cocinar hasta que toda la salsa esté bien caliente. Pruebe la sal y pimienta. Sirva enseguida el Chile verde con nopalitos con los acompañamientos de su preferencia.

Alcanza para 4 a 6 porciones

COSTILLAS DE CERDO CON AJO, ALCAPARRAS Y PASAS

En esta receta guatemalteco-americana, el adobo de jugo de naranja, canela y clavo de olor hace más tierna la carne de cerdo y añade un contraste agridulce, a la vez que el ajo penetrante, las alcaparras saladas y las suaves y gordas pasas dan notas vibrantes al sabor y a la textura. Los guatemalteco-americanos preparan este fragante plato, ya sea con lomo de cerdo asado o con costillas de cerdo. Nosotras preferimos usar costillas de cerdo para las comidas informales de cuatro personas o menos. (Vea las instrucciones que aparecen más adelante, acerca de la manera de preparar la carne asada.) El puré de papas o los panqueques de papas son los acompañamientos tradicionales, pero el arroz blanco cocido al vapor o el *couscous* son también indicados. Dado que la esencia de este plato son el jugo de naranja, el azúcar y las especias, siempre terminamos la comida con un postre sutil y sobrio como los *biscotti* de avellanas, los Alfafores de almendras (vea página 290), el tradicional *pound cake*, o bolas de helado de delicado té verde japonés.

1½ tazas de jugo de naranja
¼ cucharadita de canela molida
⅛ cucharadita de clavos de olor molidos
4 costillas de cerdo cortadas de la parte media del costillar, de alrededor de 1 pulgada de espesor cada una
Sal y pimienta negra recién molida, a gusto
1½ cucharadas de aceite de oliva
1 taza de cebollas amarillas bien picadas
2 dientes de ajo grandes, pelados y bien picados
½ taza de agua fría
½ cucharada de salsa *Worcestershire*
2 cucharadas de alcaparras, escurridas
¼ taza de pasas blancas sin semillas
2 cucharadas de almendras cortadas en rebanadas finas (a su discreción), para el aderezo

Mezcle el jugo de naranja, la canela y los clavos de olor en un plato de poca profundidad y añada las costillas de cerdo formando una sola capa. Cubra el plato con envoltura de plástico y deje adobar las costillas en el refrigerador, 2 horas como mínimo.

Saque las costillas de cerdo del adobo y déjelas escurrir. Reserve el adobo. Sazone las costillas con sal y pimienta. Caliente ½ cucharada del aceite de oliva sobre fuego entre moderado y fuerte, en una sartén que sea lo suficientemente grande para contener las costillas en una sola capa. Dore las costillas en el aceite por ambos lados, aproximadamente 5 minutos por lado y luego páselas a un plato junto con los jugos de la cocción.

Sobre fuego entre moderado y fuerte, saltee las cebollas y el ajo en la cucharada del aceite restante, revolviendo cada tanto, hasta que se doren, unos 4 minutos.

Regrese las costillas de cerdo a la sartén y añada el adobo, el agua y la salsa *Worcestershire.* Cubra la sartén y deje cocer las costillas a fuego lento aproximadamente 45 minutos, revolviendo cada tanto.

Vierta las alcaparras y las pasas en la sartén, tape y siga cocinando durante otros 10 minutos. Sirva las costillas de cerdo con su salsa de inmediato, junto con panqueques de papas, puré de papas, arroz blanco cocido al vapor o *couscous.* Adorne con rebanadas finas de almendra, si lo desea.

Para 4 porciones

Para el Estofado de Cerdo: Ponga en una fuente de hornear de poca profundidad (suficientemente grande pero no mucho porque el adobo puede quemarse cuando la fuente es muy grande), 1 paletilla de cerdo con su hueso, que pese entre 4½ y 5 libras y luego vierta sobre ella el adobo de jugo de naranja. Cubra el cerdo con envoltura de plástico y déjelo marinar en el refrigerador, volteándolo una sola vez, un mínimo de 4 horas. Añada las cebollas picadas, el ajo y la ½ taza de agua. Deje asar el cerdo en un horno precalentado a 350°F, aproximadamente de 2½ a 3 horas, o hasta que esté blando, bañándolo frecuentemente con el adobo. Retire el cerdo del horno, póngalo sobre una tabla de cortar a que repose 10 minutos antes de rebañarlo. Haga una salsa, raspando el fondo de la fuente de hornear para despegar los pedacitos dorados que quedaron. Qúitele a la salsa la grasa, agregue ½ taza de agua. Añada también la salsa *Worcestershire*, las alcaparras y las pasas. Ponga la fuente de hornear sobre fuego moderado y déjela hervir durante 2 minutos. Sirva el cerdo con la salsa y arroz cocido al vapor o puré de papas.

Alcanza para 6 a 8 porciones

ARROZ CON CARNE DE CERDO A LA PUERTORRIQUEÑA

Esta receta para preparar el Arroz con carne de cerdo, proviene de la cocina puertorriqueña del arquitecto Artemio Paz, Jr., de Springfield, Oregón. Su madre, María Rosa Carballo de Paz, nacida en Vega Baja, Puerto Rico, le enseñó a preparar este delicioso plato. Artemio, que creció en la ciudad de Nueva York, recuerda vívidamente el aroma del grano hervido en caldo de pollo que lo recibía todos los días cuando llegaba de la escuela. Su madre condimentaba el arroz casi exclusivamente con cebollas y ajo, pero los domingos, o en las ocasiones festivas, le añadía carne de cerdo, pollo o verduras y alcaparras o aceitunas y pimientos verdes, tal como se lo había enseñado a hacer su abuela.

En la actualidad, Artemio y su esposa, Edana Paz, sirven a menudo el Arroz con carne de cerdo, que ellos afectuosamente llaman el arroz de la abuela y lo preparan con aceite de oliva, en vez de hacerlo con el tocino tradicional que se usaba para dorar las cebollas, el ajo y los pimientos verdes. Artemio y Edana Paz sirven ritualmente este plato cuando celebran alguna fiesta y lo acompañan con un plato de garbanzos con papas y pan dulce.

El Arroz con carne de cerdo tradicional de Puerto Rico, es similar al que se prepara en Santo Domingo, donde el plato consiste en carne de cerdo y arroz condimentado con tocino, aceitunas verdes, chiles picantes, alcaparras y perejil; al arroz con chancho del Perú, donde el arroz y el cerdo se condimentan con achiote molido y chiles colorados picantes y se lo mezcla con arvejas; al *arroz com porco* del Brasil, donde al plato se le agrega jamón, pimientos, chiles picantes, ajo y culantro. Al igual que el Arroz con carne de cerdo de la familia Paz, todos estos platos se han ido transformando dentro de las comunidades latinoamericanas de los Estados Unidos.

1 libra de lomo de cerdo magro, cortado en cubitos de 1 pulgada
1 cucharada de aceite de oliva
1 cebolla amarilla grande, pelada y bien picada
½ taza de pimiento verde cortado en trocitos
2 dientes de ajo grande, pelados y picados
2 tazas de arroz blanco de grano largo
4 tazas de caldo de pollo casero o en lata
½ taza de salsa de tomate en lata
2½ docenas de aceitunas verdes rellenas de pimientos o ⅓ taza de alcaparras, escurridas
Sal y pimienta negra recién molida, a gusto
½ taza de perejil fresco picado, para el aderezo

Saltee el cerdo en ½ cucharada del aceite de oliva, en una cacerola grande sobre fuego moderado, volteándolo varias veces, hasta que esté cocido por fuera, unos 10 minutos. Con una cuchara colador, retire el cerdo de la cacerola y póngalo en un plato. Añada la ½ cucharada de aceite de oliva restante a los jugos de la cacerola. Saltee la cebolla picada, el pimiento y el ajo en el aceite sobre fuego moderado, hasta que las cebollas estén bien doradas, unos 8 minutos.

Agregue el arroz y hágalo saltear, revolviendo, de 3 a 4 minutos. Añada el caldo y la salsa de tomate y hierva el contenido de la cacerola sobre fuego entre moderado y fuerte. Baje el calor, incorpore el cerdo salteado, tape y deje cocer a fuego lento hasta que el arroz esté tierno y haya absorbido todo el líquido, unos 25 minutos. Agregue las aceitunas verdes o alcaparras y la sal y pimienta negra al gusto, tomando en cuenta que las aceitunas son saladas. Sirva de inmediato con un aderezo de perejil.

Para 6 porciones

Para la variación brasilero-americana del Arroz con carne de cerdo (*Arroz com porco*): Antes de saltear la carne de cerdo, déjela marinar por lo menos durante 2 horas en un adobo compuesto por ¼ taza de vinagre blanco destilado, ¼ taza de vino blanco seco, 3 cucharadas de cebolla bien picada, 1 diente de ajo bien picado y salsa picante al gusto. Sustituya la salsa de tomate indicada en la receta que aparece más arriba por ⅓ de taza de la marinada, las aceitunas por ½ taza de jamón cortado en cubitos y el perejil por ½ taza de culantro bien picado.

ENCHILADAS ZACATECANAS

"Estas enchiladas, bañadas como crepas en una salsa maravillosamente cremosa, rociada con puré de chile poblano, es tan popular entre quienes se sientan a comer a mi mesa, como *Carmen* lo es entre los amantes de la ópera," dice el cantante de ópera Juan Sánchez Lozano, quien inició su carrera lírica en su lugar de origen, ciudad de México. En 1985, el tenor vino a los Estados Unidos para estudiar con el maestro de ópera Georgio Tozzi. Desde su llegada al país, Sánchez Lozano ha cantado con numerosas compañías de ópera por todo el estado de California, donde fijó su residencia, así como internacionalmente. Sánchez Lozano es tan talentoso en la cocina como sobre el escenario y sus platos tienen toda la grandiosidad y magnificencia de una gran ópera. "Esto," insiste el cantante, "se lo debo a mi tía María, 'Tita,' quien me enseñó, no sólo a cocinar bien, sino a apreciar la cocina como un arte."

PARA LAS ENCHILADAS:

1 libra de chuletas de lomo de cerdo magro o de paletilla de cerdo (de ¼ pulgada de espesor)
2 chiles poblanos medianos (de unas 4 pulgadas de largo), asados, pelados y sin semillas (vea páginas 175–9 para información acerca de los poblanos y para asar los chiles)
½ cebolla amarilla pequeña, pelada y picada
1 diente de ajo grande, pelado y picado
1 cucharada de aceite de oliva y un poco más para saltear las tortillas
1½ tazas de *half-and-half* (mitad leche y mitad crema)
1 taza (6 onzas) de queso fresco (un queso mexicano también conocido como queso ranchero), desmenuzado
8 tortillas de maíz
Aceite de oliva, para cocinar las tortillas

PARA EL ADEREZO:

4 hojas grandes de lechuga verde o colorada, cortadas en tiras
1 aguacate maduro, cortado por la mitad, sin semilla, pelado y cortado en rodajas de ¼ pulgada
1 tomate maduro mediano, cortado en rodajas

Ponga las chuletas de cerdo en una sartén grande con ½ pulgada de agua. Caliente sobre fuego entre moderado y fuerte hasta que suelte el hervor. Reduzca el calor y deje cocer a fuego lento, con la sartén tapada, hasta que las chuletas estén blandas, aproximadamente 25 minutos. Saque el cerdo del caldo, póngalo en un plato y desgarre la carne con 2 tenedores. Cubra con papel de aluminio.

Prepare la salsa de crema y de chile poblano: Haga puré los chiles asados en una

El chile poblano, verde-oscuro, de piel carnosa que se vuelve colorado cuando madura, frecuentemente se le confunde con el chile ancho o pasilla.

procesadora de alimentos o licuadora, hasta obtener una pasta suave. Saltee las cebollas picadas y el ajo en el aceite de oliva en una sartén grande sobre fuego moderado, hasta que las cebollas estén blandas, unos 3 minutos. Reduzca el calor para alcanzar una temperatura entre moderada y lenta. Añada el puré de los chiles, el *half-and-half* y la mitad del queso. Deje cocer la salsa a fuego lento, revolviendo frecuentemente, hasta que se torne espesa, unos 10 minutos.

Prepare las tortillas mientras espera que la salsa se espese. Caliente aproximadamente ½ cucharadita de aceite de oliva en una sartén pequeña sobre fuego moderado. Saltee una tortilla en el aceite, volteándola solamente una vez, hasta que esté flexible y tenga un color ligeramente dorado, aproximadamente 40 segundos de cada lado. Con unas tenacillas o un par de palillos chinos, retire la tortilla de la sartén y póngala sobre toallas de papel para dejar escurrir el aceite. Cocine el resto de las tortillas, añadiendo más aceite de oliva a medida que sea necesario.

Empiece a armar las enchiladas, hundiendo una tortilla en la salsa para cubrirla por ambos lados. Colóquela extendida en un plato grande y ponga 2 cucharadas de carne de cerdo desmenuzada a un lado de la tortilla. Doble el otro lado de la tortilla por encima de la carne. Repita la operación para armar el resto de las enchiladas y acomode 2 en cada plato. Con una cuchara, viértales encima cualquier salsa restante. Adorne cada plato con la lechuga cortada en tiras, las rodajas de aguacate, de tomate y el resto del queso. Sirva de inmediato.

Para 4 porciones

POSOLE

Este guisado espeso toma su nombre de su ingrediente central, el posole. Éste es el nombre que toman los granos de maíz enteros después de ser tratados con cal muerta. El posole (pozole en México) era originalmente uno de los alimentos básicos de los indios Pueblo del sudoeste de los Estados Unidos. Los españoles que se establecieron en la región, lo adoptaron para su propia alimentación y a través del tiempo fueron combinándolo con varios ingredientes, tales como el chile colorado, el cordero, la carne de res y de cerdo, en la preparación de guisados (que en el sudoeste de los Estados Unidos, frecuentemente se sirven como platos secundarios), o moliéndolo como masa harina para hacer tortillas y tamales. El posole con carne de cerdo (y a veces con pollo) es un plato tradicional de Navidad y durante la celebración de Las Posadas, no solamente entre las familias mexicano-americanas del sudoeste de los Estados Unidos, sino en todo el país. (Las Posadas son procesiones que recrean la historia del viaje de María y José a Belén y se llevan a cabo durante cada una de las nueve noches que preceden a la Navidad.) Gabriel Peña, de la Carpinteria Middle School de Carpintería, California, captura el significado del posole dentro de la cultura mexicano-americana, en un ensayo que escribió para un proyecto escolar relacionado con las tradiciones familiares:

> "Mi tradición es el posole. La receta es de mi abuela. Ella la trajo de México a Carpintería en 1980 y la tradición ya lleva doce años de existencia y durará mucho más tiempo todavía. Recuerdo que en 1990, toda mi familia estaba en mi casa y todos nosotros estábamos comiendo posole. Recordé lo bueno que estaba el posole la primera vez que lo comí. La Navidad es ideal para comer posole.
>
> **LA RECETA DEL POSOLE**
>
> 1 trozo de carne de cerdo hervido con condimento. 1 pollo hervido con condimento. Cuando pollo esté listo, quítele huesos. Añada 2 latas de posole. Sirva en un plato sopero y adorne con repollo, rabanitos o casi cualquier cosa. Normalmente se lo sirve con tostadas.

Nuestra receta para el posole no tiene pollo y requiere solamente algunos pasos más que la de Gabriel. Si usted usa posole seco, empiece a preparar la receta la noche anterior o por la mañana. A nosotras nos gusta servir el posole con una selección de aderezos que pueden incluir hojas de lechuga verde cortadas en tiras, rábanos picados, queso *cheddar* rallado o *Monterey Jack,* rodajas de aguacate, rodajas de lima y culantro fresco bien picado, cada uno en plato pequeño separado, para pasar alrededor de la mesa.

1 taza de posole seco blanco, amarillo, o azul, o sustitúyalo por 3 tazas de posole en lata, colado y lavado debajo del grifo del agua fría*
1 trozo de carne de cerdo deshuesada (2 libras)
1 tomate maduro grande, cortado en pedazos, o sustitúyalo por 3 tomates en lata
1 cebolla amarilla pequeña, pelada y bien picada
1 chile Anaheim colorado o verde, o un chile verde de Nuevo México, asado, pelado, sin semillas y cortado en pedacitos (vea página 173 para información acerca de los chiles Anaheim, página 174 para el chile verde de Nuevo México y página 179 para las instrucciones sobre cómo asar chiles)
1 chile jalapeño verde o colorado, sin semillas y bien picado
1 diente de ajo grande, pelado y bien picado
1 cucharadita de orégano en polvo (no desmenuzado)
Sal y pimienta negra recién molida, a gusto

**El posole seco o en lata se consigue en algunos supermercados y en los comercios mexicanos. También puede conseguir posole seco por encomienda. (Ver Recursos, página 324.) No use posole molido* (hominy grits) *para esta receta.*

Cocine el posole seco (si usa posole en lata, pase por alto el siguiente paso): Lave el posole debajo del chorro de agua fría y luego póngalo a remojar en agua suficiente para taparlo, durante un mínimo de 4 horas o toda la noche. Cuélelo y vuelva a lavarlo. Ponga el posole en una olla grande con suficiente agua fresca para taparlo. Deje que suelte el hervor sobre fuego moderado, luego baje el calor y deje cocer a fuego lento, tapado, por espacio de más o menos 1 hora o hasta que el posole se infle. Emplee 3 tazas del posole cocido en esta receta. (Tome en cuenta que el posole cocido se conservará en el refrigerador hasta 5 días como máximo.)

Agregue suficiente agua fresca para tapar el posole. Añada la carne de cerdo, el tomate, la cebolla, los chiles Anaheim y jalapeños, el ajo, el orégano y la sal y pimienta negra al gusto y siga cocinando a fuego lento y con la olla tapada, durante 2 horas o hasta que la carne esté blanda. Retire el trozo de cerdo de la olla y póngalo sobre una tabla de cortar. Deje que se enfríe hasta que sea posible manipularlo y proceda a desmenuzar la carne con los dedos o 2 tenedores. Regrese la carne de cerdo con ½ taza de agua a la olla y siga cocinando a fuego lento durante otros 30 minutos. Pruebe la sal, la pimienta y el orégano. Sirva el posole de inmediato con los aderezos que prefiera.

Para 4 porciones

CORDERO *JERK* EN ALAMBRE

Jerk Lamb Shish Kebabs

"Primero se siente el calor de una explosión de chile, después sigue el halo luminoso de las especias y a continuación los sabores simplemente empiezan a bailar sobre su lengua," dice Terry Lindsay, Director de la Oficina de Desarrollo Estudiantil Africano-Americano en el Olivet College del estado de Michigan. Terry se refiere al *jerk* de Jamaica. "El secreto para lograr un *jerk* fabuloso es un adobo que equilibre los elementos claves: los chiles *Scotch bonnet,* las cebollas, el ajo, el tomillo y la pimienta de Jamaica. Los chiles *Scotch bonnet* hacen que el picante del *jerk* sea feroz; si usted desea atenuar el efecto, puede hacerlo disminuyendo la cantidad de estos chiles. A partir de este punto, la receta es facilísima de preparar y uno puede adobar prácticamente cualquier cosa: carne de cerdo, de res, de cordero, pollo o pescado. El Cordero *jerk* es uno de mis preferidos. He descubierto que el cordero *jerk* y las verduras de verano son una buena combinación, dado que la dulzura y suavidad de las verduras neutralizan el sabor fuerte que le dan las especias a la carne. Para simplificar las cosas, pongo la carne y las verduras en broquetas como el kebab y los cocino sobre la parrilla o debajo del asador del horno. Me gusta cuando el cordero y las cebollas se queman un poco en los bordes y los tomates y pimientos colorados simplemente se revientan de sus jugos concentrados."

Existen muchas teorías acerca del origen de la palabra *jerk,* dice Terry. Algunos especulan que tiene que ver con la manera en que uno da vuelta (*jerk*) a los trozos de carne sobre la parrilla, o la manera en que uno los separa (*jerk them apart*) o corta para servirlos. Terry empezó a apreciar todavía más al *jerk,* cuando se dió cuenta de que la ciudad de Lansing, en el estado de Michigan, carece de restaurantes jamaiquinos: "Yo nací en Jamaica, pero crecí en Brooklyn, a poca distancia viajando en el tren subterráneo, del Vernon's Jerk Paradise en el Bronx o Manhattan, es decir de las mejores casas de *jerk* de la ciudad. Por supuesto, mi madre y mis hermanas también preparaban un *jerk* fabuloso. Cuando regresé de visita a Brooklyn por primera vez, me dieron lecciones de *jerk,* de manera que ahora puedo preparar cordero *jerk* en mi cocina al estilo jamaiquino de Lansing. Y podré sobrevivir."

Terry sirve su Cordero *jerk* en alambre con *Jamaican Rice and Peas,* "arroz con armejas," en realidad arroz con frijoles colorados y leche de coco (ver la receta en la página 187), o con un simple *pilaf* de arroz. Para refrescar los labios, también sirve varias rondas de *Jamaican pine-ginger,* una gustosa mezcla de *ginger beer* (una bebida sin alcohol preparada con jengibre fresco, azúcar y agua) y jugo de piña. Helados, bananas asadas, o *pinch-me-rounds* (tartas de coco), proveen el toque final a una comida con tanto ritmo como el *reggae.*

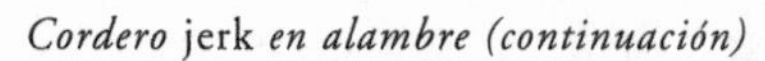

Cordero jerk *en alambre (continuación)*

PARA LA PASTA DE *JERK*:

- **1 cebolla blanca pequeña, pelada y cortada en cuartos**
- **2 dientes de ajo medianos, pelados**
- **1 chile *Scotch bonnet*, o sustitúyalo por un chile habanero de 1 pulgada de largo, sin el tallo, cortado por la mitad y sin semillas (vea páginas 176 y 173 para información acerca de estos chiles)**
- **1 cucharada de jengibre fresco cortado en trozos grandes**
- **1 cucharadita de pimienta de Jamaica**
- **2 cucharaditas de tomillo fresco o 1 cucharadita de tomillo seco**
- **1 cucharadita de pimienta negra recién molida**
- **2 cucharadas de jugo de lima recién exprimido, o sustitúyalo por vinagre de vino blanco**
- **1 cucharada de salsa de soja**

PARA LAS BROQUETAS:

- **2 libras de paletilla de cordero o de pierna, sin hueso y sin grasa y cortada en cubitos de 1½ pulgadas**
- **1 cebolla grande, pelada y cortada en rodajas de 1½ pulgadas**
- **1 pimiento rojo o amarillo grande, sin el centro ni las semillas y cortado en trozos de 2 pulgadas**
- **1 calabacita mediana, cortada en rodajas de ¾ pulgada**
- **1 docena de tomates miniatura (*cherry tomatoes*) maduros**
- **2 cucharadas de aceite de oliva**
- **6 broquetas largas de metal**

Haga un puré con todos los ingredientes de la pasta de *jerk* en una licuadora o procesadora de alimentos. Pase la pasta a un plato hondo mediano de vidrio, cerámica o acero inoxidable.

Introduzca los cubitos de carne de cordero en la pasta y asegúrese de que queden recubiertos. Cubra el plato y deje adobar la carne en el refrigerador por lo menos durante 3 horas. Revuelva una sola vez.

Ponga las rodajas de cebolla, el pimiento, la calabacita y los tomates miniatura en un plato grande y revuélvalos en el aceite de oliva hasta que estén recubiertos. Ensarte la misma cantidad de carne de cordero adobada y de verduras en cada una de las 6 broquetas, alternando los ingredientes.

Coloque las broquetas a una distancia de 1 a 2 pulgadas del asador del horno precalentado, dándoles vuelta a medida que se asan, hasta que todos sus lados estén bien dorados. (O prepare una parrilla con carbón de leña o pedacitos de madera. Cuando el fuego esté preparado, ponga las broquetas sobre la parrilla untada de aceite y áselos hasta que estén bien dorados.) Ponga las broquetas en los platos y sírvalos de inmediato con *Jamaican rice and peas*, un *pilaf* de arroz, o el plato de arroz que prefiera.

Para 6 porciones

EL *JERK* MÁS FAMOSO DE LOS ESTADOS UNIDOS

El restaurante Janet's Original Jerk Chicken Pit, de la ciudad de Los Angeles, así como el llamado Vernon's Jerk Paradise de la ciudad de Nueva York, son sin duda los lugares para comer *jerk* más famosos de los Estados Unidos. Los residentes de Los Angeles hacen cola para saborear el pollo *jerk* de Janet's, con su piel tostada aromatizada con pimienta negra a medio moler, pimienta de Jamaica, tomillo y la carne suculenta y perfumada. En Janet's, el pollo se fricciona con un adobo seco *jerk,* luego se asa sobre fuego de maderas duras aromáticas en una parrilla gigante y se sirve finalmente junto con plátanos fritos, *festival* (un pan de harina de maíz levemente dulce) y una selección de otros acompañamientos excelentes.

Los neoyorquinos que suspiran por comer *jerk,* dirigen sus pasos hacia el primer local fundado del restaurante Vernon's Jerk Paradise, que abrió sus puertas en 1982 en la East 233rd Street del barrio del Bronx. (Vernon cerró recientemente el más elegante de sus establecimientos, Vernon's de la West 29th Street en Manhattan, para poder pasar algún tiempo en climas más cálidos.) En Vernon's, el *jerk* jugoso y sabroso se sirve junto con *Jamaican Rice and Peas* ("arroz con arbejas," en realidad arroz con frijoles colorados cocidos en leche de coco) y repollo cocido al vapor. Vernon's también ofrece bebidas sabrosas como el *Irish Moss* ("musgo irlandés"), que supuestamente aumenta la virilidad y hace crecer el cabello. Mientras que en Janet's se inclinan hacia la escuela que enseña a preparar el *jerk* como un adobo seco, Vernon ha encontrado la fama en la salsa de *jerk*—tanta fama en realidad, que quienes se han vuelto adictos a dicha salsa, pueden comprarla en cualquier punto de la ciudad, incluyendo a Zabar's en el Upper West Side o por encomienda (ver Recursos, página 322).

CABRITO O CORDERO AL CURRY

Curry Goat or Lamb

Algunos de los sabores más tentadores de Jamaica, tales como la aromática pimienta de Jamaica, el vivaz polvo de curry, los ardientes chiles *Scotch bonnet* y el coco cremoso, se combinan en este guisado espeso de color bronce que adorna las mesas en casi todas las ocasiones festivas que celebra la comunidad jamaiquina de los Estados

Unidos. El Cabrito al curry comenzó su existencia cuando los trabajadores bajo contrato, provenientes de las Indias Occidentales, empezaron a llegar a Jamaica, respondiendo a la invitación de los británicos que los reclutaban para trabajar en el campo, luego de la abolición de la esclavitud en 1838. Las recetas para preparar el curry que llevaban consigo los trabajadores, requerían carne de cordero, pero las ovejas no existían en la Jamaica de a principios del siglo diecinueve y por esa razón debieron recurrir a la carne de cabra. En la actualidad, los cabritos, proveen la carne preferida para preparar el curry jamaiquino, dado que la carne de las cabras más maduras es dura y su sabor es demasiado fuerte. La escasez de carne de cabrito en los Estados Unidos, ha llevado a los jamaiquino-americanos a cerrar el círculo, usando nuevamente la carne de cordero. Si usted tiene la suerte de encontrar carne de cabrito en alguna carnicería donde vendan productos especiales, le aconsejamos que haga la prueba de usarla para preparar el curry. Es tan tierna como la carne de cordero y en realidad tiene un sabor menos "salvaje."

Cada familia jamaiquino-americana tiene su propia receta para la preparación de Cabrito o cordero al curry, pero la mayoría coincide en el hecho de que la carne debe ser marinada primeramente en un adobo seco de especias. Muchos insisten en que la pimienta de Jamaica, una especia nativa de Jamaica que proviene de las bayas secas de un arbusto perenne, es uno de los ingredientes necesarios para el adobo, pero hay una minoría que prescinde de la misma. Algunos jamaiquino-americanos preparan un curry sencillo que se basa principalmente en las especias y en un caldo, mientras que en otros casos el curry está enriquecido con leche de coco y jugo de lima, o incluso con tomates. Dado que el sabor del coco, del jugo de lima y de los tomates se combinan deliciosamente, esta versión de Cabrito al curry que presentamos, se desvía de la tradición e incluye estos tres ingredientes. Los jamaiquino-americanos sirven el Cabrito o cordero al curry con arroz blanco, a veces con acompañamientos tradicionales como plátanos verdes fritos (vea página 198) y chutney de mango. El Cabrito o cordero al curry también se usa como relleno en la preparación del *roti,* un pan de las Indias Occidentales que se fríe sobre una plancha y que también ocupa un lugar importante en la cocina jamaiquina.

2 libras de carne de cabrito o cordero, sin huesos y sin grasa y cortada en cubitos de 1 pulgada

1 chile *Scotch bonnet,* o sustitúyalo por un chile habanero de 1 pulgada de largo, sin los tallos ni las semillas y picado, o a gusto (ver la información acerca de los chiles *Scotch bonnet* en página 176)

1½ cucharadas de curry en polvo (si usa el polvo de curry de Madras, necesita solamente la mitad de la cantidad de chile

½ cucharadita de pimienta de Jamaica molida

¼ cucharadita de sal, o a gusto

⅛ cucharadita de pimienta negra recién molida, o a gusto

1 cucharada de mantequilla
1 cucharada de aceite de oliva
1 cebolla blanca grande, pelada y picada
1 diente de ajo grande, pelado y picado
1 tomate maduro mediano, bien picado
1 taza de leche de coco sin endulzar, enlatada
½ taza de caldo de pollo, o sustitúyalo por agua
1 cucharada de jugo de lima o de limón recién exprimido
2 chalotes medianos, sin las raíces y picados
1 hoja de laurel
2 cucharadas de perejil fresco o de culantro, bien picado, para el aderezo

En un plato hondo grande y de metal, sazone el cabrito o el cordero con el chile, el polvo de curry, la pimienta de Jamaica, sal y pimienta. Cubra el plato con envoltura de plástico y deje adobar la carne en el refrigerador durante 1 hora.

Caliente la mantequilla y el aceite en una sartén grande sobre fuego moderado. Saltee la carne en 2 tandas, hasta que los cubitos estén dorados por todos lados, unos 7 minutos cada tanda. Ponga los cubitos de carne salteados en un plato grande. Suba el calor hasta obtener un fuego entre moderado y fuerte y saltee las cebollas picadas en el aceite que quedó en la sartén, revolviendo con frecuencia, hasta que las cebollas estén ligeramente doradas, unos 4 minutos. Añada el ajo y siga salteando durante otro minuto más. Agregue los tomates picados y siga cocinando durante 2 minutos. Regrese la carne con sus jugos a la sartén. Agregue la leche de coco, el caldo de pollo o agua, el jugo de lima o de limón, los chalotes y la hoja de laurel. Hierva el contenido de la sartén y luego baje el calor, tape y siga cocinando a fuego lento, de 45 minutos a 1 hora, hasta que la carne esté bien blanda. Pruebe la sal, la pimienta y las especias. Sirva el plato adornado con perejil fresco o culantro y acompañado de arroz blanco cocido al vapor.

Para 4 porciones

LENGUA EN SALSA DE TOMATE A LA BLANCA

Los platos preparados con lengua de res son disfrutados por casi todos los estadounidenses de descendencia latinoamericana, sea cual sea el país particular de origen, pero sin embargo es posible observar, que quienes crecieron en Latinoamérica, tienden a sentir una preferencia mayor por ese manjar. Cada cultura tiene su manera especial de cocinar la lengua. Por ejemplo, los chileno-americanos preparan la sutilmente sabrosa lengua con ciruelas, o la lengua fiambre, un plato que se come frío, mientras que los venezolano-americanos sirven la lengua de res en escabeche, es decir, con una salsa preparada a base de vinagre, aceite y ajo. Los brasilero-americanos, por su parte, preparan la *Lingua Fresca* que consiste en lengua con salsa de vino blanco y perejil. Los chileno-americanos y los ecuatoriano-americanos, suelen llevar a la mesa un aromático plato de lengua llamado Lengua en salsa picante. Una especialidad entre los puertorriqueños y los cubano-americanos, es la Lengua en salsa de tomate. La versión que aquí presentamos de este plato cubano-americano, se basa en los recuerdos que conserva Himilce del plato de lengua que preparaba Blanca, la cocinera de su familia, durante sus años en La Habana.

1 lengua de res fresca (aproximadamente 3 libras)
5 cucharadas de aceite de oliva
1 cebolla amarilla mediana, pelada y cortada en rodajas finas
½ taza de apio picado
5 dientes de ajo medianos, pelados y enteros
3 chalotes, pelados y picados
2½ cucharadas de harina común sin blanquear
2 hojas de laurel
1 lata de 8 onzas de salsa de tomate
¼ taza de pasas negras sin semillas
Sal y pimienta negra recién molida, a gusto
Una pizca de azúcar
12 aceitunas verdes deshuesadas, para el aderezo
6 ramitas de perejil, para el aderezo

Lave la lengua debajo del chorro de agua fría y póngala en una olla grande con suficiente agua para cubrirla y unas 2 pulgadas más. Hierva el agua y después baje el calor y deje cocer la lengua a fuego lento, tapada, hasta que esté blanda, aproximadamente 2 horas. Retire 2 tazas del líquido de cocción y resérvelo para más adelante. Saque la lengua de la olla y póngala en un plato grande. Quítele la piel, empezando por el extremo más grueso y deséchela.

Caliente 3 cucharadas del aceite de oliva en la olla y saltee las rodajas de cebolla, el apio, el ajo y los chalotes sobre fuego moderado hasta que la cebolla comience a dorar, unos 8 minutos. Saque las verduras y póngalas en un plato grande.

Caliente en la olla las 2 cucharadas del aceite de oliva restantes, sobre fuego entre moderado y lento. Agregue la harina y cocine, batiendo constantemente con una espumadera, hasta que adquiera un tono dorado. Vierta lentamente el reservado líquido de cocción sobre la mezcla de harina, batiendo sin cesar con la espumadera. Añada las hojas de laurel y deje cocer durante 5 minutos. Incorpore la lengua cocida, las verduras salteadas, la salsa de tomate, las pasas, la sal, la pimienta y el azúcar. Siga cocinando a fuego lento por espacio de 20 minutos, para que la lengua absorba todos los sabores.

Pase la lengua a una tabla de cortar y déjela que se enfríe. Quítele el cartílago y los huesos pequeños de la parte ancha y luego córtela en tajadas de ½ pulgada. Descarte las hojas de laurel. Ponga las tajadas de lengua en una fuente de mesa grande, vierta encima la salsa con una cuchara y aderece con aceitunas verdes y ramitas de perejil. Sirva de inmediato con arroz amarillo.

Para 6 porciones

Para la *Lingua fresca* brasilero-americana: Cocine la lengua de la manera arriba indicada, per omita todos los demás ingredientes. Después de quitarle la piel a la lengua cocida, hágale alrededor de una docena de tajos de ½ pulgada. Corte 2 tiras de tocino en pedacitos de 1 pulgada. Ponga un pedacito de tocino dentro de cada una de las incisiones. Caliente 1 cucharada de aceite de oliva en una fuente de hornear pequeña sobre fuego mediano. Saltee 1 cebolla pequeña y 1 diente de ajo grande, ambos bien picados, durante 4 minutos. Añada 3 tomates pequeños cortados en trocitos y 2 cucharadas de perejil fresco bien picado y siga cocinando durante 5 minutos más. Agregue 1½ tazas de vino blanco seco, ¼ cucharadita de pimienta negra recién molida y sal a gusto. Deje que suelte el hervor y luego retírela del calor. Ponga la lengua en la fuente de hornear y déjela asar en un horno precalentado a una temperatura de 375°F durante 1 hora, bañándola con frecuencia con la salsa de la fuente. Retire la lengua del horno y póngala sobre una tabla de cortar. Quítele el cartílago y los pequeños huesos de su parte ancha y después córtela en tajadas de ½ pulgada de ancho. Ponga las tajadas en una fuente de mesa grande, vierta encima la salsa con una cuchara y sirva la lengua junto con puré de papas (el acompañamiento tradicional) o con arroz cocido al vapor.

RABO ENCENDIDO

Rabos de buey con carne tan tierna que se despega de los huesos y flota en una salsa elegante con sabor a vino de color marrón oscuro y he ahí la esencia del Rabo encendido cubano. El largo tiempo que se dejan cocinar sobre la estufa los rabos de buey, permiten que se desarrolle la maravillosa complejidad del sabor de la carne y que se ablanden sus cartílagos para añadirle espesor al guisado. Los cubano-americanos tradicionalmente sirven los rabos de buey con un arroz blanco cocido al vapor, pero también son deliciosos servidos a la manera brasileño-americana, es decir, acompañados de cuadrados de polenta, salteados hasta alcanzar un color dorado intenso. Como la mayoría de los guisados, éste también es sabroso cuando se recalienta.

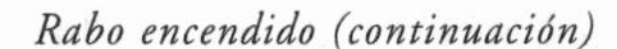

4 libras de rabos de buey (firmes y con carne de color rojo brillante), sin la grasa y cortados en pedazos de 2 pulgadas
¾ taza de harina común sin blanquear
¼ cucharadita de sal, o a gusto
⅛ cucharadita de pimienta negra recién molida, o a gusto
¼ taza de aceite de oliva
3 tazas de caldo de res hecho en casa o enlatado
1 taza de vino tinto seco
1 pimiento verde grande, sin el centro ni las semillas y cortado en pedacitos
1 cebolla amarilla mediana, pelada y picada
3 dientes de ajo grandes, pelados y picados
3 cucharadas de pasta de tomate
½ cucharadita de tomillo seco
½ cucharadita de pimentón (*cayenne*)
Unas ramitas de perejil, para el aderezo

Lave los rabos de buey debajo de la llave del agua fría y séquelos, dándoles golpecitos con toallas de papel. En un plato no demasiado hondo, mezcle la harina con la sal y la pimienta. Cubra los rabos de buey con la harina sazonada. Caliente el aceite de oliva en una olla grande sobre fuego entre moderado y fuerte. Dore los rabos en 3 tandas, volteándolos una sola vez y dejándolos freír en el aceite aproximadamente 3 minutos de cada lado. Retírelos de la olla cuando estén bien dorados y póngalos en un plato grande.

Regrese a la olla todos los rabos de buey, junto con el caldo de res, el vino, el pimiento, las cebollas picadas, el ajo, la pasta de tomate, el tomillo y el pimentón (*cayenne*). Hierva el contenido de la olla, reduzca el calor, tape y deje cocer a fuego lento, revolviendo cada tanto, hasta que los rabos de buey estén muy tiernos, aproximadamente 3 horas. Con un cucharón o una cuchara para servir, quite la grasa de la superficie del caldo. Pruebe la sal, la pimienta y las especias.

Con una cuchara colador, saque los rabos de buey de la olla y póngalos en un plato grande y hondo de mesa. Manténgalos calientes. Hierva la salsa sobre fuego entre moderado y fuerte y deje que se espese, de 10 a 15 minutos. Vierta la salsa sobre los rabos de buey, adorne con el perejil y sirva de inmediato junto con arroz blanco cocido al vapor o con cuadrados de polenta dorada.

Para 6 porciones

SANCOCHO DOMINICANO-AMERICANO

"Uno de los mejores recuerdos de mi infancia, es el de mis doce tías preparando el sancocho, en la cocina de mi abuela Tina, en San Cristóbal, un fragante guisado dominicano lleno de una variedad de tiernas viandas tropicales y de carnes, " dice Nicomedes E. Suriel, un abogado especializado en leyes de inmigración y que practica su profesión en la ciudad de Phoenix. "Durante el día entero, el aroma del sancocho proveniente de la cocina flotaba por el aire, mientras jugábamos con nuestros veintidós primos, cerca de la rivera de un pequeño río que corría detrás de la casa. Nosotros, los niños, verdaderamente nos alegrábamos cuando mis tías preparaban el sancocho en un cambumbo (la olla más grande de la casa), porque eso significaba que sobraría sancocho para varios días." En la actualidad, Nicomedes Suriel visita a su hermana Victoria Suriel-Nelson, artista y empresaria, en su casa de Ahwatukee, Arizona, para disfrutar del sancocho. La versión del sancocho de Victoria está basada en la receta de la abuela Tina, que la familia Suriel trajo consigo cuando emigró a los Estados Unidos en 1969, desde Santo Domingo, República Dominicana.

El sancocho, la comida dominical por excelencia en los hogares dominicano-americanos, toma su voluptuoso sabor de una variedad de por lo menos tres clases de carne, que deben elegirse entre la carne de cabra, de res, de pollo, de cerdo, o bien salchichas o tocino y de por lo menos dos viandas tropicales (que los dominicanos llaman víveres), que pueden elegirse entre una selección que incluye a la yuca, el ñame, el taro, la yautía (malanga) y las papas. La calabaza y los plátanos verdes se agregan en la mayoría de los casos para añadir sabor al sancocho. Los dominicano-americanos, como los cubano-americanos y los puertorriqueños, disfrutan de una cocina de sabores moderados, pero en algunas ocasiones al sancocho se prepara con chiles picantes. Los hermanos Suriel omiten los chiles picantes y sirven el sancocho con sus acompañamientos tradicionales, el arroz blanco y las rodajas de aguacate.

½ taza de harina común sin blanquear
½ cucharadita de pimienta negra recién molida, o a gusto
½ cucharadita de sal, o a gusto
1 libra de carne de res para asar (de la parte de la res ubicada entre el pescuezo y la espaldilla), sin grasa y cortada en cubitos de 2 pulgadas
1 libra de muslos de pollo sin piel
4 chuletas de lomo de cerdo con hueso (alrededor de 8 onzas cada una), sin grasa
3 cucharadas de aceite de oliva
½ galón de agua
1 pimiento verde grande, sin el centro ni las semillas y cortado en pedacitos
1 cebolla amarilla grande, pelada y cortada en pedacitos
2 dientes de ajo grandes, pelados y picados
2 plátanos amarillos, cortados en rodajas de 2 pulgadas de ancho y pelados (vea página 195 para obtener información sobre los plátanos y página 198 para las instrucciones acerca de cómo pelarlos y cortarlos)
1 papa *russet* (Idaho) grande (alrededor de ¾ libra), pelada y cortada en pedazos de 1 pulgada
1 libra de taro, pelado y cortado en pedazos de 1 pulgada (ver la información acerca del taro que figura en la página 212)
¾ libra de calabaza, o en su lugar *butternut squash, Hubbard squash,* o *sugar pumpkin,* pelado, sin semillas y cortado en pedazos de 1 pulgada*
¼ taza de culantro fresco picado
2 aguacates *Hass* maduros, pelados y cortados en rebanadas finas (a su discreción)

**La calabaza también conocida como* West Indian pumpkin *(zapallo de las Indias Occidentales),* green pumpkin *(zapallo verde), o* Cuban squash *(calabaza cubana), puede conseguirse en los comercios latinos y en algunos supermercados, en particular en las regiones del país que cuentan con grandes comunidades latinoamericanas. No reemplace las variedades mencionadas con el zapallo estadounidense común, dado que el mismo tiende a tener demasiado contenido de agua y escaso sabor.*

Mezcle la harina con la pimienta y la sal en un plato grande no demasiado profundo. Cubra la carne de res, de pollo y de cerdo con la harina sazonada. Haga dorar ligeramente los cubitos de carne de res en el aceite de oliva y en una sartén grande sobre fuego entre moderado y fuerte, aproximadamente 10 minutos. Saque la carne de la sartén y póngala en una olla grande. Agregue otra cucharada de aceite a la sartén y saltee los muslos de pollo, hasta que estén bien dorados de ambos lados, unos 10 minutos. Ponga el pollo en la olla. A continuación saltee las chuletas de cerdo en la sartén hasta que estén doradas por ambos lados, unos 8 minutos, y échelas luego en la olla. Añada el agua, hágala hervir, baje el calor y deje cocer las carnes a fuego lento, con la olla tapada, durante aproximadamente 1 hora o hasta que estén tiernas. Aparte la sartén para volver a usarla más adelante en la preparación de este plato.

Usando una cuchara colador, saque de la olla el pollo y las chuletas de cerdo y colóquelas en un plato grande. Separe la carne de los huesos y descarte éstos últimos. Corte el pollo y la carne de cerdo en pedazos de 1 pulgada y regrese los pedazos a la olla.

Saltee en la sartén, sobre fuego moderado el pimiento, los pedacitos de cebolla y el ajo en la cucharada de aceite restante hasta que las cebollas estén blandas, unos 7 minutos. Transfiera a la olla las verduras salteadas, junto con los plátanos, la papa, el taro y la calabaza. Deje cocer el guisado a fuego lento, con la olla tapada, hasta que todas las viandas estén blandas, aproximadamente 45 minutos. La calabaza se desintegrará y los plátanos se pondrán muy blandos, añadiendo de esta manera espesura al guisado. Añada el culantro y revuelva. Pruebe la sal y la pimienta. Retire el sancocho del fuego y sírvalo de inmediato con arroz blanco y rodajas de aguacate, si lo desea.

Para 8 porciones

UNA VARIEDAD DE CARNES AHUMADAS Y FRESCAS CON FRIJOLES NEGROS

Feijoada

"Mientras crecía en la Argentina, estaba cautivado por los carteles de la Coca-Cola que aparecían en el *Saturday Evening Post,* mostrando un paisaje estadounidense idílico. Soñaba con ir algún día a los Estados Unidos," recuerda Brian Dyson, ejecutivo de una coorporación, jugador de squash con clasificación a nivel nacional y autor de una novela de deportes titulada *Pepper in the Blood.* Brian no sólo cumplió su, sueño, sino que además consiguió trabajo en la Coca-Cola y más tarde se desempeño como presidente y principal funcionario de Coca-Cola Enterprises, Inc. Cuando era un joven ejecutivo de Coca-Cola, Brian Dyson pasó tres años en Río de Janeiro, donde se enamoró de la cocina brasileña. Allí aprendió a hacer la *Feijoada,* el plato nacional del Brasil, que consiste en una variedad de carnes frescas y ahumadas guisadas hasta quedar mojadas y suaves dentro de sabrosos frijoles negros. Habitualmente se la sirve como *Feijoada completa,* junto con arroz brasilero (*arroz brasileiro*), Listones de col rizada salteada (*couve a mineira;* vea página 205), harina de *manioc* (yuca) tostada (*farofa de manteiga*) como aderezo, Salsa de chile malagueta y de lima (*Môlho de pimenta e limão;* vea página 29) y fruta fresca.

La preparación de una comida a una escala semejante, requiere una tarde entera de esfuerzo colectivo. Siempre que prepara la *Feijoada completa* en su casa en Atlanta, Brian enlista a una serie de amigos y familiares para que le ayuden en la preparación de los platos secundarios, mientras él se ocupa de las carnes y frijoles. Al igual que en el Brasil, el trabajo de la cocina se lleva a cabo en medio de música y risas, y la comida comienza con las *Caipirinhas,* el legendario coctel brasileño preparado con *cachaça,* azúcar y lima (vea página 317). En la actualidad, su agenda de trabajo y sus actividades relacionadas con eventos deportivos (influyó en la elección de la ciudad de Atlanta para los Juegos Olímpicos de Verano y sirvió como attaché para la Argentina durante los juegos), no le dejan suficiente tiempo libre para preparar la *Feijoada completa* y por lo tanto, simplifica el plato de la manera siguiente y lo sirve acompañado de arroz blanco cocido al vapor.

4 tazas de frijoles negros secos
1 lengua de res de 3 libras, encurtida o ahumada
1 libra de costillas de puerco frescas
½ libra de tocino canadiense entero
½ libra de tocino entero, sin piel*
½ libra de salchicha *lingüiça,* o sustitúyala por salchicha polaca (*kielbasa*)**
1 libra de chorizo estilo español o de salchicha italiana dulce (no picante)
1 libra de filete mignón cortado en bistecs de 2 pulgadas de espesor
2 cucharadas de aceite de oliva
Pimienta negra recién molida, a gusto
2 cebollas amarillas medianas, peladas y bien picadas
2 dientes de ajo grandes, pelados y picados
3 tomates maduros medianos, pelados, sin semillas y cortados en trozos grandes
1 chile picante fresco, del tipo del jalapeño, sin semillas y picado, o a gusto, o salsa de Tabasco, a gusto (a su discreción)
Sal, a gusto

**De venta en algunas carnicerías selectas y comercios especializados*
***Las salchichas* lingüiça *pueden conseguirse en comercios latinos y en muchos supermercados.*

Examine con cuidado los frijoles negros, a fin de quitarles las piedras o partículas extrañas y luego lávelos bien bajo el chorro de agua fría. Póngalos a remojar en un plato grande con suficiente agua fría para taparlos completamente.

Lave la lengua debajo de la llave del agua fría y déjela en remojo durante toda la noche en el refrigerador, cubierta por completo con agua fría.

Escúrrala y colóquela en una olla grande, añadiendo suficiente agua para cubrirla. Hierva sobre fuego entre moderado y fuerte. Luego baje el calor y siga cocinando a fuego lento, con la olla tapada, durante aproximadamente 2½ horas o hasta que la lengua esté blanda. Durante los últimos 45 minutos de cocción, agregue a la lengua, las costillas de cerdo, el tocino canadiense, el tocino sin cortar y la salchicha *lingüiça.* Retire las carnes de la olla y póngalas en un plato para que se enfríen. Una vez que la lengua esté lo suficientemente fría para manipularla, quítele la piel y córtele los huesos, el cartílago y la grasa.

Entretanto, quíteles el agua a los frijoles y póngalos en una olla grande. Agregue suficiente agua fresca para cubrirlos. Hierva el contenido a fuego entre moderado y fuerte, con la olla tapada. Deje que los frijoles se sigan cocinando a fuego lento, tapados, por espacio de 30 minutos. Añada las carnes ya cocidas a los frijoles y siga cocinando a fuego lento durante 45 minutos, añadiendo agua, a medida que vaya siendo necesario, para que los frijoles queden tapados.

Mientras los frijoles y las carnes se siguen cociendo a fuego lento, saltee el chorizo en una sartén grande sobre fuego moderado, hasta que toda su superficie aparezca dorada, unos 15 minutos.

Cabana Carioca, un restaurante brasileño en Little Brazil en la ciudad de Nueva York, ofrece una de las mejores *feijoadas* de la ciudad.

Saque de la olla las costillas y el tocino sin cortar y póngalos en un plato grande. Siga cocinando los frijoles. Corte en tajadas las costillas y el tocino y ponga los trozos de carne en una fuente para asar. Frote ligeramente el filete mignón con ½ cucharada del aceite de oliva, sazone con pimienta negra y ponga la carne de res en la fuente para asar.

Caliente las 1½ cucharadas de aceite de oliva restantes en una sartén grande y saltee las cebollas y el ajo sobre fuego moderado, hasta que las cebollas estén blandas, alrededor de 5 minutos. Agregue los tomates y el chile o salsa Tabasco y cocine 5 minutos. Agregue 2 tazas de los frijoles cocidos, háganlos puré en la sartén y cocine 10 minutos más. Vacíe los frijoles hechos puré en la olla que contiene al resto de los frijoles y luego añada el chorizo salteado.

Ase las costillas, el tocino entero y el filete mignón, colocando la fuente para asar a una distancia de 4 pulgadas del asador del horno. Deles vuelta a las carnes una sola vez y déjelas asar hasta que estén doradas de ambos lados, aproximadamente 4 minutos por lado. Tenga cuidado de no quemarlas. Saque la lengua de la olla, córtela en tajadas finas y acomódelas en el centro de una fuente grande de mesa. Ponga las carnes asadas en uno de los lados de la lengua. Saque las salchichas y el tocino canadiense de la olla y colóquelos en el otro lado de la lengua. (También puede poner cada carne en un plato separado, si lo prefiere.)

Sazone los frijoles negros con sal y pimienta, si hace falta; viértalos en un plato grande de mesa. Sirva de inmediato las carnes y los frijoles negros, acompañándolos con arroz blanco cocido al vapor.

Alcanza para 10 a 12 porciones

LAS VERDURAS, LAS LEGUMBRES Y LOS HUEVOS COMÚNMENTE FORMAN PARTE DEL ELENCO SECUNDARIO EN GUISADOS, SOPAS Y SALSAS. CUANDO LES TOCA EL PAPEL PROTAGÓNICO, POR LO GENERAL COMPARTEN EL ESTRELLATO CON EL ARROZ Y LAS TORTILLAS, PERO RARA VEZ SON LOS INTÉRPRETES ÚNICOS DE UN ESPECTÁCULO LATINO.

ARROZ, FRIJOLES Y VERDURAS

CHILES

En Latinoamérica hay una variedad de chiles; esta lista no pretende ser exhaustiva. Los chiles en la primera parte de la lista son frescos. Si se usa una versión seca en la cocina, se la discute al final del espacio dedicado a cada clase de chile. La capsaicina es la sustancia que hace que los chiles sean picantes y se concentra en las semillas y en el centro. El picante de los chiles puede ser medido en unidades *Scoville* (la cantidad de agua y tiempo necesarios para neutralizar el picante después de la ingestión de un chile), pero dado que los expertos no coinciden en las medidas que corresponden a cada uno, nosotras los hemos clasificado de acuerdo con otra escala popular que va de 1 al 10, siendo 10 el puntaje correspondiente a los chiles más picantes. Obsérvese que el picante de un chile no disminuye a medida que éstos maduran, ni tampoco cuando están secos.

Ristras de chile rojo seco.

Algunos de los chiles frescos y muchos de los chiles secos enteros o molidos, al igual que los chiles en escabeche, los chiles chipotle en adobo y las salsas picantes, pueden encargarse por correo (ver Recursos, página 322). Considere la posibilidad de cultivar sus propios chiles. Algunas semillas de chile se consiguen en las tiendas que venden productos relacionados con la jardinería; las semillas más exóticas pueden adquirirse por encomienda (ver Recursos, página 328).

Ají

Este chile amarillo, con sabor a fruta y furiosamente picante (7–8), es uno de los preferidos de los peruano-americanos y de otros estadounidenses de descendencia suramericana. El ají (también conocido como **ají amarillo**), que no es muy carnoso, mide aproximadamente ¾ pulgada de diámetro y de 3 a 5 pulgadas de largo. Puede adquirirse en algunos comercios de productos gastronómicos y en los comercios que reunen productos típicos de todos los países latinoamericanos (ver Recursos, página 327), las cuales también venden puré de ají en frascos. El ají seco se le conoce como ají mirasol.

Los chiles frescos varían mucho en tamaño, forma, color y picante.

Anaheim

El chile verde Anaheim, también llamado **chile californiano, chile verde, chile verde largo** y **chile verde del norte,** varía en su coloración entre el verde brillante y el verde pálido. Este chile moderadamente picante (2–3), mide alrededor de 6 pulgadas de largo y 2 pulgadas de diámetro y debe su nombre a Anaheim, California, lugar donde se le empezó a cultivar por vez primera. Este chile puede conseguirse en cualquier época del año en los comercios mexicanos, en los supermercados de California y del sudoeste de los Estados Unidos; y con menos facilidad, en otros lugares del país. Los chiles Anaheim colorados, que son los chiles verdes y maduros, también son conocidos como **chiles colorados largos** o **chiles colorados** y tienen un sabor más dulce que los anteriores. Estos chiles secos se consiguen enteros y se usan para lograr el **chile colorado seco y molido** de sabor suave.

Güero

Güero es el nombre genérico que se emplea para denominar a los chiles de color amarillo claro que varían de 3 a 5 pulgadas de largo y de 1½ pulgadas a 2 pulgadas de diámetro. Los chiles güeros, tales como el picante (6) **Santa Fe grande,** se usan principalmente para preparar moles mexicanos amarillos y salsas y pueden adquirirse en los comercios mexicanos y en algunos supermercados.

Habanero

Treinta veces más picante que el jalapeño, el chile habanero, rico en capsaicina, es el chile más picante del mundo (10+). Este chile con forma de farol, mide como promedio 2 pulgadas de largo y varía en su color entre el verde intenso, el amarillo, el rojo y el carmesí maduro. El chile habanero en realidad nunca se emplea en la cocina cubana (tampoco se utiliza ningún otro chile picante) y tiene aplicación mayormente en las cocinas mexicanas y en las de algunos países de la América Central y del Caribe. Este chile puede adquirirse en los comercios que venden productos típicos de la totalidad de los países latinoamericanos, así como también en establecimientos mexicanos, o en los que venden productos típicos del Caribe, o bien, en los supermercados de algunos puntos de los Estados Unidos. Los habaneros de color amarillo dorado pueden conseguirse secos, ya sea molidos o en escamas, en algunos comercios mexicanos. El **ají dulce,** verde, amarillo o rojo maduro, se asemeja a su pariente, el habanero, pero no es tan picante como éste (7–8.5). Lo usan en algunas cocinas suramericanas y es más difícil de conseguir que el habanero.

Los chiles Anaheim colorados y verdes (al fondo), un jalapeño y un güero

Jalapeño

El verde jalapeño, que se originó en Jalapa, Veracruz, México, es el chile que goza de mayor reconocimiento en los Estados Unidos y se encuentra a la venta en la mayoría de los supermercados. Mide de 1 a 1½ pulgadas de diámetro y de 2 a 3 pulgadas de largo; su carne es gruesa y medianamente picante (5.5). Los jalapeños colorados son la versión madura de los verdes y poseen un sabor más dulce. Los jalapeños colorados ahumados y secos, que se usan ya sea enteros, molidos o en adobo, reciben el nombre de **chiles chipotles.** Al **chile Fresno** también llamado **chile caribe** y **chile cera,** de color verde o colorado, frecuentemente lo confunden con el jalapeño. Ambos tienen el mismo aspecto, pero el chile Fresno es mucho más picante (6.5).

Chiles en un mercado al aire libre de Santa Fé, donde pequeños agricultores del norte de Nuevo México venden frutas y verduras de estación, así como salsa, condimentos y dulces.

Malagueta

Estos chiles de 1 pulgada de largo y furiosamente picantes, que son los preferidos de los brasileños, tienen un color que varía entre el verde claro y el verde medianamente claro. Las malaguetas no deben confundirse con los **chiles melegueta del oeste del África,** semillas de un pariente del jengibre, también conocidas como cardamomo falso. Los chiles malaguetas frescos son imposibles de conseguir en los Estados Unidos, pero en los comercios de productos brasileros se pueden comprar envasados en *cachaça* (especie de ron brasilero) o en vinagre (ver Recursos, página 325). Los chiles malaguetas pueden reemplazarse por los *Scotch bonnet.*

Nuevo México

Parientes cercanos de los Anaheim, los chiles Nuevo México ocupan un lugar mediano en la escala del picante (3–5). Son de color verde antes de llegar a la madurez y colorados cuando alcanzan ésta, miden de 6 a 9 pulgadas de largo y alrededor de 2 pulgadas de diámetro. Los chiles Nuevo México son originarios de ese estado y se cultivan casi exclusivamente allí. Es posible conseguirlos frescos en los supermercados y puestos de frutas y verduras del estado, pero solamente durante el período de su cosecha, es decir, entre agosto y fines de octubre. Por eso muchos residentes de Nuevo México toman la precaución de congelar una cantidad suficiente de estos chiles para poder seguir disfrutándolos los demás meses del año. Los chiles Nuevo México verdes son unos de los pocos chiles inmaduros que se ponen a secar; generalmente se los muele y se añaden a sopas y guisados.

Los chiles Nuevo México colorados secos se usan enteros y molidos. Estos chiles (al igual que los café rojizos, dorados y anaranjados que solamente pueden conseguirse secos), se usan también para formar ristras y coronas decorativas. Existen compañías en Nuevo México que se encargan de transportar a otros puntos del país, tanto los chiles verdes frescos durante la temporada de su cosecha, como los congelados (previamente asados, pelados y cortados en pedazos) en el transcurso de todo el año, así como también los chiles Nuevo México, verdes y colorados, secos y enteros, o secos y molidos (ver Recursos, página 322). Los chiles Anaheim frescos pueden reemplazarse por los chiles frescos Nuevo México. El cultivo de los chiles **Nuevo México en miniatura** (de 2 a 3 pulgadas de largo) de color dorado, anaranjado, colorado, o marrón rojizo, fue desarrollado para formar ristras pequeñas y coronas decorativas.

Peruano

Estos chiles verdes, amarillos y rojos, miden alrededor de 1½ pulgadas de diámetro y 2½ pulgadas de largo. Son bastante picantes (7–8) y tienen un sabor de fruta tropical. Los chiles peruanos se usan generalmente en las cocinas peruano-americanas, colombiano-americanas y venezolano-americanas y pueden adquirirse en algunos de los comercios que venden productos típicos de toda Latinoamérica.

Poblano

Este chile moderadamente picante (3), verde-negro de pulpa gruesa, mide aproximadamente entre 2½ pulgadas y 3 pulgadas de diámetro y de 4 a 5 pulgadas de largo. Los poblanos colorados son los poblanos verdes que han alcanzado su madurez y tienen un sabor más dulce que los verdes. El poblano es un chile que cambia completamente de nombre cuando está seco y este hecho ha creado mucha confusión. Los poblanos colorados secos que toman un color marrón y tienen sabor a regaliz, se llaman **chiles mulatos.** Los poblanos secos que presentan un color entre colorado ladrillo y caoba, tienen sabor a fruta, reciben el nombre de **chiles anchos** y generalmente se usan enteros o molidos. En California, los poblanos a veces son

El chile serrano, con la piel carnosa, es el más picante de los chiles a la venta en los supermercados norteamericanos.

erróneamente llamados chiles anchos o **chiles pasillas.** Los chiles pasillas, con un cierto sabor a chocolate y entre moderada y medianamente picantes (3–4), también son conocidos como **chiles negros** o **chiles pasas** y no guardan ninguna relación con los chiles poblanos; son chiles secos, largos y negros llamados **chiles chilacas.** Los chiles poblanos, mulatos, anchos y pasillas se encuentran a la venta en los comercios mexicanos y en algunos supermercados. El chile chilaca es difícil de conseguir.

Rocoto

Este chile con ligero sabor a fruta y muy picante (7–8) es popular entre los estadounidenses de descendencia sudamericana. Éste varía en su color, que va desde un verde pálido a un rojo profundo en su estado más maduro, pasando por un amarillo dorado. Tiene como promedio 1½ pulgadas de diámetro y 1 pulgada de largo. El rocoto es a veces llamado el **rocotillo** o ***squash pepper.*** Este chile no se encuentra a la venta en los comercios de los Estados Unidos, pero es cultivado por sus aficionadas en huertas familiares.

Scotch Bonnet

Este chile, el más celebrado de la isla de Jamaica, tiene un sabor ahumado, un color que varía entre el amarillo, el verde, el anaranjado y el rojo, un largo de 1 pulgada y un aspecto que lo acerca a un pimiento morrón en miniatura. La intensidad de su picante (9–10) es solamente inferior a la del habanero. Los *Scotch bonnet* se consiguen en las tienda que venden productos comestibles en el Caribe y en los países latinoamericanos en general, así como también en algunos establecimientos de productos gastronómicos y supermercados. El chile ***Jamaican Hot*** (9), de color rojo brillante, tiene un aspecto notablemente similar a sus parientes el *Scotch bonnet* y el habanero. Al igual que el *Scotch bonnet,* el *Jamaican Hot* se usa en las cocinas de Jamaica y de otros países del Caribe, pero es más difícil de encontrar.

Serrano

Este chile, que es verde antes de madurar y rojo cuando alcanza la madurez, deriva su nombre del vocablo "sierra" y mide alrededor de ½ pulgada de diámetro y de 1 a 2 pulgadas de largo. El chile serrano es el más picante (7) de todos los chiles que se venden en los supermercados de los Estados Unidos. Puede ser reemplazado por los jalapeños. Al serrano rojo y seco, también se le denomina **serrano seco** o **chile seco.**

Tabasco

Estos chiles intensamente picantes (9) y de 1 pulgada de largo, varían en su color entre el amarillo pálido, el anaranjado y el rojo brillante. Son utilizados casi exclusivamente en la manufacturación de la salsa Tabasco (*Tabasco Brand Pepper Sauce*) y raramente se los encuentra en su estado fresco original.

Tepín

Este chile sumamente picante (8), del tamaño y forma de un arándano agrio, es también conocido bajo el nombre de **chiltecpín** o **chiltepín.** Los tepines varían en su color entre el verde de la inmadurez y el rojo ladrillo del pináculo de la madurez, pasando por una etapa anaranjada intermedia. Crecen silvestres en las regiones sureñas del sudoeste de los Estados Unidos. Los tepines rojos secos tienen un sabor a polvo. El **pequín** de color naranja rojizo, un chile también conocido como **chile pequeño** o **chile piquín,** está emparentado con el tepín, pero tiene un sabor dulce ahumado y es un poco más picante (8.5). Ambos, el tepín y el pequín, figuran en la cocina mexicana y en las cocinas de algunos países de América Central y del Sur y se encuentran a la venta en comercios mexicanos y de productos de Latinoamérica en general. Los pequines secos también se usan en el sudoeste de los Estados Unidos para hacer ristras y coronas tradicionales.

CHILES QUE SÓLO SE CONSIGUEN SECOS

Cascabel

Este chile de color marrón rojizo y medianamente picante (4) se denomina cascabel, debido al sonido que emite cuando se lo sacude. Los cascabeles son chiles redondos y tienen alrededor de 1½ pulgadas de diámetro. En las cocinas mexicano-americanas con frecuencia se los usa en su presentación en polvo.

A los chiles frescos se les seca cuando maduran, aunque algunos como el chile Nuevo México también se secan verdes.

Cayenne

Estos chiles de color rojo brillante, miden aproximadamente ½ pulgada de diámetro y de 2 a 4 pulgadas de largo. Son bastante picantes (8) y tienen un sabor agrio y ahumado. Los chiles *cayenne* secos se muelen normalmente para utilizarse como condimento y en la preparación de salsa picante. En raras ocasiones se encuentran frescos en los comercios y supermercados. El **chile de árbol** está estrechamente emparentado con el de cayenne y es prácticamente igual de picante (7.5). Su color es verde o de un rojo maduro cuando está fresco (aunque raramente se usa en este punto) y rojo brillante cuando se seca. Sus medidas son el equivalente de 2 o 3 pulgadas de largo y alrededor de ¼ pulgada de diámetro. Los chiles de árbol secos molidos y secos enteros suelen estar a la venta en los comercios mexicanos y en los de productos diversos de toda Latinoamérica y también en algunos supermercados.

Guajillo

Este chile brillante de color marrón rojizo, también conocido como **chile guaque,** mide de ½ pulgada a 1 ¼ pulgadas de ancho y entre 3 y 5 pulgadas de largo. Su lugar en la escala del picante varía de moderado a medianamente picante (2–4). Los guajillos secos enteros o molidos se usan con frecuencia en la cocina mexicana y de la América Central. Cuando están en su estado fresco, a los guajillos se les llama **chiles mirasol** (no confundirlos con el **ají mirasol**), pero no se consiguen en los comercios de los Estados Unidos. En el sudoeste de los Estados Unidos este chile se cultiva en huertas privadas y se usa en la preparación de salsas picantes.

UNA OBSERVACIÓN RELACIONADA CON LA MANIPULACIÓN DE LOS CHILES

Se recomienda usar guantes de goma cuando se manipulan los chiles, debido a que una substancia llamada capsaicina puede irritar la piel. Tenga cuidado de no frotarse los ojos ni tocarse el rostro con las manos mientras está manipulando los chiles. Lávese bien las manos una vez que haya terminado. Cuando muela chiles secos, asegúrese de que halla una ventana abierta, dado que el polvo de chile irrita los ojos, la nariz y la piel.

UNA OBSERVACIÓN ACERCA DEL CHILE COLORADO SECO Y MOLIDO

El chile colorado seco y molido se prepara con chiles no adulterados y pulverizados, tales como los chiles colorados secos de Nuevo México, los chiles Anaheim secos y los chiles de árbol también secos. El grado de picante del chile molido depende, por supuesto, de la variedad de chile usado en su preparación. No debe confundirse el chile colorado seco y molido con los chiles en polvo comerciales que se encuentran a la venta en los supermercados y que consisten en una mezcla de chile molido combinado con otras especias y condimentos, que por lo general suelen ser el comino, el orégano, la paprika, la cebolla y el ajo. La cantidad de chile molido en las recetas puede parecer prodigiosa para quienes no están acostumbrados a los chiles, pero dichas cantidades son normales para los estadounidenses de descendencia latinoamericana que cocinan con chile. No recomendamos usar menos chile en las recetas para la preparación de salsas (las salsas resultarían acuosas); en todo caso, use menos salsa, si lo desea. El chile colorado seco y molido más fresco (y menos caro) es el que se encuentra a la venta (a menudo por libra) en los comercios que venden productos de origen latinoamericano y en los comercios mexicanos. El chile molido de buena calidad se reconoce por la presencia de terrones dentro del polvo, los cuales sirven para indicar que los aceites naturales, que son los que contienen los sabores, todavía no se han evaporado.

PARA ASAR LOS CHILES

Después de asarse, los chiles tienen más sabor y también resulta más fácil quitarles la piel. (La piel se torna amarga al asarse, por lo tanto es necesario quitarla y desecharla.) Para asar los chiles: Distribúyalos sobre una bandeja de hornear y póngalos en un horno precalentado, a una distancia de 1½ pulgadas de la fuente del calor proveniente de la parte superior del horno. Déjelos en el horno hasta que la piel presente ampollas y estén chamuscados en la parte directamente expuesta a la fuente de calor. Haga rotar los chiles a medida que se van cocinando, hasta que estén ennegrecidos en toda su superficie. (Los chiles también pueden asarse en una parrilla o directamente sobre la llama.) Ponga los chiles dentro de una bolsa de papel o de plástico, ciérrela bien y deje que los chiles se sigan cociendo en su propio vapor durante 5 minutos. Sáquelos de la bolsa y déjelos reposar hasta que estén lo suficientemente fríos para manipularlos. Con un cuchillo de mondar, raspe la superficie de los chiles para quitarles la piel, o hágalo con los dedos; luego córtelos por la mitad en sentido longitudinal y quíteles los tallos y las semillas. Con el cuchillo de mondar, quíteles las semillas que aún le queden. (No lave los chiles, porque al hacerlo se pierden algunos de sus aceites.)

GNOCCHI DI PATATE CON SALSA DE CREMA Y CHILE ROJO "*NEW SOUTHWESTERN*"

La nueva cocina del sudoeste de los Estados Unidos, conocida como la *New Southwestern Cuisine* o *Nouvelle New Mexican Cuisine,* basada en la cocina de los mexicano-americanos y de la población originaria de la región, ha incorporado no solamente elementos provenientes de Francia y del Asia, sino también de Italia. En la actualidad ya no es raro encontrar en los menús de los restaurantes donde se sirven los platos del *New American Southwest,* que han aparecido a lo largo y ancho del país, pastas y *pestos* italianos salpicados con una variedad de ingredientes típicos de la cocina del sudoeste de los Estados Unidos, tales como el culantro y toda una serie de chiles con nombres y sabores maravillosos como por ejemplo, los del chipotle, el poblano, el Santa Fe grande y el tepín.

En este plato de la *New Southwestern Cuisine* que aquí presentamos, hacemos flotar los tradicionales *Gnocchi di Patate* (ñoquis) en una salsa de deliciosa de crema y chile rojo preparada con chile colorado no muy picante y levemente dulce, con tomate y crema. Dicha salsa está basada en las salsas de chile colorado tradicionales de Nuevo México y representa el tipo de improvisación al que hicimos referencia más arriba. Nuestra salsa, como todas las salsas de chile tradicionales, requiere una gran cantidad de chile. Esto es indispensable para lograr el sabor y la consistencia deseadas. El plato puede quedar listo en menos de media hora, si se preparan los *gnocchi* con anterioridad y se los conserva en el congelador. Lo único que hace falta es preparar las pequeñas bolas de papa, darles su forma particular, espolvorearlas ligeramente con harina, luego ponerlas en un recipiente de plástico y congelarlas. No es necesario descongelar los *gnocchi* antes de cocinarlos; pueden vertirse aún estando helados, cuando el agua empieza a hervir.

PARA LA SALSA DE CREMA Y CHILE ROJO:

2 cucharadas de aceite de oliva
2 cucharadas de cebolla amarilla bien picada
1 diente de ajo grande bien picado
⅔ taza de chile colorado seco y molido no muy picante (ver la nota acerca del chile colorado seco y molido que aparece en la página 178)
¾ taza de agua
2 tazas de salsa de tomate
½ cucharadita de sal, o a gusto
½ taza de crema entera

PARA EL ADEREZO:

½ taza de piñones
1 docena de hojas de albahaca medianas frescas

PARA LOS *GNOCCHI*:

2 libras de papas para hornear, con la piel bien cepillada y lavada, pero sin pelar
1 huevo grande
Alrededor de 2¼ tazas de harina común sin blanquear
½ cucharadita de sal
1 cucharadita de aceite de oliva y un pocito extra para los *gnocchi*

Prepare la salsa: Caliente el aceite de oliva en una sartén grande sobre fuego moderado. Saltee las cebollas picadas y el ajo en el aceite hasta que estén dorados, de 3 a 4 minutos aproximadamente. Agregue el chile molido, después el agua, la salsa de tomate y la sal. Mezcle bien, reduzca la temperatura y cocine la salsa durante unos 3 minutos. Vierta la crema lentamente en la sartén, removiendo constantemente. Cocine la salsa durante otros 5 minutos. Retire la sartén del fuego, tápela y mantenga la salsa caliente.

Prepare el aderezo de piñones: Vierta los piñones en una sartén grande seca y luego regule el fuego para obtener una llama entre moderada y lenta. Agite la sartén varias veces cada minuto, hasta que las nueces tomen un tono dorado, aproximadamente de 8 a 10 minutos. Sáquelas de la sartén en cuanto estén doradas, para evitar que se quemen.

Prepare los *gnocchi:* Hierva las papas con su piel en una olla con suficiente agua para taparlas y sobresalir 1 pulgada. Déjelas cocer hasta que las note blandas al pincharlas con un tenedor aproximadamente de 30 a 40 minutos. Saque las papas de la olla, y déjelas enfriar lo suficiente como para poder tocarlas. Quíteles la piel. A continuación hágalas pasar por una prensa de papas, o por un colador de trama mediana.

Ponga el puré de papas en un plato grande y añada el huevo, 1½ tazas de la harina y la sal. Amase la mezcla con sus manos hasta que esté suave, agregando más harina, una cucharada a la vez, hasta que la masa deje de estar pegajosa. Ponga a hervir en una olla grande y pesada, 1 galón de agua junto con la cucharadita de aceite de oliva.

Enharine ligeramente una bandeja o una tabla de cortar y también sus manos. Retire del plato una cantidad de masa equivalente a una cucharadita no demasiado llena. Deje que la masa descanse en la palma de una de sus manos, mientras le da una forma oblonga con la yema de los dedos de la otra mano (parecida a la forma de un dátil), más bien gruesa y de un largo de alrededor de 1¼ pulgadas. Usando la yema de los dedos, apoye el pedazo oblongo de masa contra los dientes de un tenedor, ejerciendo la presión necesaria para que éstos marquen pequeños surcos en la superficie de la masa. A medida que realiza esta operación, vaya depositando el *gnocchi* en la bandeja o tabla de cortar que enharinó previamente. Repita la misma operación con el resto de la masa.

Vacíe la tercera parte de los *gnocchi* en la olla llena de agua hirviendo. Una vez que suban a la superficie, déjelos cocinar 30 segundos más. Sáquelos de la olla para colocarlos en un plato mediano, usando una cuchara colador. Revuélvales un poco de aceite de oliva y cubra el plato para mantenerlos calientes. Siga cocinando las 2 tandas de *gnocchi* restantes.

Para formar los 6 platos, vierta en cada uno de ellos ½ taza de la salsa de crema y chile rojo para formar una laguna en el centro. Ponga los *gnocchi* sobre la salsa y adorne cada plato con alrededor de 1 cucharada de los piñones reservados y 2 hojas de albahaca.

Para 6 porciones

PAPAS CON RAJAS

Las Papas con rajas es uno de los muchos rellenos tradicionales para quesadillas mexicano-americanas, pero va muy bien acompañando las tortillas españolas o con huevos fritos o revueltos. Los ingredientes básicos en este plato—papas, chiles y cebollas—también se encuentran en la Ensalada de Papas con chile poblano, una ensalada de papas con mucho carácter (vea la receta abajo).

1 libra de papas nuevas (coloradas) medianas
1 chile poblano, o sustitúyalo por 1 chile Anaheim, asado, pelado y sin semillas (vea página 360 para obtener información acerca de chiles poblanos y página 365 para instrucciones sobre la manera de asar y pelar chiles)
1 pimiento rojo o amarillo grande, asado, pelado y sin semillas
2 cucharadas de aceite de oliva
½ taza de cebollas amarillas bien picadas
½ cucharadita de comino molido, o a gusto
Sal y pimienta negra recién molida, a gusto
½ taza de queso fresco (un queso mexicano también conocido como queso ranchero), desmenuzado, o sustitúyalo por *farmer cheese* (a su discreción)

Ponga a hervir agua salada en una cazuela mediana. Añada las papas con su piel y déjelas cocer hasta que las note blandas al pincharlas con un tenedor, aproximadamente de 20 a 25 minutos. Saque las papas de la cazuela. Cuando se hayan enfriado lo suficiente para poder manipularse, quíteles la piel y córtelas en pedacitos de ½ pulgada.

Corte el chile poblano asado y el pimiento rojo o amarillo en rajas de ¼ pulgada de ancho y 1½ pulgadas de largo.

Caliente el aceite de oliva en una sartén grande sobre fuego moderado. Saltee las papas y las cebollas picadas, revolviendo cada tanto, hasta que las papas estén doradas, aproximadamente 20 minutos.

Añada el comino, la sal y pimienta, a gusto. Incorpore las rajas de chile poblano y de pimiento, luego retire la sartén del calor. Agregue el queso fresco, si lo desea, mezcle y sirva enseguida.

Para 4 porciones

Para la Ensalada de papas con chile poblano: Hierva 2 libras de papas nuevas (coloradas) medianas en una cazuela grande con agua salada y déjelas cocer hasta que las note blandas al pincharlas con un tenedor, unos 30 minutos. Quíteles la piel y córtelas en pedacitos de ½ pulgada. Use 2 chiles poblanos en vez de 1 y también el pimiento rojo o amarillo grande.

Quíteles los tallos y las semillas y córtelos en rajas de la manera arriba indicada. Prepare el aliño: Mezcle en un tazón grande ¼ cucharadita de azúcar granulada con 1 cucharada de aceite de oliva y 2 cucharadas de jugo de limón o de lima recién exprimido. Agregue con cuidado las papas, las rajas de chile poblano y de pimiento y ½ taza de cebollas amarillas bien picadas al aliño y revuela. Mezcle bien 1¼ tazas de mayonesa y ½ cucharadita de mostaza *Dijon* en un plato pequeño. Añada la mezcla a la ensalada de papas y sazone con sal y pimienta negra recién molida, a gusto. Sirva a temperatura ambiente o fría. Para 6 porciones.

ENCHILADAS A LA ENCOMIENDAS CALIFORNIANAS

"Toda la historia de mi familia está entremezclada con estas rústicas enchiladas rellenas de huevos duros, queso *cheddar* y aceitunas negras," dice Elizabeth Erro Hvolboll, cuyos antepasados figuran entre los fundadores de California. "Por el lado paterno, desciendo de conquistadores españoles que vinieron a América probablemente allá por el siglo dieciseis. Durante la colonización de la Alta California por parte de los españoles, que tuvo comienzo en 1769, mis antepasados mestizos de México se abrieron camino hacia el norte. La receta para las enchiladas que figura a continuación vino con ellos."

En 1782, el padre del tatarabuelo de Elizabeth, Felipe González, fundó junto con otros, el presidio español de Santa Barbara, preparando de esta manera el terreno para la fundación de la Misión Santa Barbara, que habría de fundarse en 1786. Cuando el control de California pasó de las manos de los españoles a la de los mexicanos, durante la década de los años veinte del siglo diecinueve, las tierras de las misiones fueron repartidas en encomiendas entre los colonos del estado, conocidos como los californios, quienes a su vez establecieron grandes ranchos para la cría de ganado. De esta manera, los antepasados de Elizabeth Hvolboll tomaron posesión de tierras de pastoreo que

Arne Hvolboll y Elizabeth Erro Hvolboll en La Paloma

antes pertenecían a la Misión de Santa Barbara y que posteriormente fueron divididas en numerosos ranchos familiares. Elizabeth heredó el rancho La Paloma de su abuela paterna, donde en la actualidad, junto con su esposo, Arne Hvolboll, se dedica a la cría de ganado, al cultivo de aguacates *Hass,* y a preparar los platos de sus antepasados practica el canto de las antiguas canciones folklóricas de los californios, que ella canta en ocasiones, como la de la Fiesta de los antiguos tiempos de los españoles, celebrada cada año en Santa Barbara.

"Las enchiladas de huevo fueron parte del sustento diario de muchas generaciones de californios que vivieron sus vidas en los ranchos. Éstas podían prepararse en un instante y satisfacer grandes apetitos, además también eran una alternativa deliciosa y nutritiva cuando las provisiones de carne empezaban a menguar," cuenta Elizabeth. "La receta familiar ha cambiado muy poco a través de los siglos. Tal vez quien más la ha revolucionado haya sido yo, al picar los huevos en forma tosca, cuando en algunas ocasiones opto por usar una vieja picadora de mano o aceite de oliva en lugar de manteca. Pero siguiendo con la tradición familiar, uso solamente tortillas de harina—nunca las de maíz—y sirvo las enchiladas con frijoles rosados refritos, en vez de pintos."

PARA LA SALSA DE ENCHILADAS:

2 cucharadas de aceite de oliva
3 cucharadas de cebolla amarilla bien picada
3 dientes de ajo grandes, pelados y machacados
1 lata de 29 onzas de puré de tomate
2 tazas de caldo de carne de res, preferiblemente hecho en casa
1½ cucharadas de chile colorado seco y molido no muy picante, tal como el chile californiano no muy picante (ver la nota que aparece en la página 178 acerca del chile colorado seco y molido)
½ cucharadita de orégano en polvo (no desmenuzado)
¼ cucharadita de comino
Sal a gusto

PARA LAS ENCHILADAS:

2 cucharadas de aceite de oliva
1 cebolla amarilla grande, pelada y cortada en trozos grandes
8 tortillas de harina grandes y frescas
2½ tazas (alrededor de 8 onzas) de queso *cheddar* fuerte, rallado (mídalo en la taza sin comprimirlo)
6 huevos grandes, cocidos duros, enfriados y cortados en cuartos o trozos
2 docenas de aceitunas negras pequeñas deshuesadas, cortadas por la mitad, más 8 aceitunas negras enteras

Prepare la salsa de enchiladas: Caliente el aceite de oliva en una sartén grande sobre fuego moderado. Saltee las cebollas picadas y el ajo en el aceite durante unos 5 minutos, hasta que alcancen un tono dorado. Agregue el puré de tomate, el caldo de carne, el chile, el orégano, el comino y la sal. Mezcle bien. Baje la llama y deje cocer la salsa a fuego lento durante aproximadamente 15 minutos. Retire del fuego la salsa de enchiladas y manténgala caliente.

Prepare las enchiladas: Caliente el aceite de oliva en una sartén grande sobre fuego entre moderado y fuerte. Saltee las cebollas durante unos 4 minutos y luego reduzca la llama, tape la sartén y deje que las cebollas se sigan cocinando con su propio vapor, revolviéndolas cada tanto, hasta que estén blandas, unos 10 minutos.

Con unas pinzas de cocina o un tenedor, hunda una de las tortillas en la salsa de enchiladas y luego extiéndala en una fuente o cacerola no demasiado honda. Vierta 2 cucharadas de salsa de enchiladas, 1 cucharada de cebollas salteadas, 2 cucharadas de queso *cheddar,* 3 cuartas partes de huevo, o la misma cantidad de trozos de huevo y algunas aceitunas cortadas por la mitad, en dicho orden, sobre un lado de la tortilla. Enrolle la tortilla con cuidado y póngala en un extremo de la fuente o cacerola. Repita la operación hasta que todas las tortillas estén rellenas y acomodadas una al lado de la otra, formando una hilera, en la fuente o cacerola.

Vacíe 1 taza de la salsa de enchiladas sobre las tortillas rellenas y espolvoree el queso *cheddar* restante sobre todo el plato. Adorne con una aceituna negra entera el centro de la parte superior de cada enchilada. Caliente las enchiladas 20 minutos en un horno precalentado a una temperatura de 350°F y luego sírvalas de inmediato con frijoles refritos, si lo desea.

Para 4 porciones

ENCHILADAS CON SALSA DE CHILE ROJO ESTILO NUEVO MÉXICO DE LINDA CHÁVEZ

"Estas enchiladas, pilas de tortillas de maíz repletas de queso *cheddar* derretido, cebollas fragantes, aceitunas jugosas, una salsa espesa y aromática de chile colorado, fueron muy celebradas en el bar mitzvah de mi hijo David," dice Linda Chávez, mexicano-americana y directora de la Oficina de Relaciones Públicas de la Casa Blanca durante la administración del Presidente Reagan, autora del libro titulado *Out of the Barrio: Toward a New Policy of Hispanic Assimilation* y actual presidenta del Center for Equal Opportunity (Centro para la Igualdad de Oportunidades). "Aprendí a preparar las enchiladas con mi abuela Petra. Cuando era niña acostumbraba a sentarme alrededor de la mesa de su cocina en Albuquerque y la veía cocinar. Siempre hacía las tortillas de maíz ella misma y ponía en remojo los chiles colorados secos antes de amasarlos y transformarlos en una pasta espesa que luego usaba para la salsa de enchiladas. Cuando hacía esto, sus manos se ponían rojas y con la carne viva por el contacto con los chiles que a mí me prohibía tocar. 'Mi hija, puedes quemarte los ojos si te los tocas después de tocar los chiles'," me advertía.

En vez de enrollar tortillas para las enchiladas, Linda Chávez las baña en la salsa de chile y luego las apila una encima de otra, siguiendo un estilo tradicional de Nuevo México que aprendió de su abuela. Sin embargo, reconoce que ha modificado un poco el plato original, a fin de adaptarlo a las exigencias de sus días de trabajo. "Tomando en cuenta la necesidad de ahorrar tiempo y por precaución, he reemplazado los ingredientes de mi abuela Petra con tortillas de maíz de marca comercial y chile colorado seco y molido. En lo que respecta al chile Nuevo México, no acepto sustitutos." La salsa en esta receta es bastante fuerte, tal como les gusta a los aficionados al chile. Si usted desea que sus enchiladas resulten menos picantes, solamente necesita omitir el chile en las tortillas que están en el medio de cada pila y bañar de salsa la primera y la última de cada una de las pilas. Pero no deje de usar la cantidad indicada de chile, porque si usa menos, la salsa resultará demasiado líquida.

1 diente de ajo mediano, pelado y picado
2 cucharadas de aceite de oliva
½ taza de chile colorado seco y molido, preferiblemente chile Nuevo México, poco picante, picante, o muy picante (ver la nota acerca del chile colorado seco y molido que aparece en la página 178)
1 taza de agua
¼ cucharadita de sal, o a gusto
Suficiente aceite vegetal, para cocinar las tortillas
12 tortillas de maíz
1 taza (alrededor de 5½ onzas) de queso *cheddar o longhorn* mediano rallado
1 lata de 4¼ onzas de aceitunas negras, picadas
1 cebolla amarilla pequeña, pelada y bien picada

Saltee el ajo en el aceite de oliva, en una sartén grande sobre fuego bajo, durante 4 minutos o hasta que esté ligeramente dorado. Añada el chile colorado y enseguida agregue el agua y la sal rápidamente, para evitar que el chile se queme. Suba la llama hasta obtener un fuego entre moderado y lento. Deje cocinar la salsa, revolviendo cada tanto, hasta que tenga la consistencia deseada, unos 5 minutos.

Caliente ½ pulgada de aceite vegetal en otra sartén grande sobre fuego moderado, hasta que note que el aceite esté hirviendo. Deslice una tortilla de maíz en el aceite y déjela cocinar alrededor de 10 segundos, a fin de que se torne flexible, pero no dorada y tostada. Retire la tortilla de la sartén con unas pinzas de cocina y déjela escurrir sobre unas toallas de papel. Repita la operación hasta haber cocinado todas las tortillas.

Sumerja una tortilla en la salsa de chile y póngala luego en un plato de hornear grande y previamente untado con aceite. (Observe que a medida que se enfría, la salsa se torna más espesa. Si resulta demasiado espesa para escurrirse de la tortilla, añádale algunas cucharadas de agua para hacerla más líquida.) Espolvoree aproximadamente 1 cucharada de queso, 1½ cucharaditas de aceitunas y 1 cucharadita de cebolla sobre la tortilla. Sumerja otra tortilla en la salsa y colóquela encima de la primera. Espárzale encima la misma cantidad de queso, aceitunas y cebollas y luego cúbrala con otra tortilla también sumergida previamente en la salsa. Repita la operación hasta tener 4 enchiladas preparadas de la misma manera.

Con una cuchara, vierta alguna salsa sobrante sobre las enchiladas y luego espolvoree el queso que resta sobre todo el plato. Ponga las enchiladas en un horno precalentado a 350°F y déjelas cocer unos 10 minutos, hasta que el queso del interior esté derretido. Sírvalas de inmediato al estilo de Nuevo México, con frijoles refritos y arroz español o con Posole, un guisado de maíz descascarillado (vea página 155).

Para 4 porciones

ARROZ CON FRIJOLES COLORADOS A LA JAMAIQUINA

Jamaican Rice and Peas

El Arroz con frijoles colorados a la jamaiquina (*Jamaican Rice and Peas*), un plato popularmente conocido como el *Jamaican Coat of Arms* ("escudo de armas de Jamaica") y con un maravilloso aroma de coco, es venerado por los jamaiquino-americanos ya sea como un versátil plato secundario o como plato principal. El nombre del plato es un tanto engañoso, dado que las *peas* (*arvejas*) en realidad no son tales, sino más bien frijoles colorados chicos. Otro componente esencial del plato son los picantes chiles *Scotch bonnet* de gusto ahumado, que son los chiles más célebres de Jamaica (vea página 176 para información acerca de este tipo de chile). En esta receta, el chile *Scotch bonnet* se usa entero, a fin de poder extraerlo en el momento deseado y lograr que su sabor, pero no su ferocidad, ilumine el plato. Si usted no puede conseguir los *Scotch bonnets* en el lugar donde vive, puede adquirirlos por encomienda. También puede considerar la posibilidad de comprar las semillas por correo y cultivarlos en su propio jardín (ver Recursos, página 328).

Muchos estadounidenses de descendencia latinoamericana, especialmente aquéllos con raíces en el Caribe, preparan platos de arroz y frijoles colorados similares al *Jamaican Rice and Peas.* Por ejemplo, los dominicano-americanos preparan su Arroz con frijoles, que también consiste en frijoles colorados y arroz aromatizado con ajo, tomates, chiles picantes, culantro, leche de coco y jamón cocido; mientras que los colombiano-americanos con raíces en la región caribeña de Colombia, preparan un plato llamado Ocho ríos, que debe parte de su sabor a las cebollas, a los chiles, al tomillo y a la leche de coco. Los haitiano-americanos a su vez, cocinan el plato llamado *Pois et riz* ("arvejas y arroz"), es decir, frijoles rosados o judías coloradas con arroz, cebollas, chalotes, chiles y tocino. El equivalente cubano-americano al plato de los jamaiquinos, es el Congrí, es decir, frijoles colorados y arroz, acentuados con cebollas y ajo; en algunos casos también con jamón crudo o tomates, pero nunca con leche de coco o chiles picantes. El plato de arroz y frijoles colorados de los nicaragüense-americanos, llamado Gallo pinto, tampoco cuenta a la leche de coco y al chile picante entre sus ingredientes y requiere a su vez las judías coloradas para su preparación.

1 taza de frijoles colorados pequeños y secos
2 tazas de leche de coco sin endulzar, enlatada
2 tazas de arroz de grano largo
1 cebolla amarilla mediana, pelada y bien picada
1 diente de ajo grande, pelado y bien picado
1 chile *Scotch bonnet* entero, o un habanero entero de 1 pulgada de largo, o cualquier otro chile entero que sea muy, muy picante (a su discreción) (ver las páginas 172–8 para obtener información acerca de estos chiles)
½ cucharadita de tomillo seco
Sal y pimienta negra recién molida, a gusto

Vierta los frijoles en un colador. Proceda a revisarlos y descarte cualquier piedra o frijol deformado. Lávelos bien bajo el chorro de agua fría. Póngalos en una olla grande, para dejarlos en remojo toda la noche cubiertos con suficiente agua.

Pase los frijoles por el colador para deshacerse del agua del remojo y vuelva a ponerlos en la olla. Añada otras 4 tazas de agua. Hierva los frijoles con la olla tapada sobre fuego moderado. Baje la llama y déjelos cocer a fuego lento aproximadamente 30 minutos, antes de que lleguen a estar completamente tiernos. Agregue la leche de coco, el arroz, las cebollas picadas, el ajo, el chile *Scotch bonnet* (si desea), el tomillo, sal y pimienta. Siga cocinando el arroz y los frijoles con la olla tapada, hasta que el arroz esté tierno, unos 20 minutos. Descarte el *Scotch bonnet* y sirva de inmediato.

Para 6 porciones como plato principal y de 10 a 12 como plato secundario

Para el Congrí cubano-americano: Añada 4½ tazas de caldo de pollo a los frijoles, en vez de 4 tazas de agua. Mientras los frijoles se cuecen en la olla, corte la capa exterior y dura de un pedazo (¼ libra) de tocino no ahumado (*salt pork*, de venta en muchas carnicerías). Cortelo en 3 tiras y luego saltéelas en una sartén grande sobre fuego moderado, volteándolas una sola vez, hasta que estén doradas de ambos lados. Escúrralas en un plato cubierto con toallas de papel y córtelas en trocitos. Saltee las cebollas y el ajo en la grasa de la sartén sobre fuego moderado, haste que estén dorados. Agregue el tocino, las cebollas y el ajo salteados, el arroz, pimienta y 2 tazas de agua a la olla de frijoles, una vez que se hayan cocido a fuego lento durante 30 minutos. Omita la leche de coco, el *Scotch bonnet*, y el tomillo y la sal. Siga cocinando otros 20 o 25 minutos, o hasta que el arroz esté tierno. Sirva de inmediato.

Para Gallo pinto nicaragüense-americano: Use las judías coloradas en vez de los frijoles colorados pequeños. Ponga a hervir los frijoles junto con 1 hoja de laurel y 1 cucharadita de orégano fresco bien picado y déjelos cocer hasta que estén apenas tiernos, aproximadamente 40 minutos. Saltee 5 tiras de tocino en una sartén grande hasta que estén bien doradas. Saque el tocino de la olla y córtelo en pedacitos. Descarte la grasa, pero conserve 1½ cucharadas y añada las cebollas y el ajo, así como también ⅓ taza de pimiento rojo bien picado y 1 taza de jamón cortado en cubitos. Siga salteando otros 5 minutos sobre fuego moderado. Añada a los frijoles la mezcla de verduras y jamón, el tocino, el arroz y la sal y también 3 cucharadas de pasta de tomate, 2 tazas de agua y 2 cucharaditas de comino molido. Omita la leche de coco, el *Scotch bonnet*, el tomillo y la pimienta negra. Siga cocinando el arroz y los frijoles con la olla tapada hasta que el arroz esté tierno, unos 20 minutos más. Sirva de inmediato.

ARROZ CON GANDULES A LA ISLA DEL ENCANTO

"Si existe un plato que le canta una canción al corazón de todos los puertorriqueños, no cabe duda que es el Arroz con gandules, el plato de arroz con frijoles nacional de Puerto Rico," explica Judith Sandino, psicóloga especializada en niños, a quien su madre en Puerto Rico le transmitió los secretos para cocinar el arroz. Los gandules son frijoles pequeños y amarillos provenientes del África, más o menos del tamaño de una arveja y tienen manchas grises y cafés. También se los conoce con el nombre de *gunga peas, cajan peas, congo peas, red gram* y *no-eyed peas.* Pueden adquirirse tanto frescos como congelados en los estados sureños de los Estados Unidos, donde crecen, o enlatados y secos en los supermercados de otras regiones del país, así como también en comercios que venden productos del Caribe.

En la actualidad, Judith prepara el Arroz con gandules en la ciudad de Los Angeles, a miles de millas de la isla del encanto, pero nadie lo adivinaría al percibir los aromas tropicales que emanan de su cocina. Judith siempre prepara el plato para la cena de Navidad, para servirlo como complemento del tradicional Pernil de cerdo (vea página 144), de los pasteles (vea página 237) y de las alcapurrias (frituras de plátano rellenas de carne).

A través de los años, Judith fue improvisando algunos cambios en la receta del Arroz con gandules de su madre. Dicha receta, que seguía casi al pie de la letra la tradición culinaria puertorriqueña, requería el uso del aceite de annatto, que en Puerto Rico ha reemplazado al azafrán que usan los españoles para impartirle color y sabor al arroz. En su receta, Judith recurre al azafrán de antaño y lo usa en vez del aceite de annatto. La tradición también manda que se le añada jamón curado, pero Judith prefiere dejar de lado este ingrediente, dado que, como ella explica, el Arroz con gandules se sirve por lo general junto con un plato de carne. Judith además sazona su Arroz con gandules con hierbas y especias como la albahaca y el orégano, ingredientes que no figuran en las recetas tradicionales.

3 cucharadas de aceite de oliva
1 cebolla amarilla grande, pelada y cortada en trocitos
3 dientes de ajo grandes, pelados y picados
1 pimiento verde mediano, sin el centro ni las semillas y cortado en trocitos
½ taza de salsa de tomate enlatada
½ taza de aceitunas rellenas con pimientos, escurridas
1 cucharada de alcaparras, escurridas
1 cucharadita de orégano en polvo (no desmenuzado)
1 cucharada de perejil fresco bien picado
1 cucharada de albahaca fresca bien picada
¼ gramo (1 ampolleta) de hilos de azafrán, o sustitúyalo por ¼ cucharadita de cúrcuma (azafrán de las Indias)
Sal y pimienta negra recién molido, a gusto
5 tazas de agua fría
1 lata de 16 onzas de gandules, escurridos*
2½ tazas de arroz de grano largo
1 pimiento rojo mediano, cortado en trocitos, como aderezo

**Se venden secos, enlatados y congelados en los comercios latinos con clientela de origen caribeño*

Caliente el aceite de oliva en una olla grande sobre fuego entre moderado y fuerte. Saltee la cebolla, el ajo y el pimiento verde por espacio de 5 minutos, revolviendo cada tanto. Agregue la salsa de tomate, las aceitunas, las alcaparras, el orégano, el perejil y la albahaca, el azafrán o cúrcuma, sal y pimienta. A continuación añada el agua y los gandules.

Suba la llama hasta tener un fuego fuerte, añada el arroz, revuelva una vez y espere a que suelte el hervor. Tape la olla y deje que siga hirviendo, sin revolver, hasta que se absorba casi toda el agua, unos 10 minutos. Baje la llama, revuelva el arroz una sola vez, con un movimiento que vaya desde el fondo de la olla hacia arriba, tape la olla y cocine aproximadamente 20 minutos más. Pruebe el arroz y si aún no está blando, añada un poco más de agua y siga cocinando, con la tapa puesta, otros 5 minutos. Con una cuchara, pase el arroz a una fuente de mesa, adorne con el pimiento rojo y sirva de inmediato.

Para 6 porciones como plato principal y de 10 a 12 como plato secundario

FRIJOLES NEGROS CAROLA

Corría el año de 1967 cuando siendo aún una niña, Carola Infante Ash, hija del distinguido escritor Guillermo Cabrera Infante, huyó de la Cuba de Castro junto con su familia, con rumbo a Londres. Allí Carola recibió una educación inglesa, pero de todas maneras aprendió los rudimentos de la cocina cubana a través de su madrastra, Miriam Gómez. "En 1967 los cubanos en Londres eran tan exóticos como las plantas de Kew Gardens. Éste era el Londres de Mary Quant y Vidal Sassoon, de los Rolling Stones, Biba y Carnaby Street. Encontrarse con un cubano era raro, pero encontrar ingredientes cubanos . . . ¡ni pensarlo!" recuerda Carola. "Sin embargo, en nuestra casa se consideraba que para la Nochebuena era esencial una comida tradicional cubana de lechón asado, plátanos maduros fritos, frijoles negros y arroz blanco. Mi madrastra, Miriam, una cocinera asombrosa, usualmente lograba encontrar plátanos en los mercados donde se vendían las mercaderías que compraba la gente de las Indias Occidentales, pero los frijoles negros eran imposibles de encontrar. Por lo tanto era su madre, que vivía en Miami, quien nos mandaba una bolsa que atesorábamos hasta la Navidad. Era entonces cuando a mí se me asignaba la tarea—y no era una tarea que pudiera tomarse a la ligera—de examinar los frijoles y reservar los mejores para preparar este plato llamado Frijoles negros."

Carola Infante Ash and Eddie Ash

En la actualidad, Carola Infante Ash trabaja en Los Angeles como vicepresidenta de desarrollo y producción en la compañía Cineson, perteneciente al actor Andy García. "En L.A., la única manera en que puedo disfrutar comida cubana como la que 'Miriam solía preparar' es cocinando yo misma, siguiendo sus recetas. Afortunadamente, los ingredientes cubanos son fáciles de encontrar. Supongo que mis platos deben ser buenos, porque ¡le gustan hasta a Andy García! Mi esposo, Eddie Ash, a pesar de ser inglés, se ha convertido en un adepto de la comida cubana. Se ocupa del negocio del vino y lo único que lamenta es que el mejor acompañamiento para una comida cubana tradicional de lechón asado, Plátanos maduros fritos (vea página 195), frijoles negros y arroz, sea una cerveza bien helada."

Cuando recibimos por correo la receta de Carola para los Frijoles Negros, nos encantó encontrar también un CD titulado *Cachao Master Sessions* (Sesiones maestras de Cachao), del músico cubano Israel López, también conocido como Cachao. Cuando después hablamos con Carola, ella insistió en que probáramos su receta mientras escuchábamos los ritmos afrocubanos de Cachao.

1 libra de frijoles negros secos
2 pimientos verdes grandes, 1 entero y el otro sin el centro ni las semillas y bien picado
⅔ taza de aceite de oliva
1 cebolla amarilla grande, pelada y bien picada
5 dientes de ajo grandes, pelados y picados
2 cucharaditas de azúcar granulada
1 hoja de laurel
¼ cucharadita de orégano en polvo (no desmenuzado)
¼ cucharadita de comino molido
Sal y pimienta negra recién molida, a gusto
2 cucharadas de vinagre de vino tinto
2 cucharadas de vino blanco seco

Ponga los frijoles negros en un colador grande, revíselos y descarte cualquier piedra o frijol deformado que encuentre. Lave bien los frijoles bajo el chorro de agua fría. Ponga los frijoles negros, el pimiento verde entero y 9 tazas de agua en una olla grande y pesada; deje los frijoles en remojo con el pimiento, con la olla tapada, durante toda la noche.

Deseche el pimiento entero justo antes de empezar a cocinar los frijoles. Hierva la olla de los frijoles y el agua de remojo. Después baje la llama y deje que los frijoles se sigan cocinando a fuego lento, con la olla tapada, hasta que estén tiernos, durante 45 minutos.

Caliente el aceite de oliva en una sartén grande sobre fuego entre moderado y fuerte. Saltee los pedacitos de cebolla, el pimiento verde picado y el ajo en el aceite de oliva, hasta que las cebollas se empiecen a dorar, unos 10 minutos. A continuación, con una cuchara colador, para que el líquido vuelva a escurrirse en la olla, saque 1 taza de los frijoles negros cocidos y viértalos en la sartén con las verduras salteadas. Hágalos puré con un majador de papas o un tenedor. Saltee la mezcla de verduras y frijoles durante aproximadamente 2 minutos y luego añádala a los frijoles de la olla. Agregue también el azúcar, la hoja de laurel, el orégano, el comino, sal y pimienta. Cocine los frijoles negros a fuego lento, con la olla tapada, revolviendo cada tanto, por espacio de 1 hora.

A continuación, vierta el vinagre de vino tinto y el vino blanco en la olla y siga cocinando los frijoles, revolviendo cada tanto, 1 hora más. Los frijoles estarán un tanto acuosos—la forma tradicional de servirlos sobre el arroz blanco—pero si usted desea que queden un poco más espesos, destape la olla y siga cocinándolos por unos 20 minutos adicionales.

Para 6 a 8 porciones

POROTOS GRANADOS

Los Porotos granados, un robusto y vivaz guisado de verduras y frijoles perfumado con montones de albahaca, reúne los cinco sabores esenciales de las Américas, es decir, el sabor del maíz, de la calabaza, de los frijoles, tomates y chiles. Es un espléndido plato para preparar en el momento en que se cruzan el verano y el otoño. En esos días agridulces en que la luz del día se torna huidiza y los tomates calentados por el sol cuelgan pesadamente de la planta y el maíz todavía se yergue en toda su altura, mientras los primeros zapallos y las calabazas de invierno empiezan a cosecharse. Los Porotos granados se originaron con los indios mapuche en el Chile precolombino. En la actualidad se lo celebra como un plato nacional de Chile y se consume con botellas de vino blanco. En Chile, los porotos (*cranberry beans*) frescos o secos y con sus características manchas rojas que desaparecen cuando se los cocina, figuran rutinariamente en los Porotos granados. Los chileno-americanos dependen casi por completo de los frijoles blancos secos, dado que los porotos son muy raros en los Estados Unidos, si

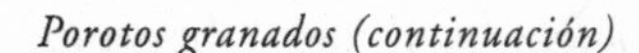
Porotos granados (continuación)

bien es cierto que estos frijoles pueden encontrarse frescos en algunos mercados italianos y en las ferias callejeras durante los meses de septiembre y octubre. La calabaza (también llamada en inglés *West Indian pumpkin, green pumpkin y Cuban squash*) es la fuerza unificante de los Porotos granados, dado que parte se desintegra formando una salsa espesa, que aumenta por igual el sabor y la textura de los frijoles y del maíz. Vaya en busca de un comercio latino si quiere conseguir una calabaza, o reemplácela con una calabaza de invierno, tal como la Tahitiana, la *butternut* o la *kabocha.* La variedad más común en los Estados Unidos, la que se usa para las linternas del *Halloween,* no sirve para preparar este guisado, dado que tiene poco sabor y es acuosa.

A muchos chileno-americanos les gustan las comidas picantes y le añaden vida a este guisado por medio del pebre, una salsa chilena preparada con tomates frescos. Los Porotos granados con o sin pebre constituyen una fantástica comida vegetariana, cuando se los sirve con arroz integral. Es también un agradable plato secundario en una comida de carne de res, de cerdo o de cordero. Los Porotos granados son particularmente deliciosos al día siguiente de su preparación, dado que para entonces los sabores de los distintos ingredientes han tenido tiempo de mezclarse entre sí por completo.

1 taza de frijoles blancos o porotos, a los que se ha revisado para quitarles cualquier piedra pequeña o basura mezclada con ellos, remojados durante 3 horas y colados, o 2 tazas de porotos frescos y pelados

1½ cucharadas de aceite de oliva

1 cebolla amarilla mediana, pelada y picada

1 cucharada de paprika dulce

1½ libras de calabaza (*West Indian pumpkin*), o sustitúyala por calabaza Tahitiana, *butternut, Kabocha,* o *sugar pumpkin,* pelada y cortada en cubitos de 1 pulgada

½ taza de granos de maíz frescos (extraídos de 1 elote mediano), o sustitúyalos por granos de maíz congelados

2 cucharadas de albahaca fresca picada

Sal y pimienta negra recién molida, a gusto

Pebre, a su discreción (vea página 29)

Ponga los frijoles remojados o frescos en una cazuela mediana con suficiente agua para que el nivel supere en 2 pulgadas al de los frijoles. Hiérvalos sobre fuego entre moderado y fuerte. Baje luego la llama, tape y deje cocer a fuego lento hasta que los frijoles estén tiernos, por un espacio aproximado de 40 minutos. Reserve los frijoles en su líquido de cocción.

Caliente el aceite de oliva en una cazuela grande sobre fuego moderado, y agregue las cebollas picadas y la paprika. Saltéelas, revolviendo cada tanto, hasta que estén blandas, unos 6 minutos. Añada los frijoles blancos o porotos reservados, junto con 2½ tazas de su líquido de cocción (si no le alcanza el líquido de cocción, agregue agua hasta cubrir la diferencia) y la calabaza. Hierva nuevamente y luego baje la llama, tape, y siga cocinando a fuego lento, revolviendo cada tanto, hasta que la calabaza se desintegre y los frijoles estén muy tiernos, alrededor de 30 minutos.

Agregue el maíz y la albahaca y siga cocinando, sin tapar, removiendo ocasionalmente, por otros 10 minutos. Pruebe y sazone con sal y pimienta negra al gusto. Sirva los Porotos granados calientes como plato principal junto con arroz blanco o integral, o como plato secundario. Haga circular el pebre alrededor de la mesa, para que quien lo desee, vierta sobre de su plato algunas cucharadas de esta salsa.

Para 4 porciones como plato principal y 8 como plato secundario

PLÁTANOS MADUROS FRITOS A LA CALLE OCHO

Los cubano-americanos de la Little Havana de la ciudad de Miami y de todo el resto de los Estados Unidos, suelen servir un fragante plato lleno de Plátanos maduros fritos, con los bordes a carameleados y deliciosamente viscosos por dentro, casi con cualquier comida. Los Plátanos maduros fritos son esenciales en el banquete cubano tradicional de lechón asado, Frijoles negros (vea página 191), arroz blanco y Yuca con mojo (vea página 202), que los cubano-americanos disfrutan en las ocasiones festivas y también se acostumbra servirlos en ocasiones menos especiales.

A diferencia de las bananas, los plátanos nunca pierden completamente su acidez y por esa razón, cuando preparamos este plato, dejamos que la fruta madure hasta que su piel esté completamente negra y sea tan dulce como ácida. Según la tradición culinaria cubano-americana, los plátanos maduros pueden ser salteados en aceite, mantequilla, o en una combinación de ambos. Nosotras siempre optamos por usar solamente mantequilla, a fin de lograr un sabor más intenso. No se preocupe si la mantequilla se torna obscura, pero no permita que empiece a echar humo. Los plátanos estarán listos cuando tomen un color marrón dorado y estén un poco negros en los bordes. Los cubano-americanos por lo general rocían los plátanos salteados con sal y jugo de lima, pero también saben bien con sal de ajo o por sí solos. Los plátanos sobrantes pueden envolverse apretadamente en material plástico y conservarse en el refrigerador hasta por 3 días. Después se calientan en el horno convencional o en el de microondas. Fríos son también deliciosos.

4 plátanos medianos muy maduros (casi completamente negros)
4 cucharadas de mantequilla
Sal o sal de ajo, a gusto (a su discreción)
2 limas cortadas en rodajas, para el aderezo (a su discreción)

Pele los plátanos igual que lo haría con una banana y luego córtelos en forma diagonal en rodajas de ¾ pulgada. Caliente 2 cucharadas de la mantequilla en una sartén grande de *teflón* sobre fuego moderado.

Saltee la mitad de las rodajas de plátano, poniéndolas en la sartén en una sola capa, hasta que estén sumamente doradas de la parte de abajo, alrededor de 4 minutos. Deles vuelta con un tenedor o espátula y saltéelas del otro lado hasta que se doren, unos 3 minutos. Apoyando las rodajas unas sobre las otras, si es necesario, ponga las rodajas de canto y déjelas freír durante 30 segundos. Repita la operación con el canto opuesto de las rodajas.

Saque una de las rodajas de la sartén, córtela por la mitad y fíjese si el plátano perdió su tinte amarillo pálido, blanco o rosado y si se puso completamente amarillo por dentro. Si así ocurrió, significa que los plátanos están listos. De lo contrario, siga haciéndolos saltear otro minuto más de los lados que estén menos dorados.

Retire con cuidado los plátanos fritos de la sartén y colóquelos encima de toallas de papel para que se escurran. Añada la mantequilla restante a la sartén y repita el procedimiento con el resto de las rodajas de plátano. Ponga los plátanos fritos en una fuente grande, formando una sola capa. Espolvoréelos con sal o sal de ajo, si lo desea, y sírvalos de inmediato con las rodajas de lima o sin ningún acompañamiento.

Para de 6 a 8 porciones como primer plato o plato secundario

PLÁTANOS | Adorado en toda Latinoamérica y por la población latina de los Estados Unidos, el plátano (también llamado en español plátano macho y en inglés *cooking banana* y *macho banana*), es una de las cuatrocientas variedades de bananas que se cultivan alrededor del planeta. Hay que cocinar los plátanos antes de comerlos. A diferencia de la mayor parte de las otras variedades de la banana, el plátano, que es largo y de piel gruesa, puede usarse en cualquier etapa de su proceso de maduración, desde que presenta un color verde obscuro, hasta la etapa en que está completamente maduro y su piel es negra, pasando por las etapas amarilla y marrón que muestran un estado de madurez intermedio. La parte comestible del plátano, que puede tener un color casi blanco o bien, amarillo pálido o rosado, tiene un leve sabor a almidón semejante al de la papa o al de la calabaza de invierno, cuando la piel es verde o amarilla verdosa. A medida que los plátanos maduran, se vuelven cada vez más dulces y tienen más gusto a banana, pero no alcanzan a ponerse blandos como las bananas *Cavendish,* pertenecientes a la variedad más apreciada en los Estados Unidos.

Los plátanos se encuentran a la venta durante todo el año en la mayoría de los comercios latinos de los Estados Unidos. En los últimos años también han hecho su aparición en muchos comercios de productos vegetales y en la sección de frutas y verduras de muchos supermercados. Nosotras aconsejamos seleccionar plátanos cuya piel esté entera y libre de fisuras o moho y que tampoco presenten partes blandas. Comparados con las bananas, los plátanos suelen tener un aspecto más bien maltrecho, pero no es necesario rechazar aquéllos que presenten algunas magulladuras o rayas negras o marrones en su piel. Conserve los plátanos a temperatura ambiente, permitiéndoles madurar hasta el punto que usted desee. El proceso de maduración puede acelerarse si se almacenan en un sitio templado y retardarse si se guardan en el refrigerador. El plátano pertenece a la variedad más resistente de las bananas. Su piel no se daña fácilmente y la parte comestible no se oxida (no se obscurece) al entrar en contacto con el aire, por lo tanto, es posible rebanarlos y cortarlos en rodajas, horas antes de empezar a cocinar.

El plátano puede usarse en cualquier etapa de su proceso de maduración.

Los cubano-americanos, los puertorriqueños, los colombiano-americanos, los venezolano-americanos, así como también los ecuatoriano-americanos y guatemalteco-americanos comúnmente sirven como platillo secundario los Plátanos maduros fritos (vea página 195), llamados tajadas fritas de plátano por los venezolano-americanos, quienes a veces los preparan con queso. También sirven plátanos verdes fritos (vea página 198), llamados Tostones por los cubano-americanos y patacones por los ecuatoriano-americanos y colombiano-americanos. Los *chips* de plátano verde, el equivalente latino a los *potato chips,* son un bocadito muy popular y se encuentran a la venta en la mayoría de los comercios latinos y en algunos supermercados, bajo nombres tales como tostoncitos (dominicanos), mariquitas (cubanos), chifles (ecuatorianos), chicharritas de plátano verde (costarricenses), tostados de plátano (colombianos) y platanutri (puertorriqueños).

Los mexicano-americanos por lo general cocinan solamente con plátanos maduros, que a veces usan en la masa de los tamales y para rellenar los chiles rellenos. Un plato de plátanos popular entre los guatemalteco-americanos, es el que se conoce afectuosamente como niños envueltos, frituras de plátanos machacados que se rellenan con frijoles negros. Otro plato igualmente popular es el postre llamado plátanos al horno, plátanos maduros espolvoreados con azúcar y canela, rociados con mantequilla, dorados en el horno y servidos con crema fresca y miel. Los puertorriqueños usan a los plátanos de diversas formas, e incluso en la preparación de la pasta para los Pasteles (vea página 237), en los tostones rellenos, copas de plátano llenas de carne de cangrejo, langosta, carne de res o pollo y en el mofongo, croquetas de plátano machacado, ajo y chicharrones. La versión dominicano-americana del mofongo incluye entre sus ingredientes chalotes, leche de coco, y aceite de coco.

CÓMO PELAR Y CORTAR LOS PLÁTANOS

Los plátanos de piel color amarillo-carmelita, marrón y negro, pueden pelarse tal como se pela una banana, pero es prácticamente imposible pelar los plátanos verdes y amarillos de la misma manera. Para hacerlo, es necesario recurrir al uso de un cuchillo afilado.

Empiece por cortar el plátano en sentido diagonal con todo y cáscara, en rebanadas de ¾ pulgada o del tamaño que indique la receta. Pele las rodajas de plátano, una por una, colocándolas en una tabla de cortar. Con un cuchillo afilado, corte la cáscara, comenzando por un lado de la rodaja. Hágala rotar y vaya rebanando la cáscara del resto del contorno, hasta pelar la rodaja por completo.

TOSTONES CON TOCINO, CEBOLLA Y AJO PARA HERMINIA DEL PORTAL

Este plato es para Herminia, mi madre, quien a pesar de no haber aprendido a cocinar en La Habana, ni después en Manhattan, adora los Tostones, plátanos verdes fritos, una de las riquezas de la cocina cubana, especialmente con el agregado de mi invención, un aderezo de tocino, cebollas y ajo. —H.N.

Los Tostones son espléndidos como primer plato o como plato secundario. Sírvalos con rodajas de limón o de lima como contrapunto al tocino. Si tiene prisa, puede dejar de lado el aderezo y servir los plátanos sin más aliño que rodajas de limón o de

lima y un poco de sal, o bañados en una manera tradicional con el mojo (aceite con ajo y lima), tal como lo describe la receta para preparar la Yuca con mojo que aparece en la página 202. Simplemente reemplace la yuca por los tostones y siga las mismas indicaciones.

10 tiras de tocino, cortadas en pedazos de 1 pulgada
2 cebollas blancas medianas, peladas y bien picadas
3 dientes de ajo medianos, pelados y bien picados
Suficiente aceite de oliva para saltear
4 plátanos verdes medianos, cortados en rodajas de ¾ pulgada y pelados (ver las instrucciones en la página anterior acerca de cómo pelar y cortar los plátanos)
½ taza de vino blanco seco

Fría los pedazos de tocino en una sartén grande sobre fuego entre moderado y fuerte, volteándolos 2 o 3 veces, hasta que todos queden transparentes, alrededor de 4 minutos. Añada las cebollas picadas y el ajo. Saltéelos junto con el tocino sobre fuego entre moderado y fuerte, hasta que el tocino y las cebollas se tornen de un color marrón dorado, unos 15 minutos. Con una cuchara colador o espátula, retire de la sartén el tocino, las cebollas y el ajo y colóquelos sobre un plato cubierto de toallas de papel.

Deje solamente ¼ pulgada de la grasa del tocino en la sartén y deseche el resto. Si no le quedó suficiente grasa del tocino, añada aceite de oliva para alcanzar el nivel indicado. Caliente la grasa sobre fuego moderado. Saltee la mitad de las rodajas de plátano hasta que se pongan marrón dorado por debajo, aproximadamente 5 minutos. Después deles vuelta con un tenedor o una espátula y déjelas dorar del otro lado, más o menos unos 4 minutos. Apoyando las rodajas unas sobre las otras si fuera necesario, ponga de canto cada rodaja de plátano y saltéelas durante 1 minuto. Coloque las rodajas de canto nuevamente, apoyándolas sobre el otro lado y saltéelas durante 1 minuto más. Haga lo mismo con el tercer lado. Pase los plátanos a una fuente grande de mesa. Repita la operación hasta acabar de freír todos los plátanos, añadiendo 2 cucharadas de aceite de oliva.

Mientras los plátanos están aún calientes, coloque uno sobre una bolsa de papel de estraza. Doble la bolsa por encima del plátano y oprímalo con la palma de la mano para aplanarlo hasta que tenga solamente las ¾ partes de su grosor original. (Algunos prefieren sus plátanos aún más finos; en tal caso, puede aplanarlos hasta que tengan la mitad del grosor inicial.) No imprima demasiada presión, dado que el plátano se desintegrará si lo hace. Repita el procedimiento con cada uno de los plátanos.

Caliente la grasa y otras 2 cucharadas de aceite de oliva en la sartén sobre fuego moderado y saltee la mitad de los plátanos aplanados durante aproximadamente 2 minutos. Luego deles vuelta y saltéelos otros 2 minutos. Ponga los plátanos sobre toallas de papel y déjelos que se escurran. Saltee la segunda tanda en la grasa de la misma manera y en otras 2 cucharadas de aceite de oliva.

Cocine el tocino frito, las cebollas y el ajo junto con el vino blanco en una sartén grande de material no metálico hasta que todo el vino se haya absorbido, alrededor de 3 minutos. Acomode los plátanos fritos en una sola capa sobre la fuente grande de mesa. Con una cuchara viértales uniformemente el aderezo de tocino, cebolla y ajo. Sírvalos de inmediato.

Para de 6 a 8 porciones como primer plato o plato secundario

CÓMO PELAR LA YUCA

Con un cuchillo afilado, corte la yuca en sentido transversal en pedazos de 3 pulgadas. (Es necesario usar un cuchillo afilado, dado que la yuca cruda es tan difícil de pelar y cortar como la remolacha cruda cuando está madura.) Comience por sostener la yuca en sentido vertical, apoyándola sobre la tabla de cortar. A continuación, corte una tira de su corteza y parte fibrosa, comenzando por la parte superior de la vianda y moviendo el cuchillo hacia abajo. Hágala rotar verticalmente y repita el procedimiento hasta que la yuca esté completamente desprovista de su corteza. Sumerjala en agua fría hasta que llegue el momento de usarla.

YUCA FRITA

Muchos estadounidenses ya se han enamorado de los *chips* de yuca—esos *chips* de color marfil, en ese irresistible potpourri de exóticas viandas tostadas y finas conocido como *Terra Chips,* que se encuentran a la venta en las tiendas de productos gastronómicos a lo largo de los Estados Unidos. La Yuca frita—rodajas doradas más crujientes por fuera y más tiernas por dentro que cualquier tipo de papas fritas—son realmente irresistibles, puede decirse que la Yuca frita es la vianda frita elevada a su última potencia. Ni siquiera se ponen blandas al enfriarse—de hecho absorben muy poco aceite y la parte de afuera se mantiene crujiente mucho después de haberse enfriado. No poseen la textura arenosa de las papas sino un gusto suave, dulce, con leve sabor a mantequilla. La Yuca frita es tan fácil de preparar como las papas fritas—solamente requiere hervirse antes de freírlas. Además, si usted usa yuca empacada y congelada, se ahorrará el trabajo de pelarla.

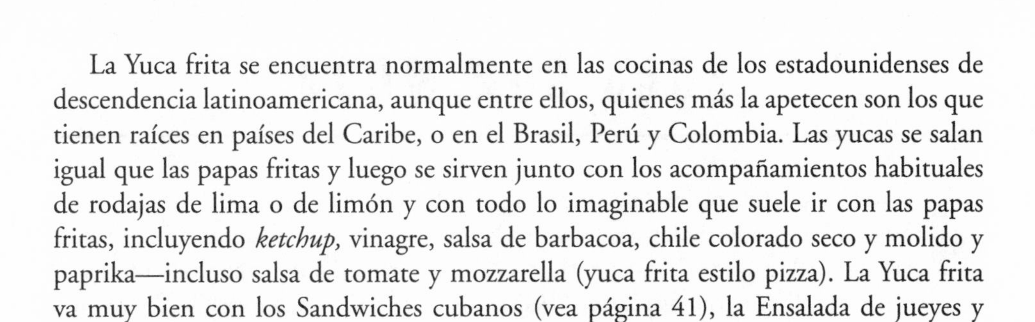

La Yuca frita se encuentra normalmente en las cocinas de los estadounidenses de descendencia latinoamericana, aunque entre ellos, quienes más la apetecen son los que tienen raíces en países del Caribe, o en el Brasil, Perú y Colombia. Las yucas se salan igual que las papas fritas y luego se sirven junto con los acompañamientos habituales de rodajas de lima o de limón y con todo lo imaginable que suele ir con las papas fritas, incluyendo *ketchup,* vinagre, salsa de barbacoa, chile colorado seco y molido y paprika—incluso salsa de tomate y mozzarella (yuca frita estilo pizza). La Yuca frita va muy bien con los Sandwiches cubanos (vea página 41), la Ensalada de jueyes y aguacate (vea página 52), el bistec a la parrilla y las hamburguesas.

1½ libras de yuca fresca, pelada, cortada en rodajas de 2 pulgadas y lavadas, o sustitúyala por yuca congelada (ver la información sobre la yuca que aparece en la página 213 y cómo pelar la yuca, en la página anterior)
1 cucharadita de sal
1 cucharadita de jugo de limón
Suficiente aceite vegetal para freír
Rodajas de limón o de lima, para el aderezo

Ponga la yuca en una cazuela grande y añada suficiente agua fría para que las rodajas queden sumergidas a 2 pulgadas de distancia de la superficie de ésta. Agregue la sal y el jugo de limón. Tape la cazuela y hierva su contenido rápidamente sobre fuego entre moderado y fuerte; baje la llama y siga cocinando hasta que la yuca esté blanda, alrededor de 25 minutos. (La yuca se deshace cuando hierve más de lo debido.) Vacíe la yuca en un colador y déjela enfriar lo suficiente para poder manipularla.

Quite con cuidado cualquier parte fibrosa de color rosado que esté adherida a la yuca. Rebánela en rodajas de ¾ pulgada de ancho; usando un cuchillo de mondar, quítele el corazón fibroso y descártelo. Si la yuca está mojada (probablemente no lo esté, dada su tendencia a absorber el agua), séquela bien con toallas de papel.

Caliente 2 pulgadas de aceite vegetal en una sartén grande o en una freidora eléctrica, cuyo termómetro señale 375°F. Fría las rodajas de yuca, en tandas de un tercio, dándoles vuelta una sola vez, aproximadamente 5 minutos, hasta que estén levemente doradas. Pase las rodajas de yuca frita a una bandeja o plato grande, sobre toallas de papel y déjelas escurrir. Espolvoréelas con sal, o bien con sal y chile colorado seco y molido o paprika, si lo desea. Revuelva y sirva de inmediato con rodajas de limón o de lima y el acompañamiento de su preferencia.

Para 4 porciones como plato secundario

YUCA CON MOJO

"Después del puré de papas, la yuca hervida, es decir, la vianda tropical más apreciada por muchos estadounidenses de origen latinoamericano, es el alimento más reconfortante del mundo," dice Esther De La Torre, dama cubano-colombiano-americana, que junto con su marido, Felipe De La Torre, y sus tres hijos, vive en la actualidad en Bowling Green, Ohio. "Los colombiano-americanos y los cubano-americanos adoran los tiernos pedazos de yuca hervida con mojo, un aliño sublime, aromático y con gusto a ajo. El mojo cubano para la yuca se prepara con el jugo de naranjas amargas, pero dado que no se consiguen en la mayoría de los supermercados de los Estados Unidos, nos las arreglamos con jugo de lima. En tanto que todos los amantes de la yuca que conozco están de acuerdo en la proporción de aceite de oliva y jugo de lima que debe usarse en la preparación del mojo, he notado que en cambio, los criterios no logran coincidir respecto al tiempo que debe dejarse hervir la yuca. Algunos prefieren hervirla hasta que se sienta blanda al pincharla con un tenedor, pero no tan blanda que se deshaga; otros se deleitan con una yuca totalmente hecha papilla. Las preferencias de mi familia se sitúan en un punto intermedio."

Los cubano-americanos y los colombiano-americanos no se encuentran solos en su amor por la Yuca con mojo; el resto de los latinos también tienen sus propias y deliciosas versiones de este plato. Por ejemplo, los puertorriqueños la hierven antes de cubrirla con un mojo sazonado con tomillo fresco, mientras que los venezolano-americanos le añaden culantro picado al mojo para la yuca cocida. En la actualidad, nosotras abandonamos la tradición y sazonamos mojos con cualquier hierba fresca, como perejil, salvia, romero, eneldo, menta, o albahaca, que si no crece en nuestra huerta, se encuentre los mostradores de las ferias callejeras. Ya sea que usted bañe a la yuca con un mojo tradicional o que lo haga con de infusiones de hierbas y otros ingredientes, la Yuca con mojo es tan deliciosa y versátil que puede servir de acompañamiento para cualquier plato de carne o pollo de la colección que aquí presentamos.

1½ libras de yuca fresca, peladas, cortadas en pedazos de 1½ pulgadas y lavadas, o sustitúyala por yuca congelada (ver la información sobre la yuca que aparece en la página 213 y cómo pelar la yuca, en la página 200)

½ cucharadita de sal

2½ cucharadas de jugo de lima recién exprimido

¼ taza de aceite de oliva, de preferencia extra virgen

3 dientes de ajo grandes, pelados y picados

1 cucharada de hierbas frescas picadas* (tales como tomillo, culantro, perejil, eneldo, romero, salvia, menta o albahaca)

**Omita este ingrediente si se propone preparar un mojo cubano tradicional.*

Cuando olfateó el olor a buena comida en el pasillo del apartamento, Arnaz dio una palmada y exclamó: "¡Qué bueno!" Se encontró avanzando por un pasillo cuyas paredes estaban cubiertas de fotografías enmarcadas de músicos y de retratos de Jesucristo y de sus santos.

—Póngase cómodo, *compañero*—le dijo César en su habitual tono amistoso—. Ya sabe, señor Arnaz, está usted en su casa.

—Me parece todo estupendo. ¿Verdad que sí, Lucy?

—Sí, Desi, magnífico.

—Ah, ¿no huele a *plátanos*?

—Sí, a *plátanos verdes*—gritó una voz femenina desde la cocina.

— ¿Y a *yuca* con *ajo*?

—Sí—dijo César con voz alegre—. ¡Y tenemos vino, y también tenemos cerveza! —Y levantando las manos jubiloso concluyó—: ¡Y tenemos ron!

— *¡Qué bueno!*

Era casi la una de la madrugada y Delores Castillo estaba en la cocina calentando ollas de arroz con pollo y frijoles y los tostones crepitaban friéndose en una sartén. Tenía el pelo recogido en un moño y un delantal lleno de manchas anudado a la cintura. Cuando todos entraron en tropel en la cocina reconoció al famoso Arnaz y a su esposa.

—*¡Dios mío!*—exclamó—. ¡Si hubiera sabido que venían ustedes hubiera arreglado un poco la casa!

Oscar Hijuelos, *Los Reyes del Mambo tocan canciones de amor.*
New York: HarperLibros, 1996.

Ponga la yuca en una cazuela grande y añada suficiente agua para cubrirla. Agregue la sal y ½ cucharadita del jugo de lima. Tape y hierva el agua a fuego entre moderado y fuerte. Baje la llama y deje cocer la yuca hasta que esté blanda, cerca de 25 minutos. (Déjela hervir más tiempo si le gusta muy blanda.) Sáquela del agua, pasándola por un colador. Con cuidado quítele cualquier capa fibrosa de color rosado que haya quedado adherida y remueva también los corazones fibrosos con un cuchillo de mondar. Ponga la yuca en un plato de mesa y tápela para mantenerla caliente.

Caliente el aceite de oliva en una sartén pequeña a fuego moderado. Retire la sartén del fuego y añada el ajo. Agregue las 2 cucharadas del jugo de lima restante y las hierbas. Mezcle y vierta el mojo sobre la yuca. Revuelva con cuidado y sírvala enseguida.

Alcanza para 4 a 6 porciones como plato secundario

ANILLOS DE CEBOLLA CON QUESO PARMESANO

Anel de cebola com queijo parmesão

Con demasiada frecuencia, los anillos de cebolla están sobrecargados de pan frito, pero los brasileño-americanos los bañan en huevos batidos antes de freírlos y el resultado es que los anillos quedan recubiertos de una capa fina y vaporosa y la cebolla queda crujiente en los bordes. Las recetas brasileñas típicas, indican que a los huevos batidos debe añadírseles queso rallado, pero nosotras hemos descubierto que el sabor del queso se pierde al freír los anillos de cebolla. Por lo tanto, preferimos guardar el queso para echárselo encima a los anillos una vez fritos. Nuestra preferencia se inclina en general por el parmesano, dado que puede rallársele muy fino y además es de rico sabor. (Ralle usted mismo el queso justo antes de servir los anillos de cebolla. Evite usar el queso parmesano que se compra ya rallado.)

Para obtener los anillos de cebolla más dulces, pruebe a prepararlos con las cebollas *Vidalia* o *Walla Walla*. Las *Vidalias* pueden conseguirse en mayo y en junio, mientras que la cosecha de las *Walla Walla* empieza en junio y dura hasta septiembre. (Estas cebollas se consiguen por lo general en los mismos lugares donde se cosechan, pero también pueden adquirirse por encomienda.) Los Anillos de cebolla con queso parmesano, como todos los anillos de cebolla, se acompañan muy bien con un vaso grande de té helado de mango, o con una cerveza bien fría. Le aconsejamos probar una cerveza brasilera como la *Xingu Black Beer* (una cerveza de sabor fuerte basada en la cerveza alemana *Schwarzbier*) o la *Brahma Beer*, una pilsner.

Suficiente aceite vegetal para freír
3 huevos grandes
2 cebollas grandes blancas o amarillas de sabor suave, del tipo de las *Bermuda* o españolas, peladas y cortadas en anillos de ½ pulgada
¼ taza de queso parmesano rallado fino

Caliente 1 pulgada de aceite vegetal en una sartén grande y pesada, hasta que alcance una temperatura de 360°F. Bata los huevos en un plato no demasiado hondo. Sumerja un anillo de cebolla en los huevos batidos y luego deposítelo con cuidado en la sartén. Haga lo mismo con otros 3 o 4 anillos de cebolla y fríalos hasta que estén dorados por ambos lados, alrededor de 1½ minutos de cada lado. Usando un tenedor, pase los anillos a una o varias bandejas cubiertas de toallas de papel y déjelos escurrir. Transfiéralos después a bandejas refractarias para mantenerlos calientes en el horno a una temperatura de 200°F, mientras termina de freír el resto.

Espolvoree el queso parmesano sobre los anillos de cebolla y sírvalos de inmediato.

Alcanza para 4 porciones

LISTONES DE COL RIZADA SALTEADA

Couve a mineira

Los brasileño-americanos comparten con los cocineros del sur de los Estados Unidos un profundo y permanente amor por las variedades de repollo y valoran la col rizada por encima de todas. Una de sus mayores pasiones es la *Couve a mineira,* col rizada cortada en listones finos y luego salteada en grasa de tocino, de manera que queda ligeramente crujiente, brillante y con gusto a tocino. La *Couve a mineira* es un acompañamiento tradicional para la *Feijoada* brasileña, verdadera fiesta de frijoles negros guisados, arroz cocido al vapor y una vasta selección de carnes ahumadas y frescas que abarcan desde el bistec a la parrilla hasta las salchichas (vea página 168). La col rizada al estilo brasilero también acompaña muy bien a cualquiera de los platos de cerdo o jamón que usted serviría con *collard greens,* preparados al estilo rural del sur de los Estados Unidos. Para una versión vegetariana del *Couve a mineira,* auténticamente brasileña e igualmente fácil de preparar, saltee la col rizada en aceite de oliva, en vez de hacerlo en grasa de tocino. Si lo desea, también puede hacer lo que muchos brasileño-americanos hacen y añadir un poco de ajo picado en la sartén junto con la col rizada. La col rizada salteada en aceite de oliva es un acompañamiento muy agradable para el pilaf de arroz, el *wild rice* ("arroz silvestre"), el couscous o el *risotto.*

La col rizada es una verdura de hojas verdes de la familia del repollo. Sus hojas de color verde oscuro y un poco arrugadas tienen un leve sabor a repollo y crecen en forma de manojo o ramo suelto. En su estado fresco se consigue en muchos supermercados en cualquier temporada del año, pero su mejor época va desde el mes de octubre hasta finales de abril. Seleccione manojos relativamente pequeños, con hojas crujientes y obscuras. Guárdelos sin lavar en una bolsa de plástico, en el cajón de las verduras del refrigerador. Los *collard greens* pueden reemplazar muy bien a la col rizada.

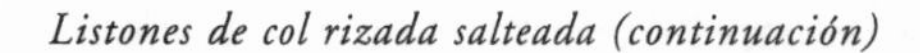

Listones de col rizada salteada (continuación)

¾ libra de col rizada, o sustitúyala por *collard greens*
3 cucharadas de grasa de tocino
Sal y pimienta negra recién molida, a gusto

Deseche las hojas amarillentas o marchitas de la col rizada y lave las hojas verdes y frescas bajo el chorro de agua fría en un colador, hasta que estén libres de arena y tierra. Escúrralas. Corte y deseche los tallos que sean demasiado duros y las partes dañadas de las hojas. A continuación ponga 6 hojas una encima de la otra, dóblelas por la mitad a lo largo y córtelas transversalmente en listones de ⅛ pulgada.

Hierva ½ galón de agua salada en una olla grande. Retire la olla del fuego, vierta los listones de col rizada en el agua y déjelos reposar 5 minutos. Escúrralos bien en el colador.

Caliente la grasa de tocino en una sartén grande a fuego moderado. Añada los listones de col rizada y saltéelos durante 2 minutos. Tape y deje cocinar, revolviendo cada tanto, durante otros 9 minutos o hasta que la col rizada esté blanda pero todavía un poco crujiente. Sazone con sal y pimienta a gusto y sirva de inmediato.

Alcanza para 4 a 6 porciones

CHANCLETAS

En la cocina costarricense-americana, el chayote, una calabaza tropical cuyo sabor es una cruza las calabacitas y habichuelas, se prepara por lo general con un relleno de queso *cheddar, half-and-half* (mitad crema y mitad leche), azúcar y pasas, todo lo cual da como resultado un delicioso primer plato o plato secundario, que se llama debido a su aspecto, Chancletas. Nosotras probamos por primera vez este plato en un fabuloso y sencillo restaurante latinoamericano de la ciudad de Los Angeles, en el cual sirven comida mexicana y cubana junto a una variedad de platos de diversos países de Latinoamérica. Posteriormente nos enteramos que el chef había alterado la receta original, añadiéndole nueces, y nosotras tratamos de recrear esta versión, la cual figura a continuación.

Para las Chancletas seleccione chayotes de tamaño mediano (de ¾ a 1 libra). Si no logra encontrar chayotes, reemplácelos con *pattypan squash* (calabaza *pattypan*), una calabaza que también se conoce como *cycling squash* (calabaza "ciclista").

3 chayotes (de ¾ a 1 libra cada uno)
1 cucharada de mantequilla sin sal
½ taza de queso *cheddar* blanco suave, o *Monterey Jack* o *Muenster,* rallado grueso
1 cucharada de *half-and-half* (mitad crema y mitad leche)
¼ taza de nueces cortadas en pedacitos
¼ taza de pasas blancas sin semillas
1 cucharadita de azúcar granulada
1 cucharadita de extracto de vainilla
¼ taza de queso parmesano rallado fino
2 cucharadas de pan rallado sazonado

Vacíe los chayotes en una olla grande llena de agua hirviendo. Baje el calor, tape la olla y hierva lentamente los chayotes hasta que estén muy blandos al pincharlos con un tenedor, cuestión de 45 a 50 minutos. Retírelos con cuidado de la olla con una cuchara colador o unas pinzas de cocina y póngalos en un colador para que se escurran. Cuando se hayan enfriado lo suficiente para poder manipularse, córtelos por la mitad en sentido longitudinal. Quíteles las semillas y si es necesario también las fibras duras que suelen rodearlas, con un cuchillo de mondar. Sáqueles la pulpa con una cuchara de bordes afilados (un cuchillo para cortar toronja funciona de maravilla) y échela en un tazón grande, tomando la precaución de dejar intactas las cáscaras de los chayotes y también de dejar por lo menos ½ pulgada de pulpa adherida. Aparte las 6 mitades de cáscara.

El chayote, en forma de pera, sabe a calabacita o habichuelas. Era una de las comidas principales de los Maya y los Aztecas, y hoy día se haya en las cocinas latinas por todo el país.

Haga puré la pulpa de los chayotes en una licuadora o procesadora de alimentos y regrésela al tazón. Añada la mantequilla, el queso rallado, el *half-and-half,* las nueces, las pasas, el azúcar y el extracto de vainilla. Rellene cuidadosamente las mitades de cáscara de chayote con el puré. Espolvoree el queso parmesano y el pan rallado encima de las cáscaras rellenas. Póngalas en un plato refractario y hornéelas en un horno precalentado a 375°F, de 15 a 20 minutos o hasta que se doren las capas de arriba. Puede servir los chayotes rellenos de inmediato o mantenerlos calientes para comerlos más tarde.

Para 6 porciones como plato secundario y 3 como plato principal

CHAYOTE

El chayote es una calabaza tropical con forma de pera originaria de las Indias Occidentales, cuya pulpa tiene color crema pálido y una piel que varía entre el verde oscuro y el marfil. (La variedad que más comunmente se encuentra a la venta en este país, es la que tiene la piel color verde claro.) El chayote crece en enredaderas y cada planta puede llegar a tener entre trescientos y quinientos chayotes. (En el sur de California hemos visto plantas de chayotes asomarse sobre los cercos de algunos jardines y ¡hasta treparse a los postes del teléfono!) Si bien el chayote está clasificado como una fruta, los cocineros lo consideran un vegetal, debido que no es dulce y a que su sabor es similar al de las calabacitas y las habichuelas.

El chayote es muy popular en muchos países latinoamericanos y entre los latinoamericanos de los Estados Unidos, donde se le conoce bajo nombres tan diversos como *tayote, chuchu, cho-cho, xuxu, sousous* y *christophene.* Mientras que entre los europeos, quienes lo importan del norte del África, el chayote figura entre los más delicados bocados gastronómicos, la fruta recién empieza a conocerse en los Estados Unidos (con la excepción de Louisiana, es muy conocido bajo el nombre de *mirliton*). El chayote se encuentra a la venta principalmente entre los meses de octubre y abril, en algunos supermercados selectos, especialmente del sur de California, Florida, Louisiana, Texas y del sudoeste, así como también en algunos comercios latinos. Elija la fruta de consistencia firme, con la piel suave y sin manchas. Consérvela en el refrigerador en una bolsa de plástico de cierre hermético por un máximo de 2 semanas.

El chayote puede servirse crudo en ensaladas con una vinagreta, o bien cocerse o saltearse de la misma manera que las calabazas de verano. También se rellena y hornea, igual que las calabazas de invierno, como en los chayotes rellenos mexicanos, que llevan en su interior pastel desmenuzado, huevos y pasas, sazonado con azúcar y especias. Un plato de chayote que resulta inigualable son los Tayotes revueltos con huevos, manjar de origen dominicano que consiste en una tortilla española salpicada con trocitos de chayote, tomates, cebollas y chile. Hierva y cocine en agua salada un chayote pequeño pelado la mitad de un (¼ libra hasta) que esté tierno al pincharlo con un tenedor, aproximadamente unos 12 o 15 minutos. Quítele la semilla y córtelo en trocitos de ½ pulgada. Caliente 2 cucharadas de aceite de oliva en una sartén grande sobre fuego moderado y saltee 1 cebolla pequeña y 1 diente de ajo bien picados, hasta que estén blandos. Agregue 2 tomates peritas cortados en pedacitos y 1 chile jalapeño o serrano bien picado, o a gusto, y cocine hasta que el líquido se evapore. Añada los trocitos de chayote y sal y pimienta a gusto. Vierta 4 huevos batidos en la sartén y cocínelos hasta que se cuajen. Para 2 porciones.

CALABACITAS MINGA

"Mientras muchos estadounidenses se sienten abrumados cuando obtienen una cosecha excepcional de calabacitas y tratan de deshacerse de lo que consideran una cantidad excesiva, llenando bolsas que abandonan frente a las puertas de sus vecinos, los mexicano-americanos reaccionan de manera opuesta y se felicitan a sí mismos en idénticas circunstancias," explica la mexicano-americana Dominga García, o Minga, quien junto con su esposo, Robert García, su hijo Rudy y su nuera Patsy, está al frente del Minga's Mexican Food Restaurant de su propiedad, en la ciudad de Phoenix, Arizona. En los últimos siete años, el restaurante de la familia García ha recibido 25 premios al mérito de la excelencia culinaria. "Ello se debe a que tenemos pasión por las calabacitas. En casa yo siempre estoy inventando y reinventando platos. Recientemente inventé una receta nueva que cuenta a la cebolla, al ajo, a las calabacitas, a los tomates y al maíz, entre sus ingredientes y todos éstos se saltean en aceite de oliva, sazonados con un poco de jugo de lima y de culantro. Es maravillosa y muy simple. Mi nuevo plato puede servirse como plato principal ligero secundario."

1 cucharada de aceite de oliva
1 cebolla amarilla pequeña, pelada y picada
1 diente de ajo grande, pelado y bien picado
2 calabacitas medianas, cortadas en cubitos de ½ pulgada
1 taza de granos de maíz frescos (cortados de un elote grande), o sustitúyalos por granos de maíz congelados (descongelados)
1 tomate maduro pequeño, cortado en cubitos de ½ pulgada
1 chalote mediano, sin las raíces y bien picado
1 cucharadita de jugo de lima recién exprimido
1 cucharada de culantro bien picado
Sal y pimienta negra recién molida, a gusto

Caliente el aceite de oliva en una sartén grande sobre fuego moderado y saltee las cebollas y el ajo hasta que estén blandos, por espacio de unos 5 minutos.

Agregue las calabacitas, el maíz, los tomates y los chalotes. Saltee revolviendo cada tanto, durante 10 minutos, o hasta que las calabacitas estén tiernas. Retire las verduras del calor y añada el jugo de lima, el culantro, la sal y la pimienta. Sirva de inmediato.

Para 6 porciones como plato secundario

VIANDAS LATINOAMERICANAS

ARRACACHA

Muy popular entre los suramericanos, la arracacha tiene debajo de su piel un color amarillo claro, la textura de una papa y un sabor parecido al apio. A su vez, la vianda que en español se denomina apio y en inglés se conoce como *celeraic* y *celery root*, se asemeja de manera asombrosa a la arracacha (esta vianda no debe confundirse con la verdura del mismo nombre que se usa en ensaladas frescas y en otros platos). Tanto la arracacha como el apio pueden conseguirse en los comercios que venden productos latinoaméricanos. La arracacha se cocina como las papas y sabe igualmente rico hervida y machacada o asada en el horno con cáscaro.

BATATA

Perteneciente al grupo botánico de la familia del dondiego de día y no a la de la papa, como su nombre sugiere erróneamente, la batata crece en el trópico y en el subtrópico, y ocupa un lugar prominente en la cocina latinoamericana. Existen muchas variedades de la batata, pero las que se consiguen con más facilidad en los Estados Unidos son las de piel clara y pulpa amarilla por un lado y sus parientes cercanas de piel oscura y pulpa dulce y color anaranjado brillante. Esta última variedad, llamada *Louisiana yam* (ñame de Louisiana), no guarda ninguna relación con el verdadero ñame. La batata blanca, llamada boniato, es poco dulce y es la preferida de los latinoamericanos, quienes la cocinan de la misma manera que la yuca. Los boniatos se consiguen en cualquier época del año (a pesar de que escasean durante los meses de febrero y marzo), en los comercios caribeños. No guarde nunca las batatas en el refrigerador; pueden conservarse hasta por 2 semanas a temperatura ambiente en un lugar bien ventilado.

El boniato, una variedad menos dulce de la batata

JÍCAMA

Apodada en inglés *yam bean* ("frijol batata") y *Mexican potato* ("papa mexicana"), esta vianda de escasas calorías posee diversos tamaños y por lo general tiene forma de nabo. Su piel fina es de color marrón claro. Por dentro es blanca y su textura crujiente, jugosa y levemente dulce, trae reminiscencias de los *water chestnuts* (una vianda china). La jícama puede comerse tanto cruda como cocida. Pele la piel y la capa fibrosa que está debajo de la misma, justo antes de usarla, dado que la jícama se seca con mucha rapidez. Esta vianda, muy apreciada por los mexicano-americanos, se ha incorporado a la corriente general de las cocinas del país y puede adquirirse desde octubre hasta fines de mayo en muchos grandes supermercados. También se encuentra a la venta en los comercios mexicanos y latinoamericanos en general y en los mercados donde venden productos del Asia. Elija viandas grandes, suaves, duras y que no tengan manchas. La jícama puede conservarse en una bolsa de plástico en el refrigerador durante 3 semanas como máximo. Los pedazos que estén pelados se conservan durante algunos días en el refrigerador en un recipiente lleno de agua.

La malanga, una vianda tropical emparentada con el taro.

MALANGA (también conocida como yautía entre los puertorriqueños y como tannia, tannier y cocoyam)

Vianda tropical estrechamente emparentada con el taro, la malanga constituye la base de muchos platos del Caribe y de América Central. El peso de la malanga varía entre ½ y 2 libras y puede tener una forma alargada parecida a la de la zanahoria o rechoncha similar a la del nabo. Debajo de su piel peluda, color café y semejante a una corteza, la malanga puede presentar un color marfil, rosado, o amarillento, que se torna gris al cocinarla. La textura de esta vianda es semejante a la de una papa. La malanga nunca se come cruda, sino pelada y cocida. Su sabor tiene una ligera semejanza con el de las nueces. Muchos estadounidenses de origen latinoamericano sirven la malanga cocida al vapor como un acompañamiento para carne, salchichas y pescado. También añaden trozos de la vianda a guisados y la cortan en rebanadas o la rallan para hacer mariquitas y frituras. Puede adquirirse en cualquier época del año en los comercios caribeños y de Américа Central; también en algunas verdulerías y supermercados. Las malangas deben ser firmes al tacto y no presentar manchas de moho o partes blandas. La malanga se conserva hasta una semana a temperatura ambiente o si desea puede pelarla y congelarla, ya sea entera o cortada en trozos grandes, para darle un uso posterior.

ÑAME (también conocido como *tropical yam* y *African yam* en inglés, yampi, mapuey; en el Brasil, como *inhame*)

Carentes de cualquier tipo de parentesco con la batata o con la vianda que los norteamericanos conocen como *yam*, las seiscientas variedades de viandas que verdaderamente pertenecen a esta especie, tienen piel marrón o morada, pulpa marfil o amarilla y un peso que puede variar entre unas pocas onzas y cien libras o más. Al igual que las papas, los ñames nunca se comen crudos. Los ñames cocidos son más dulces y gustosos que las batatas, pero contienen menos substancias nutritivas. Se encuentran a la venta en los comercios latinos y en algunos grandes supermercados. Elija las variedades más pequeñas cuyo sabor está más concentrado y consérvelas a temperatura ambiente una semana a lo sumo. Si desea usar nada más una porción del ñame, córtela y deje el resto del ñame sin cubrir—el ñame mismo se encargará de cicatrizar la parte expuesta.

PATACA O AGUATURMA (también conocida como *topinambur* entre los chileno-americanos y como *Jerusalem artichokes* y *sunchokes* en inglés)

La pataca—o aguaturma—es una especie de girasol. Esta pequeña vianda llena de protuberancias tiene piel de color tostado y crujiente carne marfil. Su sabor es suave y levemente parecido al de una nuez; tanto cuando se come cruda como cocida. Las patacas están a la venta todo el año en muchos grandes supermercados y en algunos comercios latinos, pero son mejores durante el otoño y el invierno. Elija los tubérculos más grandes y suaves, dado que éstos son los más fáciles de pelar. Ponga las patacas con todo y piel en el horno, o pélelas, córtelas en tajadas y saltéelas. También son deliciosas cocidas al vapor o hervidas; luego peladas y hechas puré. Las patacas crudas pueden cortarse en rebanadas finas o bien rallarse para añadirlas a las ensaladas.

TARO (también llamado *dasheen* por la mayoría de los habitantes de las Indias Occidentales y de América del Sur y *baddo* por los jamaiquinos)

Esta vetusta vianda de piel marrón y llena de almidón, nativa de las Indias Occidentales, ya era consumida por los hombres de la prehistoria. Taro alcanza una altura que varía de 5 pulgadas a un pie o más y tiene una pulpa de color blanco grisáceo con motas marrón claro. Algunas variedades del taro son amargas y altamente tóxicas cuando están crudas. Por esa razón, hay que cocer la vianda perfectamente antes de ingerirla, a fin de destruír sus toxinas y para que desaparezca su gusto amargo. El taro cocido tiene un sabor suave que hace recordar al de los corazones de alcachofa o castañas. Muchos estadounidenses de origen latinoamericano le dan espesura a las sopas y guisados con taro. También lo rallan para hacer frituras y lo cortan en forma de mariquitas para freírlas. El taro además suele cortarse en pedazos y cocinarse en almíbar para confeccionar un postre parecido a las castañas confitadas o *marrons glacé*. El taro no tiene una apariencia apetitosa cuando se hierve y machaca (se convierte en una especie de goma) y luce seco cuando se cocina en el horno. El taro se consigue en algunos mercados selectos, en los comercios caribeños y de toda Latinoamérica y en los comercios japoneses, donde lo venden bajo el nombre de *sato-imo.* Elija viandas que tengan una consistencia firme y que estén libres de moho. No guarde nunca el taro en el refrigerador. Consérvelo a temperatura ambiente por un máximo de 5 días. Las hojas de la planta de taro, llamada *callaloo,* también son comestibles.

YUCA (también conocida como *cassava* y *manioc* en inglés, y *mandioca* en portugués)

Confundido a menudo con la *yucca,* una planta siempreverde cuya flor blanca ha sido elegida como flor oficial del estado de Nuevo México, este tubérculo denso y lleno de almidón tiene sus orígenes en el Brasil. Actualmente la yuca se cultiva en Latinoamérica, en el estado de Florida y en otras regiones del globo. Su tamaño varía entre 6 y 24 pulgadas de largo. Al quitársele su piel (que generalmente se cubre de cera para conservarla más tiempo), la yuca revela una pulpa suave e inmaculadamente blanca, que debe ser siempre cocinada para librarla del glucósido, una substancia venenosa que se encuentra en una de las variedades de este tubérculo. La yuca cocida tiene gusto a papas con mantequilla y apenas un dejo de sabor dulce. Mientras que la mayoría de los estadounidenses de descendencia latinoamericana, hierven, asan al horno, o fríen la yuca, los brasileño-americanos además la secan y la muelen para obtener la harina de manioc (*farinha de mandioca*) que después tuestan y mezclan con otros ingredientes para preparar el omnipresente plato de *farofa.* Dado que la tapioca es un almidón pregelatinizado, extraído de la yuca, los estadounidenses de todos los grupos étnicos han comido esta raíz durante décadas sin tener conciencia del hecho. La yuca fresca se encuentra a la venta durante todo el año en la mayoría de los comercios latinos y en algunos comercios de alimentos asiáticos y supermercados. En ciertos establecimientos latinos también se puede comprar la yuca pelada y congelada. Elija tubérculos firmes, sin olor, duros y que no tengan grietas o partes blandas o con moho. La yuca tiende a echarse a perder rápidamente; por lo que puede conservarla a temperatura ambiente durante un período máximo de 3 días y si se desea que se conserve por más tiempo, necesita pelarla y congelarla. Si corta un pedazo del tubérculo, deje el resto sin cubrir a fin de que la parte expuesta de la pulpa pueda cicatrizarse.

La yuca es tuberosa y nunca se come sin cocinar.

LOS TAMALES Y LAS EMPANADAS DIVERSAS—NO EL PAN—SON EL SOSTÉN DE LA VIDA LATINA.

TAMALES Y EMPANADAS DIVERSAS

EMPANADAS DE CAMARÓN

Empadinhas de camarão

Si bien los brasileño-americanos tienen pasión por los platos de carne como la *feijoada completa,* que en realidad constituye una comida completa, integrada por diferentes clases de carne como la de cerdo, tocino, orejas de cerdo, carne de res seca, lengua ahumada y salchichas, servidas junto con frijoles negros, arroz y harina de *manioc* (yuca), no por ello dejan de tener también una inclinación hacia el pescado y los mariscos. En restaurantes ubicados en la zona de Nueva York conocida como *Little Brazil,* como Vía Brasil y Brasilia, las *moquecas,* guisados preparados con pescado y mariscos (vea página 73) y el *bacalhau* (bacalao), servido de mil maneras diferentes, figuran invariablemente en los menús. Uno de los platos de mariscos más celestiales es el de *Empadinhas de camarão,* Empanadas de camarón, un manjar del Brasil que consiste en empanadas preparadas con mantequilla, dentro de las cuales se produce la unión entre la suculencia de los camarones y la de los sedosos palmitos.

Dado su tamaño, las *empadinhas,* diminutivo de *empadas,* resultan perfectas como entremeses, refrigerios o tapas. Los brasileño-americanos también las sirven junto con sandwiches y ensaladas en las comidas ligeras. Cuando se desea preparar las *empadas* como plato principal, se pueden cortar en la masa círculos de 6 pulgadas, en vez de 4. La receta para las *Empadinhas de camarão* que presentamos a continuación, se adhiere a la tradición en todo, menos en que la proporción entre la mantequilla y la manteca vegetal es mayor, a fin de que la costra de las *empadinhas* sea más mantecosa y crujiente.

PARA EL RELLENO:

2 cucharadas de aceite de oliva
1 cebolla mediana, pelada y bien picada
2 dientes de ajo medianos, pelados y bien picados
2 tomates maduros medianos, cortados en pedacitos
¼ cucharadita de sal, o a gusto
⅛ cucharadita de pimienta blanca recién molida
¾ taza de palmitos enlatados, escurridos y cortados en pedacitos
½ libra de camarones medianos, pelados, limpios y cortados en tercios
¼ taza de leche de coco sin endulzar, enlatada
2 cucharadas de perejil fresco bien picado (el culantro es una buena alternativa)

PARA LA MASA:

2⅓ tazas de harina común sin blanquear
½ cucharadita de cúrcuma (azafrán de las Indias)
¼ cucharadita de sal
6 cucharadas de mantequilla (¾ barra) sin sal, fría
1 cucharada de manteca vegetal
1 huevo grande
1 yema de huevo grande, batida con 3 cucharadas de agua fría

PARA EL GLASEADO:

1 yema de huevo

1 cucharada de agua

Prepare el relleno: Caliente el aceite de oliva en una sartén grande sobre fuego entre moderado y fuerte. Saltee las cebollas picadas y el ajo durante aproximadamente 5 minutos o hasta que estén doradas. Añada los tomates, la sal y la pimienta blanca; cocine aproximadamente 5 minutos, revolviendo cada tanto. A continuación agregue los palmitos, los camarones y la leche de coco y siga cocinando 5 minutos más, sin dejar de remover, o hasta que los camarones se vuelvan de un color rosado brillante. Incorpore el perejil o culantro y revuelva. Retire la sartén del fuego y deje que el relleno se enfríe completamente.

Entretanto, prepare la masa: Mezcle la harina con la cúrcuma y la sal en un plato hondo grande. Usando un cuchillo afilado, corte la mantequilla fría en pedacitos de ½ pulgada. Añada los pedacitos de mantequilla y la manteca vegetal a la harina. Incorpore los ingredientes con las yemas de los dedos, hasta que la mezcla semeje granos toscamente molidos. A continuación, añada el huevo entero, la yema de huevo batida con el agua fría y amase para formar una masa firme. Agregue más agua, una cucharadita a la vez, si hace falta. Cubra la masa con una toalla húmeda y déjela reposar por un mínimo de 20 minutos. Mientras la masa está reposando, mezcle la yema y el agua fría en un plato pequeño para preparar el glaseado.

Para armar las *empadinhas,* estire la masa sobre una superficie ligeramente enharinada, hasta que tenga un grosor de ⅛ pulgada. Corte la masa en círculos de 4 pulgadas de diámetro, con un cortador de bizcochitos (nosotros preferimos hacer presión sobre la masa con un plato de 4 pulgadas de diámetro y luego cortamos los círculos siguiendo esta huella con un cuchillo afilado.) Vuelva a estirar los pedazos sobrantes y repita la misma operación, hasta usar toda la masa. Vierta en el centro de cada círculo de masa 1 cucharada colmada de relleno, dejando un borde de ¼ pulgada. Cubra los bordes de cada círculo con el glaseado. Después doble una de las dos mitades sobre el relleno y junte sus bordes con los de la otra mitad, formando una media luna. Ciérrela, haciendo un poco de presión en los bordes, primero con los dedos y después con los dientes de un tenedor. Repita la operación hasta que todas las *empadinhas* estén cerradas. (Es probable que le sobre un poco de relleno.)

Ordene las *empadinhas* en una bandeja de hornear forrada con papel pergamino. Barnícelas con el glaseado y hornéelas en la parrilla superior de un horno precalentado a 375°F por espacio de 20 minutos o hasta que estén bien doradas. Retire las *empadinhas* del horno y póngalas inmediatamente a enfriar sobre parrillas de alambre. Sírvalas mientras aún estén calientes.

Suficiente para 16 empadinhas

CALDUDAS AL ESTILO CHILENO-AMERICANO

Las empanadas chilenas se preparan con una variedad de magníficos rellenos, tales como camarones, pescado, queso o verduras. De todas las empanadas rellenas, tal vez la favorita en los Estados Unidos, sea la calduda, con su fragante relleno de carne de res picada y jugosa, huevos duros, aceitunas y pasas, encerrada dentro de una costra delicada y con sabor a mantequilla. En algunos casos, las cocineras y los cocineros chileno-americanos, solamente cambian de maneras sutiles la receta para el relleno de las empanadas, pero en lo que hace a la masa, la mayoría opta por una alteración importante, al reemplazar la manteca de cerdo por mantequilla y manteca vegetal, tal como se indica en esta receta. La mayoría está de acuerdo en que las caldudas son ideales para una merienda, almuerzo informal o cena, si se las acompaña con una ensalada verde y vasos de vino tinto. Nosotras hemos descubierto que el Cousino-Macul merlot chileno (superior a muchos merlots de California) o un semi-robusto Cousino-Macul cabernet sauvignon, son excelentes acompañamientos para las empanadas.

Como todas las empanadas, las caldudas pueden prepararse en diferentes tamaños. Para esta receta, la masa debe cortarse en círculos de 5 pulgadas de diámetro, a fin de que las caldudas puedan servirse como plato principal. Cuando las prepare como primer plato, entremeses o para comer en cualquier momento del día, simplemente reduzca el diámetro de los círculos a 3 pulgadas y rellénelos más o menos con la mitad del relleno que se indica. Tenga en cuenta que las empanadas sin cocinar se congelan muy bien, si las envuelve apretadamente en material plástico y luego las coloca en una bolsa de plástico de cierre hermético. Déjelas descongelar durante 2 horas antes de ponerlas en el horno. Las empanadas sobrantes pueden recalentarse al día siguiente en el horno tradicional o en el de microondas.

PARA LA MASA:

2¼ tazas de harina común sin blanquear
½ cucharadita de sal
½ taza (1 barra) de mantequilla sin sal, fría
¼ taza de manteca vegetal, fría
Aproximadamente ⅓ taza de agua fría

PARA EL RELLENO:

2 cucharadas de aceite de oliva
1 cebolla amarilla mediana, pelada y bien picada
½ libra de carne de res magra molida
½ cucharadita de comino molido
1 cucharadita de paprika dulce
⅛ cucharadita de pimentón (*cayenne*)
¼ taza de caldo de carne de res, enlatado o casero

2 huevos duros, cortados en pedazos

½ taza de aceitunas curadas en salmuera o sal, del tipo de las *kalamata, niçoise, ponentine,* o aceitunas estilo griego, deshuesadas y cortadas en pedacitos

½ taza de pasas blancas sin semillas

PARA EL GLASEADO:

1 yema de huevo

1 cucharada de agua

Prepare la masa: Mezcle la harina y la sal en un tazón grande. Corte la mantequilla fría en pedacitos de ½ pulgada y luego añada los pedacitos de mantequilla y la manteca vegetal a la harina. Incorpore los ingredientes con las yemas de sus dedos, hasta que la mezcla adquiera una consistencia de granos toscamente molidos. Añada el agua fría y amase para obtener una masa firme. Si la masa está demasiado seca, agregue un poco más agua, ½ cucharadita a la vez. Cubra la masa con material plástico y póngala a enfriar en el refrigerador mientras prepara el relleno.

Un grupo de mexicano-americanos en su molino en Arizona, en el 1907

Para preparar el relleno, caliente el aceite de oliva en una sartén grande sobre fuego entre moderado y fuerte y saltee las cebollas hasta que empiecen a dorarse, aproximadamente 5 minutos. Agregue la carne de res molida, el comino, la paprika y el pimentón y siga cocinando, separando la carne con un tenedor mientras se dora, unos 5 minutos. Agregue el caldo y deje cocer la carne a fuego lento hasta que casi todo el caldo se haya evaporado, alrededor de 8 minutos. Saque el relleno de carne molida de la sartén y póngalo en un plato mediano para que se enfríe.

Entretanto, estire la masa sobre una superficie ligeramente enharinada, hasta que tenga un grosor de ⅛ pulgada. Usando un plato o tazón de 5 pulgadas de diámetro, corte la masa estirada en círculos, siguiendo el contorno del plato con un cuchillo bien afilado. Después junte y vuelva a estirar los pedazos de masa sobrantes, repitiendo la misma operación con el plato y el cuchillo hasta que no le quede más masa.

Para armar las caldudas, ponga 2 cucharaditas de carne molida, ½ cucharadita de huevos duros cortados, ½ cucharadita de aceitunas y algunas pasas en el centro de uno de los círculos de masa, dejando un borde de ¼ pulgada. Doble cuidadosamente una de las mitades del círculo sobre el relleno, haciendo coincidir sus bordes con los de la otra mitad, formando una media luna. Cierre ésta, oprimiendo los bordes entre el índice y el pulgar y luego haga presión con los dientes de un tenedor. Repita la operación hasta que todas las caldudas estén rellenas, dobladas y cerradas.

Bata la yema de huevo con el agua para preparar el glaseado. Transfiera las caldudas a bandejas de hornear ligeramente engrasadas, barnícelas con el glaseado de huevo y hornéelas en la parrilla superior de un horno precalentado a 425°F, entre 12 y 15 minutos o hasta que estén doradas. Saque las caldudas del horno y póngalas a enfriar encima de una parrilla de alambre. Sírvalas mientras estén todavía calientes.

Alcanza para 4 a 6 porciones

Para preparar las Empanadas de carne argentino-americanas: Saltee ¼ taza de pimiento verde bien picado junto con las cebollas. Omita el comino, la paprika y el pimentón (*cayenne*). Reemplace el caldo de carne de res por 2 cucharadas de vino blanco seco, 1 tomate

EMPANADAS DIVERSAS

¿Cuál es la diferencia entre las empanadas de carne, las *empadas* de carne, las caldudas, las salteñas y las *Jamaican Beef Patties?*

Básicamente ninguna. Todas son variaciones maravillosas de la empanada de carne latinoamericana—una costra dorada rellena de suculenta carne molida. Las empanadas de carne cubano-americanas, se adornan con huevos duros, aceitunas y pasas, además de tomates cortados y alcaparras. La versión brasileño-americana, conocida como *empada de carne,* es muy parecida a la cubana, con la única diferencia de que se reemplaza a las aceitunas por chiles picantes. Las empanadas de carne se conocen como *beef patties* entre los jamaiquino-americanos y éstas son bastante picantes, dado que cuentan entre sus ingredientes a los chiles *Scotch bonnet* (vea página 176). Los argentino-americanos tradicionalmente enriquecen el relleno de sus empanadas de carne con pimientos verdes, peras y duraznos, en vez de hacerlo con huevos duros, aceitunas y pasas (vea arriba). En cambio los puertorriqueños preparan un relleno de carne molida, pimientos verdes y salsa de tomate; luego fríen sus empanadas hundiéndolas en aceite hirviendo, en vez de hornearlas. El equivalente boliviano-americano de las empanadas de carne son las salteñas, que en algunos casos se rellenan de arroz, mientras que la versión chilena es la calduda que presentamos en la página 218.

pequeño maduro y cortado en pedacitos, ½ pera mediana, pelada, sin el corazón y cortada en pedacitos y ½ durazno mediano, pelado, deshuesado y también cortado en pedacitos y deje cocer unos 5 minutos o hasta que la fruta esté blanda. Pruebe el relleno y añada sal y pimienta negra recién molida, al gusto. Ponga 3 cucharaditas de relleno en el centro de cada círculo de masa. Omita los huevos duros, las aceitunas y las pasas.

EMPANADAS DE CARNE A LA JAMAIQUINA

Jamaican Beef Patties

El jamaiquino-americano Michael R. Hall, quien trabaja en el departamento de medios de comunicación para la comercialización teatral en los MGM/United Artists Studios de Los Angeles, se crió en la ciudad de Troy, Ohio, donde prácticamente la única comida propia de las Indias Occidentales que podía encontrarse por los alrededores, era la que se preparaba en la cocina de su madre. Cuando era niño, Michael siempre esperaba con ansiedad que llegara la fiesta del cuatro de julio, para que su familia se reuniera con otras veinte familias jamaiquinas provenientes de tres estados diferentes, en un picnic que siempre era seguido de un partido de críquet. "Mis padres empezaban los preparativos con semanas de anticipación," relata Michael. "Papá revisaba todo el equipo de críquet—mientras mi madre ensayaba y volvía a ensayar la receta de mi abuela para los *Jamaican Beef Patties* (Empanadas de carne a la jamaiquina), como rutina de preparación para la cantidad enorme que luego llevaría al picnic. Esas empanadas de carne eran irresistibles, porque estaban hechas con salchichas y carne de res y sazonadas con grandes cantidades de curry."

Michael Hall no puede esperar a que llegue el día en que los *Jamaican Beef Patties* sean tan comunes en Los Angeles como lo son en la ciudad de Nueva York, donde muchas pizzerías los exponen al lado de las pizzas y de los calzones (ver Cómo las empanadas de carne a la jamaiquina llegaron a las pizzerías de la ciudad de Nueva York, en la página 223). Mientras esto sucede, se las arregla con la receta de su abuela para prepararlas en su casa y servirlas en cualquier momento del día, o bien como primer plato o para una comida ligera acompañadas de sopa o ensalada.

PARA LA MASA:

2 tazas de harina común sin blanquear
½ cucharada de curry en polvo
½ cucharadita de sal
½ taza de manteca vegetal
5 cucharadas de agua fría

Empanadas de carne a la jamaiquina (continuación)

PARA EL RELLENO:

½ libra de carne de res magra molida
½ libra de salchicha italiana picante o dulce, extraída de sus envolturas
1 cebolla amarilla mediana, pelada y bien picada
1 diente de ajo grande, pelado y bien picado
½ chile *Scotch bonnet*, o sustitúyalo por un jalapeño, sin semillas y bien picado, o a gusto (a su discreción)
½ taza de pan rallado seco sin condimentar
1 cucharada de curry en polvo
½ cucharadita de tomillo seco
½ cucharadita de salvia
1 cucharadita de sal, o a gusto
¼ cucharadita de pimienta negra recién molida, o a gusto
½ taza de agua
2 chalotes medianos, sin las raíces y picados

1 yema de huevo grande, batida

Prepare la masa: Mezcle bien todos los ingredientes secos en un tazón mediano. Agregue la manteca vegetal y las 5 cucharadas de agua fría y use los dedos para mezclarlas con la harina sazonada, hasta obtener una masa de consistencia firme. Si la masa está demasiado seca y tiende a separarse, añada más agua fría, ½ cucharadita a la vez. Envuelva la masa en material plástico y enfríela en el refrigerador por un mínimo de 2 horas.

Entretanto, prepare el relleno: Saltee la carne de res, la salchicha, las cebollas picadas, el ajo y el chile, si lo desea, en una sartén grande a fuego entre moderado y fuerte, hasta que se doren, unos 15 minutos, separando las carnes con un tenedor a medida que se vayan cocinando. Reduzca el fuego, agregue el pan rallado, el curry en polvo, el tomillo, la salvia, la sal y pimienta y la ½ taza de agua. Cocine el relleno durante 5 minutos, removiendo con frecuencia. Vierta los chalotes en la sartén, retírela del fuego y deje enfriar hasta que alcance la temperatura ambiente.

Estire la masa encima de una tabla o superficie ligeramente enharinada, hasta que tenga un grosor de ⅛ pulgada. Corte la masa en círculos de 5 pulgadas de diámetro. (Nosotras preferimos hacer presión sobre la masa con un plato o tazón de 5 pulgadas de diámetro y luego cortamos los círculos siguiendo esta huella con un cuchillo afilado.) Vuelva a amasar y a estirar los pedazos de masa que le sobren después de cortar los círculos. Repita la misma operación hasta usar toda la masa.

Arme las empanadas de carne: Ponga alrededor de 1½ cucharadas de relleno sobre uno de los lados de un círculo de masa. Doble la mitad libre por encima del relleno para juntar los bordes, formando una media luna. Pegue los bordes, haciendo presión con los dientes de un tenedor. Repita la operación con todos los círculos y luego colóque las empanadas en bandejas de hornear.

Barnice la parte de encima con el huevo batido y hornée las empanadas en la parrilla superior de un horno precalentado a 400°F. Déjelas en el horno durante unos 15

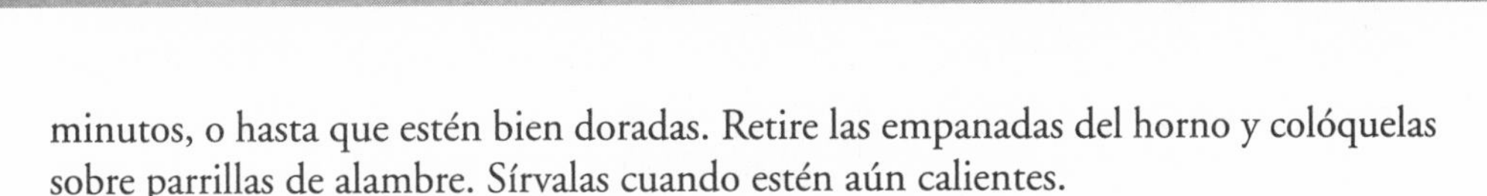

minutos, o hasta que estén bien doradas. Retire las empanadas del horno y colóquelas sobre parrillas de alambre. Sírvalas cuando estén aún calientes.

Alcanza para alrededor de 1 docena

CÓMO LAS EMPANADAS DE CARNE A LA JAMAIQUINA LLEGARON A LAS PIZZERÍAS DE LA CIUDAD DE NUEVA YORK

Cuando Beryl Levi y su esposo, Earl, un diseñador de ropa, llegaron a la ciudad de Nueva York provenientes de Jamaica, hace más de tres décadas, quedaron estupefactos al notar la escasez de bocados jamaiquinos que existía en la *Big Apple.* A raíz de ese descubrimiento, un buen día empezaron a preparar algunos en el horno de su propia cocina. No bien los amigos y vecinos de Earl y Beryl acababan de probar los *Jamaican Beef Patties* (empanadas de carne condimentadas con curry), cuando empezaban a llegar los pedidos. Dándose cuenta de lo que ocurría, el matrimonio Levi abrió en 1968 las puertas de Tower Isle's, una pequeña panadería en la sección Crown Heights de Brooklyn. La panadería prosperaba modestamente, hasta el día en que a los Levi se les ocurrió que los cientos de pizzerías de la ciudad de Nueva York eran el sitio ideal para vender sus *beef patties.* Al recibir el primer pedido, las pizzerías contaban con la promesa de que si las empanadas no se vendían, podrían regresarlas. Pero los neoyorquinos no podían dejar de comerlas una vez que las probaban y los pedidos se fueron a las nubes. Para entonces, los Levi ya habían americanizado la receta, disminuyendo la proporción de las especias y aumentando la de la carne, a fin de que las empanadas de carne pudieran rivalizar con las hamburguesas. Algunas pizzerías les imprimieron a los *beef patties* sus propios toques italianos, añadiéndoles un poco de mozzarella, a los que dieron por llamar *Beef Patties Parmigiana* y algunas salchichas a los que acabarían conociéndose como los *Pepperoni Patties.* Antes de que pasara mucho tiempo, Tower Isle's era ya una de las fábricas de empanadas de carne más grandes del mundo y en 1990 la compañía producía más de cien mil *beef patties* por día para proveer a pizzerías, bodegas latinas y a la sección de comidas congeladas de los almacenes de depósito de supermercados, como el Price Club. En 1990, Tower Isle's empezó a producir empanadas de verduras y en 1994 lanzó a la venta las de pollo, pero incluso con la competencia de sabores los *beef patties* siguen figurando en primer lugar en las pizzerías de la ciudad de Nueva York.

PUKAS

"Las Pukas son unas sabrosas empanadas redondas rellenas con un queso blanco boliviano llamado quesillo y cebollas, con el tinte rojo de ajíes secos molidos. De hecho, pukas significa rojo en quechua (lengua predominante de la región andina)," dice José Sánchez-H., un boliviano-americano que es profesor de Cine y Artes Electrónicas en la California State University, de Long Beach. "Las Pukas me recuerdan un tiempo que ya pasó en Bolivia. Cada vez que pruebo una empanada recién sacada del horno, con su parte de arriba roja de chile y siento escapar el aroma de queso y cebollas, tengo una visión de la Bolivia de otros tiempos y de un mundo poblado por parientes y amigos, algunos que aún viven y otros que ya se han ido. Nunca olvidaré cómo cada domingo mi hermana Carla y yo íbamos a un lugar que quedaba en la ruta que llevaba a Santa Cruz y Cochabamba y nos llenábamos de Pukas."

José Sánchez-H. ha alterado la receta tradicional de la Puka, al reemplazar el quesillo por el queso *feta* y los chiles locotos por los jalapeños, dado que ambos ingredientes bolivianos son imposibles de conseguir en los Estados Unidos. Los boliviano-americanos tienden a usar una cantidad generosa de chiles picantes en sus platos—y José Sánchez-H. no es la excepción cuando prepara sus Pukas. Nosotras nos hemos tomado la libertad de suavizar apenas un poco su receta, usando solamente la mitad del chile colorado seco y molido prescrito por él.

PARA LA MASA:

2 tazas de harina común sin blanquear
1½ cucharaditas de polvo de hornear
½ cucharadita de azúcar granulada
½ cucharadita de sal
¼ taza (½ barra) de mantequilla, cortada en pedacitos
2 yemas de huevo medianas
½ taza de leche o agua

PARA EL RELLENO:

¼ taza (½ barra) de mantequilla
1½ tazas de cebolla amarilla bien picada
2 tazas (alrededor de ¾ libra) de queso *feta* desmenuzado
1 chile picante fresco y pequeño, tal como el jalapeño, sin el centro ni las semillas y bien picado, o a gusto (a su discreción)
2 chalotes medianos, sin las raíces y bien picados
2 cucharadas de tomate maduro pelado y cortado en pedacitos
1½ cucharadas de perejil fresco bien picado
2 cucharadas de chile colorado seco y molido, poco picante, o a gusto (ver la información sobre el chile colorado seco y molido que figura en la página 178)
1 docena de aceitunas grandes deshuesadas, cortadas por la mitad

PARA EL GLASEADO DE CHILE COLORADO:

1 cucharada de chile colorado seco y molido, poco picante
1 cucharada de mantequilla
1 cucharada de agua

Prepare la masa: Mezcle muy bien los ingredientes secos en un tazón mediano. Usando 2 cuchillos corte la mantequilla dentro de la mezcla de harina, o bien use sus propios dedos. Mezcle la mantequilla y la harina hasta que tenga la apariencia de granos toscamente molidos. Agregue a la masa las yemas de huevo, seguidos por la leche o el agua. Forme una pelota y añada más leche o agua, ½ cucharadita a la vez, si la masa está demasiado seca. Absténgase de amasarla, porque se endurecería. Envuélvala en material plástico y déjela reposar mientras prepara el relleno.

Para preparar el relleno, derrita la mantequilla en una sartén grande sobre fuego moderado. Saltee las cebollas picadas en la mantequilla, revolviendo cada tanto, hasta que estén muy blandas, unos 10 minutos. Pase las cebollas y la mantequilla que queden en la sartén a un tazón grande. Agregue el queso *feta,* el chile picado, si lo desea, los chalotes, el tomate, el perejil y el chile colorado seco y molido.

Prepare el glaseado de chile colorado: Ponga el chile colorado seco y molido, la mantequilla y el agua en una cazuela pequeña. Cocine a fuego lento durante 5 minutos y retire la cazuela del fuego.

Estire la masa sobre una superficie ligeramente enharinada, hasta que tenga un grosor de ⅛ pulgada. Corte la masa en círculos de 4 pulgadas de diámetro con un cortador de bizcochitos, o marque la masa con un plato de 4 pulgadas de diámetro y córtela después con un cuchillo afilado, siguiendo las huellas dejadas por el plato. Apile los círculos de masa en un plato y cúbralos con plástico. Junte y estire nuevamente los pedazos de masa que le sobraron y repita la operación anterior. Continúe juntando y estirando la masa hasta usarla por completo.

Con una cuchara, vierta entre 1½ y 2 cucharadas generosas de relleno en el centro de uno de los círculos. (Use la mayor cantidad posible de relleno, porque su volumen disminuirá durante el horneado.) Presione 2 aceitunas dentro del relleno. Coloque encima otro círculo de masa y selle los dos círculos, presionando primero en los bordes con las yemas de sus dedos y después con los dientes de un tenedor. (Si las Pukas no quedan completamente cerradas, el relleno se saldrá mientras se hornean.) Repita la misma operación para preparar el resto de las Pukas.

Distribuya las empanadas rellenas en bandejas de hornear engrasadas y con una brocha de repostería, barnice la parte de encima con el glaseado de chile colorado. Introduzca las Pukas a un horno precalentado a 400°F y siga horneándolas hasta que sus bordes estén bien dorados, unos 12 minutos. Retírelas del horno y póngalas sobre parrillas de alambre. Sírvalas cuando estén aún calientes.

Alcanza para alrededor de 10 pukas

PAN ASADO A LA PLANCHA CON RELLENO DE GUISANTES SECOS AMARILLOS

Dhal puri

"Las comidas de las Indias Orientales llegaron a los Estados Unidos indirectamente a través de Latinoamérica y gracias a los inmigrantes provenientes de la Guyana, Trinidad y Surinam. Luego de que Gran Bretaña y los Países Bajos abolieran la esclavitud a principios del mil ochocientos, los terratenientes ingleses de la Guyana y Trinidad y los holandeses de Surinam, contrataron trabajadores de las Indias Orientales y de la China, entre otros, para reemplazar a los esclavos. Como resultado, la población originaria de las Indias Orientales representa aproximadamente la mitad de la población de la Guyana y ha influenciado profundamente la vida gastronómica del país, ya que el aromático curry y los panes de la India, tales como el *roti* y el *poori* (que los guyaneses llaman cueros *roti* y *puri*), se mezclan con los *puddings* y los pasteles ingleses, con guisados africanos como el *pepperpot* y los platos de fideos chinos.

En la actualidad, los platos de las Indias Orientales que tienen un sello caribeño inevitable, pueden encontrarse en los menús de los restaurantes guyanés-americanos tales como los que frecuenta la comunidad guyanesa de la ciudad de Nueva York concentrada primeramente en las zonas de Flatbush y Crown Heights en Brooklyn. Esta receta para preparar el *Dhal puri,* Pan asado a la plancha con relleno de guisantes secos amarillos, es tan popular entre los guyanés-americanos como su predecesor, el *hari matar parantha,* lo es entre los estadounidenses con raíces en la India. Mientras que el *Dhal puri* se cocina tradicionalmente sobre una plancha seca y se sirve como un pan para acompañar al plato principal, nosotras también lo servimos como primer plato o en cualquier momento del día a la manera italiana, con un platillo de aceite de oliva para remojar el pan. En vez de cocinar el pan sobre una plancha seca, a veces también lo hacemos saltear en una sartén con un poco de aceite de oliva. Esta manera de cocinarlo produce un pan completamente diferente, tostado por fuera y blando por dentro.

PARA EL RELLENO:

½ taza (4 onzas) de guisantes secos amarillos*
2 tazas de agua
¼ taza de cebolla amarilla bien picada
1 cucharada de chile jalapeño bien picado, o a gusto (a su discreción)
1 diente de ajo mediano, pelado y bien picado
1 cucharada de aceite de oliva
½ cucharadita de comino molido
½ cucharadita de cúrcuma (azafrán de las Indias)
Sal, a gusto

PARA LA MASA:

4 tazas de harina común sin blanquear
½ cucharada de polvo de hornear
¼ cucharadita de sal
1⅓ tazas de agua
Aceite vegetal o de oliva para cocinar

**Los guisantes amarillos secos se consiguen en los comercios de productos naturales y en algunos supermercados.*

Prepare el relleno: Lave los guisantes secos en un colador, bajo el chorro de agua fría. Escúrralos y póngalos en una cacerola pequeña junto con 2 tazas de agua. Hiérvalos a fuego entre moderado y fuerte. Baje la llama y siga cocinando a fuego lento, con la cacerola tapada, durante unos 20 minutos, o hasta que los guisantes estén blandos.

Escurra completamente los guisantes secos en un colador y déjelos enfriar hasta alcanzar la temperatura ambiente, mientras prepara la masa. Mezcle la harina, el polvo de hornear y la sal en un plato hondo grande. Añada las 1⅓ tazas de agua a los ingredientes secos y mezcle bien para formar una masa blanda. Añada más agua, ½ cucharadita a la vez, si la masa está demasiado seca. Amásela sobre una superficie ligeramente enharinada, hasta que adquiera una consistencia satinada y tersa, unos 10 minutos. Forme una pelota con la masa, cúbrala con una toalla húmeda y déjela reposar 30 minutos.

Entretanto seque los guisantes con toallas de papel, muélalos en una procesadora de alimentos o licuadora hasta que tengan el aspecto de granos toscamente molidos y páselos a un tazón pequeño. Saltee las cebollas picadas, el jalapeño y el ajo en la cucharada de aceite de oliva sobre fuego moderado, hasta que las cebollas estén blandas, aproximadamente 4 minutos. Mezcle las verduras salteadas, el comino, la cúrcuma y la sal junto con los guisantes. El relleno quedará muy seco.

Siga amasando durante otro minuto sobre una superficie ligeramente enharinada y luego divídala en 8 pedazos iguales y deles forma de bola, usando las palmas de las manos. Aplane una de las bolas y extiéndala con un rodillo pastelero hasta formar un círculo de 4 pulgadas. Vierta 1 cucharada colmada del relleno en el centro del círculo y a continuación levante con mucho cuidado los bordes y llévelos hacia el centro para cubrir el relleno y formar una pelota. Haga presión para que los bordes queden pegados. Repita la operación hasta que todos los círculos estén rellenos y cerrados.

Caliente una plancha o una sartén grande de hierro a fuego moderado. Estire con mucho cuidado una de las pelotas rellenas, hasta formar un círculo de 7 pulgadas de diametro, volteándolo una vez y pasándole el rodillo de amasar por el otro lado. A medida que usted va estirando la masa, deberá formarse una especie de bolsillo con el relleno adentro. El relleno no debe asomarse por la masa. Cocine el *Dhal puri* en la plancha seca o en la sartén, aproximadamente 4 minutos, hasta que quede ligeramente dorado por debajo y luego dele vuelta y barnice ligeramente la parte dorada con un poco de aceite vegetal o de oliva. Siga cocinando por unos 4 minutos hasta que el *Dhal puri* esté bien inflado y dorado. (O bien fríalo en una sartén con 1 cucharada de aceite de oliva hasta que esté bien dorado por debajo, alrededor de 4 minutos. Voltéelo y hágalo dorar del otro lado durante otros 4 minutos.) Póngalo sobre un plato cubierto con un lienzo de cocina y cúbralo con otro lienzo para que se mantenga caliente. Repita la operación con los círculos restantes. Sirva los *Dhal puri* de inmediato.

Alcanza para preparar 8 dhal puri

TAMALES DE CERDO CON PASAS Y ALMENDRAS

"La mera fragancia de los tamales cociéndose sobre la estufa, me traen a la memoria el recuerdo de las reuniones familiares llenas de amor y gozo de cuando era niña en México," dice Shirley Muller, dueña de Bay Books, una placentera librería en Coronado, California. "Mi abuela materna hacía los más maravillosos y delicados tamales con rellenos como calabacitas, flores de calabaza y epazote; hongos salteados en mole o adobo y picadillo de pollo o de res con almendras, pasas y aceitunas. Los tamales de cerdo con salsa de tomate verde o colorada eran una de mis comidas favoritas y a través de los años le he agregado almendras y pasas a la receta de mi abuela." Shirley Muller sirve tamales de cerdo en el almuerzo y en la cena a la manera auténtica, es decir acompañándolos con tazas de Chocolate estilo Nuevo México (ver la receta en página 310) o atole, una interesante bebida preparada con masa de harina de maíz, leche y azúcar, a la que se le pueden añadir frutas, nueces o chocolate, o servírla sin ningún derezdo.

Tamales mexicanos para la Navidad

Los tamales sobrantes pueden conservarse en el refrigerador hasta por dos días y en el congelador por espacio de

un mes. Pueden calentarse en el horno de microondas o en una olla para el baño Maria. No hace falta que se les descongele previamente; basta con dejarlos cocinar por más tiempo.

1 paquete de 6 onzas de hojas de maíz secas

PARA EL RELLENO:

1 libra de paletilla de cerdo sin hueso ni grasa sobrante, cortada en pedazos de 1 pulgada
3 cucharadas de aceite de oliva
1½ tazas de agua
1 cebolla amarilla pequeña, pelada y picada
2 dientes de ajo medianos, pelados y picados
½ cucharadita de orégano molido
¼ cucharadita de comino molido
Sal, a gusto
1 lata de 15 onzas de salsa de tomate
¼ taza de pasas negras sin semillas
¼ taza de almendras cortadas en rebanadas
2 cucharaditas de culantro fresco, picado

PARA LA MASA:*

4 tazas de masa harina de maíz**
3 tazas de agua
1 taza de aceite de canola
1 cucharada de polvo de hornear
2 cucharaditas de sal, o a gusto

**O compre masa para tamales ya preparada (no masa para tortillas) en comercios mexicanos y en algunos supermercados selectos de California, Texas y la región sudoeste del país, donde existe una población considerable de origen mexicano.*
***Se consigue en los comercios mexicanos, centroamericanos y suramericanos y en supermercados selectos especialmente en California, Texas y el sudoeste de los Estados Unidos.*

Remoje las hojas de maíz sumergiéndolas en agua caliente en una olla grande, aproximadamente 30 minutos o hasta que estén blandas. Sepárelas en hojas de una sola "capa" y descarte las que estén rasgadas. Lávelas debajo de la llave del agua caliente y quite cualquier resto de arena o de los hilos de seda de la planta, escúrralas y acomódelas en una pila en un plato grande o bandeja. Puede usar hojas de todos tamaños para hacer tamales chicos, medianos o grandes, o elegir solamente las hojas de mayor tamaño para hacer tamales grandes. Las hojas también se pueden superponer cuando son demasiado pequeñas para usarse solas.

Prepare el relleno de cerdo: Seque el cerdo dándole palmadas con toallas de papel. Caliente 2 cucharadas de aceite de oliva en una sartén grande a fuego entre moderado y fuerte; haga dorar el cerdo en el aceite por todos lados, unos 12 minutos. Añada el agua y cuando alcance el punto de ebullición, reduzca la temperatura y cocine el cerdo a fuego lento, con tapadera, aproximadamente 45 minutos, o hasta que esté tierno. Retire el cerdo de la sartén con una cuchara colador o espátula y colóquelo sobre una tabla de cortar. Desmenuce la carne de cerdo con un tenedor o con los dedos. Reserve el caldo del cerdo.

Caliente la cucharada de aceite de oliva restante en una cazuela grande, sobre fuego moderado. Saltee la cebolla y el ajo en el aceite, aproximadamente 7 minutos, o hasta que estén blandos. Añada el orégano, el comino y la sal. Vierta la salsa de tomate y la ½ taza de caldo de cerdo reservada. Cuando suelte el hervor, reduzca la temperatura y cocine a fuego lento unos 15 minutos. Agregue a la salsa el cerdo desmenuzado, las pasas, las almendras y el culantro. Retírela del fuego.

Prepare la masa: Mezcle la masa harina de maíz con el agua en un tazón grande con una espátula de goma. (Esta fórmula fácil de preparar alcanza para 2¾ libras de masa aproximadamente, pero para la presente receta se necesitan solamente 2½ libras. Si usted no tiene una balanza de cocina, substraiga más o menos ½ taza de masa para obtener la cantidad necesaria.) Agregue el aceite de canola, el polvo de hornear y la sal a las 2½ libras de masa y mezcle bien.

Para armar los tamales: Seque 1 de las hojas de maíz usando toallas de papel. Póngala en una superficie de trabajo con el lado más liso hacia arriba y la parte puntiaguda hacia usted. Según el tamaño de las hojas, ponga 1 o 2 cucharadas bien llenas de masa en el centro de la hoja y luego espárzala hasta formar un pequeño cuadrado. Ponga 1 cucharada del relleno de cerdo en el centro del cuadrado de masa. A continuación doble los costados de la hoja de maíz sobre la masa, de manera que formen un paquete largo. Doble hacia abajo la parte de la hoja que no tiene masa para que descanse contra el lado del tamal sin "costura."

Coloque el tamal cuidadosamente en un plato grande o bandeja, de tal suerte que el extremo abierto esté ladeado ligeramente hacia arriba y el relleno no pueda salirse. Repita la misma operación hasta usar toda la masa y el relleno. (Recuerde que puede guardar las hojas de maíz que le sobren en una bolsa de plástico con cierre hermético o envolverlas apretadamente en un pedazo de material plástico para congelarlas y usarlas en otra oportunidad. Simplemente hay que dejar que se descongelen a temperatura ambiente por unas horas.)

Llene una olla para el baño Maria con agua suficiente para apenas tocar el fondo de la canasta. Acomode los tamales en posición vertical, apoyando sus extremos doblados contra la canasta. Los tamales no deben quedar demasiado apretados en la olla. Hierva el agua a un fuego entre moderado y fuerte, tape, reduzca la temperatura y cocine los tamales al vapor a fuego moderado, hasta que se cuajen y las hojas se separen con facilidad de la masa, unos 40 minutos. El tiempo de cocción puede ser mayor, dependiendo de la proximidad de los tamales entre si.

Saque los tamales de la olla y déjelos reposar en un plato grande o bandeja durante 15 minutos antes de servirlos. Sirva los tamales calientes y envueltos en sus hojas.

Alcanza para 2 docenas de tamales grandes o para 3 docenas de tamales medianos; entre 10 y 12 porciones

TAMALES

Los tamales tienen la inmerecida reputación de ser un plato difícil de preparar, pero en realidad no es así. Se prepara la masa (compuesta de harina de maíz, maíz fresco rallado, o un puré de yuca, de papas o de plátanos), se pone un poco sobre un envoltorio cuadrado (de hojas de maíz frescas o secas, o bien de hojas de bananos o plátanos frescas o secas, u hojas de repollo, o papel pergamino), se agrega un relleno sobre la masa (o bien se los deja sin relleno) y se doblan las hojas formando un paquete. A continuación, los pequeños paquetes se cuecen al vapor hasta que cuajan. Una vez que usted haya envuelto un tamal, se dará cuenta de que se trata de un procedimiento muy simple, casi tan fácil como envolver una papa en papel de aluminio antes de meterla al horno. Otro de los mitos que rodean a los tamales es que se necesitan horas enteras para armarlos. Éste no es el caso, si los hace en pequeña escala para 6 o 8 personas, en vez de preparar una cantidad grande, usando más de 15 libras de masa.

Haciendo tamales mexicanos

La mayoría de los grupos latinos que viven en los Estados Unidos, preparan sus propios y muy singulares tamales (que a veces tienen nombres diferentes) usando una gran variedad de ingredientes y algunos tienen tantas recetas distintas para su preparación, como estrellas hay en el cielo. Algunos de estos tamales (incluso algunos importados), pueden conseguirse en la sección de productos congelados de los comercios latinos. A continuación presentamos algunos de los tamales más populares entre todos los que se cocinan en los Estados Unidos.

1. Los **nacatamales** son gigantescos tamales nicargüenses de masa de maíz, rellenos de arroz, papa, cerdo marinado, ciruelas, pasas y aceitunas rellenas de pimientos. El nacatamal constituye una comida completa.

2. Los **cuchitos** son sencillos tamales guatemaltecos preparados con masa de maíz y sin relleno, envuelto en hojas de maíz. Los tamalitos de chilpiin son chuchitos sazonados con menta de Guatemala. Los paches quetzaltecos son extraños tamales guatemaltecos sin relleno, envueltos en hojas de banano y preparados con una masa de puré de papas manchado de color de rosa, gracias a los chiles colorados. Los Tamales negros son tamales de maíz guatemaltecos con relleno de pollo, ciruelas, aceitunas y salsa de chocolate (vea la página siguiente).

3. Las **humitas** son tamales de maíz, originarios del Ecuador, Bolivia, Chile y Argentina con una vasta variedad de rellenos que incluyen, entre otros ingredientes, carne desmenuzada de res, sazonada con cebollas y perejil, huevos duros y pasas. Para los peruano-americanos, las humitas son los tamales de maíz dulce sazonados con canela y ron.

4. Las **chapanas** son tamales peruanos sin relleno, preparados con una masa de yuca con gusto a pisco, mezclada con pasas, azúcar, pimentón (*cayenne*) y clavos de olor. Estos tamales están envueltos en hojas de banano.

5. Los **bollos** son tamales ecuatorianos envueltos en hojas de banano y preparados con una masa de plátanos, rellenos de pollo saturados de paprika, papas, pasas, y arvejas (o muchos otros rellenos).

6. Las **hallacas** son tamales venezolanos envueltos en hojas de banano, con una masa de maíz con gusto a tomate y achiote y un relleno de pollo, cerdo, papas y arvejas (u otra gran cantidad de rellenos).

7. Las ***pamonhas*** son tamales brasileños envueltos en hojas frescas de maíz y hechos con una masa preparada con maíz fresco rallado, yuca rallada y coco. Estos tamales no tienen relleno.

8. Los **pasteles** son tamales puertorriqueños hechos con una masa (más parecida a una pasta que a una masa) de tubérculos hechos puré y de plátanos, que llevan un relleno de carne de cerdo, de res o de pollo y vienen envueltos en hojas de banano o de plátano. Estos tamales se cocinan en agua hirviendo y no al vapor (vea página 237).

9. Los **tamales cubanos** no tienen relleno y están envueltos en hojas frescas de maíz o en hojas de banano y preparados con una masa de granos de maíz fresco, harina de maíz, crema agria y leche, salpicada con pedacitos de cerdo, queso o verduras. (Tamales de Oro es una de las marcas populares a la venta en los comercios latinos.)

10. Los **tamales de elote** son tamales salvadoreños sin relleno y preparados con una masa de maíz dulce molido, envueltos en hojas de maíz secas y se sirven tradicionalmente con crema agria y frijoles refritos.

11. Los **tamales de queso y chile mexicanos** se preparan con masa de maíz y un relleno de queso *Monterey Jack* u otro queso semifirme y chiles asados, envueltos en hojas de maíz o papel de aluminio. (Una de las infinitas variedades de tamales mexicano-americanos.)

12. Los **tamales Nuevo Latinos** con elementos franceses, italianos y asiáticos forman ahora parte del mundo de los tamales, gracias a John Sedlar de Abiquiu, un restaurante de Santa Mónica, California, donde se está dando a conocer la *Modern Southwest cuisine* (la cocina moderna del sudoeste de los Estados Unidos). Sedlar ha revolucionado el tamal al fusionar la masa con rellenos sorpresivos, en platos tales como *Salmon Mousse Tamales with Ground Nixtamal and Cilantro Cream Sauce* (Tamales de *mousse* de salmón con nixtamal molido y salsa de crema y de culantro), *Tamales of Sweetbreads with Morels and Black Truffles* (Tamales de mollejas de ternera con hongos *morels* y trufas negras) y *Japanese Tamales of Pompano with Ginger Butter* (Tamales japoneses de pámpano con mantequilla de jengibre). En todos los Estados Unidos, desde los chefs hasta quienes cocinan en sus propias casas se dedican a inventar tamales exóticos con masas poco comunes y rellenos igualmente insólitos.

TAMALES NEGROS

Aunque la mayoría de la gente piensa que el mole es una salsa mexicana de chile y chocolate, en realidad la palabra deriva del verbo moler y a través de Latinoamérica se la usa para hacer referencia a cualquier salsa preparada con ingredientes molidos o machacados, tales como el guacamole o mole de aguacate (vea página 68). Los guatemalteco-americanos atesoran una rica herencia de platos de mole, incluyendo al mole de conejo, que consiste en carne de dicho animal bañado en una salsa de tomate y tomatillo, sazonada con orégano y achiote; así como el mole de plátano, plátanos fritos con una salsa espesa de chocolate amargo, chiles, pepitas y tomates condimentados con canela. El mole es también el corazón mismo de los tamales negros guatemaltecos, tamales de maíz con un relleno de pollo, aceitunas, pasas y ciruelas, bañados con prácticamente la misma salsa de chocolate que el mole de plátano.

Los Tamales negros son una especialidad de las regiones del interior de Guatemala. (A lo largo de la costa del Caribe son más populares las bimenas, tamales con relleno de cerdo, banana verde rallada y leche de coco.) Más de la mitad de los guatemalteco-americanos, viven en la ciudad de Los Angeles y frecuentan en gran número los comercios guatemaltecos y los restaurantes ubicados en el barrio de MacArthur Park, un vecindario poblado de inmigrantes de origen centroamericano. Estos restaurantes conservan en su mayoría la manera tradicional de preparar los Tamales negros. Nosotras, sin embargo, hemos alterado un poco la receta básica con la intención de adaptarla a los gustos estadounidenses, añadiendo azúcar a la salsa para endulzar el chocolate y neutralizar la acidez de los tomates.

Tamales mexicanos de puerco, elote y pollo a la venta

Mientras que los Tamales negros por lo general se sirven sin ningún aderezo, algunos gustan de rociarles por encima un poco de crema agria, ingrediente que se usa muy frecuentemente como aderezo en la cocina guatemalteca. La chocolatosa Negra Modelo, una cerveza del estado de Yucatán, que se consigue en los comercios mexicanos y en algunas licoreras comunes, es la bebiba más adecuada para acompañar estos tamales. Para aquéllos con la capacidad de comer un postre después de los tamales, les aconsejamos probar los Plátanos maduros fritos (vea página 195) que siempre son un excelente toque final para una comida guatemalteca. Quienes deseen un postre más ligero y llamativo, pueden probar el Sorbete de Granadilla (vea página 303).

PARA LA MASA:*

3 tazas de masa harina de maíz**
3 tazas de agua
2 cucharadas de azúcar granulada
½ taza (1 barra) de mantequilla derretida

PARA LA SALSA:

2 cucharaditas de semillas de sésamo (ajonjolí)
2 cucharaditas de pepitas***
1 chile pasilla, o sustitúyalo por 1 chile ancho (vea páginas 175–6 para más información acerca de estos chiles)
1 libra de tomates maduros, cortados en trozos grandes
¼ taza de agua
1 onza de chocolate para hornear sin endulzar, derretido
2 cucharadas de pan rallado seco sin condimentar
1½ cucharaditas de azúcar granulada, o al gusto
½ cucharadita de canela molida
½ libra de pechuga de pollo sin piel ni huesos, cortada en cubitos de 1 pulgada

PARA EL RELLENO:

7 ciruelas pasas deshuesadas (a su discreción)
⅓ taza de pasas negras sin semillas
14 aceitunas verdes grandes deshuesadas, cortadas por la mitad en diagonal

7 hojas de papel pergamino de 12 × 10 pulgadas
7 hojas de papel de aluminio de 12 × 10 pulgadas
Crema agria para el aderezo (a su discreción)

**O compre 2½ libras de masa para* tortillas *ya preparada (no masa para tamales, porque contendrá manteca de cerdo o manteca vegetal), que se encuentra a la venta en los comercios mexicanos y supermercados selectos, especialmente en California, Texas, el sudoeste y en la zona metropolitana de Chicago.*
***De venta en algunos supermercados y en los comercios latinos que proveen a clientes con raíces en México y países de América Central y Suramérica.*
****De venta en los comercios latinos y en los de productos naturales.*

Prepare la masa: Mezcle los ingredientes en una cazuela grande. Cocine la masa sobre fuego lento, revolviendo constantemente durante 10 minutos, para que se torne espesa. Retire la masa del fuego, tápela y déjela enfriar hasta alcanzar la temperatura ambiente.

Prepare la salsa: Tueste las semillas de sésamo y las pepitas, revolviéndolas con frecuencia, en una sartén grande y seca sobre fuego a moderado y lento, unos 7 minutos o hasta que las semillas de sésamo se tornen de un color ligeramente dorado. Reconstituya el chile seco, poniéndolo en una cazuela pequeña con agua suficiente para taparlo. Hierva el agua, retire la cazuela del fuego y deje que el chile se remoje en el agua caliente, aproximadamente 10 minutos o hasta que su pulpa se ablande (la piel seguirá tiesa). Rebane su tallo y luego abra el chile, cortándolo con un cuchillo afilado; raspe su interior para quitarle las semillas. Haga puré el chile las pepitas y las semillas de sésamo tostadas en una licuadora o procesadora de alimentos. Añada los tomates, el agua, el chocolate, el pan rallado, el azúcar y la canela y siga haciendo funcionar la licuadora o procesadora, hasta que el puré esté bien suave. Vierta la salsa en una sartén grande. Agregue el pollo y cocine sobre fuego entre moderado y lento durante 15 minutos, revolviendo cada tanto. Pruebe la salsa y agregue azúcar si le parece demasiado ácida.

Arme los tamales: Extienda sobre una superficie de trabajo adecuada una hoja de papel pergamino. Ponga ½ taza de masa en el centro del papel pergamino y forme un cuadrado de 5 pulgadas. Vierta aproximadamente 3 cucharadas de salsa en el centro de la masa. Ponga 3 cubitos de pollo, 1 ciruela pasa, algunas pasas y 2 aceitunas sobre la salsa. Doble el papel por la mitad en sentido longitudinal. Dóblelo nuevamente en el mismo sentido. (Todo el relleno debería quedar del mismo lado.) Doble los extremos del papel pergamino como lo haría si estuviese envolviendo un regalo. A continuación envuelva el tamal en una hoja de aluminio y retuerza los extremos del paquete para cerrarlo por completo. Repita la misma operación para preparar el resto de los tamales.

Ponga una vaporera en una olla grande y llénela con agua suficiente para casi tocar el fondo de la canasta. Coloque horizontalmente los tamales en el fondo de la vaporera y hierva el agua sobre fuego entre moderado y fuerte, tape la olla, reduzca la temperatura y deje cocer los tamales durante 1 hora y 10 minutos o hasta que la masa esté firme. Añada agua hirviendo conforme sea necesario, a fin de mantener el nivel original de líquido.

Con una cuchara colador o unas pinzas de cocina, saque los tamales de la olla y póngalos en fuentes de mesa. Corte el papel pergamino y el papel de aluminio para que la masa y el relleno queden expuestos, pero deje a los tamales dentro de sus envolturas. Sirva los Tamales negros calientes, con una cucharada de crema agria como aderezo, si lo desea.

Alcanza para preparar 7 tamales del tamaño adecuado para servirlos como plato principal

PASTELES

A los puertorriqueños les encantan los pasteles—su versión de los tamales, preparados con un puré de viandas y plátanos y un relleno de carne de res, cerdo o pollo. Los pasteles se preparan tradicionalmente para la cena de Nochebuena, junto con el lechón asado (vea página 145), Arroz con gandules (vea página 189) y Coquito (vea página 318), la versión puertorriqueña del *eggnog* de los estadounidenses, rociado con mucho ron. Los puertorriqueños también preparan pasteles para celebrar otras ocasiones especiales, como los desfiles de Año Nuevo y del Día de Puerto Rico que se realiza en la ciudad de Nueva York, cuando el Harlem hispano canta y baila a lo largo de la Quinta Avenida. Este desfile atrae a los puertorriqueños de todos los puntos del noreste del país, donde se deleitan con los festejos y disfrutan el maravilloso aroma de los pasteles y de otras delicias puertorriqueñas que impregnan el aire desde el Empire State Building hasta el Museo Metropolitano, al norte de la isla de Manhattan.

Los pasteles son tan deliciosos que muchos puertorriqueños no esperan a que se presente una ocasión especial para servirlos. En efecto, la demanda es tan grande, que muchas puertorriqueñas de la ciudad de Nueva York venden durante todo el año pasteles preparados en sus casas. Los cubanos saben lo que es bueno cuando lo prueban—en algún momento tomaron prestada la receta de los pasteles puertorriqueños—aunque algunos reemplazan el puré de viandas y de plátanos por harina de maíz. Actualmente los maravillosos pasteles también se disfrutan en la mesa de los hogares cubano-americanos.

También se ha dado el caso de algunos puertorriqueños que viven en el continente y de algunos cubano-americanos que llegaron a experimentar el uso de rellenos poco convencionales, como por ejemplo, los mariscos. Según la costumbre, los pasteles se envuelven y se ponen a cocer al vapor, envueltos en hojas de plátano o de banano que se pueden conseguir en las tiendas que surten a clientes con raíces en el Caribe, China y el sudeste asiático. El papel pergamino sirve también, pero lamentablemente se pierde el sabor que imparten a los pasteles las hojas del plátano o del banano. Los pasteles crudos se pueden conservar muy bien en el congelador. En vez de descongelarlos, basta con que se los cocine quince minutos adicionales.

PARA EL ENVOLTORIO:

18 hojas de plátano o de banano de 12 × 8 pulgadas, o sustitúyalas por hojas de papel pergamino

Aceite de oliva para engrasar las hojas de plátano, banano o papel pergamino

18 pedazos de hilo de cocina de 30 pulgadas cada uno, para atar los pasteles

PARA EL RELLENO:

2 cucharadas de aceite de oliva o aceite vegetal
½ libra de carne de cerdo magra molida
¼ libra de lomo de res magro molido
¼ libra de jamón magro curado, cortado en dados de ½ pulgada
1 cebolla amarilla pequeña, pelada y bien picada
1 tomate maduro pequeño o 2 tomates de lata, cortados en pedacitos
½ taza de pimiento verde bien picado
1 diente de ajo mediano, pelado y bien picado
⅓ taza de salsa de tomate
½ taza de garbanzos, cocidos y escurridos
⅓ taza de aceitunas verdes rellenas de pimientos, cortadas en pedacitos
¼ taza de pasas negras sin semillas o de pasas de Corinto
1 cucharada de culantro fresco bien picado
½ cucharadita de vinagre de vino tinto
¼ cucharadita de orégano en polvo (no desmenuzado)

PARA LA PASTA:

1¼ libras de yautía (malanga), taro o yuca, pelada (ver la instrucciones para pelar la yuca en la página 200; pele la yautía y el taro de la misma manera)*
1 banana verde grande (alrededor de ½ libra)
3 plátanos verdes (alrededor de 1½ libras), cortados en rodajas de 1 pulgada y pelados (vea página 198 para instrucciones sobre cómo pelar los plátanos)
¼ taza de aceite de oliva
1½ cucharadas de semillas de achiote (de venta en los comercios latinos y en algunos supermercados)
Una pizca de sal

**Vea página 211 para informarse acerca de la yautía; página 212 para el taro y página 213 para la yuca.*

Prepare las hojas de plátano o de banano: Limpie ambos lados de cada hoja con un trapo húmedo. Sostenga las hojas, una por una, sobre una llama, dándoles vuelta de manera que se calienten sin quemarse.

Prepare el relleno: Caliente el aceite en una sartén grande sobre fuego entre moderado y fuerte. Saltee el cerdo, la carne de res y el jamón revolviendo con frecuencia para separar las carnes, hasta que se doren, alrededor de 8 minutos. Reduzca el calor a moderado y añada la cebolla, el tomate, el pimiento y el ajo. Saltéelos, revolviendo cada tanto, durante unos 8 minutos o hasta que las cebollas estén blandas. A continuación agregue la salsa de tomate, los garbanzos, las aceitunas, las pasas negras o pasas de Corinto, el culantro, el vinagre y el orégano. Cocine el relleno, con tapado, sobre una llama entre moderada y fuerte durante 5 minutos y luego retírelo del fuego y déjelo enfriar.

Prepare la pasta: Corte la yautía pelada en trozos de 1 pulgada. Pele la banana verde (de la misma manera que lo haría con una banana amarilla) y rebánela en rodajas de 1 pulgada. Ponga los pedazos de yautía y las rodajas de banana verde y de plátano en un tazón grande con suficiente agua fría para cubrirlas; déjelas en remojo 15 minutos. Escúrralas y hágalas puré en una procesadora de alimentos o licuadora. Deje funcionar una u otra hasta obtener un puré suave. Con una cuchara, pase la pasta nuevamente al tazón. (O prepare la pasta a la manera de antaño, con un rallador y usando el lado que se emplea para obtener un rallado grueso; luego continúe machacando la yautía, los plátanos y la banana con un majador de papas hasta obtener un puré.)

Caliente el ¼ taza de aceite de oliva en una cazuela pequeña sobre fuego moderado. Agregue las semillas de achiote, reduzca el calor y saltéelas a fuego lento durante unos 5 minutos o hasta que el aceite tome un color anaranjado rojizo profundo. Retire la cazuela del fuego y cuele las semillas para separarlas del aceite de achiote. Añada el aceite y una pizca de sal a la pasta.

Arme los pasteles: Engrase ligeramente uno de los lados de cada hoja de plátano, banana o papel pergamino con el aceite de oliva. Coloque una hoja sobre una superficie de trabajo, con el lado untado de aceite hacia arriba. Vierta 3 cucharadas de pasta en el centro de la hoja y espárzala hasta formar un rectángulo de 5 × 6 pulgadas. Ponga 2 cucharadas generosas de relleno sobre una línea que pase por el centro mismo de la pasta. Doble la hoja por la mitad, en sentido longitudinal. Con los dedos, empuje delicadamente el relleno hacia el interior del pastel. Vuelva a doblar la hoja en sentido longitudinal. (Todo el relleno deberá estar en uno de los 2 lados.) Doble los ex-

Sam Maldonado prueba pasteles y cuchifritos en la parada puertorriqueña en Newark, New Jersey

tremos como si envolviese un regalo. Repita la operación hasta usar toda la pasta y el relleno. Desde luego ¡puede dejar un pastel sin rellenar para que le toque al inocente del Año Nuevo! (Deberá obtener normalmente entre 16 y 18 pasteles.)

Coloque 2 pasteles uno encima del otro, de manera que los lados con los extremos doblados se toquen. Átelos juntos rodeándolos con el hilo por los 4 lados, igual que lo haría con el paquete de un regalo. El hilo debe quedar justo, no apretado. Repita la operación con el resto de los pasteles. En esta etapa se los puede congelar para usarlos más adelante.

Cocine los pasteles: Hierva 1 galón de agua en una olla grande. Con mucho cuidado, ponga los pasteles en la olla, tape y hierva nuevamente el agua. Reduzca la temperatura y deje cocer los pasteles a fuego lento, tapados, aproximadamente 50 minutos. Deje escurrir los pasteles y quíteles el hilo. Deshaga los envoltorios. Los pasteles deberían mantenerse enteros como los tamales mexicanos. Sirva los pasteles enseguida, con sus envoltorios abiertos.

Alcanza para preparar aproximadamente de 16 a 18 pasteles

Después, el Día de Puerto Rico, quedó con Lydia y sus dos hijos en la estación de metro de la calle 59 y los llevó a la Quinta Avenida a ver la gran cabalgata. En una de las carrozas, rodeado de muchachas ataviadas con pompones, restallantes sostenes de color rosa y bikinis de visón, con tocados de plumas, iba el mismísimo Rey de la Salsa, Tito Puente, que, con el pelo ya completamente blanco y gesto imperial, saludaba con la mano a sus admiradores. Luego venían largas filas de bailarines y de rostros famosos del Canal 47 de televisión. En una carroza desfilaba la escultural Iris Chacón, en otra, una carroza patrocinada por productos alimenticios Goya, iba un grupo de congueros disfrazados de frijoles y luego seguían otras carrozas más con bandas de *salsa* y, por último, una carroza que tenía la forma de un mapa de Puerto Rico en la que iba, en un trono, la espléndida Miss San Juan; participantes que bailaban danzas típicas campesinas y guitarristas y vocalistas cantando *pregones* montañeros cerraban el cortejo.

Tras el gran espectáculo marcharon al parque a visitar repetidas veces los puestos de cerveza y dieron a los ni ños toda clase de caprichos: *cuchifritos*, *pasteles*, y bocadillos de salchicha.

Oscar Hijuelos, *Los Reyes del Mambo tocan canciones de amor.* New York: HarperLibros, 1996.

PUPUSAS REVUELTAS

Cuando se habla de la comida más apreciada y reconfortante para los salvadoreño-americanos, no cabe duda que se está haciendo referencia a las pupusas, las deliciosas tortillas de maíz con relleno, que son el bocado nacional de El Salvador. Las pupusas se preparan poniendo un relleno entre dos croquetas de maíz crudas (tortillas muy gruesas), que se golpean entre las palmas de las manos, pero nunca se aplanan con una prensa para tortillas, hasta que alcanzan un grosor de ⅛ pulgada. Las croquetas de maíz luego se pegan una a la otra a lo largo de sus bordes, formando paquetes y se colocan sobre la plancha caliente, hasta que toman de un color marrón dorado.

Las pupusas (tortillas rellenas de maíz) son el antojito salvadoreño número uno.

La mayor parte de las pupuserías (restaurantes especializados en la preparación de pupusas—existen más de una docena de cadenas de dichos restaurantes en Los Angeles), en los Estados Unidos, se adhieren a los rellenos tradicionales para las pupusas y las rellenan ya sea con queso (por lo general *Monterey Jack*); con queso sazonado con loroco, un capullo de una flor de sabor suave, importado del Salvador, ya sea congelado o envasado en frascos con un escabeche; con chicharrón, una mezcla de cerdo frito tostado, pimientos verdes, tomate, cebollas y ajo, o con frijoles colorados refritos. Las pupusas también pueden rellenarse con una combinación de ingredientes, como por ejemplo, queso y frijoles, en el caso de las Pupusas revueltas. Muchos salvadoreño-americanos que viven en ciudades con grandes comunidades salvadoreñas, pueden darse el lujo de comprar rellenos para las pupusas que ya vienen preparados. Los dos mercados Liborio de la ciudad de Los Angeles son muy conocidos por su fabuloso chicharrón salvadoreño.

Tradicionalmente, las pupusas se sirven acompañadas de una salsa de tomate curtido suave, una especie de ensalada salvadoreña preparada con zanahorias, repollo, y chiles picantes. Entre los salvadoreño-americanos pertenecientes a la segunda generación, se dan casos en que se comen las pupusas con salsa de tomate mexicana. El tamarindo, una bebida agridulce que se prepara con la pulpa del tamarindo, o la horchata, una bebida con gusto a canela preparada con arroz cocido, son ideales para acompañar a las pupusas y figuran en el menú de prácticamente todas las pupuserías de los Estados Unidos.

PARA EL RELLENO DE FRIJOLES COLORADOS REFRITOS Y QUESO *MONTEREY JACK*:

¼ libra de frijoles colorados pequeños
1 cucharada de cebollas amarillas bien picadas
1 diente de ajo mediano, pelado y bien picado
⅛ cucharadita de sal, o a gusto
½ cucharada de aceite de oliva
½ taza de queso *Monterey Jack* rallado

PARA LA MASA:

3 tazas de masa de harina de maíz*
2 tazas de agua

**De venta en los comercios latinos que proveen a clientes con raíces de México, América Central y Suramérica y en algunos supermercados selectos, especialmente en California, Texas y el sudoeste de los Estados Unidos.*

Prepare los frijoles: En un tazón pequeño, remoje los frijoles toda la noche en agua suficiente para cubrirlos, más 3 pulgadas adicionales. Escúrrales el agua y póngalos en una cazuela mediana junto con las cebollas, el ajo y suficiente agua para cubrir dichos ingredientes, más 1 pulgada adicional. Cocine los frijoles a fuego lento, durante 1 hora aproximadamente, o hasta que estén bastante blandos. Hágalos puré junto con ¼ taza del líquido de cocción y la sal en una licuadora o procesadora de alimentos. Caliente el aceite de oliva en una sartén mediana sobre fuego entre moderado y lento. Cocine el puré de frijoles colorados, revolviendo cada tanto, unos 15 minutos, o hasta que se torne espeso. Retírelo del fuego y deje que se enfríe hasta alcanzar la temperatura ambiente.

Prepare la masa: Combine la masa de harina y el agua en un tazón grande y mezcle bien con una cuchara. La masa debe tener la consistencia de la masa para preparar biscochitos. Forme de la masa tortillas de ⅛ pulgada de grosor y 3 de diámetro y cúbralas con un trapo de cocina o tela húmeda.

Arme las pupusas: Ponga ½ cucharada de frijoles y ½ cucharada de queso *Monterey Jack* en el centro de cada tortilla. Ponga otra tortilla sobre la primera y haga presión con los dedos sobre los bordes de ambos, a fin de cerrar la pupusa. El relleno no debe asomarse fuera de la pupusa. Si esto sucede, cubra con un poco de masa adicional y alísela.

Cocine las pupusas en una plancha o sartén de *teflón* a fuego entre moderado y fuerte, volteándolas una vez, aproximadamente 4 minutos por lado, o hasta que estén doradas. Si no usa una plancha o sartén de *teflón,* haga dorar las pupusas en una cucharada de mantequilla calentada sobre fuego entre moderado y fuerte. Sirva las pupusas de inmediato con curtido, o con su ensalada de col de preferida y salsa de tomate (vea página 29).

Alcanza para alrededor de 14 pupusas; 4 a 6 porciones si las sirve como refrigerio o en el almuerzo

Para las Pupusas de queso: Omita el relleno de frijoles y use 1 taza de queso *Monterey Jack,* rallado en vez de ½ taza. Esparza 1 cucharada de queso en el centro de cada pupusa y cocínelas siguiendo las instrucciones que aparecen arriba.

PAN DE FRUTA, PAN FRITO, PAN DE MAÍZ, PAN CUBANO, PAN RELLENO, PAN DE MUERTO . . . PAN MARAVILLOSO.

PANES

PAN DE JAMÓN

"Estoy muy orgullosa de Venezuela, mi bella tierra," dice sonriendo Omaira Gibens de Bowling Green, Ohio, quien, cuando sus ocupaciones se lo permiten, baila danzas venezolanas tradicionales, como el joropo, en los festivales locales, junto con su esposo, Guillermo Gibens, y su hija Vanessa. "Aprovecho todas las oportunidades que se presentan para compartir la rica cultura de Venezuela y su exquisita cocina. No hay nada que me guste tanto como llenar la casa de invitados que nunca hayan probado la cocina venezolana y prepararles una cena. Les hago conocer obras de arte venezolanas tales como el Pan de jamón, un pan dorado alargado y blando, tan blando como el pan judío challah, pero sin ser dulce y con la misma costra lustrosa que se enrolla alrededor de tajadas finas de jamón, aceitunas rellenas de pimientos y pasas. La masa alrededor del jamón es suave y mantecosa, de modo que contribuye a la humedad del pan que se asemeja a la de un croissant con jamón. El Pan de Jamón tradicionalmente se sirve en las cenas de Nochebuena y Navidad junto con las hallacas (tamales rellenos de pollo, carne de res, tomates, pimientos, cebollas y alcaparras, envueltos en hojas de banano), la ensalada de gallina, una ensalada estilo *Olivier Salad* con pollo, papas y zanahorias cortadas en dados, arvejas, huevos duros y mayonesa; así como el pernil horneado, que es un estofado de cerdo marinado bastante similar al pernil infusionado de orégano que preparan los puertorriqueños (vea página 145)."

El Pan de jamón es delicioso en cualquier época del año. Dado que es como un sandwich, se puede comer tanto a la hora del almuerzo, como en cualquier otro momento. También puede comerse junto con un plato de sopa en una cena ligera. A nosotras nos gusta llevar el Pan de jamón en una canasta de picnic cuando salimos de viaje, dado que se presta muy bien para esas ocasiones. Se conserva tres días en el refrigerador dentro de una bolsa de plástico. Para volver a calentarlo, córtelo en tres pedazos, póngalos en una bandeja de hornear y deje que se calienten durante 20 minutos en un horno precalentado a 250°F.

2½ cucharadas o 1 paquete (de ¼ de onza) de levadura activa seca
1 cucharada de azúcar granulada
½ taza de agua tibia (de 105°F a 115°F)
2 huevos grandes
1 taza de leche tibia (de 105°F a 115°F)
½ cucharadita de sal
4 tazas de harina común sin blanquear
1 cucharada de mantequilla, derretida

¾ libra de jamón Virginia, finamente rebanado
2 docenas aceitunas verdes rellenas de pimiento, cortadas por la mitad
½ taza de pasas blancas sin semillas
Aceite vegetal para engrasar un plato hondo, una superficie de trabajo y las bandejas de hornear
1 cucharada de agua

Disuelva la levadura y el azúcar en el agua tibia en un plato hondo grande. Espere alrededor de 5 minutos para que se suavicen.

Separe las yemas de las claras de los huevos en platos hondos pequeños; reserve las yemas para cubrir el pan con un glaseado. Mezcle la leche tibia y la sal con las claras de huevo en el plato hondo pequeño y añada esta mezcla a la de levadura y azúcar. Agregue 2 tazas de la harina y bata con una batidora eléctrica lentamente o con una cuchara, 2 minutos aproximadamente, o hasta que la mezcla esté tersa.

Guillermo Gibens y Omaira Gibens en trajes tradicionales venezolanos

Incorpore las 2 tazas de harina restantes, ¼ taza a la vez, para formar una masa suave. Ponga la masa sobre una superficie ligeramente enharinada y amásela, añadiendo un poco de harina cada vez que la masa empiece a pegarse. Siga amasando aproximadamente 8 minutos, hasta que la pasta esté lisa y elástica. Ponga la masa en un plato grande ligeramente recubierto de aceite, tápela con una toalla, póngala en un lugar templado y deje que se levante hasta alcanzar el doble de su tamaño. Tomará 1 hora.

Golpee la masa para que baje, y póngala sobre una superficie ligeramente cubierta de aceite. No amase. Divida la masa en 3 porciones iguales. Con un rodillo de cocina, estire una de las porciones hasta obtener un rectángulo de 12 por 15 pulgadas. Barnice con un pincel ⅓ de la mantequilla derretida sobre el rectángulo y cubra éste con ⅓ del jamón, formando solamente una capa. Esparza uniformemente ⅓ de las aceitunas y pasas sobre el jamón. Enrolle el rectángulo de masa empezando por 1 de los 2 lados más largos. Pellizque los extremos de la masa enrollada para que el pan quede cerrado. Ponga el rollo en 1 de 2 bandejas de hornear ligeramente engrasadas. Repita la operación con las otras 2 porciones de masa y póngalas en la otra bandeja para hornear a una distancia entre uno y otro de por lo menos 2 pulgadas. Cubra los panes con toallas y espere 30 minutos para que se levanten.

Para preparar el glaseado mezcle las yemas de huevo con 1 cucharada de agua. Con un pincel de repostería barnice los panes con el glaseado. Hornee los panes en las parrillas superiores del horno precalentado a 375° F, aproximadamente 15 minutos o hasta que la parte de arriba esté bien dorada. Saque después los panes del horno y déjelos enfriar 5 minutos sobre parrillas de alambre. Corte cada pan en 6 pedazos y sírvalos calientes.

Alcanza para 3 panes largos; 8 a 10 porciones

DAMPER AUSTRALIANO A LA CUBANA

"Mis hijos y yo adoptamos el *damper,* el famoso pan de campo australiano que se asemeja a los biscochos preparados con polvo de hornear por su tamaño, gusto y textura, después de ocho años de vivir en Australia, un país descubierto por latinos en 1606 cuando Luis Báez de Torres se transformó en el primer europeo en avistar dicho continente meridional," dice el cubano-americano Miguel Bretos, consejero para Asuntos Comunitarios y Servicios Especiales de la Smithsonian Institution en Washington, D.C. "En mi familia el *damper* se mezcló con la cultura cubana porque adoramos comer rebanadas bien calientes de este pan inflado untadas con mantequilla y dulce de guayaba. La receta para preparar el *damper* es muy simple y rápida (puede prepararse en aproximadamente 40 minutos) y es una salvación en los fines de semana, cuando hay un poco de tiempo para preparar el desayuno y disfrutarlo con los chicos, pero no alcanza el tiempo para salir y gozar sin apuro de un *brunch.* Tradicionalmente el *damper* se prepara sobre las brasas de un fogón de campamento, pero yo lo hago en un horno común—¡es mucho más fácil y menos complicado!"

El *damper* también es fabuloso con mantequilla y con otras conservas tropicales como las de piña, papaya o mango. Dado que este pan es aún más apreciado cuando está recién salido del horno, prepare un buen té o café mientras espera a que esté listo.

2½ tazas de harina común sin blanquear
2½ cucharadas de polvo de hornear
⅛ cucharadita de sal
1¼ tazas de leche
1½ cucharaditas de mantequilla

Mezcle la harina con el polvo de hornear y la sal en un plato hondo grande. Caliente la leche en una cazuela pequeña, hasta que alcance una temperatura de 105°F. Agregue la mantequilla y revuelva hasta que se haya derretida. Reserve 1 cucharadita de la leche con mantequilla para rociar sobre la hogaza a manera de glaseado y vacíe el resto en el plato hondo que contiene a los demás ingredientes. Revuelva para obtener una masa blanda. Use sus manos para darle la forma deseada al pan, ponga la masa en una bandeja de hornear ligeramente engrasada y enharinada, y viértale encima una capa del glaseado que reservó.

Ponga el pan a hornear durante 30 minutos sobre la parrilla central de un horno precalentado a 375°F. Deje el pan en el horno hasta que esté ligeramente dorado e inflado. Pruebe la masa con un mondadientes y vea si sale limpio. Sirva el *damper* recién sacado del horno con mantequilla y conservas.

Alcanza para 1 pan, 6 porciones

PAN CUBANO

El Pan cubano es un pan tan básico y fácil de preparar que en los círculos cubano-americanos se usa casi exclusivamente para el legendario Sandwich cubano, una obra de arte asada a la parrilla con pilas de tierno jamón, suculento lechón asado, queso suizo y delgadas rebanadas de pepinos encurtidos (vea página 41). Con su costra crujiente y su miga ligera y vaporosa, el Pan Cubano también es maravilloso cuando se lo corta en rebanadas finas y se lo come solo, con mantequilla, *tapanade, taramo-salata,* Caviar de berenjena (vea página 67), o con cualquier otro ungüento de su pre-ferencia, así como también mojado en aceite de oliva extra virgen macerado con hierbas o vinagre balsámico.

Una panaderia latinoamericana en Elizabeth, New Jersey

El Pan cubano es más sabroso cuando está recién hecho. Si usted no piensa usarlo enseguida, congélelo dentro de una bolsa de plástico bien cerrada, en cuanto el pan se haya enfriado completamente, y consérvelo hasta por 3 meses. Al descongelarlo, deje primero que el pan descanse durante 25 minutos sobre la mesa y luego póngalo dentro de un horno a una temperatura de 350°F. Al igual que con todos los panes con levadura, el tiempo es un ingrediente tan esencial como la harina, por lo tanto calcule empezar a prepararlo 3 horas antes de servirlo.

2½ cucharaditas o 1 paquete (de ¼ onza) de levadura activa seca
1½ tazas de agua tibia (110°F)
½ cucharada de azúcar granulada
2 cucharadas de aceite de oliva
1 cucharadita de sal
De 3¼ a 3½ tazas de harina para pan
Aceite vegetal para engrasar

Espolvoree la levadura sobre ½ taza de agua tibia en un plato hondo grande, agregue el azúcar y espere 5 minutos antes de agregar la taza de agua restante, el aceite de oliva y la sal.

Añada la harina lentamente, 1 taza a la vez, y mezcle para hacer una masa. Ponga la masa encima de una superficie ligeramente enharinada y amásela aproximadamente 4 minutos o hasta que se torne elástica y sedosa.

Coloque la masa en un plato hondo ligeramente untado de aceite, cúbralo con una envoltura de plástico o con una toalla húmeda y deje que se levante en un lugar templado, hasta que haya alcanzado el doble de su volumen inicial, aproximadamente 1½ horas. Aplane la masa y dele una forma oblonga, de aproximadamente 12 pulgadas de largo. Ponga el pan en una bandeja refractaria ligeramente engrasada o en una bandeja espolvoreada con harina de maíz (*cornmeal*), cúbralo con un trapo de cocina y deje que se levante durante 30 minutos.

Barnice el pan ligeramente con agua tibia y póngalo en un horno precalentado a 400°F. Deje el pan en el horno hasta que tome un color marrón dorado y suene a hueco al ser golpeado en la parte de abajo, durante unos 35 minutos. Saque el pan del horno y déjelo enfriar sobre una parrilla de alambre antes de servirlo.

Alcanza para 1 hogaza grande

AREPAS

"No existe nada más celestial que una arepa, un pastelillo de harina de maíz tostado por fuera y cremoso y blanco por dentro, que se puede comer con mantequilla o queso crema cuando aún está muy caliente," afirma el venezolano-americano Simón Contreras, maestro en la Washington Lee High School de Arlington, Virginia, quien nació en El Socorro, Guárico, Venezuela. "Las arepas son el pan diario tanto en Colombia como en Venezuela, dado que en un tiempo los dos países fueron uno solo. Hasta tal punto forman parte de la vida diaria, que el habla de los venezolanos está llena de dichos que la emplean tales como el que dice 'No sirve ni para vender arepas,' que es lo mismo que decir 'Con esa clase de voz, nunca serás cantante.' "

Los hornos al aire libre, hechos de ladrillos y fango. Todavía se utilizan en el norte de Nuevo México.

Las arepas se preparan con maíz fresco o seco y se les da una forma delgada similar a la de una tortilla mexicana o bien una forma gorda como la de un panecillo de la *Parker House.* "La mayoría de las familias venezolano-americanas y colombiano-americanas tienen sus propias recetas especiales para preparar las arepas, pero no todas tienen un molino para moler el maíz como las familias de Venezuela y Colombia," dice Simón Contreras. "Algunos mezclan mantequilla o queso en la masa o pasta de las arepas. El queso ranchero o panela, o *Muenster*, toman por lo general el lugar de los quesos venezolanos o colombianos que son imposibles de conseguir en los Estados Unidos. Muchos también rellenan las arepas con pollo, cerdo asado, jamón, carne de res, frijoles y hasta aguacate. Otros preparan arepas sin ningún relleno y las sirven con queso, queso crema, mantequilla o Guasacaca, un aromático guacamole (vea página 68). Hay quienes afirman que las mejores arepas son las que se cocinan sobre carbón de leña, pero la mayoría lo hace sobre una plancha o en el horno."

Existen tres variedades básicas de arepas. Una es la que se prepara con granos de maíz secos remojados durante toda una noche y luego machacados en un pilón, un recipiente de madera con un palo, hasta que la cáscara de los granos (afrechos) se separan del interior blanco de los granos. A continuación, el maíz se hierve hasta que se ablanda, se mezcla con queso, se le da forma de pastelillos y se lo cocina sobre una parrilla o plancha. Una segunda variedad es la arepa amarilla, o arepa de choclo, que es mucho más fácil de preparar. Los granos de maíz se separan de los elotes frescos y luego se los muele con sus cáscaras, con una pequeña máquina de moler. En algunos casos se añade azúcar morena, harina de maíz (*cornmeal*), mantequilla y queso, antes de distribuir la pasta en fuentes de hornear individuales y dejarla en el horno hasta que se encuentra bien dorada. Una tercera variedad es la que algunos han apodado arepas rápidas. En este caso se preparan las arepas con harina de maíz blanca o amarillo precocida que se compra en paquetes y se conoce como areparina o masarepa. La harina simplemente se mezcla con agua para preparar una masa, a la que luego se le da forma, y se la cocina primero sobre la plancha y luego en el horno. En los Estados Unidos, algunos restaurantes venezolanos y colombianos siguen preparando las arepas con granos de maíz secos, pero en la mayoría de las cocinas familiares se opta por las arepas preparadas con maíz fresco mucho más fáciles de preparar y por las arepas preparadas directamente con areparina.

AREPAS DE CHOCLO

4 elotes medianos, o susitúyalos por 1½ tazas de granos de maíz congelados (descongelados) y 1 cucharada de leche

¾ taza de harina de maíz para arepas (areparina o masarepa),* o sustitúyala por harina extra fina de maíz amarillo (*extra-fine cornmeal*)

1 cucharadita de azúcar sin refinar de color marrón claro

¼ taza (½ barra) de mantequilla, suavizada

**Las marcas de areparina tales como Goya, Iberia y Pan, se encuentran a la venta en comercios latinoamericanos en general y en comercios que tienen una clientela suramericana.*

Si usa elotes frescos, separe los granos con un cuchillo o uno de los utensilios que se fabrican especialmente para llevar a cabo esa tarea. Mida 1½ tazas de granos de maíz, reservando el resto para otro uso y muélalos no demasiado finamente en una máquina de picar carne o procesadora de alimentos. Vierta el maíz molido y su líquido en un plato hondo grande. Si usa granos de maíz descongelados, muélalos no muy fino en una máquina de picar carne o procesadora de alimentos y luego ponga los granos molidos en un plato hondo grande y añada la cucharada de leche.

Vacíe la harina de maíz (*cornmeal*) y el azúcar en el plato hondo que contiene a los granos de maíz molidos y a su líquido. Agregue la mantequilla y siga revolviendo hasta obtener una pasta suave.

Con una cucharada, distribuya ⅓ taza de la pasta en un molde para panecillos previamente untada ligeramente de mantequilla (cada una de las tazas del molde debe tener un diámetro de 2¾ pulgadas). Ponga el molde en un horno precalentado a 425°F y deje hornear las arepas aproximadamente de 30 a 40 minutos o hasta que estén ligeramente tostadas y se hayan asentado. Sírvalas calientes con mantequilla o queso.

Alcanza para 6 o 7 arepas

AREPAS DE AREPARINA

1 taza de harina de maíz precocida para arepas (areparina o masarepa)*

¼ cucharadita de sal

1½ tazas de agua tibia

**Marcas de areparina tales como Goya, Iberia y Pan están a la venta en los comercios de productos consumidos generalmente en los países de América Latina y en aquéllas que tienen clientes con raíces en Suramérica.*

Mezcle la harina de maíz con la sal en un plato hondo grande. Agregue poco a poco el agua para hacer una masa. Deje que la masa repose durante 5 minutos.

Use sus manos para formar tortas que tengan 2½ pulgadas de diámetro y 1 pulgada de grosor. Unte ligeramente de mantequilla una sartén grande y pesada o una plancha. Cocine las arepas en dos tandas, a un fuego moderado y volteándolas solamente una vez, hasta que se forme una costra dorada en cada lado, aproximadamente 5 minutos por lado. Ponga las 2 tandas de arepas en una bandeja refractaria y cuézalas en un horno precalentado a 350°F. Siga horneando las arepas hasta que suenen huecas al ser golpeadas, alrededor de 10 a 15 minutos. Envuelva las arepas en una servilleta puesta en una canasta o plato para que se mantengan calientes, y sírvalas enseguida con queso, queso crema o mantequilla, o simplemente por sí solas.

Alcanza para 6 arepas

PAN DE MUERTO

El Pan de muerto de los mexicano-americanos es un descendiente de los panes dulces de altar preparados con levadura, harina, azúcar, huevos y esencias aromáticas que durante siglos se han preparado en Europa para celebrar diferentes fiestas. Los misioneros españoles introdujeron el pan de altar a México, donde con el pasar del tiempo el mismo se fue asociando con el Día de los muertos (ver la fiesta empieza en el cementerio, página 255). Los panaderos mexicanos cambiaron la apariencia del pan de altar al darle formas humanas o de muertitos, o con aún más frecuencia, forma de cruces o de huesos y calaveras y coloreándolo con cristales de azúcar de colores. Los mexicano-americanos se han mantenido fieles a las recetas mexicanas y durante la semana que culmina con la celebración del Día de los muertos, el Pan de muerto puede encontrarse en muchas panaderías del sudoeste del país, de California y de otras regiones del país que

Un altar conmemorando el Día de los muertos en Santa Barbara, California

cuentan con grandes comunidades de origen mexicano. Tradicionalmente, tanto en México como en los Estados Unidos, el Pan de muerto se come solamente durante la celebración del Día de los muertos.

De textura delicada, ligero y un poco dulce como el *brioche* o el *baba* ruso, el Pan de muerto es delicioso por sí solo o con mantequilla dulce, o con alguna mermelada de frutas cítricas que complemente el sabor de la cáscara de naranja que se usa para prepararlo. Nosotras no podemos resistirnos ante una rodaja del pan con la mermelada de naranja quemada de Busha Browne, confeccionada con naranjas amargas jamaiquinas y caña de azúcar quemada, o con la jalea de guayaba de la misma marca. (Ambas se pueden conseguir en algunos comercios de productos alimenticios.)

2½ cucharaditas o 1 paquete (de ¼ de onza) de levadura seca activa
4 cucharadas de azúcar granulada
¾ taza de leche tibia (105°F a 115°F)
2 huevos grandes y 2 yemas de huevos grandes
¼ taza (½ barra) de mantequilla sin sal, suavizada
3 tazas o más de harina común sin blanquear
1 cucharadita de cáscara de naranja finamente rallada
½ cucharadita de granos de anís molido (a su discreción)
½ cucharadita de sal
2 cucharadas de cristales de azúcar de colores para la decoración del pan (a su discreción)

Disuelva la levadura y 1 cucharada del azúcar en un plato hondo pequeño que contenga ½ taza de la leche tibia y deje que se ablande. Tardará unos 5 minutos.

Bata 1 de los huevos enteros y las yemas de huevo en un plato hondo pequeño. Agregue el ¼ taza de leche restante, la mantequilla y la levadura disuelta.

Mezcle las 3 tazas de harina con las 3 cucharadas restantes de azúcar, la cáscara de naranja, los granos de anís y la sal en un plato hondo grande. Añada la mezcla de huevo y levadura.

Si la masa le parece pegajosa, añádale harina cucharadita por cucharadita, hasta que le parezca lo suficientemente seca y maleable para ser amasada. Deposite la masa sobre una tabla ligeramente enharinada y amásela de 8 a 10 minutos, hasta que se torne elástica y sedosa. Ponga la masa en un plato hondo ligeramente engrasado, tápelo con un trapo húmedo y deje que se levante en un lugar cálido, aproximadamente 1 hora o hasta que tenga el doble de su volumen inicial.

Aplane la masa con su puño y colóquela en una superficie de trabajo a la que se le ha espolvoreado harina ligeramente. Deje reposar la masa mientras usted engrasa y enharina una bandeja de horno. Corte con un cuchillo ⅓ de la masa y póngalo nuevamente en el plato hondo. Moldee el resto de la masa con las manos, hasta obtener un pan liso y redondeado. Colóquelo en el centro de la bandeja que preparó con anterioridad.

Divida el resto de la masa en 2 mitades para hacer una calavera y 2 huesos cruzados. Prepare uno de los pedazos de la calavera, formando una bola. Divida el otro pedazo en 2 mitades y forme 2 cilindros de 8 pulgadas para los huesos. Aplane los extremos de los pedazos de forma cilíndrica para darles la forma de las coyunturas de los huesos. A continuación estire y cruce los 2 pedazos sobre el pan y aplane el pedazo con forma de calavera justo encima de los huesos cruzados. Cubra el pan, sin apretarlo, con un trapo húmedo y deje que se levante en un sitio caliente aproximadamente 20 minutos.

Mientras espera a que la masa se levante, precaliente el horno a una temperatura de 375°F. Bata el huevo restante con 1 cucharadita de agua para cubrir el pan con una capa. Use un pincel de repostería para barnizar el glaseado de huevo sobre la superficie del pan y luego déjelo hornear durante 30 minutos, o hasta que esté dorado y suene hueco al ser golpeado. Retire el pan del horno, rocíelo con los cristales de azúcar de colorses y vuelva a ponerlo en el horno durante 1 minuto para que se derritan éstos. Vuelva a sacar el, pan del horno y póngalo a enfriar sobre una parrilla de alambre. Conserve el pan frio completamente en una bolsa de plástico con cierre hermético o envuélvalo en un pedazo de plástico bien apretado.

Alcanza para 1 hogaza grande

LA FIESTA EMPIEZA EN EL CEMENTERIO

Muchos mexicano-americanos observan la centenaria fiesta mexicana del Día de los muertos (el primero y el dos de noviembre). El Día de los muertos tiene sus raíces en tradiciones precolombinas y en tradiciones religiosas españolas y católicas que empezaron a mezclarse cuando los españoles llegaron a México en el siglo dieciséis. En la época de la conquista española, muchas civilizaciones indígenas de México se adherían a la creencia de que la muerte no era más que una etapa tranquila en el eterno ciclo de la existencia y celebraban las almas de aquéllos que habían dejado este mundo. Los misioneros jesuitas y franciscanos que acompañaban a los exploradores españoles con el propósito de convertir al catolicismo a los indígenas, introdujeron el catolicismo de la Edad Media con su aversión a la muerte y su concepto del Purgatorio para las almas no redimidas, es decir una visión de la vida eterna contraria a la de los nativos de América. También introdujeron el Día de todos los santos en México, el día en que los creyentes rezan por las almas de quienes aún sufren en el Purgatorio. A medida que las religiones nativas se fueron mezclando con la católica, el Día de todos los santos se transformó en el Día de los muertos, en el cual las familias mexicanas celebran fiestas junto con el alma de los muertos, en vez de rezar por aquéllos que están en el Purgatorio.

El Día de los muertos aún se celebra en México. Es una ocasión feliz que los mexicanos celebran con las almas de los familiares muertos que vuelven a sus hogares cada año para comulgar con los seres queridos y experimentar los placeres propios de la vida terrenal. Las familias hacen ofrendas o altares en sus casas y las adornan con regalos para complacer a las almas y prepararlas para el viaje al cielo—comidas y ropas favoritas, esqueletos de juguete, velas, santos de yeso, incensarios, fotografías, chocolate, botellas de tequila y flores tales como *cempazuchitl,* o caléndulas doradas, la flor tradicional de los muertos en la época precolombina. Para el alma de un niño muerto, es posible que pongan sus juguetes preferidos, ropa nueva, caramelos, e incluso una botella de Coca-Cola sobre el altar u ofrenda. También siguiendo con la tradición, los mexicanos dan calaveritas—es decir, calaveras hechas de azúcar y alegremente decoradas con ojos de papel plateado y colores brillantes—como regalo a sus amigos dentro de sus comunidades. Las calaveritas algunas veces llevan escrito en la frente el nombre de su destinatario en un pedazo de papel de plata.

A partir del atardecer del 31 de octubre, las familias empiezan a reunirse en los cementerios para velar a sus muertos. Arreglan las tumbas de sus seres amados y las decoran con flores, velas, fotografías y otros recuerdos. A continuación tiene lugar un almuerzo campestre para los muertos y para los vivos—uno de los objetivos principales de la celebración, dado que se alimentan tanto los cuerpos como las almas. Las almas cenan hasta que llega la medianoche cuando se presume que ya han terminado de comer, dando lugar entonces a que los vivos empiecen a comer, beber, rezar, bailar, hablar y algunas veces a dormir, hasta que llega el alba. Los mexicanos preparan platos aromáticos y coloridos para esta ocasión, tales como los tamales, pavo con mole poblano y calabaza en tacha, un postre de zapallo. Otra de las especialidades del Día de los muertos es el pan de muerto.

Mientras que los mexicano-americanos que observan el Día de los muertos a menudo montan ofrendas en sus casas, la mayoría ha dejado de lado las festividades que se llevan a cabo en los cementerios. En su lugar, las familias concurren a los cementerios durante las horas del día cuando llega la fecha, limpian y arreglan las tumbas, ponen cruces nuevas y coronas, y las adornan con flores naturales o artificiales. Después se arrodillan para rezar, o comparten un picnic a la hora del almuerzo en honor de los parientes y amigos muertos. Los mexicano-americanos también ofrecen a sus amigos calaveritas de azúcar y muchos preparan comidas tradicionales, incluyendo tamales y Pan de muerto. En la actualidad, las calabazas iluminadas (*jack-o'lanterns*) y los niños que van de casa en casa pidiendo sus dulces son una ocurrencia habitual en el Día de los muertos y una señal de la fusión que tiene lugar entre las dos culturas.

SOPA PARAGUAYA

Este auténtico pan de maíz, conocido como Sopa paraguaya, ligeramente perfumado con pimienta de Jamaica y comino, humedecido con requesón y queso *Muenster*, es verdaderamente sabroso. En los hogares de los aproximadamente siete mil estadounidenses de descendencia paraguaya, este bienamado pan del viejo país se encuentra siempre presente durante las fiestas tradicionales o en la celebración de ocasiones especiales como cumpleaños y bodas. La Sopa paraguaya es ideal para llevarla fuera de la casa y por lo tanto se suele preparar para reuniones informales en las que cada quien aporta un plato y para las meriendas campestres del 4 de julio y del Día del trabajo.

La Sopa paraguaya es un buen acompañamiento para las sopas rústicas, guisados y cocidos. Como todos los panes de maíz, éste también es más sabroso cuando está recién sacado del horno. Las sobras de este pan—si es que queda alguna—se pueden conservar en el refrigerador durante 3 días como máximo; el pan no se endurecerá. La sopa puede calentarse en el microondas o en un horno convencional.

1 taza de harina de maíz amarillo (*cornmeal*)
1½ tazas de agua caliente
1 cebolla amarilla pequeña, pelada y picada
1 cucharada de aceite de oliva
3 cucharadas de mantequilla
3 huevos grandes, separados
½ taza de requesón
1 taza de queso *Muenster* rallado
½ taza de leche
1 lata de 8 onzas de granos de maíz, escurridos
1 cucharadita de polvo de hornear
¼ cucharadita de pimienta de Jamaica molida
¼ cucharadita de comino molido
¼ cucharadita de paprika dulce
¼ cucharadita de sal

Mezcle la harina de maíz (*cornmeal*) con el agua caliente en un plato hondo me-diano. Saltee las cebollas picadas en el aceite de oliva en una sartén pequeña, a fuego moderado, hasta que estén blandas, aproximadamente 3 minutos.

Bata la mantequilla en un plato hondo grande con una batidora eléctrica hasta que esté como crema y luego añada y mezcle las yemas de huevos y el requesón. Agregue la harina de maíz, las cebollas, el queso, la leche, el maíz, el polvo de hornear, la pimienta de Jamaica, el comino, la paprika dulce y la sal. Mezcle bien con una cuchara.

Bata las claras de huevo con la batidora eléctrica hasta que formen una especie de suaves copos de nieve. Mezcle delicadamente con una espátula de goma con movimiento envolvente, las claras de huevo batidas a punto de nieve con la pasta de harina de maíz. No bata la mezcla. Cuando la pasta de maíz esté lista, tendrá una consistencia más bien líquida. Vierta la pasta de harina de maíz en un molde cuadrado o redondo con una capacidad de ½ galón, previamente engrasado. Cocine el pan de maíz en un horno precalentado a 400°F, aproximadamente de 50 a 55 minutos o hasta que el pan esté firme en el centro. Déjelo enfriar en el molde durante 15 minutos y luego córtelo en cuadrados o en forma triangular o de cuña.

Alcanza para 6 a 8

PAN DE MANGO Y PACANA

Mango Pecan Bread

Los estadounidenses de origen jamaiquino han heredado una multitud de fabulosas recetas para preparar panes tropicales tales como los de banana, jengibre, maíz, zapallo y coco. Un pan que merece un aplauso especial es el que se enriquece con mango, una fruta que sirve de base a numerosos dulces jamaiquinos. Mientras que el mango de color anaranjado-amarillento es el que se usa habitualmente para preparar la mayoría de las versiones del pan de mango jamaiquino, nosotras hemos agregado pacanas para crear un juego de sabores y texturas. Dado que se trata de un pan húmedo y rico en sabores, el Pan de mango y pacana por sí solo o con mantequilla dulce o queso crema batido, es ideal cuando se combina el desayuno con el almuerzo o para acompañar una taza de café en cualquier momento de día. Si desea servir un postre agradable y con gusto tropical, simplemente adorne las rebanadas del pan con bolas de helado de vainilla a la manera jamaiquina. Si se lo envuelve apretadamente en material plástico una vez que se enfríe y se deja sobre la mesa de la cocina, este pan se conservará fresco durante 3 o 4 días.

2 tazas de harina común sin blanquear
1 ½ cucharaditas de bicarbonato de sodio
2 cucharaditas de canela molida
½ cucharadita de sal
½ taza de aceite vegetal
3 huevos medianos
¾ taza de azúcar granulada
1 cucharadita de extracto de vainilla
2 tazas de mango maduro, cortado en cubitos (unos 2 o 3 mangos, dependiendo de su tamaño, pelados, con la pulpa que rodea a la semilla rebanada y luego cortada en cubitos)
½ taza de pacanas sin cáscara, cortadas en pedacitos (a su discreción)

Cierna la harina sobre un tazón hondo grande, junto con el bicarbonato de sodio, la canela y la sal. Bata el aceite vegetal, los huevos, el azúcar y el extracto de vainilla en un plato hondo mediano, hasta que estén bien mezclados. Añada la mezcla de aceite y huevo a los ingredientes secos, revolviendo solamente lo necesario para incorporarlos. Vierta los cubitos de mango y las pacanas en el plato y revuelva con cuidado 1 o 2 veces, con movimiento envolvente.

Vacíe la pasta en un molde para pan de 4½ por 8½ pulgadas, previamente engrasado y ligeramente enharinado. Introduzca el molde en un horno precalentado a 350°F y hornee de 60 a 70 minutos, o hasta que se inserte un pincho de madera en el centro del pan y salga limpio. Saque el pan del horno y déjelo enfriar en el molde sobre una parrilla de alambre durante 10 minutos. Invierta el pan en la parrilla de alambre y déjelo enfriar por completo. Sirva el Pan de Mango y Pacana por sí solo o con el toque culminante de su elección.

Alcanza para 1 hogaza de pan

MOJICÓN

Este exquisito pan de levadura en forma de anillo que se prepara en las cocinas de los hogares colombiano-americanos, está perfumado por la guayaba, la fruta tropical que tiene al mismo tiempo sabor a piña y a frutillas maduras. La masa sutilmente dulce de este pan se rellena con pedacitos de guayaba—no con la fruta madura que sólo se consigue esporádicamente y sobre todo en la región donde crece—sino de pasta de guayaba. En el horno la pasta de guayaba se derrite un poco dentro de los anillos de masa y llena el pan con su hermoso sabor y fragancia. (Para más información acerca de la guayaba, vea página 303). La pasta de guayaba se vende en los comercios latinos y viene empaquetada en forma de un rectángulo envuelto en papel celofán, o en pequeñas cajitas que contienen solamente rebanadas del dulce. Muchos estadounidenses de origen latinoamericano sirven rebanadas de guayaba con queso crema o con un queso semiduro como postre o bien como refrigerio. Mojicón es una maravillosa manera de disfrutar esta fruta a la hora del desayuno o del *brunch,* o con una taza de café en cualquier momento del día.

Mojicón se conserva muy bien congelado. Solamente hace falta envolver los anillos del pan en forma individual, primero con una envoltura de plástico y luego con papel de aluminio. Cuando desee servir el pan, descongélelo, quítele las envolturas y caliéntelo aproximadamente 10 minutos en el horno a una temperatura de 325°F.

Mojicón (continuación)

2½ cucharaditas o 1 paquete (de ¼ onza) de levadura seca activa
¼ taza de agua tibia (105°F a 115°F)
1 taza de leche
¼ taza (½ barra) de mantequilla, suavizada
¼ taza de azúcar granulada
1 huevo grande
1 cucharadita de sal
3¾ tazas de harina común sin blanquear
6 onzas de pasta de guayaba, cortada en trocitos de ¼ pulgada*
1 clara de huevo batida junto con 1 cucharadita de agua
Alrededor de 1 cucharada de azúcar gruesa (azúcar para decorar), para aderezo

**Si no puede conseguir la pasta de guayaba, cocine 1¼ tazas de jalea de frutillas o de frambuesas en una cazuela mediana sobre fuego moderado, revolviendo constantemente hasta que se haya reducido a ¾ taza. Vierta la jalea en un plato hondo untado de mantequilla y enfríela hasta que se torne firme.*

Rocíe la levadura sobre el agua tibia en un plato hondo grande o en el tazón mezclador de una batidora de mesa. Déjelo reposar 5 minutos o hasta que se suavice.

Caliente la leche en una cazuela pequeña. Añada la mantequilla y revuelva hasta que se derrita. Retire la leche del fuego y déjela que se enfríe hasta alcanzar una temperatura de alrededor de 110°F.

Mezcle la leche con la mantequilla, el azúcar, el huevo, la sal y 1 taza de la harina en el plato hondo o tazón que ya contiene la levadura, hasta que todos los ingredientes estén bien incorporados y luego bata la mezcla con una batidora eléctrica o de mesa a una velocidad mediana durante 5 minutos. Añada gradualmente el resto de la harina, revolviendo con una espátula de plástico hasta obtener una masa lisa y elástica.

Ponga la masa en una superficie ligeramente enharinada y amásela durante 5 minutos o hasta que esté bien suave. (Si la masa está pegajosa, añada un poco más de harina.) Ponga la masa en un plato hondo grande ligeramente engrasado y después voltéela para que la parte de arriba quede engrasada. Cubra la masa con una envoltura de plástico y un trapo de cocina y déjela durante 1½ horas en un lugar cálido para que se levante hasta alcanzar el doble de su tamaño inicial.

Aplane la masa con el puño, póngala en una superficie enharinada y divídala en 4 porciones iguales. Estire una de las porciones sobre la superficie enharinada hasta formar un rectángulo de 5 por 15 pulgadas. Dejando un borde de ¼ pulgada, esparza uniformemente sobre la masa ¼ de la pasta de guayaba cortada en trocitos. Enrolle la masa, empezando por uno de sus lados más largos, a la manera de un enrollado de jalea, hasta formar una especie de cuerda larga.

Deposite la masa enrollada en uno de los extremos de una bandeja de horno engrasada, dele la forma de un anillo y pellizque los extremos para cerrarlo. Repita la operación hasta que todas las porciones de masa tengan forma de anillo. Ponga 2 anillos en cada bandeja. Haga 5 cortes distribuidos a distancias iguales de ¾ pulgada de profundidad y 2 pulgadas de largo, en sentido diagonal sobre cada uno de los anillos de masa para exponer el relleno (de la misma manera que lo haría para dividir el pastel en 5 pedazos, pero sin llegar a cortar la capa de masa inferior).

Cubra los anillos con toallas y déjelos aproximadamente 40 minutos en un lugar cálido para que se levanten hasta llegar al doble de su tamaño inicial. Con un pincel de repostería, barnice los anillos con una capa de claras de huevo batidas y espolvoréelos con el azúcar gruesa. Ponga los anillos de masa en la parrilla superior de un horno precalentado a 350°F y hornéelos durante 30 minutos o hasta que tomen un color marrón dorado y suenen huecos al ser golpeados delicadamente. Coloque los panes sobre parrillas de alambre para que se enfríen. Sírvalos calientes o a temperatura ambiente.

Alcanza para 4 anillos pequeños de pan; 8 porciones

SOPAIPILLAS SENDERO DE SANTA FE CON MIEL

Las sopaipillas, pequeñas almohadas color ámbar de pan frito, son el acompañamiento de muchas comidas en Nuevo México. Nosotras las probamos por primera vez en Santa Fe, en un humilde restaurante llamado Little Anita's, donde se sirve la comida simple y tradicional de la región de Nuevo México. Una de nosotras pidió el Guisado de chile verde de Nuevo México, un plato que es la quintaesencia de la cocina de Nuevo México y éste llegó acompañado de sopaipillas recién fritas. Siguiendo el ejemplo de la mesa contigua a la nuestra, cubrimos las sopaipillas con miel, devoramos la masa ligera en pocos minutos y pedimos que nos trajeran más. A la mañana siguiente, estábamos de vuelta en el restaurante para probar la

Trabajadores mexicano-americanos en una cafetería en Brownsville, Texas, hacia 1920

Stuffed Sopaipilla Skillet, una sopaipilla gigante rellena de huevos revueltos, queso, jamón y cubierta con salsa de chile verde. Era deliciosa.

Las sopaipillas tradicionales se preparan con polvo de hornear o con levadura. Se las sumerge en la miel, se pasan en azúcar mezclada con canela, o se rellenan con carne y frijoles y otros rellenos dulces o salados. Siempre que preparamos sopaipillas para nuestros invitados, nos gusta cortar 4 o 5 cuadrados de masa con un cortador de bizcochos y darles forma de nopales, botas de cowboy, corazones de San Valentín, árboles de Navidad u otras formas, dependiendo de la ocasión. Un plato repleto de tradicionales sopaipillas calientes, adornado con nopales o corazones de masa siempre deleita.

4 tazas de harina común sin blanquear
2 cucharadas de polvo de hornear
1 cucharadita de sal
¼ taza (½ barra) de mantequilla sin sal
1 huevo grande, batido
1 taza de leche tibia
½ taza de leche evaporada
Aceite de canola para freír
Azúcar mezclada con canela (½ taza de azúcar y 2 cucharaditas de canela molida bien mezcladas) o su miel preferida

Cierna la harina, el polvo de hornear y la sal sobre un tazón hondo grande. Corte la mantequilla en los ingredientes secos para mezclarla hasta que el contenido del plato parezca una harina gruesa. Agregue el huevo batido, el agua y la leche evaporada y mezcle bien. Ponga la masa sobre una superficie ligeramente enharinada y amásela durante 1 minuto, o hasta que quede suave. Cubra la masa con un trapo húmedo y déjela reposar 30 minutos.

Divida la masa en 3 pedazos y estire cada uno sobre una superficie ligeramente enharinada, hasta formar rectángulos que tengan un grosor de ¼ pulgada. Dado que la masa es algo frágil, manipúlela lo menos posible. Con un cuchillo afilado, corte la masa en cuadrados de 3 pulgadas. Si lo desea, corte algunos cuadrados con un cortador de bizcochos. Junte los pedazos de masa que le sobraron y estírelos nuevamente para hacer más cuadrados. Cubra los cuadrados de masa con un trapo húmedo. Caliente 2 pulgadas de aceite de canola en una sartén grande que tenga por lo menos 2½ pulgadas de profundidad, a fuego entre moderado y fuerte hasta que el aceite alcance una temperatura de 400°F.

Con cuidado, deje caer en el aceite 1 de los cuadrados de masa. Deberá hundirse y freírse al hacer contacto con el aceite, para luego flotar a los pocos segundos e inflarse. (Cuando la masa no se infla, significa que el aceite no está lo suficientemente caliente.) Eche 3 cuadrados más en el aceite, uno después del otro. Fría las sopaipillas aproximadamente 20 segundos o hasta que estén bien infladas y sus bordes inferiores se tornen ligeramente dorados, luego deles vuelta con una cuchara colador y fríalas del otro lado durante 20 segundos más o hasta que estén doradas. Saque las sopaipillas del aceite con la cuchara colador y póngalas en un plato cubierto de toallas de papel para que se escurran. Manténgalas calientes en el horno a una temperatura de 150°F. Fría el resto de los cuadrados de masa en tandas de 4. Una vez que todas las sopaipillas estén fritas, paselas en el azúcar mezclada con canela, o sírvalas sin ponerles nada encima, o junto con su miel preferida.

Alcanza para aproximadamente 2 docenas de sopaipillas

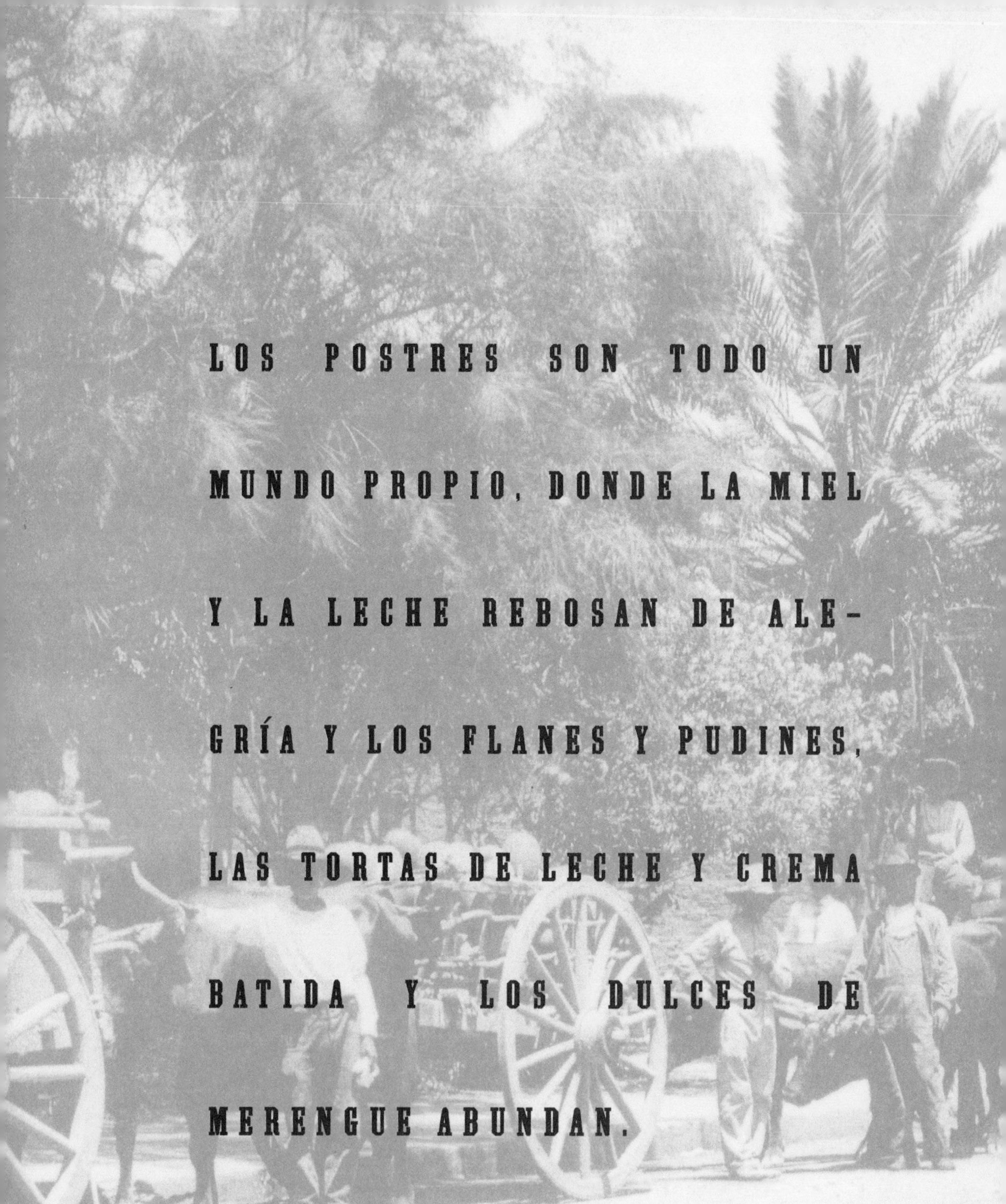

LOS POSTRES SON TODO UN MUNDO PROPIO, DONDE LA MIEL Y LA LECHE REBOSAN DE ALEGRÍA Y LOS FLANES Y PUDINES, LAS TORTAS DE LECHE Y CREMA BATIDA Y LOS DULCES DE MERENGUE ABUNDAN.

POSTRES

NATILLAS CHARLIE CARRILLO

"Mi postre favorito es un gran plato de natillas, un deslumbrante pudín con crema espumosa y tan ligera como las nubes del amplio cielo de Sante Fe," dice el mexicano-americano Charlie Carrillo, quien es considerado el Leonardo da Vinci de los santeros contemporáneos de Nuevo México, es decir, entre los que hacen santos, artefactos religiosos católicos, tales como bultos (estatuas talladas en madera) y retablos (paneles de madera pintada). Los santos de Carrillo han sido expuestos en galerías y museos a través de los Estados Unidos. En el verano de 1995 visitamos a Charlie Carrillo en su hogar varios días antes del Mercado Español—la exhibición anual de santos que se realiza en Santa Fe. Aunque estaba muy ocupado preparando su exhibición, dedicó muchas horas a contarnos historias de sus santos, sus antepasados que llegaron a Nuevo México en la última década del siglo diecisiete y de sus hijos Estrellita y Roán que tienen inclinaciones artísticas. También nos habló de la pasión que tanto él como su esposa, Debbie, talentosa ceramista que crea ollas de frijoles al estilo de Nuevo México y otras piezas tradicionales, tienen por la cocina clásica de Nuevo México. "Siempre preparamos los platos tradicionales desde el principio, tal como lo hicieron nuestros antepasados. Las natillas, que yo considero una obra de arte, son tan sólo uno de esos platos."

Charlie Carrillo en su estudio

La preparación de las natillas empieza con un pudín revuelto, mucho menos espeso que la *crème anglaise,* porque tiene menos yemas de huevo por taza de leche. Una vez que el pudín está cocinado, se añaden galletitas saladas (*saltine crackers*) hechas pedazos para darle cuerpo. Luego se agregan las claras de huevo batidas, que pueden mezclarse en las natillas, o ponérselas encima como las islas flotantes francesas. Dado que ingerir huevos crudos involucra un riesgo para la salud, Charlie sugiere (aunque él no sigue su propio consejo) el método de mezclar las claras de huevo en las natillas.

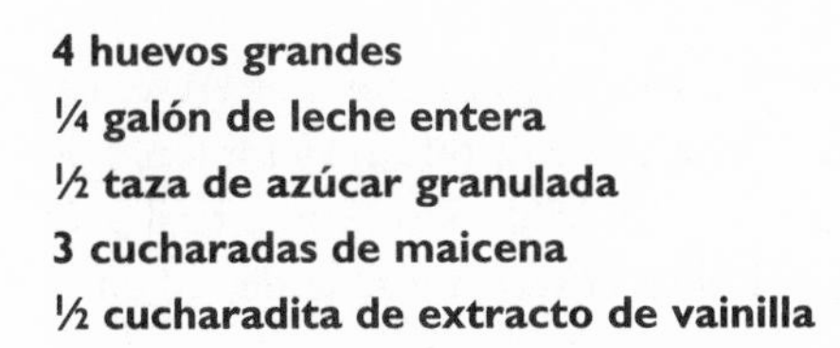

4 huevos grandes
¼ galón de leche entera
½ taza de azúcar granulada
3 cucharadas de maicena
½ cucharadita de extracto de vainilla
½ cucharada de azúcar glaseada
2¼ tazas de galletitas saladas (*saltine crackers*) desmoronadas (aproximadamente 36 galletitas)
Canela molida o nuez moscada, a gusto

Separe los huevos, poniendo las claras en un plato hondo grande y las yemas en un plato hondo pequeño.

Caliente la leche en una cazuela mediana sobre una llama baja, revolviendo con frecuencia, hasta que esté caliente, pero no hirviendo. Añada el azúcar granulada poco a poco, revolviendo constantemente. Usando un cucharón, vierta alrededor de 1 taza de la leche caliente en el plato hondo que contiene las yemas de huevo y revuelva hasta que estén mezcladas. Añada la mezcla de yemas de huevo y leche a la leche caliente de la cazuela. Agregue la maicena y mézclela con una espumadera. Cocine a fuego lento, revolviendo con frecuencia, aproximadamente 25 minutos. El pudín deberá tener una consistencia bastante líquida. Retire la cazuela del fuego y agregue el vainilla.

Bata las claras de huevo con una batidora eléctrica hasta que se estén firmes. Con cuidado agregue el azúcar glaseada a las claras de huevo batidas y revuelva una o dos veces trazando con la cuchara un círculo desde abajo hacia arriba. Añada el pudín y las galletitas a las claras de huevo batidas y mezcle con cuidado. Acomode las natillas en un plato hondo de mesa y espolvoréelas con canela o nuez moscada al gusto. Sírvalas calientes o frías. Los biscochitos, especialmente los Biscochitos a la Nuevomexicano (vea página 287), son el acompañamiento habitual de las natillas.

Para 6 porciones

FLAN DE LECHE DE ABUELITA

"A veces tengo fantasías con el Flan de leche y su textura suave bañada por una cascada color ámbar de azúcar quemada," nos dice Josefina Ramírez, directora de una oficina estatal en Tallahassee, Florida. "Ahí es cuando me doy cuenta que es el momento de ir a Miami para comer el glorioso Flan de leche que mi abuelita prepara especialmente para mí. Antes de mudarme a Tallahassee nunca me había dado cuenta cómo, perteneciendo a la primera generación cubano-americana de mi familia, tomaba como algo completamente natural el exquisito gusto y aroma de la comida cubana de mi abuelita, las ruidosas conversaciones en español alrededor de la mesa y el sabor y ritmo latinos de Miami."

El clásico Flan de leche, que desde España llegó a todos los rincones de América, representa la quintaesencia del postre latino—una delicia que reconforta a millones de estadounidenses de descendencia latinoamericana. Es uno de los postres más fáciles de preparar siempre y cuando se sigan los pasos que indica la receta y se le dé al flan el tiempo necesario para asentarse en el refrigerador.

1 lata de 12 onzas de leche evaporada
1 lata de 14 onzas de leche condensada y endulzada
5 huevos grandes, más 1 yema de huevo
1 cucharadita de extracto de vainilla
1 taza de azúcar granulada

Bata la leche evaporada, la leche condensada, los huevos, la yema de huevo y el extracto de vainilla en un plato hondo grande con una batidora eléctrica o en una licuadora o procesadora de alimentos hasta obtener una mezcla suave.

Queme el azúcar: Cocínelo sobre fuego moderado en una cazuela pesada y pequeña o en una olla de cobre especial para quemar azúcar. Revuelva sin cesar hasta que el azúcar tome un color miel. Cuando empiece a disolverse, revuelva sólo ocasionalmente. Una vez que el azúcar se haya disuelto, cocine sin remover (de lo contrario, el azúcar se cristalizará), hasta que tome un color ámbar oscuro. El color del azúcar cambiará con rapidez y es necesario prestar atención para evitar que se queme. Después de retirar el azúcar del fuego, vierta el azúcar quemado en un plato de suflé con capacidad para ¼ galón. Hágalo girar con rapidez. Mueva el plato de tal manera que el azúcar se desparrame por el fondo y las paredes.

Vacíe la mezcla de leche y huevos en el plato de suflé y póngalo al baño maría, en cualquier fuente grande de poca profundidad que pueda contener con amplitud al recipiente del flan y a la que se le haya vertido 1 pulgada de agua muy caliente. Cocine el flan sobre la parrilla central de un horno precalentado a 350°F, durante 1 hora o hasta que al insertar un cuchillo en el centro del flan, salga limpio. Verifique su evolución después de 20 minutos. Si la parte superior ya ha tomado un color marrón dorado, cubra el flan con papel de aluminio, para que no se dore demasiado. Retire el flan del horno y saque con cuidado el plato del baño maría. Deje que el flan se enfríe hasta alcanzar la temperatura ambiente y luego enfríelo en el refrigerador por lo menos durante 3 horas. Desmolde el flan después de deslizar un cuchillo afilado sin sierra entre las paredes del recipiente y el flan, a fin de despegarlo. Invierta el recipiente para que el flan se deslice hasta quedar en una fuente de mesa. El flan deberá resbalar con facilidad y el azúcar quemada también debe rociársele encima. Corte el flan en 6 pedazos triangulares y sírvalo.

Para 6 porciones

FLAN DE CALABAZA BAJO LAS PALMAS

De la misma manera que ocurrió con todos los platos importados de Europa al Nuevo Mundo, el clásico flan de vainilla español también se vio expuesto a variaciones sutiles o dramáticas, según los casos. Todos los flanes creados en Latinoamérica llegaron a los Estados Unidos, de manera que en la actualidad es posible ver a los mexicano-americanos de la ciudad de Houston comiendo un flan de café; a los chileno-americanos de San Francisco sirviéndose un flan de castañas; a los panameño-americanos de Miami disfrutando un flan de chocolate; a los dominicano-americanos de la ciudad de Nueva York sirviéndose un Flan de queso (vea página 271); a los colombiano-americanos de Queens deleitándose con un flan de mango; a los peruano-americanos de Los Angeles reclamando un flan de coco y a los puertorriqueños de Chicago devorando uno de calabaza.

Todos los flanes del Nuevo Mundo son deliciosos e interesantes, pero el Flan de calabaza de los puertorriqueños verdaderamente canta al corazón, tal vez por el hecho de ser tan hermoso, con sus diferentes tonalidades anaranjadas y ámbar y su perfume de canela y clavo de olor. En ocasiones especiales combinamos este flan con los Biscochitos a la nuevomexicano (vea página 287), crujientes bizcochos de mantequilla con un toque de anís. Nos gusta cortar los biscochitos con moldes en forma de palmera, para rendir homenaje al país tropical que fue la cuna del Flan de calabaza. Justo antes de servirlos, plantamos un biscochito con forma de palmera encima de cada pedazo de flan, de la misma manera que se hace con una vela de cumpleaños.

PARA EL FLAN DE CALABAZA:

1 lata de 16 onzas de puré de calabaza
½ cucharadita de canela molida
¼ cucharadita de clavos de especia molidos
⅔ taza de leche evaporada
⅔ taza de leche condensada y endulzada
1 cucharadita de extracto de vainilla
5 huevos grandes
¼ taza de azúcar granulada

PARA EL AZÚCAR QUEMADA:

1 taza de azúcar granulada

Mezcle el puré de calabaza con la canela y los clavos de especia en un plato hondo grande. Agregue la leche evaporada, la leche condensada y el extracto de vainilla y mezcle bien. A continuación añada los huevos, uno a uno y luego el ¼ taza de azúcar. Revuelva hasta que todos los ingredientes estén bien mezclados.

Prepare el azúcar quemado: Cocine la taza de azúcar sobre fuego moderado en una cazuela pequeña y pesada o en una olla de cobre especial para hacer quemar el azúcar. Revuelva de manera constante hasta que el azúcar tome el color de la miel. A medida que el azúcar empiece a disolverse, revuelva solamente cada tanto. Una vez que se haya disuelto, siga cocinando sin revolver (de lo contrario, el azúcar empezará a cristalizarse), hasta que el azúcar tome un color ámbar oscuro. El color del azúcar cambiará con mucha rapidez, así que es necesario prestar mucha atención. Inmediatamente después de retirar el azúcar quemada del fuego, viértala en 6 tazas de flan individuales de 6 onzas (o en 7 tazas de 5 onzas), o bien en un plato de suflé de 8 pulgadas de diámetro. Rápidamente mueva en todas direcciones las tazas o el plato a fin de que el azúcar quemada cubra el fondo y los lados de los recipientes.

Vacíe con cuidado en las tazas o en el plato la mezcla de calabaza y luego póngalos al baño maría, en cualquier fuente de hornear poco profunda, con suficiente capacidad para contener a las tazas o al plato y a la que se le haya agregado 1 pulgada de agua muy caliente. Hornee el flan en la parrilla central de un horno precalentado a una temperatura de 350°F, durante 40 minutos en el caso de las tazas y 1 hora y 20 minutos, si optó por usar el plato de suflé, o hasta que un cuchillo insertado en el flan salga limpio.

Retire el flan del horno y saque con cuidado del baño maría las tazas o el plato. Deje que el flan se enfríe hasta alcanzar la temperatura ambiente y luego enfríelo en el refrigerador por lo menos durante 3 horas. Para desmoldar el flan, deslice un cuchillo afilado y sin sierra por la pared interior del plato o tazas. A continuación invierta los recipientes sobre platos individuales o sobre una fuente. El azúcar quemada caerá encima del flan como una cascada. Si preparó el flan en un plato de suflé, divídalo en 6 pedazos triangulares. Adorne cada porción con un poco del azúcar quemada y con biscochito, si lo desea. Sirva el flan de inmediato.

Alcanza para 6 porciones

Para el Flan de café mexicano-americano: Bata 5 huevos grandes, 2 yemas de huevo grandes, 1 lata de 14 onzas de leche condensada y endulzada, 1 taza de leche entera y ½ taza de café expreso a temperatura ambiente, en un plato hondo grande con una batidora eléctrica o en una licuadora o procesadora de alimentos, hasta obtener una mezcla suave. Queme 1 taza de azúcar granulada, siguiendo las instrucciones que aparecen arriba. Cubra la superficie de un plato de suflé de 8 pulgadas de diámetro con el azúcar quemada. Vierta la mezcla de café en el plato de suflé y póngalo al baño maría. Hornéelo durante 1 hora en un horno precalentado a 350°F, o hasta que al insertar un cuchillo en el flan salga limpio. Enfríelo y sáquelo del molde siguiendo las instrucciones anteriores.

Para el Flan de coco peruano-americano: Bata 1 lata de 14 onzas de leche condensada y endulzada, ½ taza de leche evaporada, ½ taza de leche de coco sin endulzar enlatada y 5 huevos grandes, más 1 yema, en un plato hondo grande con una batidora eléctrica o en una licuadora o procesadora de alimentos, hasta obtener una mezcla suave. Incorpore ½ taza bien comprimida de coco rallado en escamas, endulzado. Queme 1 taza de azúcar granulada, siguiendo las instrucciones que aparecen arriba. Cubra con el azúcar quemada un plato de suflé de 8 pulgadas de diámetro y vierta en él la mezcla de coco. Ponga el flan al baño maría en un horno precalentado a 350°F. Hornéelo durante 1 hora o hasta que al insertar un cuchillo en el flan salga limpio. Enfríelo en el refrigerador y desmóldelo siguiendo las instrucciones dadas más arriba

FLAN DE QUESO CON GALLETAS DE CHOCOLATE EN CORTEZA

Este flan voluptuoso y suave como el satín, es un tesoro nacional para los puertorriqueños y para los dominicano-americanos y guatemalteco-americanos. Su textura es mucho más densa que la de un flan de vainilla, gracias al queso crema, pero no llega a ser tan denso como la torta de queso, dado que es mucho mayor la proporción entre los huevos y el queso crema que se usan en su preparación. Su superficie también está recubierta de una capa de azúcar quemada, como la del flan tradicional, pero al igual que la torta de queso neoyorquina, debajo del flan de queso queda una costra hecha con galletas de chocolate molidas y mantequilla, que constituye una sorpresa. El Flan de queso con galletas de chocolate en corteza debe prepararse horas antes del momento de servirlo, para que todos puedan ver esta obra de arte comestible, antes de que desaparezca hasta la última migaja.

PARA EL FLAN DE QUESO:

2 paquetes (de 8 onzas) de queso crema, a temperatura ambiente
7 huevos grandes
1 lata (de 14 onzas) de leche condensada endulzada
1 taza de leche
1 cucharada de azúcar granulada
1 cucharadita de extracto de vainilla

PARA EL AZÚCAR QUEMADA:

1 taza de azúcar granulada

PARA LA COSTRA DE GALLETAS DE CHOCOLATE:

8 onzas de galletas de obleas de chocolate

6 cucharadas (¾ barra) mantequilla ligeramente salada, derretida

Bata el queso crema, los huevos y la leche condensada en una licuadora eléctrica o en una procesadora de alimentos. Añada la leche, el azúcar y el extracto de vainilla y siga procesando hasta obtener una mezcla suave.

Prepare el azúcar quemada, cocinando el azúcar a fuego moderado en una cazuela pequeña y pesada o una olla de cobre para quemar azúcar. Revuelva constantemente hasta que el azúcar tome el color de la miel. A medida que el azúcar se empiece a disolver, revuelva sólo ocasionalmente. Una vez que el azúcar se haya disuelto, continúe cocinando sin revolver (de lo contrario el azúcar comenzará a cristalizarse) hasta que tome un color ámbar oscuro. El color cambiará rápidamente y por lo tanto es necesario observar atentamente la cazuela u olla. Inmediatamente después de retirar el azúcar quemada del fuego, échelo en un plato de suflé de ½ galón y hágalo girar en todas direcciones de manera que se desparrame por todo el interior del plato.

Vacíe la mezcla de queso crema en el plato de suflé y póngalo al baño maría, en cualquier fuente grande de poca profundidad que pueda contener con amplitud al recipiente del flan y a la que se le haya vertido 1 pulgada de agua muy caliente. Deje hornear el flan durante 1 hora y 20 minutos o hasta que al insertarle un cuchillo salga limpio, en la parrilla central de un horno previamente precalentado a 350°F. El flan se inflará por completo como un *pumpkin pie* (pastel de zapallo) cuando se termine de hornear. Saque el flan del horno y retire con cuidado el plato del baño maría.

Deje que el flan se enfríe mientras prepara la costra de galletas de chocolate molidas. Muela la ½ de las galletas en una procesadora para que se hagan migas. Añada la otra ½ de las galletas y muélalas. Agregue la mantequilla derretida y prenda la procesadora durante algunos segundos para que se mezcle. Distribuya las galletas molidas uniformemente encima del flan (que a esta altura se habrá desinflado un poco). Presione con cuidado la capa de galletas molidas para que se asienten mejor. Deje que el flan alcance la temperatura ambiente y luego enfríelo en el refrigerador por lo menos durante 4 horas para que la costra se asiente.

Desmolde el flan después de pasar un cuchillo afilado y sin sierra alrededor de las paredes del plato, para despegarlo. A continuación, inviértalo sobre una fuente, divida el flan en 8 porciones triangulares y sírvalo.

Alcanza para 8 a 10 porciones

Variación: Si usted no es un fanático del chocolate, sustituya las galletas de chocolate por la misma cantidad de galletas de vainilla o de jengibre, o *graham crackers* y siga las mismas instrucciones.

TAMALES LLUVIA DE ORO

La primera vez que probamos estos tamales dulces y jugosos, incrustados de dorados granos de maíz, fue durante una fiesta de cumpleaños en honor del escritor mexicano-americano Víctor Villaseñor, autor de la novela *bestseller Lluvia de Oro* (*Rain of Gold*), en su hacienda de Oceanside, California. Fue una fiesta deliciosa que tuvo lugar en un patio cubierto de baldosas fuera de la casa principal, donde se había montado un maravilloso buffet con platos de la cocina mexicano-americana y alrededor de mesas de picnic repartidas sobre el césped que rodeaba el frente de la casa y donde los pavos reales y otras aves exóticas observaban las festividades desde el interior de sus jaulas. Los Tamales lluvia de oro son una creación de la hermana de Víctor Villaseñor, Sita Paloma, una experta cocinera que dirige un negocio de tamales y da clases de cocina, bailes españoles y transformación espiritual.

Dado que no tienen relleno, los Tamales lluvia de oro son fáciles de preparar. Si lo desea, puede prepararlos con horas de anticipación y conservarlos en el refrigerador envueltos apretadamente en material plástico, hasta que llegue el momento de cocinarlos. Los tamales que sobren se conservarán dos dias en el refrigerador y hasta por un mes en el congelador. Pueden calentarse en un horno de microondas o en una olla grande, en una canasta para cocer al vapor. A nosotras nos encanta comer los Tamales lluvia de oro de Sita en el desayuno o *brunch* en lugar de panqueques o *waffles* y también como postre o en cualquier momento que se nos antoje algo dulce. Los tamales son tan jugosos y gustosos que no necesitan acompañamiento.

PARA LA MASA:*

4 tazas de masa harina de maíz**

3 tazas de agua

PARA LOS TAMALES:

1¾ tazas, más 1 cucharada de aceite de canola

1¾ tazas, más 1 cucharada de miel

1½ cucharaditas de sal, preferiblemente de sal de mar de granos finos, pero también puede usarse sal de mesa

2¾ libras de granos de maíz congelados, descongelados

1 bolsa (de 6 onzas) de hojas de maíz secas, o sustitúyalas por hojas frescas

**O compre 2½ libras de masa para tortillas (no compre masa para tamales porque tendrá grasa de cerdo o manteca vegetal) que se vende en los comercios mexicanos o en algunos supermercados selectos, especialmente en California, Texas y el sudoeste de los Estados Unidos.*

***De venta en los comercios mexicanos y en algunos supermercados selectos, especialmente en California, Texas y el sudoeste de los Estados Unidos.*

Prepare la masa: Mezcle bien la masa harina y el agua en un plato hondo grande. Esta fórmula sencilla de manejar, alcanza para 2¾ libras de masa aproximadamente, pero para la presente receta se necesitan solamente 2½ libras. Si usted no tiene una balanza de cocina, substraiga más o menos ½ taza de masa para obtener la cantidad necesaria. Agregue el aceite de canola, la miel y la sal a la masa y mezcle bien usando una cuchara. Vierta los granos de maíz en la masa y mezcle con cuidado. No mezcle más de lo necesario, porque los granos de maíz se romperán si lo hace.

Si se propone usar hojas de maíz secas, remójelas, hasta que se ablanden, en una olla grande con suficiente agua caliente para cubrirlas, por espacio de unos 30 minutos. Sepárelas en capas individuales y descarte las que estén rasgadas. Lávelas bajo el chorro del agua caliente para desprender cualquier resto de arena o de los hilos de seda de la planta. Acomódelas en una pila en un plato grande o bandeja. En este punto del proceso, Sita elige las hojas de mayor tamaño para hacer tamales grandes, pero usted puede utilizarlas de cualquier dimensión para tamales variados. También, las hojas se pueden superponer cuando son demasiado pequeñas para usarse solas y sirven como envolturas más grandes para los tamales.

Para armar los tamales, seque 1 de las hojas de maíz usando toallas de papel. Colóquela en una superficie de trabajo con el lado más liso hacia arriba y el extremo que termina en punta hacia usted. Según el tamaño de las hojas, ponga de 2 a 4 cucharadas rebosantes de masa encima del centro de la hoja. Espárzala con una cuchara hacia la mitad del centro. (La parte de abajo de la hoja no debe rellenarse.) Doble los costados de la hoja de maíz sobre la masa, de manera se junten para formar un paquete largo. Doble hacia abajo la parte de la hoja que no tiene masa para que descanse contra el lado del tamal sin "costura." El extremo de arriba debe quedar abierto.

Con cuidado, ponga el tamal en un plato grande o bandeja para que la parte abierta esté un poco levantada a fin de impedir que el relleno se salga. (Es probable que usted prefiera colocar un cuchillito para la mantequilla o un palillo chino contra la bandeja y hacer descansar la primera capa de tamales sobre éste.) Repita la operación con el resto de las hojas y forme una pila sobre el plato o la bandeja a medida que termine de rellenarlas. (Las hojas que le sobren, pueden almacenarse en el congelador para uso posterior, dentro de una bolsa de cierre hermético o envueltas estrechamente en plástico. Bastará con descongelarlas unas horas antes de utilizarlas.)

Ponga olla grande para cocinar al vapor con agua suficiente para casi tocar el fondo. Acomode los tamales verticalmente en la canasta, descansando sobre el extremo doblado de la hoja. Todos los tamales deberán caber en la olla sin estar demasiado próximos unos de otros. Hierva el agua de la olla sobre un fuego entre moderado y fuerte, tape la olla, baje la llama y cocine los tamales durante 1 hora aproximadamente o hasta que se asienten y las hojas se separen fácilmente de la masa. (Puede tomar más tiempo, dependiendo de la proximidad de los tamales en la olla.) La masa no se pondrá firme hasta las etapas finales del proceso de cocción. Agregue agua hirviendo a medida que sea necesario, para mantener su nivel en la olla, pero tenga cuidado de no excederse. Evite mojar los tamales al agregar el agua.

Saque los tamales de la olla y acomódelos en una fuente o bandeja. Déjelos reposar 15 minutos antes de servirlos. Sírvalos calientes y dentro de las hojas.

Alcanza para 2½ docenas de tamales grandes y de 3½ a 4 docenas de tamaño mediano o para tamales de distintos tamaños; de 10 a 12 porciones

ARROZ CON LECHE GISÈLE BEN-DOR

Gisèle Ben-Dor, directora musical y conductora de la Boston ProArte Chamber Orchestra, de la Annapolis Symphony y de la Santa Barbara Symphony, nació en Montevideo, Uruguay, de padres polacos. A veces piensa con nostalgia en la vida que dejó atrás cuando empezó a recorrer el camino que la llevaría hacia una carrera musical internacional: "Solamente ahora empiezo a entender la diferencia entre el mundo en que vivía en el Uruguay y éste en el que vivo ahora. Formaba parte de una gran familia y nos veíamos todas las semanas, o por lo menos bastante seguido. Todo giraba en torno a la familia. La familia se reunía y comía junta platos maravillosos. Uno de los platos que más recuerdo de la época de mi infancia es el arroz con leche. No solamente recuerdo su sabor delicioso, sino también la canción infantil que lo acompañaba. El canto, después de todo, era el centro de mi vida. La canción era ésta: 'Arroz con leche, me quiero casar, con una señorita del barrio oriental, Que sepa coser, que sepa bordar, que sepa abrir la puerta para ir a jugar.'"

1 taza de arroz
2 tazas de agua
1 taza de leche entera
2 huevos grandes
½ taza de azúcar granulada
1 cucharadita de extracto de vainilla
1 cucharadita de cáscara de limón rallada
1 cucharadita de mantequilla, para engrasar un molde para tarta
1 taza de crema entera
Canela, para espolvorear

Ponga el arroz y el agua en una cacerola mediana y hágala hervir sobre un fuego entre moderado y fuerte. Baje luego la llama, tape y cocine el arroz, durante aproximadamente 20 minutos o hasta que esté blando.

Arroz con leche Gisèle Ben-Dor (continuación)

Mezcle la leche, los huevos, el azúcar, el extracto de vainilla y la cáscara de limón en un tazón mediano. Añada el arroz y revuelva lentamente hasta que todos los ingredientes estén bien mezclados.

Gisèle Ben-Dor

Unte con mantequilla un molde para tarta de 9 pulgadas de diámetro y vierta en él el arroz con leche. Cocine durante 25 minutos en un horno precalentado a una temperatura de 350°F. Retire el arroz con leche del horno, mézclelo bien y déjelo enfriar 15 minutos. Entretanto, bata la crema con una batidora eléctrica en un plato hondo grande hasta que se formen copos suaves. Vacíe el arroz con leche en la crema batida e incorpórelo con movimiento envolvente. Pase el arroz con leche a una fuente de mesa, espolvoréelo con canela y sírvalo caliente o después de enfriarlo en el refrigerador.

Para 4 a 5 porciones

BUDÍN DE PAN DE COCO

Cada vez que nos asaltan las ganas de comer un postre simple y casero, tomamos un pan francés, un poco de leche de coco, algunos otros ingredientes básicos y preparamos un Budín de pan de coco puertorriqueño. Las recetas para el budín de pan de la isla abundan, pero la mayoría combina los mismos ingredientes, aunque algunos se preparan con *half-and-half* (mitad crema y mitad leche), o crema entera y otros con leche evaporada o condensada. Cuando se agrega fruta cortada en pedacitos, tal como naranjas o cocktail de frutas, el budín se transforma en un Pudín diplomático (también un favorito de los cubano-americanos), que no guarda ningún parecido con el postre moldeado clásico del mismo nombre que se prepara con *ladyfingers* o torta esponjosa empapada de licor y con flan, jalea y fruta abrillantada.

En esta receta agregamos coco rallado en escamas, endulzado al budín de pan puertorriqueño tradicional, siguiendo una idea que nos llegó a través de los puertorriqueños Marcos Rivera y su esposa, Carmen Rivera, que trabajan juntos en la administración de la Bowling Green State University en Bowling Green, Ohio. Las escamas de coco se mantienen húmedas dentro del budín y se hacen crujientes en la parte de arriba, dando como resultado un maravilloso budín con muchas texturas diferentes. Nos gusta servir el Budín de pan de coco con rebanadas de mango fresco, pero solamente cuando están en temporada—calcule 1 mango por cada 3 personas.

1 lata de 13½ onzas de leche de coco sin endulzar
2 tazas de leche
½ taza de *half-and-half* (mitad crema y mitad leche)
1 pan francés (1 libra), cortado en cubitos de 1 pulgada (con la costra)
3 huevos grandes
¾ taza de azúcar granulada
1½ cucharaditas de extracto de vainilla
½ taza más 2 cucharadas bien comprimidas de escamas de coco endulzadas
⅓ taza de pasas blancas
1 cucharada de mantequilla para engrasar un molde para tarta
3 o 4 mangos maduros, pelados y rebanados (a su discreción)

Mezcle la leche de coco con la leche y el *half-and-half* en un plato hondo grande. Eche los cubitos de pan en el líquido y asegúrese que todos se humedezcan. Deje que el pan se siga humedeciendo, mientras usted bate los huevos junto con el azúcar y el extracto de vainilla en un plato hondo pequeño. Añada la mezcla de huevo y azúcar al pan en remojo. Agregue ½ taza de las escamas de coco y las pasas.

Engrase una fuente de horno de 9 por 13 pulgadas con la mantequilla. Usando una cuchara, vierta la pasta en la fuente y luego espolvoréele las 2 cucharadas restantes de escamas de coco. Coloque la fuente en la parrilla superior de un horno precalentado a una temperatura de 350°F y déjelo hornear unos 45 minutos o hasta que el budín se asiente y esté dorado por encima. Corte el budín de pan en pedazos cuadrados y sírvalo caliente, tibio o enfriado en el refrigerador, con o sin rebanadas de mango.

Alcanza para 8 a 10 porciones

TRES LECHES

Esta torta dulce y húmeda con tres clases de leche, es el postre nicaragüense por excelencia, preferido no solamente por los nicaragüense-americanos y los costarricense-americanos que lo han adoptado, sino por todos los que han tenido la oportunidad de probarlo. Para el típico paladar estadounidense, el Tres leches es quizás un tanto dulce y por lo tanto nosotras lo hemos moderado, eliminando casi todo el azúcar que normalmente se usa para preparar la crema batida que cubre a la torta. Mientras que de acuerdo a la tradición el Tres leches también puede llevar merengue en la parte de arriba, nosotras hemos optado por la crema batida, a fin de minimizar

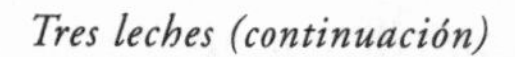

el tiempo de preparación, sin por ello sacrificar el sabor del postre. Algunas recetas tradicionales también prescriben el uso de algún ron ligero en la preparación del almíbar de leche, pero los latinos también preparan el Tres leches sin añadirle licor.

Bien envuelta, la torta se puede conservar en el refrigerador hasta por 2 días. Pero en realidad es más deliciosa que nunca haber sido refrigerada durante 8 horas y de haberse asentado completamente. Algunos chefs latinos, al igual que muchos que cocinan el Tres leches en sus casas, le añaden un toque extra al agregarle pedazos de frutas, tales como mango o banano, o salpicándolo con coco rallado. También se puede decorar con frambuesas, arándanos, zarzamoras, *olallieberries* o *loganberries.*

PARA LA TORTA:

1½ tazas de harina para repostería
1 cucharadita de polvo de hornear
1 taza de azúcar granulada
½ taza (1 barra) de mantequilla
5 huevos grandes
½ cucharadita de extracto de vainilla
⅓ taza de leche

PARA EL ALMÍBAR DE LECHE:

1 taza de leche condensada y endulzada
1 taza de leche evaporada
1 taza de leche entera
1 cucharada de ron ligero, o de su licor preferido (a su discreción)

PARA LA CREMA BATIDA:

1 taza de crema entera
1 cucharadita de azúcar granulada
½ cucharadita de extracto de vainilla

Prepare la pasta para la torta: Cierna juntos la harina y el polvo de hornear. Bata el azúcar con la mantequilla en un plato hondo grande, con una batidora eléctrica. Añada los huevos y el extracto de vainilla y bata con una espátula de goma hasta que la pasta esté espumosa. Incorpore cuidadosamente los ingredientes secos, alternándolos con la leche, hasta que la mezcla adquiera una consistencia suave.

Vierta la pasta en un molde para torta o fuente de 7 × 11 × 2 pulgadas, ligeramente engrasado. Cocine en la parrilla intermedia de un horno precalentado a 350°F, por espacio de 30 minutos o hasta que al insertar un palillo en el centro salga limpio y la parte de arriba de la torta vuelva a levantarse después de oprimirla con suavidad. Deje que la torta se enfríe por 20 minutos en el molde sobre una parrilla de alambre y luego inviértala sobre una fuente de mesa. Pinche la torta en muchos puntos con un tenedor y déjela enfriar por completo.

Prepare el almíbar: Bata todos los ingredientes del almíbar en un plato hondo mediano, hasta que estén bien mezclados. Vacíe el almíbar sobre la torta, distribuyéndolo de manera uniforme y ponga a refrigerar la torta luego de cubrirla con una envoltura de plástico, durante 3 horas por lo menos.

Prepare la crema batida: Enfríe en el refrigerador la crema, un plato hondo grande y una espumadora o los batidores de una batidora eléctrica. Bata la crema dentro del plato frío con la espumadora o una batidora hasta que empiece a espesarse. Añada el azúcar y el extracto de vainilla y siga batiendo hasta que empiecen a formarse copos firmes. Use un cuchillo o una espátula para cubrir con la crema batida la parte de arriba y los lados de la torta. Corte la torta y sírvala. También puede optar por cortar primero la torta y añadir la crema solamente a las porciones que piensa servir.

Alcanza para 10 a 12 porciones

TORTA DE MERENGUE TÍA LULÚ

"Cada vez que me asaltan las ganas de comer un postre viscoso y decadente," dice la chileno-americana M. Isabel Valdés, presidenta de Hispanic Market Connections, Inc., "consulto la receta familiar para la Torta de merengue que mi hermana Luz María, que ahora vive en Santiago, Chile, adaptó para la cocina estadounidense durante un viaje que realizó a este país. La Torta de merengue chilena trae reminiscencias del Pavlova, el majestuoso postre de Nueva Zelanda creado en honor de la bailarina rusa Anna Pavlova, en el cual el merengue al horno se rellena con crema batida y se decora con frutas maduras como kiwis, granadillas, y fresas. Mientras que el Pavlova se prepara con un solo merengue, la Torta de merengue lleva tres círculos de merengue horneado, separados por una lujosa capa de crema de castañas, una mezcla de crema de *marrons glacés* con crema de leche batida y otra capa de fresas o frambuesas maduras y jugosas. La torta está cubierta de nubes de crema batida y adornada con más fresas o frambuesas. El postre suena muy elaborado, pero en realidad es bastante fácil de preparar. Luz María, a quien llamamos afectuosamente Tía Lulú, simplificó la receta a tal punto, que aún los cocineros o cocineras que tengan poquísima experiencia con el merengue, pueden lograr magníficos resultados. Es conveniente usar un termómetro de caramelos para preparar esta torta."

Según Isabel Valdés, la Torta de merengue fue llevada a Chile por los españoles que posiblemente la adoptaron de los árabes, durante los siglos en que éstos vivieron en España y cambiaron para siempre la cocina del país. En efecto, la palabra almíbar, que se usa para preparar el merengue, viene del árabe. Si las fresas o frambuesas no se encuentran en su punto máximo de maduración en los mercados de productos agrícolas frescos, el puesto de verduras o en su huerto, Isabel sugiere que se reemplacen con 3 tazas de rodajas de kiwi, piña, banana, o mango.

PARA PREPARAR LAS 3 CAPAS DE MERENGUE:

1½ tazas de azúcar granulada
½ taza de agua
1 cucharadita de extracto de vainilla
3 claras de huevo grandes, a temperatura ambiente
3 hojas de 10 pulgadas de papel pergamino

PARA LA CREMA DE LECHE BATIDA Y LA CREMA DE CASTAÑAS:

1 taza de crema entera
1 cucharadita de azúcar glaseada
¾ taza de crema de marrons glacés, también conocida como *chestnut spread* y *crème de marrons**
3 tazas de fresas maduras, lavadas y cortadas en rebanadas, o de frambuesas maduras frescas, lavadas

**La* crème de marrons *enlatada, importada de Francia o de Suiza, se consigue en los comercios de productos gastronómicos o por correo (ver Recursos, página 325).*

Prepare el merengue: Cocine el azúcar, el agua y el extracto de vainilla en una cazuela mediana de fondo grueso, sobre fuego lento, revolviendo constantemente, hasta que el azúcar se haya disuelto. Suba la llama hasta tener un fuego moderado y cocine el almíbar, sin revolver, hasta que alcance el punto en que se transforma en una pelota firme (244°F a 248°F en un termómetro de caramelos).

Mientras se cocina el almíbar, bata las claras de huevo hasta que estén muy firmes en un tazón mediano de cobre, acero inoxidable, o vidrio con una batidora eléctrica. Vierta lentamente un hilo del almíbar en las claras de huevo batidas, mientras sigue haciendo funcionar la batidora a su velocidad máxima. Siga batiendo el merengue unos 10 minutos o hasta que se enfríe.

Dibuje un círculo de 9 pulgadas de diámetro sobre cada hoja de papel pergamino. Divida el merengue en partes iguales entre los 3 círculos. Esparzalo con una cuchara o espátula para cubrir los círculos. Ponga los 3 círculos de merengue sobre 3 bandejas de hornear diferentes. Cocine los merengues por 2 minutos en un horno precalentado a una temperatura de 350°F; apáguelo y deje los merengues 40 minutos en el horno apagado. Despegue el papel pergamino adherido a la parte posterior de los merengues, jalándolo suavemente, de la misma manera que lo haría con una etiqueta adhesiva. Ponga los merengues encima de parrillas de alambre y déjelos enfriar alejados de las corrientes de aire.

Prepare la crema batida que va a usar para cubrir la torta, justo antes de empezar a armarla: Bata la crema en un tazón previamente enfriado en el refrigerador, con los batidores de una batidora enfriados de igual manera, hasta que espese. Añada el azúcar glaseada y siga batiendo hasta que la crema empiece a formar copos suaves. A continuación prepare la crema de castañas: Mezcle bien la crema de marrons glacés con ½ taza de crema batida en un tazón mediano.

Para armar la torta, empiece por poner 1 disco de merengue en un plato para pastel. Esparza la mitad de la fruta sobre el disco y ponga otro disco encima. Distribuya uniformemente la crema de castañas sobre el segundo disco y luego coloque encima el tercero. Unte el resto de la crema batida encima de la torta y en los costados. Decore la cubierta con la fruta restante y sirva de inmediato.

Alcanza para 8 a 10 porciones

TORTA BORRACHA

Bolo bêbado

Esta magnífica torta de masa esponjosa y amarilla como el sol, ocupa un lugar preferido entre los brasileño-americanos, que la llaman el *Bolo bêbado,* Torta borracha, porque está empapada de un almíbar muy dulce preparado con ron. La torta en sí es poco ortodoxa, dado que está confeccionada con un fermento activo y con sólo una cucharada de harina. Es muy fácil de preparar, puesto que para hacer la pasta se mezclan todos los ingredientes al mismo tiempo en una licuadora o procesadora de alimentos. Este método da como resultado una torta bastante porosa y esponjosa, pero una vez que se la empapa con el almíbar y el ron, se torna blanda y muy húmeda.

Al *Bolo bêbado* tradicionalmente se le agrega solamente el almíbar de ron, pero algunos brasileño-americanos van un poco más allá y le añaden fruta fresca o en compota y también a veces crema chantilly o helado. Nosotras frecuentemente nos limitamos a trazar un pequeño diseño encima de la torta con azúcar glaseada, usando un esténcil de papel pergamino, o sencillamente espolvoreamos un poco de azúcar encima de la torta. Esto debe hacerse justo antes de servirla, de lo contrario el azúcar glaseado se disuelve en la humedad de la torta.

PARA LA PASTA DE LA TORTA:

¼ taza, más 2 cucharadas de pan rallado seco sin condimento
¼ taza, más 2 cucharadas de azúcar granulada
1 cucharada de harina común sin blanquear
1 cucharada de polvo de hornear
6 huevos grandes, a temperatura ambiente (70°F)

PARA EL ALMÍBAR CON GUSTO A RON:

½ taza de azúcar granulada
¼ taza de agua
¼ taza de *cachaça,* o ron blanco en su lugar*

PARA EL ADEREZO:

Fruta fresca, compota de frutas, crema chantilly, helado o azúcar glaseado (a su discreción)

*Cachaça *es una bebida brasileña parecida al ron que se obtiene destilando la savia de la caña de azúcar fermentada (vea página 329).*

Vacíe todos los ingredientes de la torta en una procesadora de alimentos o en una licuadora y haga funcionar una u otra, hasta que la pasta quede tersa y bien mezclada. Engrase el fondo y los costados de un molde de *teflón* cuadrado para torta de 8 o 9 pulgadas. Vierta la pasta en el molde engrasado.

Hornee la torta en la parrilla superior de un horno precalentado a 350°F, aproximadamente 15 minutos, hasta que su superficie se torne dorada y al insertar un pincho de madera en el centro salga limpio. Retire la torta del horno y déjela enfriar sobre una parrilla de alambre, unos 15 minutos.

Entretanto, prepare el almíbar con sabor a ron. Ponga todos los ingredientes en una cazuela pequeña y hágalos hervir sobre un fuego entre moderado y fuerte, revolviendo cada tanto. Retire la cazuela del fuego.

Deslice un cuchillo alrededor de los bordes de la torta para despegarla del molde; inviertalo y deje caer la torta sobre un plato de mesa grande. Vierta el almíbar de ron encima de la torta y deje que se enfríe. Sirva la torta a temperatura ambiente o luego de enfriarla en el refrigerador, sin ningún aderezo o con el que sea de su agrado.

Para 6 porciones

TORTA DEL CIELO

Las tortas de almendra, tales como la famosa Tarta de Santiago, llamada así en honor a la ciudad gallega Santiago de Compostela, son populares a través de toda la Península Ibérica. Las recetas de las tortas de almendra empezaron a llegar a Latinoamérica junto con los exploradores españoles y portugueses. Por alguna razón, estas tortas de almendra incorporaron la palabra cielo en sus nombres al llegar a Latinoamérica, como en el caso de la torta de almendra de Yucatán, llamada Torta del cielo. La torta de almendra cubana recibe de manera similar el nombre de Tocino del cielo; una torta de almendra brasilera recibe el mismo nombre pero en portugués, *Toucinho de ceu.* Los historiadores han conjeturado que en un principio la elaboración de estas tortas en el Nuevo Mundo debió haber estado en manos de instituciones devotas, tales como los conventos. Los cambios en las fronteras entre los países y la inmigración, dieron como resultado la existencia de muchas versiones de la Torta del cielo, así como también de las demás tortas de almendra en los Estados Unidos. Las tortas se preparan con diferentes cantidades de harina (o con ninguna en absoluto) y huevos. La versión que aquí presentamos cuenta con el ron entre sus ingredientes, pero otras en cambio reciben su sabor del extracto de vainilla. (Para la versión con gusto a vainilla, reemplace la cucharada de ron por 1 cucharadita de extracto de vainilla.) Si le sobra alguna porción de esta torta, puede conservarla en el refrigerador, en una bolsa de plástico con cierre hermético, por un período máximo de 3 días.

1 hoja de papel encerado
Aceite vegetal para engrasar el papel encerado
1½ tazas (8 onzas) de almendras sin sal
2 tazas de agua
½ taza de harina para repostería
1 cucharadita de polvo de hornear
10 huevos grandes
1¼ tazas de azúcar granulada
1 cucharada de ron, o sustitúyalo por 1 cucharadita de extracto de vainilla
¼ cucharadita de crémor tártaro
Una pizca de sal
Azúcar glaseada, para espolvorear la torta
¼ taza de almendras cortadas en rodajas o en pedacitos, para el aderezo

Corte un círculo con el papel encerado para cubrir el fondo de un molde redondo de 10 pulgadas de diámetro, del tipo cuya base se desmonta para sacar las tortas con facilidad (*springform pan*). Engrase ligeramente el papel encerado con aceite vegetal, pero no así los costados del molde.

Pele las almendras: Hierva el agua en una cazuela mediana. Añada las almendras y déjelas hervir 4 minutos. Páselas por el colador y luego presione cada una entre el pulgar y el dedo índice para quitarles la cáscara. O bien, póngalas en el centro de un trapo de cocina y frótelas con los bordes de éste para despojarlas de su cáscara.

Muela las almendras peladas en una licuadora o procesadora de alimentos hasta que estén finamente molidas. Transfiéralas a un tazón mediano. Incorpore la harina y el polvo de hornear.

Separe las yemas de las claras, poniendo las yemas en un tazón grande y las claras en otro tazón grande de cobre o acero inoxidable. Bata las yemas y el azúcar juntas a punto de listón, hasta que la mezcla, al escurrir de los batidores de la batidora eléctrica, forme un hilo muy fino y deje un rastro que se desvanezca lentamente de la superficie. Añada el ron o extracto de vainilla y siga batiendo. Agregue con cuidado la harina mezclada con las almendras, revolviendo con una espátula, apenas lo necesario para hacerla desaparecer.

Bata las claras de huevo hasta que estén solamente espumosas y añada el crémor tártaro (omítalo si usa un tazón de cobre) y la sal. Continúe batiendo hasta que se formen picos lustrosos y firmes. Agregue un tercio de las claras de huevo a la mezcla de almendras para hacerla más ligera y luego agregue con mucho cuidado las claras de huevo restantes, para incorporarlas con suave movimiento envolvente. No mezcle más de lo estrictamente necesario.

Usando una cuchara, vierta la pasta en el molde y hornee la torta durante 40 minutos aproximadamente en un horno precalentado a 375°F, o hasta que la parte superior esté bastante marrón y los bordes hayan empezado a separarse de la orilla del molde. Saque la torta del horno y déjela en el molde hasta que se enfríe por completo. Deslice un cuchillo entre la torta y los bordes del molde para despegarla. Afloje la bisagra del molde. Invierta la torta sobre un plato grande, retire el fondo del molde, despegue el papel encerado adherido al fondo de la torta y con cuidado ponga otro plato encima. Inviértala nuevamente para que la parte superior de la torta quede a la vista. Justo antes de servirla, espolvoréela con el azúcar glaseada, córtela en pedazos triangulares y adornelos con las almendras.

Alcanza para 8 a 10 porciones

Para el Tocino del cielo cubano-americano: Disuelva 1¾ tazas de azúcar en ½ taza de agua, en una cazuela grande sobre fuego moderado, revolviendo constantemente. Agregue 1¾ tazas de almendras peladas molidas. Retire la cazuela del fuego. Bata 8 yemas de huevo y 3 huevos enteros y añádalos lentamente a la mezcla de azúcar y almendras. Cocine a fuego lento, removiendo sin cesar, por espacio de unos 10 minutos o hasta que la mezcla se torne espesa. Vierta la pasta en un molde redondo de 8 pulgadas de diámetro, previamente engrasado y enharinado. Ponga la torta a hornear al baño maría sobre la parrilla central de un horno precalentado a 350°F. Déjela en el horno 30 minutos aproximadamente o hasta que la torta se asiente. Retírela del horno, enfríela sobre una parrilla de alambre y sírvala.

Para el *Tocinho de céu* brasileño-americano: Cocine 1½ tazas de azúcar y ½ taza de agua en una cazuela mediana a un fuego moderado, revolviendo constantemente, hasta que se formen hilos al dejar caer un poco del almíbar en un recipiente con agua helada. Retire la cazuela del fuego y agregue ¾ taza de mantequilla. Mezcle en un tazón grande ¾ taza de almendras peladas y molidas con ¾ taza de harina común sin blanquear. Añada la mezcla de azúcar y mantequilla a los ingredientes secos. Bata 3 claras de huevo en un tazón grande de cobre, acero inoxidable o vidrio hasta que se formen picos firmes y luego agregue 6 yemas de huevo y siga batiendo. Con una espumadora, incorpore lentamente los huevos batidos a la mezcla de azúcar y almendras, mientras sigue revolviendo. Vacíe la pasta resultante en un molde para torta de 8 pulgadas previamente untada con mantequilla y déjela hornear en un horno precalentado a una temperatura de 350°F, alrededor de 20 minutos o hasta que se haya asentado. A mitad del proceso de hornear, cubra suavemente con papel de aluminio. Retire la torta del horno, déjela enfriar sobre una parrilla de alambre, espolvoréela con azúcar glaseada y sírvala.

Para la Torta de nueces de nogal brasileño-americano (*Bolo de nozes*): Mientras que los mexicanos, cubanos y otros latinoamericanos han seguido siendo fieles a las almendras, los brasileños en cambio usan una variedad de nueces para preparar sus tortas, incluyendo a las nueces de Castilla (*walnuts*), el maní y las nueces de Cayú. Este pastel suele hacerse con un relleno simple de azúcar y huevos, el cual omitimos porque puede resultar demasiado dulce. Reemplace las almendras con 2 tazas de nueces de nogal molidos, use 8 huevos en vez de 10, 1 taza de azúcar en vez de 1¼ tazas y 1 cucharada de harina, más 1 cucharada de pan rallado, en vez de la ½ taza de harina. Omita el polvo de hornear y el ron. Hornee la torta en 2 moldes de 9 pulgadas previamente engrasados y enharinados, de 20 a 25 minutos, a una temperatura de 350°F. Retire las tortas del horno, desmóldelas y déjelas enfriar completamente.

Prepare el betún para recubrir la torta (nosotras usamos betún de siete minutos en vez del tradicional merengue): Bata lentamente 1½ tazas de azúcar, ¼ taza de agua, 2 claras de huevo, 1 cucharada de jarabe de maíz y ½ cucharadita de crémor tártaro con una batidora eléctrica en un tazón grande apoyado en una cazuela mediana llena de agua hirviendo, hasta que la mezcla esté vaporosa (7 minutos). Añada 1 cucharada de extracto de vainilla. Embetune la torta enseguida.

"PAN" DE BATATA

Pain patate

Con su seductora mezcla de batatas y bananas salpicada de pasas y los sabores de canela y nuez moscada, el *Pain patate* haitiano no es en realidad un pan, a pesar de tener forma de tal—de hecho no tiene ni una onza de harina y se parece más bien al relleno de un pastel de zapallo de los que tradicionalmente se preparan para celebrar la fiesta de Acción de gracias. Los haitiano-americanos que viven en lugares tales como la zona llamada *Little Haiti* de la ciudad de Miami, o en la colonia haitiana Bois Verna situada en el Upper West Side de Manhattan, o en la zona de Brooklyn llamada La Saline que se extiende en los alrededores de Rutland Road, hablan poéticamente, tanto en inglés como en melodioso *patois,* acerca del *pain patate,* su postre preferido, que sirven ya sea sin cubierta, o con el agregado de crema batida y un chorro de ron.

Los haitiano-americanos no son los únicos estadounidenses de descendencia caribeña que crean postres deliciosos con batatas. Los dominicano-americanos preparan la tarta de batata, que además de batatas cuenta en su composición a la leche de coco, crema, ron ligero y especias. Los jamaiquino-americanos tienen su propio postre de batata sazonado con leche de coco: el *Sweet Potato Pudding* (Budín de batata), que debe también su fragancia al jengibre, a la nuez moscada, a la vainilla y a las pasas. Uno de los postres que desde hace mucho tiempo se cuenta entre los preferidos por los cubano-americanos es el pastel de batata, una torta húmeda preparada con boniatillo, una pasta compuesta de boniatos (batatas blancas que son menos dulces y secas que la variedad amarilla que se encuentra en los Estados Unidos), azúcar, yemas de huevo, jerez y canela.

2 tazas de batatas, peladas y cocidas hasta que estén blandas
2 bananas medianas maduras, peladas
2 cucharadas de mantequilla, derretida
3 huevos medianos, batidos
¼ taza de azúcar granulada
¼ taza de melaza
½ cucharadita de extracto de vainilla
½ cucharadita de sal
¼ cucharadita de canela molida
¼ cucharadita de nuez moscada
1 taza de leche
¼ taza de pasas blancas sin semillas

Con un tenedor o un majador de papas, presione las batatas junto con las bananas en un tazón grande y luego use una batidora eléctrica para obtener un puré suave. Con una espumadera, incorpore la mantequilla y los huevos. Agregue el azúcar, la melaza, el extracto de vainilla, la sal, la canela y la nuez moscada y bata con la espumadera hasta que todos los ingredientes estén bien mezclados. A continuación añada la leche y bata hasta incorporarla a la mezcla. Incorpore las pasas.

Vierta la pasta en un molde para hornear pan que tenga una capacidad de ½ galón. Dejela hornear en un horno precalentado a una temperatura de 350°F, unos 55 minutos, o hasta que el centro del *pain patate* esté firme y su parte superior se torne marrón dorado. Retírelo del horno y déjelo enfriar en el molde durante 10 minutos antes de desmoldarlo sobre un plato. Sirva porciones generosas de *pain patate* caliente o enfriado en el refrigerador y con crema de leche batida o un poco de ron rociado encima, o sin añadirle nada.

Alcanza para 6 a 8 porciones

Para el *Sweet Potato Pudding* jamaiquino-americano (Budín de batatas): Pele y ralle 1 libra de batatas. Mezcle las batatas con ¼ taza de mantequilla derretida, ¾ taza de azúcar colmada y ½ cucharadita de extracto de vainilla en un tazón grande. Mezcle bien ¼ taza de harina común sin blanquear con ¼ cucharadita de nuez moscada, ¼ cucharadita de jengibre y una pizca de sal en un tazón pequeño. Añada la harina sazonada a la mezcla de batatas. Incorpore 1 taza de leche de coco enlatada sin endulzar, y ¼ taza de pasas blancas sin semillas. Revuelva solamente lo necesario para hacer desaparecer estos 2 ingredientes en la mezcla. Con una cuchara, ponga la pasta en un plato refractario ligeramente untado de mantequilla y deje hornear el budín durante 1 hora y 15 minutos, o hasta que esté firme, en un horno precalentado a una temperatura de 350° F. Corte el budín en pedazos cuadrados y sírvalo caliente o después de enfriarlo en el refrigerador, ligeramente humedecido con leche de coco, si lo desea.

BISCOCHITOS A LA NUEVOMEXICANO

Los Biscochitos a la nuevomexicano, de textura mantecosa y crujiente, con un ligero sabor a anís y espolvoreados con azúcar y canela, son sencillamente delicios. Para los mexicano-americanos de Nuevo México, la temporada de Navidad no estaría completa sin los biscochitos (también se escribe bizcochitos). Pero no espere a que lleguen las fiestas del invierno para preparar algunas tandas. Tradicionalmente, la pasta de los biscochitos se preparaba con manteca de cerdo, dando como resultado un bizcocho fácil de desmenuzar parecido al *shortbread* de los Estados Unidos. Aunque muchos mexicano-americanos siguen siendo fieles a la manteca de cerdo, en muchos hogares de Nuevo México, la mantequilla la ha reemplazado en la preparación de los biscochitos, con magníficos resultados. Si usted tiene alguna duda en cuanto al uso de las semillas de anís, olvídelas; el dulce perfume a regaliz y el sabor anisado son tan sutiles y se combinan tan bien en estos bizcochos, que le hará cambiar su opinión acerca de esta especia.

1¾ tazas de harina común sin blanquear
1 cucharadita de polvo de hornear
1 cucharadita de semillas de anís
⅛ cucharadita de sal
½ taza (1 barra) de mantequilla sin sal, a temperatura ambiente
½ taza de azúcar granulada
1 huevo grande
1 cucharada de cognac
Azúcar con canela (¼ taza de azúcar y ½ cucharadita de canela molida, bien mezcladas)

Mezcle bien la harina con el polvo de hornear, las semillas de anís y la sal en un tazón mediano.

Bata la mantequilla con el azúcar en un tazón grande hasta que esté como una crema. Agregue el huevo y la cucharada de cognac y revuelva con una cuchara hasta que se mezclen con los otros ingredientes. Incorpore gradualmente los ingredientes secos y mezcle bien hasta obtener una masa suave. Cubra el tazón con papel de envoltura de plástico y ponga la pasta a enfriar en el refrigerador durante 2 horas o hasta el día siguiente.

Un festejo entre mexicano-americanos en los años veinte

Estire la masa sobre una superficie ligeramente enharinada un tercio a la vez, hasta que tenga un grosor de ⅛ pulgada para lograr los biscochitos muy crujientes. Corte la masa con un molde especial o moldee la forma que desee.

Con cuidado, ponga los biscochitos en bandejas de hornear sin engrasar y espolvoréelos con el azúcar mezclada con canela. Hornee los biscochitos en un horno precalentado a una temperatura de 350°F, de 10 a 14 minutos, dependiendo del grosor, o hasta que estén bien dorados. Deje reposar los biscochitos durante 1 minuto y luego use una espátula para ponerlos encima de parrillas de alambre para que se enfríen. Sirva los biscochitos o guárdelos, una vez que se hayan enfriado completamente, en un recipiente de lata herméticamente cerrado, donde podrá conservarlos durante 1 semana como máximo.

Alcanza para 3 docenas de biscochitos de un tamaño de 2½ a 3 pulgadas

POLVORONES

Esta receta tradicional para los Polvorones nos la dió Henry B. González, miembro del Congreso de los Estados Unidos (demócrata por el estado de Texas), el primer tejano de origen mexicano en ser elegido a la Cámara de Representantes, donde ya lleva más de tres décadas. El representante González considera los Polvorones como sus bizcochos preferidos. Es fácil darse cuenta del porqué de esta preferencia. Los Polvorones son tan rápidos y fáciles de preparar como irresistibles. Lo único que se necesita es sencillamante mezclar la masa, darles forma, hornearlas y cubrir los bizcochos con azúcar mezclada con canela. Henry B. González prefiere sus Polvorones preparados con manteca de cerdo, pero nosotras hemos descubierto que con mantequilla los biscochos son igualmente gustosos y ricos.

2¼ tazas de harina común sin blanquear
¾ taza de azúcar granulada
2 cucharaditas de canela molida
¼ cucharadita de sal
⅔ taza (10 cucharadas) de mantequilla o manteca de cerdo, cortada en pedacitos de ½ pulgada
2 huevos grandes
Azúcar de canela (½ taza de azúcar y 1 cucharadita de canela mezcladas en un tazón pequeño)

Mezcle la harina con el azúcar, la canela y la sal en un tazón grande. Añada la mantequilla o manteca de cerdo y mezcle bien los ingredientes con los dedos. Agregue los huevos y amase hasta que todos los ingredientes estén bien incorporados y la masa esté suave.

Separe con un pellizco pequeños pedazos de masa y deles forma esférica del diámetro de una moneda de 25 centavos. Ponga las esferas de masa

El congresista Henry B. González se abre el apetito jugando a la pelota.

en bandejas de hornear sin engrasar y a una distancia de 1 pulgada una de otra y déjelas hornear durante 15 minutos o hasta que tomen un color marrón dorado en la parte inferior.

Usando una espátula, retire de las bandejas 2 o 3 biscochitos a la vez y échelos en el tazón que contiene la mezcla de azúcar y canela. Cubra generosamente los biscochitos con el azúcar y canela y luego póngalos sobre parrillas de alambre para que se enfríen completamente. Sirva los Polvorones, o si lo desea, espere a que se enfríen completamente para ponerlos en un recipiente hermético donde podrá conservarlos durante 1 semana como máximo.

Alcanza para 6 docenas

Otra versión de los Polvorones que también es tradicional, requiere pacanas. Para preparar esta versión: Combine la harina, el azúcar y la sal con 1 taza de pacanas cortadas en pedacitos muy pequeños y proceda de acuerdo con las instrucciones anteriores. La canela es una opción. Los biscochitos pueden recubrirse con azúcar de canela o con azúcar glaseada.

ALFAFORES DE ALMENDRAS

Estos bizcochos crujientes, con gusto a nuez y ricos en mantequilla, provenientes de la Argentina, son el sueño de los entusiastas de las almendras. Una gran cantidad de almendras molidas mezcladas en la pasta y finas rebanadas de la nuez incrustadas en su superficie, es lo que hace que estos bizcochos sean irresistibles. Los Alfafores de almendras argentino-americanos también constituyen una atracción visual y por lo tanto son ideales para servirlos con el té de la tarde, o entre los postres de un buffet, o para acompañar un expresso después de la cena. Tanto niños como adultos, adoran sumergirlos dentro de un vaso grande de leche fría. Estos bizcochos de almendra se conservarán muy bien, siempre que se tome la precaución de guardarlos dentro de un recipiente hermético.

La masa de los Alfafores de almendras se estira y recorta con moldes para cortar bizcochos, de la misma manera que se hace con los bizcochos de azúcar tradicionales. Elija moldes que tengan un toque de imaginación—no existe ninguna limitación para hacerlo. También puede crear moldes y trazarlos sobre cartón para después cortarlos con tijeras.

1¾ tazas de harina común sin blanquear
¾ taza de almendras blanqueadas bien molidas
1 cucharadita de polvo de hornear
⅛ cucharadita de sal
½ taza (1 barra) de mantequilla sin sal, a temperatura ambiente
¾ taza de azúcar granulada
1 huevo grande
1 cucharada de cognac
¼ cucharadita de extracto de almendra
4 cucharadas de crema entera
¾ taza de almendras cortadas en rebanadas

Mezcle perfectamente la harina con las almendras molidas, el polvo de hornear y la sal en un tazón mediano.

Bata la mantequilla con el azúcar en un tazón grande hasta que esté como una crema. Añada el huevo, el cognac y el extracto de almendra y bata hasta que la crema se torne ligera y vaporosa. Agregue en forma gradual los ingredientes secos y mézclelos bien para que la masa quede suave. Forme una bola con la masa de los bizcochos, envuélvala en plástico y enfríela en el refrigerador durante 2 horas o hasta el día siguiente.

Estire la masa, trabajando con un tercio de ésta a la vez, sobre una superficie ligeramente enharinada, hasta que tenga un grosor de ⅛ pulgada. Corte la masa con moldes para bizcochos y luego coloque los biscochitos con cuidado en bandejas de hornear engrasadas con mantequilla. Esparza una capa ligera de crema encima de los bizcochos y agregue algunas rebanadas de almendras sobre cada uno.

Meta las bandejas con los bizcochos a un horno precalentado a una temperatura de 350°F y déjelos hornear de 6 a 8 minutos, o hasta que estén bien dorados. Saque los alfafores de las bandejas cuidadosamente, usando una espátula y póngalos encima de parrillas de alambre para que se enfríen. Sírvalos o resérvelos para más adelante, esperando a que estén completamente fríos para ponerlos en una lata que pueda taparse herméticamente y en la cual los bizcochos se conservarán hasta 1 semana como máximo.

Alcanza aproximadamente para 3 docenas de alfafores de entre 2½ y 3 pulgadas

BANANAS RELLENAS CON CREMA DE MANTEQUILLA Y RON

Figues bananes fourrées

Las bananas cortadas por la mitad rodeadas de crema de mantequilla y ron, espolvoreadas con pasas sazonadas con ron y nueces molidas y adornadas con cerezas cubiertas por una capa almibarada y lustrosa, constituye un postre espectacular muy apreciado por los haitiano-americanos. Este plato de bananas es la contraparte fría de las *Bananes au rhum* de Haití, que son bananas asadas en mantequilla y azúcar y luego flameadas con ron. Puede prepararse de antemano—solamente hace falta humedecer las bananas con jugo de limón para evitar que se oxiden después de cortarlas por la mitad.

2 cucharadas de pasas negras sin semillas
2 cucharadas, más 1 cucharadita de ron oscuro
½ taza (1 barra) de mantequilla, suavizada
½ taza de azúcar glaseada
3 bananas maduras grandes
¼ taza de jugo de limón recién exprimido (si piensa servir las bananas más tarde)
¼ taza de maní molido grueso, o de nueces de nogal, almendras o pacanas
12 cerezas en almíbar (a su discreción)

Remoje las pasas en las 2 cucharadas de ron, en un tazón pequeño.

Bata la mantequilla y el azúcar glaseada con una batidora eléctrica en un tazón pequeño hasta que esté como una crema. Agregue a la crema la cucharada de ron restante.

Pele las bananas y córtelas por la mitad, primero en sentido transversal y luego longitudinal. Distribuya las bananas con el lado plano hacia arriba en una fuente de mesa. Si usted las está preparando para más tarde, humedézcalas con jugo de limón para impedir que se oxiden. (Si se propone servirlas de inmediato, omita este paso.)

Llene una manga de repostería, provista de la punta que usted elija, con la crema de mantequilla y ron. Comprima la bolsa y vaya dejando un cilindro de crema a lo largo de cada banana. (O simplemente vierta 2 cucharaditas de crema de mantequilla y ron encima de cada banana.) Adorne cada una con las pasas remojadas en ron y las nueces. (El ron usado para remojar a las pasas puede rociarse encima de las bananas, si se desea.) Ponga una cereza encima de cada banana y sirva de inmediato. (O bien ponga el postre en el refrigerador y sírvalo dentro de las 8 horas siguientes.)

Para 6 porciones

GUINEOS CON LICOR DE CHINA EN CREPAS

Los Guineos con licor de china, en otras palabras, bananas maduras salteadas o asadas en mantequilla y en un licor del tipo del Grand Marnier, a veces flameadas y servidas, ya sea por sí solas o con helado de vainilla, constituyen un postre muy popular entre los puertorriqueños que viven en el continente. Ciertamente sirvió de inspiración a los chefs del restaurante Brennan's de la ciudad de Nueva Orleans, quienes en la década del cincuenta crearon las famosas *Bananas Foster,* bananas salteadas en ron, azúcar morena y licor de banana, flameadas y servidas con helado. Los Guineos con licor de china es un postre de preparación rápida y fácil y su sabor es exquisito, razón por la cual lo preparamos con frecuencia, especialmente con Grand Marnier, nuestro preferido entre todos los licores. Algunas veces envolvemos las bananas salteadas en las crepas francesas clásicas. Para facilitar la preparación de este postre, puede preparar las crepas hasta con cinco días de anticipación. Solamente es necesario esperar que estén completamente fríos y luego envolverlos, primeramente en papel encerado y luego en papel de aluminio y ponerlos en el refrigerador. Caliente las crepas en un horno a baja temperatura, antes de armar el postre.

PARA LAS CREPAS DE POSTRE:

1 taza de harina común sin blanquear, cernida
4 cucharadas de azúcar granulada
Una pizca de sal
3 huevos grandes
1½ tazas de leche
Mantequilla para freír las crepas

PARA LAS BANANAS:

4 bananas maduras pequeñas, peladas, cortadas por la mitad en sentido longitudinal y luego en sentido transversal
3 cucharadas de mantequilla
2 cucharadas de azúcar morena
2 cucharadas de Grand Marnier

PARA EL ADEREZO:

Azúcar glaseada
Canela molida
1 pinta de helado de vainilla

Prepare las crepas: Mezcle la harina, el azúcar y la sal en un tazón grande. Añada los huevos y la leche alternativamente, batiendo con una espumadera hasta que la pasta esté suave. Deje descansar la pasta durante ½ hora.

Derrita alrededor de 1 cucharadita de mantequilla en una sartén de *teflón* de 7 pulgadas o una sartén para crepas, sobre una llama entre moderada y fuerte. Cuando la mantequilla empiece a formar burbujas, mueva la sartén de manera tal que la mantequilla se deslice y cubra todo el fondo de manera uniforme. Vierta 3 o 4 cucharadas de la pasta en la sartén. Mueva la sartén de manera tal que la pasta cubra todo el fondo. Cocine la crepa durante 1 minuto aproximadamente, o hasta que tome un color ligeramente dorado. Luego cocínela del otro lado alrededor de 45 segundos. Ponga la crepa sobre una hoja de papel encerado o pergamino. Repita la misma operación, añadiendo mantequilla si es necesario, hasta que se haya acabado la pasta. Cubra las crepas con papel encerado o pergamino.

Prepare las bananas: Derrita la mantequilla en una sartén grande sobre fuego moderado. Añada el azúcar morena y el Grand Marnier. Ponga las bananas en la sartén, formando solamente una capa y hágalas saltear, 2½ minutos por lado, volteándolas sólo una vez, o hasta que estén blandas y hayan tomado un color marrón dorado.

Para armar el plato, ponga una crepa en un plato y con una cuchara échele encima 2 pedazos de banana sobre una porción de la crepa que equivalga a un cuarto de su superficie. Doble una de las mitades de la crepa sobre las bananas y doble nuevamente por la mitad, a fin de obtener un triángulo. Repita la operación con una segunda crepa y dispóngala junto con la primera en forma decorativa sobre el plato. Siga repitiendo la operación, hasta tener 2 crepas con bananas en cada uno de 4 platos. Espolvoree cada plato con azúcar glaseada y canela molida. Sin pérdida de tiempo y usando el utensilio que se usa para cortar pelotitas de melón de 1 pulgada, ponga 6 bolas de helado en cada uno de los platos, o simplemente agregue sobre cada plato una bola grande de helado. Sirva de inmediato.

Para 4 porciones

DULCE DE COCO CON MERENGUE

"Nací en El Salvador de padre rumano y madre chilena. Dado que mi familia es judía, nuestra mesa siempre estaba repleta de un despliegue multicultural de maravillosos platos judíos, salvadoreños, chilenos y rumanos," dice Eva Asher, directora de la Hispanic Student Affairs (oficina de asuntos para estudiantes hispanos) de la Florida State University en Tallahassee. "Una comida típica en nuestra casa consistía en sopa de bolas de matzo; Pastel de choclo chileno (pastel de pollo con costra de harina de maíz, ver página 111); repollo relleno rumano; plátanos con crema sal-

vadoreños y de postre, flan de vainilla. Una vez al año cada familia judía de El Salvador, recibía un paquete de harina de matzo y otro de matzos enviados por barco desde los Estados Unidos. Cuando esa provisión se terminaba, no había más matzo por el resto del año. Esto planteaba un problema cuando sucedía antes de la Pascua." Eva nos recordó que "en memoria del Éxodo, la levadura está prohibida durante los ocho días de Pascua y por esa razón se comen los matzos en los hogares judíos de todo el mundo. Los matzos especiales para las ceremonias, que representan las tres divisiones del pueblo judío, adornan la mesa de la Pascua y la harina de matzo es la base de innumerables tortas asociadas con la celebración de esta fiesta religiosa. Dado que los judíos de El Salvador muchas veces tenían muy poca o nada de harina de matzo cuando llegaba la Pascua, algunos postres salvadoreños que se preparan sin harina, ocupaban un lugar en la mesa de Seder. Uno de estos postres era el Dulce de coco con merengue, una dulce obra de repostería que se prepara con capas de coco y suave merengue. Resulta interesante observar que este postre se prepara con grandes cantidades de coco rallado al igual que los macarrones de coco, que son invariablemente una antigua confección judía de *pareve* (hecha sin leche, carne o sus derivados)."

Nosotras hemos disminuido la cantidad de azúcar, pero este postre es tan dulce como los caramelos y por lo tanto alcanzará para muchos.

1 hoja de papel encerado
3 huevos grandes
1¾ tazas de azúcar granulada
1 taza bien comprimida de escamas de coco rallado endulzado
1 taza de leche evaporada
½ cucharadita de cáscara de limón rallada
1 cucharadita de extracto de vainilla

Corte un cuadrado en el papel encerado para forrar un molde de hornear de 9 × 9 pulgadas. Engrase ligeramente el papel encerado y los costados del molde.

Separe los huevos, poniendo las yemas en un tazón mediano y las claras en un tazón grande de acero inoxidable o de cobre. Vierta ¾ taza del azúcar, el coco, la leche evaporada y ¼ cucharadita de la cáscara de limón, en el tazón que contiene a las yemas de huevos y mezcle bien. Vacíe la pasta en el molde. Distribuya el coco en el molde de manera uniforme y cocínelo en un horno precalentado a una temperatura de 375°F durante 25 minutos o hasta que se haya asentado y esté dorado.

Luego de retirar del horno la capa de coco, aumente la temperatura a 425°F y prepare el merengue. Bata las claras de huevo hasta que formen picos suaves. Agregue 1½ cucharadas del azúcar restante y bata hasta que se formen picos tiesos y lustrosos (a punto de turrón). Lentamente agregue el azúcar restante, el ¼ de cucharadita de limón restante y el extracto de vainilla, teniendo cuidado de no revolver más de lo necesario, dado que de lo contrario el merengue se desinflará.

Usando una cuchara, distribuya el merengue en forma pareja sobre la capa de coco ya horneada. Vuelva a poner el molde en el horno precalentado a una temperatura de 425°F

Dulce de coco con merengue (continuación)

y deje hornear el merengue durante aproximadamente 5 o 6 minutos, o hasta que esté inflado y tenga un color marrón dorado. Preste atención durante los últimos minutos del proceso, porque el merengue se puede quemar con facilidad. Retire el dulce de coco con merengue del horno y déjelo que se enfríe hasta alcanzar la temperatura ambiente.

Alcanza para 16 porciones pequeñas

DULCE DE LECHOSA

"Los puertorriqueños tienen una debilidad por la fruta tropical cocida en almíbar y servida con queso o con helado como postre," escribió la cocinera ciberespacial Nellie Casiano, una puertorriqueña continental, a quien le encanta preparar platos de la isla y navegar en sus ratos libres por Cooks Online Forum (el foro de cocineros en línea), en Compuserve. Nellie dice que el Dulce de lechosa (papaya) es uno de los postres favoritos, tanto de los puertorriqueños que viven en el continente, como de los que viven en la isla y que los puertorriqueños de la vieja generación lo sirven a la manera de antes, es decir, encima de pedazos de queso crema o de un queso semiblando o semifirme, mientras que los jóvenes lo prefieren encima de un helado. A nosotras nos gusta con helado de vainilla o de coco.

Ninos puertorriqueños en trajes tradicionales durante la semana del Festival puertorriqueño en Philadelphia

Conserve el dulce de lechosa que le sobre por un período de hasta cinco días, poniéndolo en el refrigerador en un recipiente bien tapado.

¼ taza de polvo de hornear
2 libras de papaya (lechosa) madura, de cualquier variedad, pelada, sin semillas y cortada en pedazos de 1 pulgada
1 taza de azúcar granulada
1 cucharadita de extracto de vainilla
1 trozo de canela en rama
Queso crema, o helado de vainilla o coco (a su discreción)

Disuelva el polvo de hornear en ½ galón de agua en un tazón grande de cerámica. Añada la papaya (lechosa) y remoje durante 5 minutos. Vierta la fruta en un colador y lávela bien bajo el chorro de agua fría.

Cocine la papaya con el azúcar en una olla grande, tapada, a fuego entre moderado y fuerte, durante 20 minutos, revolviendo cada tanto. (No agregue agua. La papaya se cocinará en su propio jugo.)

Baje la llama todo lo posible y añada el extracto de vainilla y el trozo de canela. Siga cocinando la papaya a fuego lento, sin tapar, durante 30 minutos aproximadamente, o hasta que el jugo se torne espeso y se transforme en almíbar.

Retire el trozo de canela de la olla y deje enfriar la papaya. Sírvala caliente o después de enfriarla en el refrigerador, con o sin aderezo, según se sugiere más arriba.

Para 10 porciones

SORBETE DE GRANADILLA

El Sorbete de granadilla es uno de los más voluptuosos que existen, dado que no solamente captura la dulzura y la acidez de la pulpa dorada de la fruta, sino que además atrae con su seductor perfume tropical. El Sorbete de granadilla es muy preciado por los latinos que tienen raíces en las regiones tropicales y bañadas de sol donde crece la fruta—y por todos los que se aventuran a probarlo.

Cuando se disponga a comprar la fruta, busque piezas que sean firmes y pesadas y cuya piel tenga un aspecto marchito y no demasiado liso que indique su madurez. (Las granadillas maduran en pocos días, si se las deja a la temperatura ambiente de la cocina.) Las granadillas maduras se conservarán en el refrigerador por un plazo de 2 semanas. La fruta también puede congelarse entera dentro de una bolsa de plástico o bien puede ponerse la pulpa en recipientes y conservarla en el congelador durante varios meses. (Para más información acerca de esta fruta, vea página 303.)

2 tazas de agua
1 taza de azúcar granulada
2¾ libras de granadillas (alrededor de 42), o sustitúyalas por 1 paquete (de 14 onzas) de pulpa de granadilla congelada*

**La pulpa de granadilla congelada se encuentra a la venta en los comercios latinos y asiáticos y ocasionalmente en algunos supermercados. La fruta fresca se encuentra esporádicamente durante todo el año, excepto en el mes de junio, en los comercios latinos y en algunos supermercados, especialmente en los estados de California y Florida.*

Hierva el agua y el azúcar en una cazuela grande a fuego moderado. Deje hervir la cazuela durante 2 minutos o hasta que el azúcar se disuelva. Retire la cazuela del fuego y deje que el almíbar se enfríe hasta alcanzar la temperatura ambiente.

Entretanto, si está usando granadillas frescas, córtelas por la mitad, una por una, con un cuchillo afilado y sobre el recipiente de una procesadora de alimentos o una licuadora, a fin de no desperdiciar el jugo de la fruta. Eche la pulpa y las semillas en la licuadora o procesadora, agregue el almíbar y haga funcionar otra vez, hasta obtener un puré bien suave.

Cuele el puré de granadilla a través de un colador que no sea de aluminio y que tenga una trama mediana capaz de impedir el paso de las semillas.

Congele el puré de granadilla en una sorbetera y siguiendo las instrucciones del fabricante. O bien viértalo en un recipiente grande y póngalo en el congelador. Cuando esté congelado, hágalo puré en una procesadora o licuadora hasta que esté suave y luego vuelva a ponerlo en el congelador y congélelo completamente. Exponga el sorbete a la temperatura de la cocina durante algunos momentos antes de servirlo, a fin de permitir que se suavice un poco.

Alcanza para alrededor de 5 tazas

SORBETE DE MANGO Y SORBETE DE FRAMBUESA

Un pedazo de mango clavado en un palillo y con un diseño tallado en la pulpa amarilla-anaranjada, constituye un placer veraniego preciado por muchos estadounidenses de descendencia latinoamericana. Otro placer igualmente apreciado es el que brinda un Sorbete de mango que captura la esencia de los mangos que acabamos de describir en una forma helada y refrescante. A riesgo de exagerar, a nosotras nos gusta mezclar el Sorbete de mango con el de frambuesa, si nos alcanza el tiempo para preparar ambos, dado que los dos colores armonizan tan bien. Si usted prepara ambos, ponga un poco de cada uno en tazones de vidrio previamente enfriados. De lo contrario, el vívido sabor del Sorbete de mango es todo lo que necesita.

El mejor Sorbete de mango es el que resulta de prepararlo con la mejor fruta, por lo tanto, espere hasta que maduren los mangos locales, que se encuentran en su punto culminante durante el período que corre entre mayo y fines de septiembre. Antes de proceder a la preparación de esta receta, corte una pequeña rebanada de cada fruta—

con todo y cáscara—y pruebe el gusto de la pulpa. Si sus sentidos no se despiertan a la dulzura de la ambrosía perfumada del mango, pruebe otro. Si no tiene mucha experiencia con los mangos, ver la información que aparece en la página 304 sobre cómo seleccionar esta fruta.

PARA EL SORBETE DE MANGO:

2 tazas de agua
1 taza de azúcar granulada
2 libras de mangos maduros (alrededor de 2 o 3 mangos, dependiendo del tamaño)
½ taza de jugo de lima recién exprimido
1 cucharada de ron blanco (a su discreción)

PARA EL SORBETE DE FRAMBUESA:

2 tazas de azúcar granulada
1 taza de agua
2 pintas de frambuesas rojas, lavadas, o 12 onzas de frambuesas congeladas
1½ cucharadas de jugo de limón recién exprimido

Prepare el Sorbete de mango: Hierva el agua y el azúcar en una cazuela pequeña a fuego moderado durante unos 5 minutos o hasta que el azúcar se haya disuelto por completo. Retire la cazuela del fuego y deje que el almíbar se enfríe completamente.

Pele la cáscara fina de los mangos con un cuchillo bien afilado y rebane la pulpa que rodea a las semillas aplanadas. Divida la pulpa del mango en pedazos grandes y hágalos puré en una procesadora de alimentos o en una licuadora eléctrica. Deje funcionar la una o la otra, hasta obtener un puré suave. Añada el almíbar frío, el jugo de lima y el ron blanco y siga haciendo funcionar la licuadora o procesadora hasta que los ingredientes estén bien mezclados. Cubra y enfríe en el refrigerador.

Transfiera el puré de mango enfriado a una sorbetera y congélelo siguiendo las instrucciones del fabricante.

Prepare el Sorbete de frambuesa: Prepare el almíbar siguiendo las instrucciones que aparecen más arriba, pero con 2 tazas de azúcar y 1 taza de agua. Ponga las frambuesas junto con el almíbar y el jugo de limón en una licuadora o procesadora y hágalas puré junto con esos ingredientes.

Vierta el puré de frambuesas en un colador fino o cedazo, a fin de quitarle las semillas. Transfiera el puré a una sorbetera y congélelo siguiendo las instrucciones del fabricante.

Exponga los sorbetes a la temperatura de la cocina durante algunos minutos a fin de que se ablanden un poco antes de servirlos.

Alcanza para 3 tazas de sorbete de mango y para alrededor de ¼ galón de sorbete de frambuesa

LA MAYORÍA DE LAS BEBIDAS LATINAS SON MEZCLAS DE DOS INGREDIENTES ENTRE TRES: FRUTAS, LECHE Y RON. LAS DIFERENTES COMBINACIONES SON LAS QUE LE DAN EL CARÁCTER Y EL DELICIOSO SABOR A CADA UNA.

BEBIDAS

FRUTAS LATINOAMERICANAS

Los inmigrantes latinoamericanos han traído en sus corazones los sabores de sus tierras, y han dado estímulo a un gran intercambio de productos entre sus países y los Estados Unidos. También han tenido mucho que ver con el cultivo de frutas "exóticas" de este lado de la frontera. El resultado es que la gran canasta de frutas norteamericana ahora se reboza con increíbles variedades de frutas tropicales y subtropicales.

Ackee (también nombrada *akee* y *achee*)

El *ackee* es una fruta común en Jamaica, y fue traída por primera vez por el Capitán Bligh en 1793, cuando la importó del Africa Occidental. La fruta es de color amarillo y rojo vivo y cuando madura se abre en tres partes y muestra tres grandes semillas negras brillosas y una pulpa blanca y cremosa. El *ackee* enlatado tiene varias restricciones de importación, porque algunas partes de la fruta son tóxicas si no han madurado bien. El *ackee* es parte integral de uno de los platos nacionales de Jamaica, llamado *Saltfish and Ackee* (bacalao y *ackee*). En este plato, se mezcla la fruta con el bacalao, cerdo, huevos, tomates, cebollas y pimientos verdes y se sirve con **fruto del pan,** una fruta originaria del Pacífico también traída por el Capitán Bligh. El fruto del pan está a la venta en algunos comercios latinos y en tiendas especializadas.

Chirimoya (también llamada *cherimoya custard apple* y *sherbert fruit* por personas de habla inglesa. Algunos brasilero-americanos la llaman *fruta do conde*)

Originaria del Perú y Ecuador, la chirimoya, que significa "semillas frías" en Quechua, un idioma andino, es parte de la familia de frutas del anón, una de las más antiguas de este hemisferio. Es tan antigua que se han encontrado vasijas de terracota en forma de chirimoyas entre las excavaciones precolombinas en el Perú. La chirimoya crece en forma de óvalo y se torna del tamaño de una toronja; la cáscara tiene un color oliva, opaco, y está cubierta de "escamas," "huellas" y nódulos oscuros. La pulpa cremosa de la chirimoya se pega a las muchas semillas carmelitas y sabe un poco a pudín de mango, banana, piña y fresas con un toque de vainilla. La fruta se come cruda (sabe mejor fría) o hecha helado, sorbete o batido. En los Estados Unidos, se cultiva la chirimoya en la Florida y en California, pero no se transporta fácilmente y sólo se consigue en determinados supermercados y en establecimientos latinos entre septiembre y mayo. El ***sweetsop,*** otra fruta en la familia del anón,

La chirimoya, de color olivo, tiene una pulpa cremosa que sabe a una combinación de piña, plátanos, mangos, fresas y vanilla.

tiene la cáscara verde y la pulpa amarilla clara y muy dulce. La **atemoya** es un injerto muy resistente entre el *sweetsop* y la chirimoya.

Granadilla (conocida en Brasil como *maracujá,* en Venezuela y Puerto Rico como parcha o parchita y en Colombia como maracuyá)

Existen más de 400 variedades de granadillas, con todo tipo de formas y tamaños. Dos variedades comunes, la púrpura y la amarilla, son del tamaño de ciruelas. Ambas variedades tienen la cáscara dura pero que se raja fácilmente y se magulla cuando la fruta está madura. La pulpa es jugosa, llena de pequeñas semillas negras, comestibles, parecidas al caviar del salmón. La pulpa tiene un sabor medio ácido y medio dulce y huele a perfume tropical. La granadilla es natural de la Amazonía, aunque hoy en día se cultiva en California, Hawai y la Florida y está a la venta en algunos grandes supermercados y en bodegas latinas esporádicamente a lo largo del año, con la excepción de junio. La pulpa congelada también se consigue en comercios latinos y asiáticos.

Las granadillas maduras tienen una pulpa dorada bajo la piel corrugado.

Guanábana (también conocida como *soursop* entre las personas de habla inglesa)

Originaria del Caribe, y de la misma familia que la chirimoya, la guanábana tiene forma de corazón y crece hasta alcanzar el tamaño de una pelota de béisbol. La cáscara es dura y verde y la pulpa muy blanca y jugosa, llena de semillitas carmelitas brillante. La pulpa de la guanábana sabe a plátano, pero es demasiado ácida para comerse sola, de manera que se suele colar y convertir en deliciosos batidos de frutas, helados, sorbetes, natillas y mermeladas. El néctar de guanábana está a la venta en bodegas latinas, especialmente bodegas caribeñas.

Guayaba (conocida también como guayaba mexicana y *goiaba* entre los de habla portuguesa)

En su libro, *La Historia Natural de las Indias,* publicada en 1562, el español Gonzalo Fernández de Oviedo y Valdez escribió lo siguiente al descubrir la guayaba: ". . . la fruta es bella y sabrosa . . . aquellos acostumbrados a comerla la estiman como una fruta muy buena, mejor que la manzana." La guayaba tiene una forma oval, mide de 1–4 pulgadas en diámetro y aun hoy en día se le estima entre las mejores, especialmente cuando está bien madura y envuelta en un perfume fascinante, con la pulpa bien dulce que sabe a una mezcla de piña y fresas. La cáscara muy fina es comestible y varía el color de amarilla-verde, a morada y roja. El color de la pulpa varía de crema, a amarillo pálido, anaranjado y el rojo, contrastado por pequeñas semillas. La guayaba es muy popular en mermeladas, pasta de guayaba, chutneys, aderezos, jugos y batidos de frutas y sorbetes. En los Estados Unidos se cultiva en la Florida, California y Hawai y casi siempre permanece a la venta sólo en estos estados, de septiembre a enero. Las guayabas importadas de Nueva Zealandia están a la venta entre marzo y junio.

Mamey (también llamado *mammee apple* y albaricoque de Santo Domingo entre las personas de habla inglesa, zapote en Colombia y Centroamérica y zapote mamey en Venezuela)

El mamey es una de las 400 variedades de frutas en la familia del zapote, que significa "fruta suave." El mamey se diferencia del resto de los zapotes por su forma oblongada y tamaño grande. La cáscara es carmelita-amarillenta o un poco gris, de consistencia parecida al cuero, con una camada de fibras blancas y amargas bajo la superficie, parecidas a las de la naranja o la toronja. La pulpa dulce y deliciosa del mamey del color salmón y al rojo vivo, con una semilla brillante color azabache y en el medio. Se come crudo o cocinado.

Mango (llamado *manga* en portugués)

Al mango se le llama "la manzana tropical" y también "el rey de las frutas" y crece en zonas templadas y subtropicales, tal como México, Centroamérica, Suramérica, el Caribe, California y la Florida. Las variedades más comunes del mango a la venta en los Estados Unidos tienen la forma oval o redonda y pesan menos de una libra. La piel es amarilla o amarillo-verdoso con un toque de rojo o anaranjado. La pulpa amarilla-anaranjada viva del mango debe despegarse de la semilla grande, blanca y achatada en el centro. Los mangos domésticos están a la venta en los grandes supermercados, así como en las bodegas latinas, de mayo a septiembre. El resto del año se pueden encontrar mangos importados. El mejor mango es jugoso, fragante y dulce cuando está bien maduro—y sabe riquísimo. Pero como la calidad del mango varía mucho, especialmente cuando está fuera de estación en los Estados Unidos—muchos prometen por fuera pero luego saben amargos o huelen a aguarrás. El mango bien merece tenerle paciencia, así es que mejor cómprelo cuando esté en estación y escoja sólo los que huelan agradable en las puntas.

Papaya (conocida en Puerto Rico y Venezuela como lechosa, melón papaya en México, *pawpaw* en Jamaica, *paw paw* en Brasil y fruta bomba en Cuba, ya que la palabra "papaya" es una forma idiomática vulgar de referirse a los genitales femeninos)

La papaya es nativa de este hemisferio y se remonta a tiempos prehistóricos. Puede tener la forma oblongada, ovalada o de pera y varía mucho en tamaño. Las variedades más comunes en los Estados Unidos incluyen la Hawaiana, Mexicana, Fresa y Maradol. La mayoría tienen la piel lisa de color amarillo o anaranjado cuando maduran, y la pulpa amarillo-oro, anaranjada o rosada. La papaya es muy suculenta, con sabor al melón *honeydew,* pero más intenso. La cavidad central de la papaya está rebozante de semillitas gris-negra que se parecen al caviar beluga. Aunque se pueden comer, casi siempre se descartan. El jugo de la papaya contiene una enzima digestiva, la papaína, que se emplea comercialmente para suavizar la carne. Las papayas florideñas y hawaianas están a la venta en los grandes supermercados y bodegas latinas esporádicamente todo el año, pero los meses de verano ofrecen la cosecha principal.

Tuna (conocida por *cactus pear, barbary fig, Indian pear* e *Indian fig* entre los de habla inglesa)

Originaria de México y del sudoeste de los Estados Unidos, el nopal da la fruta llamada tuna, perteneciente a la familia del cerezo. La tuna tiene la forma y el tamaño de un huevo de gallina, con la piel entre verde y roja. Está cubierta de espinitas finas, casi invisibles, que se pueden encajar en la piel y causar irritación—por lo tanto, hay que tener cuidado al tocarla. Afortunadamente, las que están a la venta en los supermercados norteamericanos ya están limpias de espinas. La pulpa de la tuna es amarilla clara, rosada o rojo fuerte y sabe ligeramente a dulce que recuerda al melón, las fresas, las granadinas y las cerezas. La pulpa está llena de pequeñas semillas comestibles, pero que se suelen descartar. La fruta se vende en algunos grandes supermercados y en bodegas latinas entre septiembre y diciembre. En California y en el sudoeste de los Estados Unidos, los aficionados de la fruta salen con las manos enguantadas en busca de la tuna que crece por los caminos y las recogen con mucho cuidado para que los nopales no les "rajen la mano."

Las tunas, la fruta de nopal, tienen un sabor dulce y sutil como de la sandia.

Sapodilla (conocida también como *naseberry* y *dilly* en el Caribe de habla inglesa, como níspero en Venezuela, Colombia y Centroamérica, y como chicozapote en México)

La sapodilla es natural de la península de Yucatán y de Centroamérica y está emparentada con el zapote. La cáscara es carmelita y varía mucho en forma y tamaño. La pulpa cremosa va de amarilla a roja-carmelita y tiene un sabor delicioso descrito como "una pera remojada en azúcar prieta." Antes de entregarse, asegúrese de remover las pocas semillas, porque tienen ganchos en los lados. Los norteamericanos conocen más a la sapodilla de lo que se imaginan. De acuerdo con un método perfeccionado a través de muchos siglos por los mayas de Centroamérica, la sabia del árbol de sapodilla se hierve hasta que se pone bien espesa y luego se moldea en forma de chicle—el mero nombre y esencia de esa goma de masticar llamada . . . chicle!

VITAMINAS, FRESCOS, REFRESCOS, JUGOS, BATIDOS, BATIDAS Y LICUADOS

Mientras que muchos norteamericanos de descendencia latinoamericana comparten un entusiasmo universal por saborear las frutas en su estado natural, también les encantan los batidos de frutas tropicales que hoy en día hacen en sus licuadoras en casa, o las disfrutan en restaurantes latinos o en la calle, en los kioscos latinos de sus vecindades. Estos batidos tienen muchos nombres—tales como vitaminas, frescos, refrescos, jugos, batidos, batidas y licuados—dependiendo que país representen. Pero todos tienen en común el hecho de que se hacen con leche (a veces agua) y que suelen llevar más de una fruta tropical. La piña, el plátano, el mango, la papaya, la guayaba, el aguacate, el coco, la granadilla, la guanábana, la chirimoya y el mamey son las frutas más apreciadas. También lo son otras, como el lulo o la naranjilla andinos, que son imposibles de obtener en este país. A los colombiano-americanos y los brasilero-americanos les encantan los batidos de aguacates, hechos con leche fresca y azúcar—una combinación que les parece rara al resto de los latinos. Los puertorriqueños no suelen poner sus batidos, que llaman jugos, en la licuadora. En vez, exprimen el jugo directamente de la pulpa de la fruta, lo mezclan a mano con leche evaporada (testigo de los tiempos en que la leche fresca no se conseguía fácilmente), agua, azúcar y unas gotas de extracto de vainilla.

BATIDO DE MANGO AL ESTILO CUBANO-AMERICANO

Este batido tradicional cubano de mango sabe y huele a puro trópico y es espumoso. Toma sólo unos minutos prepararlo en la licuadora.

3 mangos medianos maduros o 2 grandes
2 tazas de leche
2 cucharadas de azúcar granulada, o a gusto
½ taza de hielo bien picado

Corte los mangos por la mitad, quítele la piel con un cuchillo bien afilado y sáquele toda la pulpa pegada a la semillas. Haga un puré con todos los ingredientes en una licuadora. Pruebe el batido y agregue más azúcar, si desea, y mezcle unos segundos más. Vierta el batido de mango en copas y sírvalo enseguida.

Para 4 porciones de 8 onzas

BATIDO DE PAPAYA CON HELADO DE VAINILLA AL ESTILO PANAMEÑO-AMERICANO

Las papayas están a la venta casi todo el año en el sur de California, de manera que nos gusta hacer este batido en el otoño y a principios del invierno cuando los días son cortos pero aún cálidos y las lluvias del invierno no han empezado todavía. Este batido es espeso, cremoso y delicioso y puede servirse con o sin helado de vainilla.

Esta receta requiere menos azúcar que las recetas tradicionales panameñas. Sustituir la leche evaporada entera por la leche evaporada desgrasada o la leche evaporada con menos grasa (*low fat*) no le quita nada a gusto o a la consistencia.

1 ¼ libras de papaya madura, la variedad que prefiera
1 taza de leche evaporada
¼ taza de azúcar granulada, o a gusto
¼ cucharadita de sal
1 taza de hielo bien picado
1 pinta de helado de vainilla (a su discreción)

Corte la papaya o papayas por la mitad, quíteles las semillas con una cuchara, pele la piel de la fruta con un cuchillo bien afilado y córtela en trocitos de 1 pulgada. Eche los trocitos de papaya, la leche evaporada, el azúcar, la sal y el hielo en una licuadora y hágalos puré. Pruebe y agregue más azúcar, si lo desea y mezcle unos segundos más. Vierta el batido de papaya en vasos o copas grandes y coloque una bola de helado de vainilla en cada copa, si lo desea. Sirva enseguida.

Para 4 porciones de 8 onzas

LICUADO DE GUAYABA Y LECHE AL ESTILO MEXICANO-AMERICANO

Esta es una de las maneras más deliciosas de disfrutar la guayaba.

4 guayabas medianas maduras
2 tazas de leche
1 cucharada de azúcar granulada, o a gusto

Corte las guayabas por la mitad y ponga la pulpa en una licuadora, asegurándose de quitar las semillas. Vierta la leche y el azúcar en la licuadora y hágalos puré. Pruebe y añada más azúcar, si lo desea, y mezcle unos segundos más. Sirva en copas grandes enseguida.

Para 4 porciones de 8 onzas

BATIDO DE CHIRIMOYA Y PLÁTANO AL ESTILO CHILENO-AMERICANO

Este batido tiene una textura de seda gracias a la consistencia cremosa de los plátanos. Los sabores de la fruta se combinan maravillosamente y el batido sabe casi tan rico si lo hace con leche en vez de *half-and-half,* en caso de que esté a dieta.

1 chirimoya grande madura
1 cucharada de jugo de limón recién exprimido
1 plátano mediano maduro
2 tazas de *half-and-half* (mitad crema y mitad leche)
3 cucharadas de azúcar granulada, o a gusto

Quite la piel de la chirimoya, córtela por la mitad, quítele el corazón y pique la pulpa en trocitos de 1 pulgada, sacándole las semillas. Exprima el jugo de limón sobre los trocitos de chirimoya y revuelva, de manera que todos queden empapados en el jugo. Pele el plátano y córtelo en 4 pedazos. Coloque los pedazos de plátano y los trocitos de chirimoya en una licuadora y hágalos puré. Añada el *half-and-half* y el azúcar a la licuadora y hágalos puré. Sirva el batido enseguida.

Para 4 porciones de 8 onzas

BATIDO JAMAIQUINO-AMERICANO DE PLÁTANOS CON PIMIENTA DE JAMAICA

Jamaican American Banana-Allspice Milkshake

Este batido cremoso es ideal durante los días invernales cuando otras frutas tropicales son difíciles de encontrar o no están en su punto. Los batidos de plátanos se pueden hacer sin helado, con buenos resultados, pero el helado de vainilla combinado con el plátano hacen una combinación nostálgica e irresistible. Espolvoree un poco de pimienta de Jamaica al final para entrar en el juego de las islas tropicales.

3 plátanos medianos maduros
2 tazas de leche
½ pinta de helado de vainilla
1 cucharada de azúcar granulada, o a gusto
¼ cucharadita de pimienta de Jamaica y un poco más para espolvorear

Pele los plátanos y córtelos por la mitad. Coloque los plátanos, la leche, el helado, el azúcar y la pimienta de Jamaica en una licuadora y hágalos puré. Pruebe y añada más azúcar, si lo desea, y mezcle unos segundos más. Vierta el batido en vasos, espolvoree con pimienta de Jamaica, y sirva enseguida.

Para 4 porciones de 8 onzas

FRESCO DE AGUACATE AL ESTILO COLOMBIANO-AMERICANO

Si le gusta el aguacate, este fresco está hecho a su medida. Escoja solamente los mejores aguacates *Hass,* ya que la pulpa es más cremosa y sabrosa que los aguacates Fuerte.

1 aguacate *Hass* mediano maduro
3 tazas de leche
¼ taza de azúcar granulada, o a gusto

Corte el aguacate por la mitad, quítele la semilla y ponga la pulpa en una licuadora. Agregue la leche y el azúcar y hágalos puré. Pruebe y añada más azúcar, si lo desea, y mezcle unos segundos más. Eche el fresco de aguacate en copas y sirva enseguida.

Para 4 porciones de 8 onzas

CHOCOLATE ESTILO NUEVO MÉXICO

Mientras que los etimólogos todavía tienen dudas acerca del origen de la palabra "chocolate,"—algunos dicen que viene de la palabra azteca "xocoatl," que significa "agua amarga"—la mayoría de los historiadores están seguros de que la primera taza de chocolate debutó en el México precolombino. En aquellos tiempos, el grano de cacao valía más que el oro, y por lo tanto sólo los ricos podían tomar chocolatl, una bebida aromática, sin endulzar, hecha con granos de cacao molido, especias y agua caliente. Se especula que el emperador Moctezuma le era fiel al chocolate por sus propiedades afrodisíacas y que tomaba hasta cincuenta copas de chocolate diario en su afición al deporte erótico.

Antes de que se introdujera en los Estados Unidos, el chocolate fue primero a Europa en el siglo dieciséis, donde los habitantes inmediatamente le quitaron las especias sabrosas y picantes y lo convirtieron en una bebida dulce, como postre, y se hizo muy popular. A mediados del siglo diecisiete, los holandeses le mandaron chocolate a sus colonias americanas y a fin del siglo, los norteamericanos ya estaban haciendo chocolate al estilo europeo, desvirtuando por completo la bebida azteca de su sabor intrínseco. Los suizos y los belgas perfeccionaron la preparación del chocolate con leche y más tarde, hacia fines del siglo diecinueve, crearon las famosas chocolatinas. Desde entonces, el chocolate belga y el suizo han sido reconocidos como los mejores del mundo.

Mientras que la mayoría de los norteamericanos prefieren el chocolate sin especias, los mexicano-americanos en Nuevo México y otras partes de los Estados Unidos disfrutan de sus aromáticas de chocolate con canela que se parecen mucho más al chocolate del emperador Moctezuma. En vez de mezclar el cacao, azúcar y especias, muchos mexicano-americanos hacen su taza de chocolate con chocolate especial, importado de México, que viene en tabletas, azucarado y preparado con canela, clavos y almendras molidas. Ibarra y Abuelita son dos de las marcas más populares a la venta en los Estados Unidos en bodegas mexicanas y en algunos supermercados, especialmente en el sudoeste de los Estados Unidos, en California y en Texas. Ya que el chocolate mexicano no se encuentra en todas partes, le ofrecemos una receta para el Chocolate Estilo Nuevo México, hecho con cacao sin endulzar, azúcar y canela.

½ taza de agua
⅓ taza de cacao sin endulzar de buena calidad (*Dutch-process* o estilo europeo), tal como *Bensdorp Cocoa, Droste Cocoa* o *Ghirardelli Unsweetened Cocoa*
½ taza de azúcar granulada
½ cucharadita de canela molida
4 tazas de leche
1 cucharadita de extracto de vainilla
4 palillos de canela

Ponga a hervir el agua en una cazuela grande sobre fuego entre moderado y fuerte. Agregue el cacao, el azúcar y la canela, revolviendo constantemente, hasta que la mezcla se ponga suave. Vierta la leche en la cazuela y hierva nuevamente, revolviendo constantemente. Retire la cazuela del fuego y añada el extracto de vainilla.

Bata el chocolate en la cazuela o en un tazón grande con una batidora eléctrica, un batidor manual, una espumadora o un molinillo hasta que esté espumosa. Sirva enseguida con un palillo de canela en cada taza.

Para 4 porciones

Comí mi última guayaba el día que nos fuimos de Puerto Rico. Era una guayaba grande, jugosa, la pulpa casi roja, de olor tan intenso que no me la quería comer por no perder el aroma que quizás jamás volvería a capturar...Hoy me encuentro parada al frente de una torre de guayabas verdes, cada una perfectamente redonda y dura, y cada una cuesta $1.59. La que tengo en la mano me seduce. Huele a las tardes luminosas de mi niñez, a los largos días de verano antes de que empezaran las clases, a niñas mano en mano cantando "ambos y dos matarile rile rile." Pero es otoño en Nueva York, y hace tiempo dejé de ser niña.

Esmeralda Santiago.
Cuando era puertorriqueña.
New York: Vintage Books, 1994.

CHOCOLATE CON LECHE DE COCO

Si le gustan los caramelos de chocolate con coco, macarrones de coco con trocitos de chocolate, los *Almond Joys* y *Mars Bars,* o cualquier dulce de coco y chocolate, esta bebida le encantará. El Chocolate con leche de coco fue traído a los Estados Unidos por inmigrantes colombianos de la costa Pacífica de Colombia, donde el coco es parte de muchos platos, tanto dulces como salados, especialmente platos de pollo, carne, mariscos y arroz.

1½ tazas de leche de coco sin endulzar, enlatada
⅓ taza de cacao sin endulzar de buena calidad (*Dutch-process* o estilo europeo), tal como *Bensdorp Cocoa, Droste Cocoa* o *Ghirardelli Unsweetened Cocoa*
½ taza de azúcar granulada
3 tazas de leche

Caliente la leche de coco, revolviendo constantemente, en una cazuela grande sobre fuego mediano, tenga cuidado de no dejarla hervir. Con una espumadora incorpore el cacao y el azúcar hasta que se disuelvan por completo. Vierta la leche y caliente el chocolate, revolviendo constantemente, pero no deje que hierva. Sirva enseguida.

Para 4 porciones

CHAMPURRADO

Esta bebida inigualable es difícil de describir . . . ¿le llamamos café con chocolate o chocolate con café? Es una de las preferidas entre los guatemalteco-americanos que aún recuerdan sus manjares ancestrales y que saben usar de chocolate de maneras originales que transforman lo que parece común en algo extraordinario. Sirva el Champurrado con un plato de bizcochos semi-dulces, tales como *Scotch shortbread* o *biscotti.*

½ taza de azúcar granulada
1 cucharada de maizena
2 cuadraditos (de 2 onzas) de chocolate, sin endulzar, partido en pedazos
3 tazas de leche caliente
2 tazas de buen café caliente y recién preparado
1 cucharadita de canela molida
½ cucharadita de extracto de vainilla
Una pizca de sal
Crema batida
Canela molida para espolvorear

Mezcle el azúcar con la maizena. Derrita los pedazos de chocolate en una cacerola para el baño maría de ½ galón sobre agua caliente pero no hirviendo. Incorpore poco a poco la mezcla de azúcar y maicena hasta que se ponga pastosa.

Añada la leche caliente, el café caliente, la canela, el extracto de vainilla y la sal. Mezcle hasta que la pasta azucarada de chocolate se disuelva. Cocine a fuego lento, revolviendo de vez en cuando, hasta que la bebida se ponga espesa, aproximadamente 30 minutos.

Vierta el Champurrado en 4 tazas, decore con crema batida y espolvoree con canela y sirva enseguida.

Para 4 porciones de 8 onzas

PONCHE DE FLOR DE JAMAICA CON RON

Jamaican Sorrel Rum Punch

Este ponche de color escarlata le debe su magnífico aroma de especias al clavo y al jengibre fresco. Tiene un sabor sutil pero muy definido y el color vivo porque se prepara con el cáliz de la flor tropical llamada *sorrel* en Jamaica y flor de Jamaica o Jamaica en México. La flor de Jamaica es el ingrediente importante del té frío (conocido como agua de Jamaica entre los mexicano-americanos, y se encuentra en casi todos los menús de los auténticos restaurantes mexicanos.) Los cálizes disecados (las hojas que cobijan la flor antes de que florezca) se saturan en agua hirviendo, y luego se cuelan y se endulzan con azúcar granulada. El jengibre, los clavos o canela a veces se hierven junto con la flor de Jamaica para intensificar el sabor. Agua de Jamaica, con sabor a jengibre y clavos, es el ingrediente principal del Ponche de flor de Jamaica con ron, una de las bebidas estivales favoritas entre muchos jamaiquino-americanos. El té se cuela en un jarro y lo único que se le añade es ron añejo, salvo rodajas de naranja o lima.

La flor de Jamaica también se vende como *sorrel,* Jamaica y roselle o rosella en bodegas latinas y como *Jamaica flowers, Jamaica sorrel,* roselle, rosella o *hibiscus* en tiendas naturistas en los Estados Unidos. Dura aproximadamente un año si se guarda en un lugar seco y fresco.

6 tazas de agua
2 tazas (alrededor de 2¼ onzas) de flor de Jamaica seca
2 onzas de jengibre, pelado y cortado en pedacitos de ½ pulgada
2 clavos de especia enteros
¾ taza de azúcar granulada
1½ tazas de ron añejo
Cubitos de hielo
Rodajas de lima o naranja, para el aderezo

Ponga a hervir 5 tazas de agua en una cazuela grande. Retire la cazuela del fuego y agregue la flor de Jamaica, el jengibre y los clavos de especia. Déjela en salmuera por lo menos 4 horas.

Hierva la taza de agua restante y el azúcar en una cazuela pequeña sobre fuego moderado, dejándola hervir y revolviendo continuamente, hasta que el azúcar se disuelva por completo. Retire el almíbar del fuego y déjela enfriar a temperatura ambiente.

Vierta la mezcla de flor de Jamaica en un jarro a través de un colador y añada el almíbar, el ron y los cubitos de hielo. Decore el ponche con rodajas de lima o naranja y sirva.

Para ½ galón

MATE TETRE

El té parece ir siempre detrás del café, especialmente en estos tiempos cuando aún se le añade todo tipo de sabores de moda, sin embargo sigue siendo el preferido de muchos al levantarse cada día. Muchos argentino-americanos, chileno-americanos, uruguayo-americanos, paraguayo-americanos y brasilero-americanos, especialmente aquellos que pertenecen a la primera generación en Estados Unidos, prefieren la yerba mate (también conocido como té paraguayo) a cualquier té de la China o de la India. La yerba mate hace un té aromático, con cafeína, hecho con las hojas del *Ilex paraguayensis,* una acebo suramericano, en polvo. En Suramérica, se echa el té en una pequeña bota y se bebe a través de una paja de madera o metal llamada bombilla. Pero en los Estados Unidos, la mayoría la toman en taza y no sólo por la mañana, sino todo el día. La yerba mate está llena de minerales y vitaminas y hay

Corría un cuento sobre las mujeres cubanas—bueno, no un cuento sino una manera de clasificarlas—que Esmeralda le había oído contar a Arnaldo. Dividía a las mujeres en tres categorías: plátanos, mangos y cocos.

Las plátanos son las altas y delgadas—trajes ceñidos sin curvas para agarrarse o azules cavernas que navegar. Tienes que pelarlas hasta lo último para comértelas, y a veces están demasiado verdes y a veces demasiado maduras. De cualquier modo es difícil adivinar como van a saber de antemano.

Las mangos son las mejores porque son dulces y tienen la piel tan fina que se la puedes pinchar con los dientes de adelante y dejar que te corra el jugo libremente en la boca. Las mangos son firmes y llenas de promesa. Sueltan la fragancia de la tierra rociada por Dios tan pronto como las arrancas del árbol y las flotas en la palma de la mano.

Las cocos, por otra parte, también son buenas. Las mujeres coco son aquellas con senos redondos y firmes que nunca han dado de mamar y por lo tanto tiemblan con leche adentro. Las mujeres coco son dificíles de descifrar porque tienden a ser reservadas. Y, como la fruta, caen bajo dos categorias: las verdes, que son las hinchadas de leche, y las carmelitas que no tienen leche pero cobijan una piel tan plateada y fresca, pintada color de luna, que hasta la hoja embotada de un machete les derrite el corazón de un soplo.

Himilce Novas, *Mangos, Bananas and Coconuts: A Cuban Love Story.*
New York: Riverhead Books/Putnam, 1997.
Traducida por la autora.

personas que creen tanto en sus poderes reconstituyentes que llevan termos del té dondequiera que van.

La yerba mate es muy popular entre los interesados en la salud, ya sean latinos o no, en los Estados Unidos, y el té suelto o en bolsitas se importa del Paraguay y está a la venta en tiendas naturisticas, tanto como en comercios suramericanos. Esta receta es para el té frío, pero si lo prefiere caliente, déjelo como infusión 5 minutos, cuélelo a través de un colador fino y sírvalo tal cual (mate amargo) o con rodajas de limón o leche o crema, y azúcar o miel (mate dulce). Como todos los tés, la yerba mate debe ser guardada en un frasco herméticamente cerrado en un lugar oscuro, fresco y seco. Dura un año.

4 cucharadas de hojas de yerba mate
4 tazas de agua hirviendo
Azúcar a gusto
4 rodajas de limón o de lima

Llene una olla con agua fría y hiérvala bien alta. Caliente su tetera con poquito del agua hirviendo. Descarte el agua en la tetera y ponga las hojas de yerba mate. Añada 4 tazas de agua hirviendo, tape y deje que el té se enfríe.

Vierta el té a través de un colador fino y sírvalo en 4 vasos grandes llenos de hielo. Sirva con azúcar y rodajas de limón o lima encajadas en la boca del vaso.

Para 4 porciones

PISCO AGRIO

El pisco es coñac peruano, parecido a la *grappa* italiana. Se hace de uvas moscatel, añejadas en barriles revestidos con parafina, en vez de barriles de roble, para que no le coja el sabor a madera. Aunque muchas marcas de pisco se producen por toda Suramérica, el Perú se le considera número uno en pisco y el coctel de pisco más celebrado en el mundo entero es el Pisco agrio del Perú. Este coctel cuenta con muchos aficionados, especialmente entre los peruano-americanos, chileno-americanos y boliviano-americanos. A veces substituyen el pisco por *grappa* si no lo encuentran a mano.

El pisco importado, con marcas tales como Inca Pisco, Don César y Pisco Control, se venden en tiendas de bebidas alcohólicas especiales. Si no encuentra el pisco donde vive, puede pedirlo a una de las tiendas en los Estados Unidos con servicio de ventas por correo (ver Recursos, página 329).

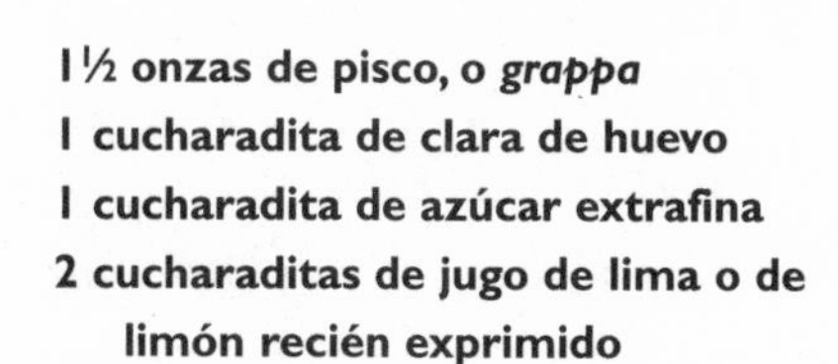

1½ onzas de pisco, o *grappa*
1 cucharadita de clara de huevo
1 cucharadita de azúcar extrafina
2 cucharaditas de jugo de lima o de limón recién exprimido
6 cubitos de hielo
Una gotas de bíter de angostura

Ponga todos los ingredientes en una coctelera, con la excepción del bíter. Agite duro y cuele el coctel en un vaso frío del tipo *whiskey sour.* Echele una gotas de bíter y sirva enseguida.

Para 1 porción

Para preparar el Yungueño boliviano-americano (pisco con jugo de naranja), coloque 1½ onzas de pisco o *grappa* italiana, 1½ onzas de jugo de naranja, ¼ cucharadita de azúcar extrafina y 2 o 3 cubitos de hielo en una coctelera. Agite duro y sirva sin colar en un vaso de coctel. Para 1 porción.

COCTEL DE *CACHAÇA* Y LIMA

Caipirinha

La *cachaça* es una fuerte bebida alcohólica brasilera, destilada de la savia de la caña de azúcar fermentada, que sabe a ron blanco, crudo haitiano y también al *white lightning* que se toma en los estados sureños de los Estados Unidos. Las *cachaças* más refinadas también se conocen como *aguardente de cana* y saben más a coñac que a ron. Los brasileros y los brasilero-americanos le atribuyen propiedades reconstituyente a la *cachaça* y muchas mujeres beben *cachimbo,* una bebida de *cachaça* y miel, momentos después de dar a luz. Esta bebida es tan apreciada por los brasileros que cuando se refieren a su pasatiempo preferido, le llaman "mi *cachaça.*"

La *cachaça* se sirve pura o con jugos de frutas, llamadas *batidas* (que no deben confundirse con las que no tienen alcohol), o mezclada con pedazos de frutas. El coctel de *cachaça* más popular es la *Caipirinha*—cuyo nombre significa "rústico o montañés"—un coctel sin colar con *cachaça,* azúcar y lima, cáscara y todo. Hoy día muchos brasilero-americanos le ponen otras frutas al *Caipirinha* en lugar de lima, tal como naranjas, mandarinas, toronjas y hasta uvas, mangos y piña.

La *cachaça* ha comenzado a ganar en popularidad entre los norteamericanos sin raíces en Latinoamérica, pero aún sólo se encuentran marcas brasileras de *cachaça,* tales como *Pitú, Nêga Fulô* y *Blanca Fulô,* en licorerías selectas en los Estados Unidos (ver Recursos, página 329). Si no tiene *cachaça* a mano sustituya por su ron blanco favorito para hacer el coctel brasilero llamado *Caipirissima,* o prepárese una *Caipiroska,* el mismo coctel, pero hecho con vodka.

½ lima, o igual cantidad de otra fruta cítrica
1 cucharada de azúcar extra fina
2 onzas de *cachaça,* ron blanco o vodka
½ taza de hielo bien picadito

Corte la ½ lima en 2 rodajas y exprima el jugo en un tazón pequeño. Corte las rodajas exprimidas en pedacitos de ¼ pulgada. Mezcle el jugo de lima con los pedacitos de lima, el azúcar, la *cachaça* (o ron blanco o vodka) y el hielo en una coctelera. Agite duro hasta que los ingredientes estén bien mezclados. Vierta la *Caipirinha* (o *Caipirissima* o *Caipiroska*) sin colar en una copa y sirva enseguida.

Para 1 porción

COQUITO

Los puertorriqueños en la isla y en el continente norteamericano celebran los días del santo patrón y las Navidades con Coquito, un delicioso ponche de huevo con sabor a coco. El método tradicional para preparar el Coquito requiere que se rompa un coco entero con un martillo para sacarle el coco. Luego se ralla con un rallador o en una procesadora de alimentos, se remoja en agua y finalmente se exprime con una estopilla para extraerle el agua de coco. Pero para ahorrar tiempo y trabajo, muchos puertorriqueños en el continente han roto con esta tradición y hacen su Coquito con escamas de coco sin endulzar que vienen en paquete. Otros toman el camino más simple y emplean leche de coco enlatada.

En esta receta, hacemos la leche de coco con coco en paquete, pero si le divierte el arte de romper cocos, use un coco tamaño mediano, que rinde entre 3 y 4 tazas de coco rallado. Si no quiere hacer la leche de coco, salte el primer paso de la receta y sustituya 1 taza de leche de coco enlatada sin endulzar en el segundo paso.

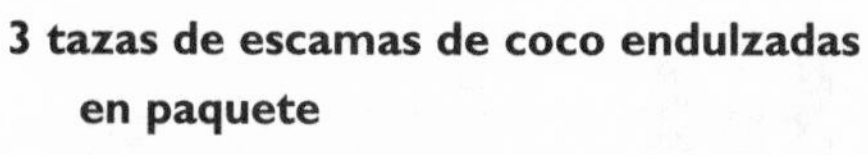

3 tazas de escamas de coco endulzadas en paquete
1 taza de agua caliente
1 taza de leche condensada endulzada
1 taza de ron blanco puertorriqueño, tal como Bacardi o su ron preferido
2 yemas de huevo grandes*
Canela molida o nuez moscada, para el aderezo

**Si le preocupa el contagio de salmonela en los huevos crudos, sustitúyalos por una mezcla de huevos pasteurizados.*

Combine las escamas de coco con el agua caliente en un jarro grande y déjelas en remojo 10 minutos. Cuele el líquido y póngalo en una licuadora. Ponga la pulpa de coco en una estopilla y exprima para extraer tanta leche de coco como pueda. Añádala a la leche de coco en la licuadora. Descarte la pulpa de coco.

Agregue la leche condensada, el ron y las yemas de huevo a la leche de coco en la licuadora y bata hasta que el Coquito quede bien mezclado. Ponga la bebida en el jarro, tape y refrigere al menos 2 horas. Saque el Coquito del refrigerador 30 minutos antes de servir, bátalo bien y sírvalo en vasos pequeños espolvoreados con canela o nuez moscada.

Para 8 porciones

MOJITO

Este coctel cubanísimo, con sabor a menta, era uno de los favoritos del autor Ernest Hemingway, quien prefería sus tragos en el histórico restaurante La Bodeguita del Medio en La Habana. El Mojito, así como otras bebidas legendarias cubanas, tales como el Cuba libre, el Periodista y el Presidente, sigue siendo una de las bebidas preferidas de los cubano-americanos en Miami, Nueva York, Los Angeles y donde quiera que se encuentren.

Jugo de ½ lima
1 cucharadita de azúcar granulada
2 o 3 hojas de menta fresca y 1 ramita de menta, para el aderezo
Hielo bien picadito
1½ onzas de ron blanco
Agua de seltzer

Revuelva el jugo de lima y el azúcar en una copa hasta que se disuelva. Agregue las hojas de menta, el hielo bien picadito y el ron y revuelva bien. Llene la copa con agua de seltzer. Revuelva de nuevo, decore con una ramita de menta y sirva.

Para 1 porción

RECURSOS

A continuación le presentamos una lista de comercios especiales y compañías con servicio de ventas por correo que ofrecen comestibles latinoamericanos. (Hay un gran número de establecimientos latinoamericanos en los Estados Unidos, de manera que esta lista no es completa.) Aquellos comercios sin servicio de ventas por correo (indicadas con un asterisco) vale la pena visitarlos si se encuentra en la cercanía. También si vive en una región donde residen grandes poblaciones latinoamericanas, sin duda encontrará sus productos especiales en los supermercados locales.

MEXICANO

CHILES Y SALSAS

Colorado Spice
5030 Nome Street, Unit A
Denver, CO 80239
(800) 67-SPICE (800-677-7423)
FAX (303) 373-9215
TDD (Para aquéllos con dificultad auditiva) (303) 373-2844

Compañía de ventas por correo que vende achiote, chiles secos, tales como el habanero, pasilla, ancho y pequín; salsas picantes caribeñas y chutneys; y productos exóticos, como carne de búfalo y condimento para alce. AMEX, VISA, MC, DC. Catálogo gratis.

The Chile Shop
109 E. Water Street
Santa Fe, NM 87501
(505) 983-6080
FAX (505) 984-0737

Comercio con servicio de ventas por correo que ofrece salsas, chiles secos enteros y molidos, tales como el ancho, chipotle, habanero, pasilla, pequín, tepín, y el Nuevo México verde y rojo, y también jaleas, mole, achiote, ristras de chiles, guirnaldas de chiles y canastas de regalos. VISA, MC. Catálogo gratis.

Coyote Cafe General Store
132 W. Water Street
Santa Fe, NM 87501
(800) 866-4695
FAX (505) 989-9026

Comercio con ventas por correo que ofrece chiles secos enteros y molidos,

Un camion de reparto de los mercados Liborio en Los Angeles, el homólogo de Zabar's en el contexto latinoamericano.

su propia línea de productos del sudoeste de los Estados Unidos, incluyendo salsa de tomatillo y chile serrano, miel con chile colorado Nuevo México y nuestro condimento favorito, mermelada de durazno y chile habanero. Canastas de regalos y un club que ofrece una salsa distinta cada mes. AMEX, VISA, MC, DC. Catálogo gratis.

Los Chileros de Nuevo México
P.O. Box 6215
Santa Fe, NM 87502
(505) 471-6967
FAX (505) 473-7306

Compañía de ventas por correo que envía chiles Nuevo México frescos en sazón y congelados todo el año, chiles secos y otros ingredientes típicos del sudoeste de los Estados Unidos y canastas de regalos. Todas las ventas al contado. Folleto gratis.

Salsa Express
P.O. Box 3985
Albuquerque, NM 87190
(800)-43-SALSA (800-437-2572)

Compañía de ventas por correo que ofrece salsas de tomate, salsas picantes, *habanero pecan brittle* y manteca de cacahuete con chile. Entrega al día siguiente de chiles rellenos congelados y tamales con chile verde y queso congelados. AMEX, VISA, MC, DC. Catálogo gratis.

Santa Fe School of Cooking
116 West San Francisco Street
Santa Fe, NM 87501
(505) 983-4511
FAX (505) 983-7540

La escuela culinaria de Santa Fe y comercio con servicio de ventas por correo que ofrece chiles Nuevo México frescos (en sazón), chiles secos, pozole blanco y azul, piloncillo, frijoles antiguos tradicionales, prensas para tortillas, molcajetes, canastas de regalos y mucho más. AMEX, VISA, MC. Catálogo y programa de los cursos de cocina gratis.

Kitchen Food Shop
218 Eighth Avenue
New York, NY 10011
(212) 243-4433

Uno de los pocos establecimientos mexicanos con comida para llevar a casa en la ciudad de Nueva York (y también ofrece servicio de ventas por correo). También es uno de los mejores lugares en toda la ciudad que lleva chiles secos y frescos, inclusive chiles chipotles, chiles pasillas y chiles jalapeños ahumados. Todas las ventas al contado.

El Paso Chile Company
909 Texas Avenue
El Paso, TX 79901
(800) 274-7468
(915) 544-3434
FAX (915) 544-7552

Compañía de ventas por correo que ofrece chiles secos enteros y molidos (inclusive chiles anchos, chipotles, colorados Nuevo México, habaneros, pasillas y de árbol), al igual que chiles jalapeños en escabeche, chiles serranos en escabeche, chiles chipotles en adobo, mole, nopalitos, salsas, salsas para asados, bocadillos de frijoles, *pesto* de albahaca y chile chipotle nuevo mexicano-italiano. Canastas de regalos y mucho más. AMEX, VISA, MC. Catálogo gratis.

La Casa de Gourmet
514 West Commerce
San Antonio, TX 78207
(800) 972-3049
(210) 223-3047

Comercio con servicio de ventas por correo que ofrece salsas de tomate, salsas picantes, especias, chiles secos, mole, chocolate mexicano, preparación para menudo, molcajetes y mucho más. AMEX, VISA, MC, DC. Folleto gratis.

HARINA DE MAÍZ, MASA Y TORTILLAS

St. Mary's Mexican Food
1030 West St. Mary's Road
Tucson, AZ 85745
(520) 884-1629

Restaurante mexicano que envía tortillas y tamales por Federal Express y UPS. Todas las ventas al contado.

Gallegos Brothers*
1424 Broadway
Santa Monica, CA 90404
(310) 395-0162

Tortillería mexicana casera que ofrece tortillas acabaditas de hacer, masa preparada para tamales, salsas hechas en casa, chorizo y queso mexicano, tal como asadero, cotija y Oaxaca. También preparan tortas, tacos de cazuela y burritos para llevar a la casa.

Léona's de Chimayó
P.O. Box 579
Chimayó, NM 87522
(505) 351-4660 o (800) 4-LEONAS
FAX (505) 351-2189

Léona Medina-Tiede, fundadora de este comercio con servicio de ventas por correo, es famosa en todas partes por sus tamales vegetarianos únicos y tortillas de harina confeccionadas con arándano, chocolate, jalapeño, ajo, *pesto* y más. Encuentre sus productos en comercios especiales y supermercados en el mediooeste, sudoeste, sudeste y oeste de los Estados Unidos. Chimayó es un pueblo tan pequeño que no necesita dirección—si la quiere visitar, tome la Ruta 76 en Española (al norte de Santa Fe) y vaya 8 millas hasta la Manzana Centre en Chimayó. No dejará de encontrarla! VISA, MC. Folleto gratis.

Luna's Tortilla Factory
1615 McKinney Avenue
Dallas, TX 75202
(214) 747-2661

Comercio que vende masa preparada para tortillas y tamales y muchos tipos de tamales y tortillas. Luna's envía tortillas por correo. Todas las ventas al contado.

SUPERMERCADOS MEXICANO-AMERICANOS

Grand Central Market*
317 South Broadway
Los Angeles, CA 90013

Los vendedores en este mercado inmenso en el centro de la ciudad de Los Angeles tienen una gran variedad de productos mexicanos, inclusive montañas de chile colorado seco y molido, al igual que comestibles guatemaltecos y salvadoreños. En el puesto de Ana María, pruebe una de las gorditas más deliciosas en toda la ciudad.

La Casa del Pueblo*
1810 South Blue Island
Chicago, IL 60608
(312) 421-4640

Comercio que vende de todo para la cocina mexicana.

Hernández Mexican Foods*
2120 Alamo Street
Dallas, TX 75202
(214) 742-2533

Desde 1918 este comercio ha sido una gran fuente de recursos para los comestibles mexicanos, así como carnes y hierbas medicinales. También ofrecen platos preparados como carnitas y tamales para llevar a la casa y venden al por mayor para fiestas. (Envían algunos productos por correo, pero no tienen un departamento de servicio de ventas por correo.) Todas las ventas al contado.

Las siguientes cadenas de supermercados ofrecen productos mexicanos:

Vons, Albertson's y Boys Markets en California
Tianguis en la zona metropolitana de Los Angeles
Fiesta Mart en Texas
Safeway en Colorado y Arizona
Cedanos en Miami
Jewel y Dominics en la zona metropolitana de Chicago

CENTROAMÉRICA Y SURAMÉRICA

ALIMENTOS ESENCIALES

Los Gauchitos*
4315 Northwest 7th Street
Miami, FL 33126
(305) 447-4651

Restaurante argentino y uruguayo con repostería y una tienda con toda una variedad de carnes y salchichas para la parrilla suramericana, ravioles hechos en casa, panes y dulces, al igual que vinos suramericanos y otros productos importados.

International Market*
365 Somerville Avenue
Somerville, MA 02143
(617) 776-1880

Comercio brasileño-americano que ofrece alimentos brasileños tales como *carne seca*, jugos de fruta concentrados, *mandioca* (yuca) y chiles malaguetas.

Casa América*
102-04 Roosevelt Avenue
Jackson Heights, NY 11372
(no se aceptan órdenes por teléfono)

Comercio que lleva frutas colombianas e ingredientes secos tal como harina de yuca.

Coisa Nossa
46 West 46th Street
New York, NY 10036
(212) 719-4779

Comercio brasileño-americano con servicio de ventas por correo que ofrece alimentos esenciales, tales como jugo de granadilla, pasta de guayaba, *mandioca* (yuca), salchichas brasileñas, carne seca (tasajo), al igual que ingredientes para *feijoada,* el plato nacional de Brasil. Todas las ventas al contado.

La Gran Habana Carnicería*
76-17 Roosevelt Avenue
Jackson Heights, NY 11372
(no se aceptan órdenes por teléfono)

Carnicería que ofrece productos ecuatorianos, colombianos y bolivianos.

Los Paisanos*
79-16 Roosevelt Avenue
Jackson Heights, NY 11372
(718) 898-4141

Comercio que ofrece productos ecuatorianos, peruanos, colombianos típicos, además de ingredientes centroamericanos y mexicanos.

CARIBEÑO

Vernon's Jerk Paradise
987 E. 233rd Street
Bronx, NY 10466
(718) 655-8348 (para el restaurante)
(407) 726-0491 (para el servicio de ventas por correo)

Allan Vernon, conocido en todas partes como el Rey del *jerk* jamaiquino, ha preparado su irresistible pollo *jerk* y cerdo *jerk* para neoyorquinos por más de una década. Envía por correo sus famosos *Vernon's Jamaican Jerk Sauce* y *Vernon's Seasoned Jamaican Curry.* VISA, DC.

Isla
P.O. Box 9112
San Juan, PR 00908-0112
(800) 575-4752
FAX (787) 723-2942

Compañía de ventas por correo que ofrece una selección de ingredientes puertorriqueños, tales como recaíto, sofrito, adobo de ajo, pique criollo y jalea de guayaba. AMEX, VISA, MC. Catálogo gratis.

Las siguientes cadenas de supermercados ofrecen productos caribeños:

Food Emporium y Sloan's en la Cuidad de Nueva York
Winn Dixie en Florida

Vea también Tropicana Market, Rafal's Spice Company y Liborio Markets en Latinoamericano.

LATINOAMERICANO

Casa Lucas Market*
2934 24th Street
San Francisco, CA 94110
(415) 826-4334

Comercio que ofrece una gran variedad de comestibles mexicanos y centroamericanos, incluyendo frutas y vegetales, así como algunos productos suramericanos.

Catalina's Market*
1070 Northwestern Avenue
Santa Monica, CA 90029
(213) 461-2535

Mercado general (sin servicio de ventas por correo, pero envía pedidos especiales) que ofrece productos mexicanos, centroamericanos y suramericanos, especialmente argentinos y peruanos. Comestibles peruanos incluyendo maíz morado entero o molido, choclo, chiles como el ají y el peruano, y chuños (papas secas). VISA, MC, DC.

Continental Gourmet*
12921 S. Prairie Avenue
Hawthorne, CA 90250
(310) 676-5444

Comercio que ofrece comestibles mexicanos, centroamericanos y suramericanos, incluyendo carnes frescas para las parrilladas argentinas, chorizos estilo argentino, queso cotija argentino, tasajo (carne seca) y un bello conjunto de dulces suramericanos y vinos. Todas las ventas al contado.

Frieda's, Inc.
4465 Corporate Center Drive
Los Alamitos, CA 90720
(800) 241-1771
(714) 826-6100
FAX (714) 816-0273
www.friedas.com

Compañía de ventas por correo que ofrece una gran variedad de frutas y vegetales para la cocina latinoamericana, tal como chirimoya, papaya, mango, granadilla, yuca, malanga, jícama, yacón, mashua, chayote, al igual que hojas de maíz, chiles secos y frescos y canastas de regalos. AMEX, VISA, MC, OPTIMA. Catálogo gratis.

Liborio Markets*
864 S. Vermont Avenue
Los Angeles, CA 90005
(213) 386-1458
y
6061 Atlantic Boulevard
Maywood, CA 90270
(213) 560-8000

Comercios que llevan toda una variedad de productos latinoamericanos, desde comestibles básicos caribeños, como yuca y achiote, hasta chuños (papas secas peruanas), loroco (capullos de flores) para pupusas (tortillas rellenas salvadoreñas), al igual que productos brasileños tal como aceite de *dendê* y *farola.*

Rafal Spice Company
2521 Russell Street
Detroit, MI 48207
(800) 228-4276
(313) 259-6373

Este comercio con servicio de ventas por correo ofrece especias caribeñas, mexicanas, centroamericanas y suramericanas. VISA, MC, DC. Catálogo gratis.

Dean & Deluca
560 Broadway
New York, NY 10012
(800) 221-7714
(212) 431-1691
FAX (212) 334-6183

Comercio de productos gastronómicos con servicio de ventas por correo que ofrece una selección de chiles frescos y secos (anchos, chipotles, de árbol, pasillas, pequines), y vegetales y frutas populares en la cocina latinoamericana. AMEX, VISA, MC. Catálogo gratis.

Tropicana Market
5001 Lindenwood Street
St. Louis, MO 63109
(314) 353-7328

Este comercio con servicio de ventas por correo ofrece una gran variedad de productos mexicanos, centroamericanos, suramericanos y caribeños. VISA, MC.

SI PREFIERE CULTIVARLOS . . .

Ronniger's Seed Potatoes
Star Route W
Moyie Springs, ID 83845
FAX (208) 267-3265

El proveedor más conocido de papas especiales en todo el país, con más de 65 variedades, desde la papa morada del Perú hasta la papa de oro del Yukon.

Enchanted Seeds
P.O. Box 6087
Las Cruces, NM 88006
(505) 523-6058

Una fuente maravillosa para semillas de chile a la venta por correo, tales como las del ají, ají amarillo, rocoto, guajillo, habanero, *Scotch bonnet, sweet banana,* cascabel, Anaheim, ancho, chile de árbol, serrano . . . y sigue la lista. Pago por cheque o *money order.* Catálogo gratis.

Pepper Joe, Inc.
1650 Pembrooke Road
Norristown, PA 19403
(no se aceptan órdenes por teléfono)

Otra magnífica fuente de recursos para semillas de chiles raros, como el chile arco iris boliviano, el chile rocoto andino, el chile *jellybean* y el chile dorado *fatallis.* Mande un sobre tamaño de negocio, con sello, para recibir el catálogo gratis.

Ojo: La escuela culinaria de Santa Fe (*The Santa Fe School of Cooking,* vea página 321) también ofrece más de 21

variedades de semillas de chile, desde las más exóticas hasta las del popular chile Nuevo México.

VINOS Y BEBIDAS LATINAS

Gotham
2519 Broadway
New York, NY 10025
(212) 932-0990

Licorería exclusiva en Manhattan que lleva a la venta una gran variedad de bebidas latinoamericanas, incluyendo pisco del Perú, *cachaça* de Brasil y vinos argentinos y brasileros. Envian botellas individuales o al por mayor. AMEX, VISA, MC.

Astor Wines & Spirits
12 Astor Place
New York, NY 10003
(212) 674-7500

Licorería especializada con servicio de entregas por correo que vende vinos y otras bebidas latinoamericanas, tal como ron del Caribe, *cachaça* brasilera y al menos tres marcas diferentes de pisco peruano. AMEX, VISA, MC, DC.

ÍNDICE ALFABÉTICO

Los números de página en *itálicas* indican ilustraciones.

aceitunas:
pan de jamón, 246–7
pastel de papas celestial, 139–41
pollo estofado con tomates, pasas y aceitunas, 102–3
ackee, 302
adobo de chile colorado, 106
aguacate:
acerca del aguacate, 24–5
ensalada de jueyes y aguacate con mayonesa de lima, 52–3
ensalada de piña y aguacate con nueces fritas, 63–4
fresco de aguacate al estilo colombiano-americano, 310
guacamole mexicano-americano, 69
guasacaca, 68–9
llapingachos con salsa de maní, 59–61
sopa fría de paltas con salsa de mango y culantro, 23–4
ají amarillo, 172
ají dulce, 173
ají mirasol, 178
ajiaco con pollo, 9–10
ajo:
costillas de cerdo con ajo, alcaparras y pasas, 149–51
estofado argentino, 136–7
tostones con tocino, cebolla y ajo para Herminia del Portal, 198–200
yuca con mojo, 202–3
albahaca:
porotos granados, 193
albaricoque de Santo Domingo, 304
alcachofa(s):
cuajado de camarones y corazones de alcachofa, 76–7
patacas o aguaturmas, 212
alcaparras:
ajiaco con pollo, 9–10
costillas de cerdo con ajo, alcaparras y pasas, 149–51
alfajores de almendras, 290
almejas:
cazuela de mariscos colombiano-americana, 89–90
coctel de almejas dulces en su ostra, 58
almendra(s):
alfajores de almendras, 290
gallina en pepitoria a la puertorriqueña, 107–9
pollo en pipián de almendra mexicano-americano, 109
tamales de cerdo con pasas y almendras, 228–30
torta del cielo, 283–5
Andalucía, España, 85, 86, 94
Andes, 59, 61, 224, 306
anillos de cebolla con queso parmesano, 204–5
animales de caza, *vea* aves y animales de caza
anticuchos, 39–40
apio, 210
arepas, 250–3
arepas de areparina, 252–3
arepas de choclo, 252
Argentina, xii, 24, 130, 136, 147, 167, 168
arracacha, 210
arroz:
con carne de cerdo a la puertorriqueña, 151–2

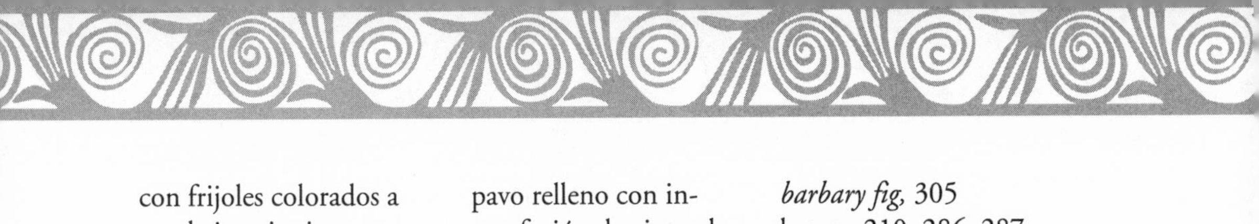

con frijoles colorados a la jamaiquina, 187–9
con gandules a la isla del encanto, 189–91
con leche Gisèle Ben-Dor, 275–6
congrí cubano-americano, 189
gallo pinto nicaragüense-americano, 189
paella festiva Jacobo de la Serna, 91–3
asopao de pollo Piri Thomas, 100–2
atemoya, 303
aves y animales de caza, 99–127
asopao de pollo Piri Thomas, 100–2
conejo rosado, 126–7
croquetas de pollo caribe con salsa de durazno y chile habanero, 113–15
enchiladas tapatías, 109–11
fricasé de pollo cubano-americano, 103
gallina en pepitoria a la puertorriqueña, 107–9
manchamanteles de pollo, 104–5
pastel de choclo con pollo, 111–13
pato tropical en salsa de piña, 124–6
pavo relleno con infusión de vino a la Cristina, 121–4
pechugas de pollo español a la parrilla adobadas en jugo do limón, 115–16
picadillo Carmen, 120–1
pollo estofado con tomate, pasas y aceitunas, 102–3
pollo guarachero de Celia Cruz, 116–18
pollo guisado con hongos y algas wangi al estilo chino-latino, 118–19
Aztecas, 207

baddo, 212
banana(s):
bananas rellenas con crema de mantequilla y ron, 292
batido de chirimoya y plátano al estilo chileno-americano, 308–9
batido jamaiquino-americano de plátanos con pimienta de Jamaica, 309
guineos con licor de china en crepas, 293–4
"pan" de batata, 286–7
vea también plátano(s)
bananas rellenas con crema de mantequilla y ron, 292
barbary fig, 305
batata, 210, 286, 287
budín de batata jamaiquino-americano, 287
"pan" de batata, 286–7
batido(s), 306–9
de chirimoya y plátano al estilo chileno-americano, 308–9
de mango al estilo cubano-americano, 306
de papaya con helado de vainilla al estilo panameño-americano, 307
jamaiquino-americano de plátanos con pimienta de Jamaica, 309
bebidas, 301–19
batido de chirimoya y plátano al estilo chileno-americano, 308–9
batido de mango al estilo cubano-americano, 306
batido de papaya con helado de vainilla al estilo panameño-americano, 307
batido jamaiquino-americano de plátanos con pimienta de Jamaica, 309
caipirinha, 317–18

bebidas (*cont.*)
coctel de *cachaça* y lima, 317–18
coquito, 318–19
chapurrado, 313
chocolate con leche de coco, 312
chocolate estilo Nuevo México, 310–11
fresco de aguacate al estilo colombiano-americano, 310
latinoamericanas, venta de, 329
licuado de guayaba y leche al estilo mexicano-americano, 308
mate tetre, 315–16
mojito, 319
pisco agrio, 316–17
ponche de flor de Jamaica con ron, 314
Belize, belicense-americanos, xi, xii, xiv
biscochitos a la nuevo-mexicano, 287–8
Bolivia, boliviano-americanos, xii, xiv, 61, 224
bolo bêbado, 281–2
bolo de nozes, 285
bollos, 232
bombas de camarones y papas, 51–2
boniato, 210, *210,* 211
Brasil, brasileño-americanos, xii, xiv, 74, 83, 167, 174, 213, 303, 304, 317
brochetas:
anticuchos, 39–40
cordero *jerk* en alambre, 157–8
budín de batata jamaiquino-americano, 287
budín de pan de coco, 276—7
burritos, xvii

cabrito o cordero al curry, 159–61
cachapas de jojoto con salmón ahumado, caviar y salsa de crema y de *wasabi,* 49–50
café:
champurrado, 313
flan de café mexicano-americano, 270
caipirinha, 317–18
calabacitas minga, 209
calabaza:
calabacitas minga, 209
carbonada criolla, 130–1
chancletas, 206–7
chayote, *207,* 208
flan de calabaza bajo las palmas, 269–71
porotos granados, 193
sancocho dominicano-americano, 165–7
sopa de calabaza con aroma de naranja, 19–21
calamares en salsa verde, 94–5
caldudas al estilo chileno-americano, 218
camarones:
bombas de camarones y papas, 51–2
camarones enchilados Cristina, 72–3
cazuela de mariscos colombiano-americana, 89–90
cuajado de camarones y corazones de alcachofa, 76–7
chupe de camarones, 14–15
guisado de camarones con leche de coco, limón y culantro, 73–5
nopalitos tiernos en chile rojo con tortas de camarón, 77–80
seviche de camarones, 54–5
camarones enchilados Cristina, 72–3
capsaicina, 172, 178
carbonada criolla, 130–1
Caribe, el, xii, 12, 24, 43, 83, 92, 137, 173, 188, 211, 304, 305; *vea también* los países específicos
carne(s), xiv, 129–69
vea también aves y animales de caza; carne de cerdo;

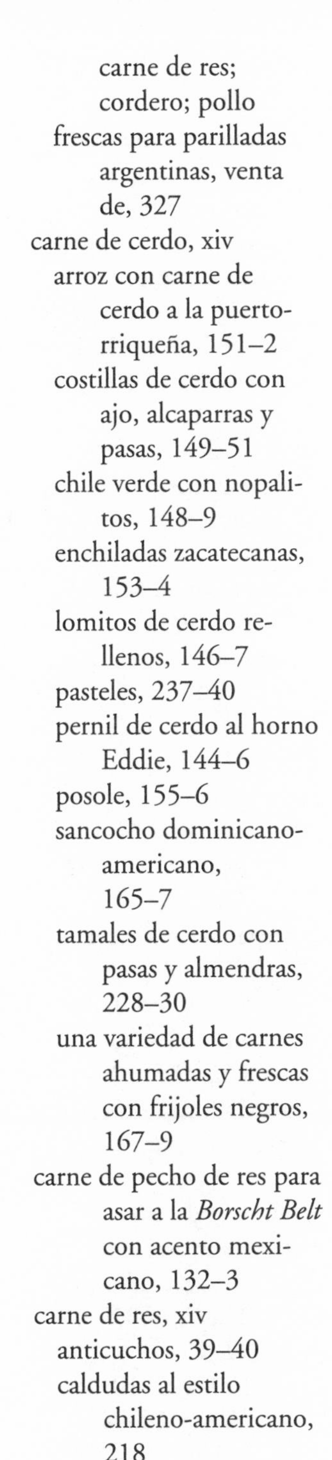

carne de res; cordero; pollo
frescas para parilladas argentinas, venta de, 327
carne de cerdo, xiv
arroz con carne de cerdo a la puertorriqueña, 151–2
costillas de cerdo con ajo, alcaparras y pasas, 149–51
chile verde con nopalitos, 148–9
enchiladas zacatecanas, 153–4
lomitos de cerdo rellenos, 146–7
pasteles, 237–40
pernil de cerdo al horno Eddie, 144–6
posole, 155–6
sancocho dominicano-americano, 165–7
tamales de cerdo con pasas y almendras, 228–30
una variedad de carnes ahumadas y frescas con frijoles negros, 167–9
carne de pecho de res para asar a la *Borscht Belt* con acento mexicano, 132–3
carne de res, xiv
anticuchos, 39–40
caldudas al estilo chileno-americano, 218
carbonada criolla, 130–1
carne de pecho de res para asar a la *Borscht Belt* con acento mexicano, 132–3
chiles rellenos a la Nuevo México, 142–4
empanadas de carne argentino-americanas, 220
empanadas de carne a la jamaiquina, 221–3
ensalada de salpicón salvadoreño-americana, 33–4
estofado argentino, 136–7
hamburguesas con ritmo caribeño, 137–9
lengua en salsa de tomate a la Blanca, 161–3
lingua fresca brasilero-americana, 163
menudo, 10–12
pastel de papas celestial, 139–41
pasteles, 237–40
rabo encendido, 163–4
ropa vieja, 134–5
sancocho dominicano-americano, 165–7
una variedad de carnes ahumadas y frescas con frijoles negros, 167–9
caviar:
cachapas de jojoto con salmón ahumado, caviar y salsa de crema y de *wasabi,* 49–50
caviar de berenjena, 67–8
cazuela de mariscos colombiano-americana, 89–90
cebolla(s):
anillos de cebolla con queso parmesano, 204–5
pukas, 224–5
tostones con tocino, cebolla y ajo para Herminia del Portal, 198–200
Centroamérica, xvii, 19, 92, 126, 173, 177, 210; *vea también* los países específicos
recursos para la cocina de, 325–6
cerveza, 80, 81
mexicana, 11
lubina asada con cerveza, 80–1
cilantro, vea culantro
cocina:
argentino-americana, xii, xiv, 28, 94, 136, 146, 147, 220, 232, 290, 315
recursos para la, 325, 327–8
boliviano-americana, xii, xiv, 61, 220, 224, 232, 317

cocina (*cont.*)
recursos para la, 326–8
brasilero-americana, xii, xiv, xix, 25, 28, 29, 64, 73–5, 83, 122, 126, 162, 163, 167, 168, 174, 201, 204, 205, 213, 216, 232, 281, 285, 317
recursos para la, 325–8
caribeño-americana, xvii, 117, 146, 173, 201, 286, 303, 314
recursos para la, 326–8
centroamericana, xiii, 92, 173, 177, 211
recursos para la, 325–8
colombiano-americana, xi, xii, xiv, xv, xviii, xix, 2, 9, 24, 58, 76, 89, 187, 197, 201, 202, 250, 259, 269, 306, 310, 312
recursos para la, 326–8
costarricense-americana, xiv, xv, 38, 197, 206, 277
recursos para la, 325–8
cubano-americana, xi, xii, xiii, xiv, xv, xvii, xviii, 19, 25, 41, 46, 63, 72, 81, 85, 87, 92, 103, 121, 134, 144, *144,* 161, 163, 165, 173, 187, 189, 191, 195, 197, 198, 202, 203, 206, 220, 232, 237, 248, 249, 267, 276, 283, 284, 286, 306, 319
recursos para la, 327, 328
chileno-americana, xi, xiii, 23, 24, 28, 113, 139, 161, 193, 210, 218, 232, 269, 279, 294, 315, 316
recursos para la, 325–8
de la Indias Orientales, 226
dominicano-americana, xii, xiii, xiv, 19, 43, 51, 83, 92, 113, 165, 187, 203, 208, 269, 271, 286
recursos para la, 327, 328
ecuatoriano-americana, xi, xiii, 10, 21, 29, 30, 54, 59, 61, 161, 196, 197, 232
recursos para la, 325–8
francesa, xviii, 232
guyanés-americana, 144, 226
haitiano-americana, xiv, 18, 187, 286, 292
hondureño-americana, xiv, 15, 83
recursos para la, 326–8
italiana, xx, xxi, 226, 232
jamaiquino-americana, ix, x, 176, 286
recursos para la, 326
latinoamericana, xiv–xv
mexicano-americana, viii, ix, x, xi, xiii, xiv, xvi, 3, 8, 24, 25, 35, 256
recursos para la, 322–8
nicaragüense-americana, x, xiii, 65
recursos para la, 326–8
panameño-americana, x, 102
recursos para la, 326–8
paraguayo-americana, x, 257–8, 315–6
recursos para la, 327, 328
peruano-americana, x, xv, 14–15, 28–9, 39–40, 61, 107, 118–19, 126–7, 172, 175, 200–1, 232, 269–70, 316
recursos para la, 326–8
puertorriqueño-americana, vii, viii, ix, x, xi, xiii, 3–5, 25, 43–4, 52–3, 92, 95–7, 100–102, 107–9, 137–9, 144–6, 161–3, 189–91,

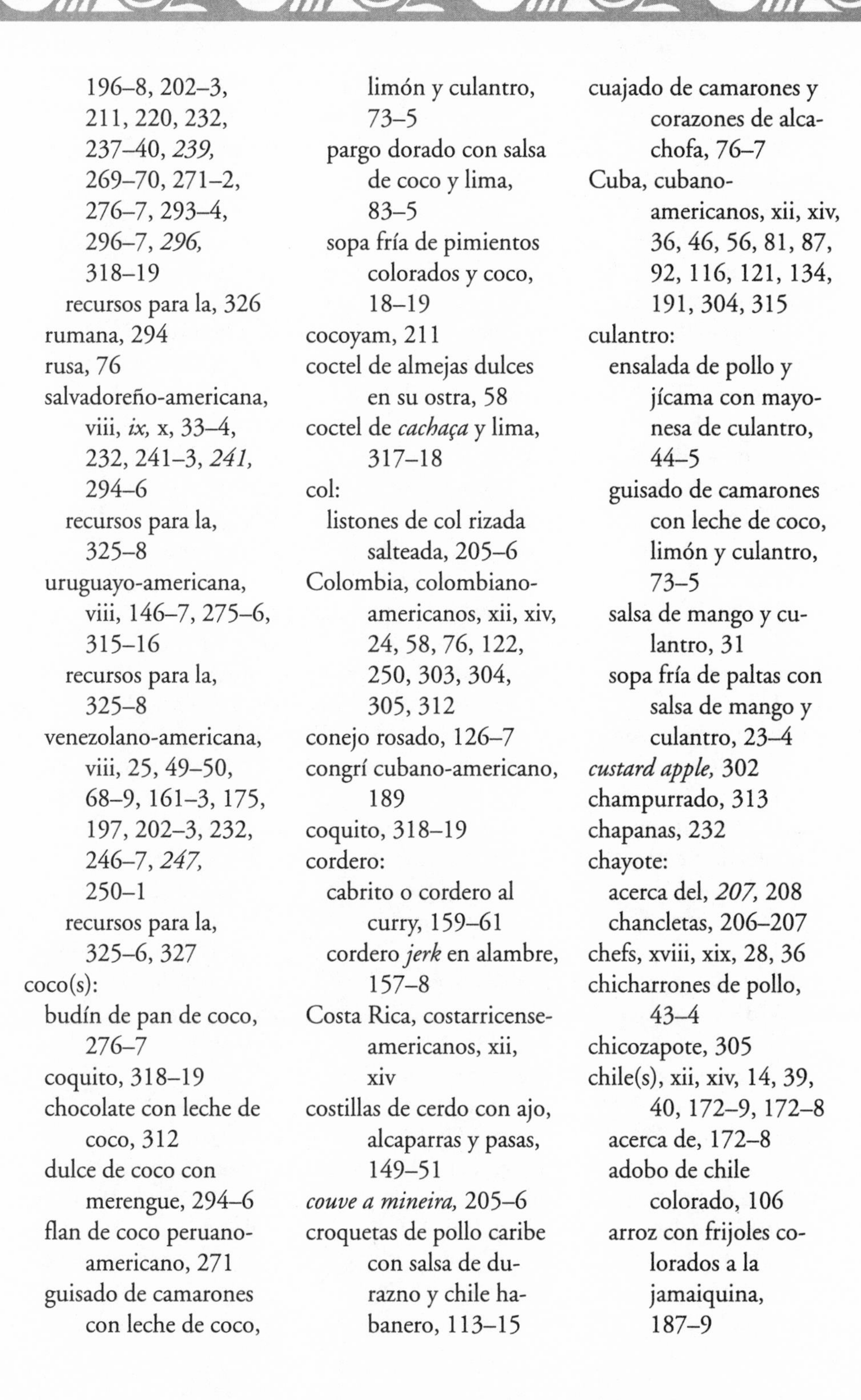

196–8, 202–3, 211, 220, 232, 237–40, *239,* 269–70, 271–2, 276–7, 293–4, 296–7, *296,* 318–19
recursos para la, 326
rumana, 294
rusa, 76
salvadoreño-americana, viii, *ix,* x, 33–4, 232, 241–3, *241,* 294–6
recursos para la, 325–8
uruguayo-americana, viii, 146–7, 275–6, 315–16
recursos para la, 325–8
venezolano-americana, viii, 25, 49–50, 68–9, 161–3, 175, 197, 202–3, 232, 246–7, *247,* 250–1
recursos para la, 325–6, 327
coco(s):
budín de pan de coco, 276–7
coquito, 318–19
chocolate con leche de coco, 312
dulce de coco con merengue, 294–6
flan de coco peruano-americano, 271
guisado de camarones con leche de coco, limón y culantro, 73–5
pargo dorado con salsa de coco y lima, 83–5
sopa fría de pimientos colorados y coco, 18–19
cocoyam, 211
coctel de almejas dulces en su ostra, 58
coctel de *cachaça* y lima, 317–18
col:
listones de col rizada salteada, 205–6
Colombia, colombiano-americanos, xii, xiv, 24, 58, 76, 122, 250, 303, 304, 305, 312
conejo rosado, 126–7
congrí cubano-americano, 189
coquito, 318–19
cordero:
cabrito o cordero al curry, 159–61
cordero *jerk* en alambre, 157–8
Costa Rica, costarricense-americanos, xii, xiv
costillas de cerdo con ajo, alcaparras y pasas, 149–51
couve a mineira, 205–6
croquetas de pollo caribe con salsa de durazno y chile habanero, 113–15
cuajado de camarones y corazones de alcachofa, 76–7
Cuba, cubano-americanos, xii, xiv, 36, 46, 56, 81, 87, 92, 116, 121, 134, 191, 304, 315
culantro:
ensalada de pollo y jícama con mayonesa de culantro, 44–5
guisado de camarones con leche de coco, limón y culantro, 73–5
salsa de mango y culantro, 31
sopa fría de paltas con salsa de mango y culantro, 23–4
custard apple, 302
champurrado, 313
chapanas, 232
chayote:
acerca del, *207,* 208
chancletas, 206–207
chefs, xviii, xix, 28, 36
chicharrones de pollo, 43–4
chicozapote, 305
chile(s), xii, xiv, 14, 39, 40, 172–9, 172–8
acerca de, 172–8
adobo de chile colorado, 106
arroz con frijoles colorados a la jamaiquina, 187–9

chile(s) (*cont.*)
colorado (rojo) seco y molido, 178
croquetas de pollo caribe con salsa de durazno y chile habanero, 113–15
chile verde con nopalitos, 148–9
chiles rellenos a la Nuevo México, 142–4
enchiladas a la encomiendas californianas, 183–5
enchiladas con salsa de chile rojo estilo Nuevo México de Linda Chávez, 185–7
enchiladas zacatecanas, 153–4
ensalada de papas con chile poblano, 182–3
gnocchi di patate con salsa de crema y chile rojo "*New Southwestern,*" 179–81
manipulación de los, 178
nopalitos tiernos en chile rojo con tortas de camarón, 77–80
papas con rajas, 182–3
para asarlos, 179
pukas, 224–5
recursos para platos con, 322–4, 325, 327, 328
salsa(s), 28–33
salsa de chile malagueta y de lima brasilero-americana, 29
salsa de durazno y chile habanero, 32
secos, 172, 175, 177, *177,* 178
tamales de queso y chile mexicanos, 232
tipos de, 172–8
venta de semillas de, 228–9
verde con nopalitos, 148–9
verdes, 173
wontons fritos con chorizo, chile y queso *Monterey Jack* a la Bayamo, 36–7
vea también las clases específicas de chiles
chile ají, 14, 40, 172, *172*
chupe de camarones, 14–15
salsa de ají ecuatoriano-americana, 30
salsa de ají picante ecuatoriano-americana, 29
chile ají dulce, 173
chile Anaheim, 173, *173,* 174, 175
chile ancho, 154, 175
chile caribe, 174
chile cascabel, 177
chile cayenne, 177
chile cera, 174
chile chilaca, 176
chile chipotle, 174
chile de árbol, 177
chile Fresno, 174
chile guajillo, 178
chile guaque, 178
chile güero, 173, *173*
chile habanero, 173
chile jalapeño, *173,* 174
chile Jamaican hot, 176
chile malagueta, 174
chile mirasol, 178
chile mulato, 175
chile Nuevo México, 174
chile negro, 176
chile pasilla, 154, 176
chile peruano, 175
chile poblano, *154,* 175
chile rocoto, 176
chile Santa Fe, 173
chile *Scotch Bonnet,* 176
chile serrano, *175,* 176
chile tabasco, 176
chile tepín, 177
Chile, chileno-americanos, xi, xii, xiv, 24, 136, 141, 142, 193, 279
chirimoya, 302
batido de chirimoya y plátano al estilo chileno-americano, 308–9
choclo(s), *vea* maíz
chocolate:
champurrado, 313
chocolate con leche de coco, 312
chocolate estilo Nuevo México, 310–11
flan de queso con galletas de chocolate en corteza, 271–2
tamales negros, 233–6

chorizo, 35
estilo español, 35
una variedad de carnes ahumadas y frescas con frijoles negros, 167–9
wontons fritos con chorizo, chile y queso *Monterey Jack* a la Bayamo, 36–7
chuchitos, 232
chupe de camarones, 14–15

damper australiano a la cubana, 248
dasheen, 213
dhal puri, 226–8
Día de los muertos, 255–6
dilly, 305
dulce de coco con merengue, 294–6
dulce de lechosa, 296–7
durazno(s):
carbonada criolla, 130–1
croquetas de pollo caribe con salsa de durazno y chile habanero, 113–15
salsa de durazno y chile habanero, 32

Ecuador, ecuatoriano-americanos, xii, xiv, 54, 59, 61, 302
El Salvador, salvadoreño-americanos, xi, xii, xiv, 241, 294
empadinhas de camarão, 216–17
empanadas, *vea* tamales y empanadas
enchilada(s), xiv, xvi, xvii, xviii
enchiladas a la encomiendas californianas, 183–5
enchiladas con salsa de chile rojo estilo Nuevo México de Linda Chávez, 185–7
enchiladas tapatías, 109–11
enchiladas zacatecanas, 153–4
ensaladas, *vea* entremeses y ensaladas
entremeses y ensaladas, 26–69
anticuchos, 39–40
bombas de camarones y papas, 51–2
cachapas de jojoto con salmón ahumado, caviar y salsa de crema y de *wasabi,* 49–50
caviar de berenjena, 67–8
coctel de almejas dulces en su ostra, 58
chicharrones de pollo, 43–4
ensalada de jueyes y aguacate con mayonesa de lima, 52–3
ensalada de palmito, 64–5
ensalada de piña y aguacate con nueces fritas, 63–4
ensalada de pollo y jícama con mayonesa de culantro, 44–5
ensalada de salpicón salvadoreño-americana, 33–4
frijoles molidos, 38–9
frituras de bacalao con gazpacho criollo a la Xiomara, 46–8
guasacaca, 68–9
llapingachos con salsa de maní, 59–61
nuevo vigorón, 65–7
ostras Himilce, 56–7
salpicón de quinua, 61–3
salsa con frijoles negros y maíz, 33
salsa chileno-americana de tomates frescos, 29–30
salsa de baya, 32
salsa de durazno y chile habanero, 32
salsa de mango y culantro, 31
salsa picante peruano-americana, 28–9
salsa verde mexicano-americana, 30–1
salsas, 28–33
sandwich cubano, 41–2
seviche de camarones, 54–5
seviche del Canal de Panamá, 55–6

entremeses y ensaladas (*cont.*)
  wontons fritos con chorizo, chile y queso *Monterey Jack* a la Bayamo, 36–7
eperlanos dorados fritos, 85–7
estofado argentino, 136–7

feijoada, 167–9
flan de café mexicano-americano, 270
flan de calabaza bajo las palmas, 269–71
flan de coco peruano-americano, 271
flan de leche de abuelita, 267–8
flan de queso con galletas de chocolate en corteza, 271–2
Florida, xviii, 64, 144, 191, 208, 213, 294, 302, 303, 305
fresco de aguacate al estilo colombiano-americano, 310
frescos, 306
fricasé de pollo cubano-americano, 310
frijol(es), xv, 187–95
  arroz con frijoles colorados a la jamaiquina, 187–9
  arroz con gandules a la isla del encanto, 189–91
  congrí cubano-americano, 189
  frijoles molidos, 38–9
  frijoles negros Carola, 191–3
  gallo pinto nicaragüense-americano, 189
  porotos granados, 193
  pupusas revueltas, 241–3
  salsa con frijoles negros y maíz, 33
  sopa de habicas, 12–13
  una variedad de carnes ahumadas y frescas con frijoles negros, 167–9
  venta de frijoles antiguos tradicionales, 323
frijol(es) negro(s):
  frijoles molidos, 38–9
  frijoles negros Carola, 191–3
  salsa con frijoles negros y maíz, 33
  una variedad de carnes ahumadas y frescas con frijoles negros, 167–9
frituras de bacalao con gazpacho criollo a la Xiomara, 46–8
fruta do conde, 302
fruta bomba, 304
frutas:
  batidos, jugos, 306–10
  manchamanteles de pollo, 104–5
  salsas, 28
  vea también bebidas; postres
frutas latinoamericanas, 302–5
  venta de, 326–8
fruto del pan, 302
galletas:
  alfajores de almendras, 290
  biscochitos a la nuevomexicano, 287–8
  flan de queso con galletas de chocolate en corteza, 271–2
  polvorones, 289–90
gallina en pepitoria a la puertorriqueña, 107–9
goiaba, 303
gnocchi di patate con salsa de crema y chile rojo “New Southwestern,” 179–81
Goya Foods, Inc., xvii, xix, *xix*
granadilla, 303, *303*
  sorbete de granadilla, 297–8
guacamole:
  guacamole mexicano-americano, 69
  guasacaca, 68–9
guanábana, 303
guasacaca, 68–9
Guatemala, guatemalteco-americanos, xi, xii, xiv, 19, 25, 35, 102, 107, 149, 197, 232, 233, 271, 313
guayaba, 303, 312
  licuado de guayaba y leche al estilo mexicano-americano, 308
  mojicón, 259

guineo(s), *vea* bananas; plátanos
guineos con licor de china en crepas, 293–4
guisado de camarones con leche de coco, limón y culantro, 73–5
Guyana, guyanés-americanos, xii, xiv, 226

Haití, haitiano-americanos, viii, x, 18–19, 188, 286–7, 292
hallacas, 232
hamburguesas con ritmo caribeño, 137–9
Honduras, hondureño-americanos, xii, xiv, 83
Houston, Texas, xvii, xx, 115, 269
huevo(s):
  coquito, 318–19
  dulce de coco con merengue, 294–6
  enchiladas a la encomiendas californianas, 183–5
  flan de calabaza bajo las palmas, 269–71
  flan de leche de abuelita, 267–8
  flan de queso con galletas de chocolate en corteza, 271–2
  natillas Charlie Carrillo, 266–7
  torta de merengue Tía Lulú, 279–81
humitas, 232

Incas, xxi, 59, 61
Indian fig, 305
Indian pear, 305
Indias occidentales, 212
inhame, 211

Jamaica, jamaiquinos-americanos, viii, x, 19, 157, 159, 159–61, 187–8, 212, 220, 221–23, 223, 258–9, 286–7, 309, 314
jerk, 157, 159
  recursos para, 326, 327
  venta de, 326
jícama, 210, 211
Judíos españoles, 12–13
Judíos salvadoreños, 294
jugos, 306

kebabs:
  cordero *jerk* en alambre, 157–8
  anticuchos, 39–40

La Azteca, tortillería, Los Angeles, 8
La Habana, xiii, 56, 319
leche:
  batido de chirimoya y plátano al estilo chileno-americano, 308–9
  batido de mango al estilo cubano-americano, 306
  batido de papaya con helado de vainilla al estilo panameño-americano, 307
  batido jamaiquino-americano de plátanos con pimienta de Jamaica, 309
  batidos, 306–10
  champurrado, 313
  chocolate con leche de coco, 312
  chocolate estilo Nuevo México, 310–11
  fresco de aguacate al estilo colombiano-americano, 310
  licuado de guayaba y leche al estilo mexicano-americano, 308
  tres leches, 277–9
lengua en salsa de tomate a la Blanca, 161–3
licores latinoamericanos, venta de, 329
licuado de guayaba y leche al estilo mexicano-americano, 308
licuados, 306
lima:
  coctel de *cachaça* y lima, 317–18
  conejo rosado, 126–7
  ensalada de jueyes y aguacate con mayonesa de lima, 52–3
  mojito, 319

lima (*cont.*)
pargo dorado con salsa de coco y lima, 83–5
pechugas de pollo español a la parrilla adobadas en jugo de limón, 115–16
salsa de chile malagueta y de lima brasilero-americana, 29
yuca con mojo, 202–3
limón:
calamares en salsa verde, 94–5
conejo rosado, 126–7
guisado de camarones con leche de coco, limón y culantro, 73–5
pechugas de pollo español a la parrilla adobadas en jugo de limón, 115–16
pollo guarachero de Celia Cruz, 116–18
lingua fresca brasilera-americana, 163
listones de col rizada salteada, 205–6
llapingachos con salsa de maní, 59–61
locro gringo, el, 21–3
lomitos de cerdo rellenos, 146–7
lubina asada con cerveza, 80–1

maíz:
arepas de choclo, 252
cachapas de jojoto con salmón ahumado, caviar y salsa de crema y de *wasabi,* 49–50
pastel de choclo con pollo, 111–13
posole, 155–6
pupusas revueltas, 241–3
salsa con frijoles negros y maíz, 33
sopa paraguaya, 257–8
tamales negros, 233–6
malanga, 211, *211*
mamey, 304
mammee apple, 304
manchamanteles de pollo, 104–5
manga, 304
mango(s), 304
batido de mango al estilo cubano-americano, 306
pan de mango y pacana, 258–9
salsa de mango y culantro, 31
sopa fría de paltas con salsa de mango y culantro, 23–4
sorbete de mango y sorbete de frambuesa, 298–9
maracujá, 303
maracuyá, 303, 304
mate tetre, 315–16
mayonesa:
ensalada de jueyes y aguacate con mayonesa de lima, 52–3
ensalada de pollo y jícama con mayonesa de culantro, 44–5
mejillones en salsa caribe y vino blanco, 95–7
menudo, 10–12
México, mexicano-americanos, xi, xii, xiv, 19, 24, 35, *219, 261*
Mojicón, 259–61
mojito, 319
mole, 233, 324
Monterey Jack:
pupusas revueltas, 241–3
wontons fritos con chorizo, chile y queso *Monterey Jack* a la Bayamo, 36–7
moqueca de camarão, xi, 73–5

nacatamales, 231–2
naranja(s):
conejo rosado, 126–7
costillas de cerdo con ajo, alcaparras y pasas, 149–51
pechugas de pollo español a la parrilla adobadas en jugo de limón, 115–16
sopa de calabaza con aroma de naranja, 19–21
yungueño boliviano-americano, 317
naseberry, 305
natillas Charlie Carrillo, 266–7

Nicaragua, nicaragüense-americanos, x, xiii, 65, 188, 277–8
níspero, 305
nopalitos, 28
  acerca de los nopales y nopalitos, *78*, 79
  nopalitos tiernos en chile rojo con tortas de camarón, 77–80
  venta de, 324
nuevo vigorón, 65–7
Nuyoricans, 3
ñame, 211–12

ostras Himilce, 56–7

pabellón criollo, 135
paella, 91, 92, 93
  acerca de la paella, 92
  paella festiva Jacobo de la Serna, 91–3
pamonhas, 232
pan(es), 244–63
  arepas, 250–1
  arepas de areparina, 252–3
  arepas de choclo, 252
  budín de pan de coco, 276–7
  damper australiano a la cubana, 248
  dhal puri, 226–8
  mojicón, 259–61
  pan asado a la plancha con relleno de guisantes secos amarillos, 226–8
  pan cubano, 249–50
  pan de jamón, 246–7
  pan de mango y pacana, 258–9
  pan de muerto, 253–6, *253*
  sopa paraguaya, 257–8
  sopaipillas sendero de Santa Fe con miel, 261–3
"pan" de batata, 286–7
Panamá, panameño-americanos, x, 102, 124, 307
papas:
  ajiaco con pollo, 9–10
  bombas de camarones y papas, 51–2
  budín de batatas jamaiquino-americano, 287
  ensalada de papas con chile poblano, 182–3
  gnocchi di patate con salsa de crema y chile rojo "*New Southwestern,*" 179–81
  llapingachos con salsa de maní, 59–61
  locro gringo, el, 21–3
  "pan" de batata, 286–7
  papas con rajas, 182–3
  pastel de papas celestial, 139–41
  sancocho de gallina, 2–3
papas con rajas, 182–3
papaya, 304–5
  batido de papaya con helado de vainilla al estilo panameño-americano, 307
  dulce de lechosa, 296–7
Paraguay, paraguayo-americanos, x, 257–8, 315–16
pargo dorado con salsa de coco y lima, 83–5
pasas:
  costillas de cerdo con ajo, alcaparras y pasas, 149–51
  pollo estofado con tomates, pasas y aceitunas, 102–3
  tamales de cerdo con pasas y almendras, 228–30
pasteles, 232, 237–40, *239*
patacas o aguaturmas, 212
pato tropical en salsa de piña, 124–6
pavo:
  pavo relleno con infusión de vino a la Cristina, 121–4
  picadillo Carmen, 120–1
paw paw, 304
pebre, 29–30
pechugas de pollo español a la parrilla adobadas en jugo de limón, 115–16
peixe assado com cerveja, 80–1
perejil:
  estofado argentino, 136–7
  lingua fresca brasilera-americana, 163

pernil de cerdo al horno Eddie, 144–6
pescados y mariscos, 71–97
calamares en salsa verde, 94–5
camarones enchilados Cristina, 72–3
cazuela de mariscos colombiano-americana, 89–90
cuajado de camarones y corazones de alcachofa, 76–7
eperlanos dorados fritos, 85–7
guisado de camarones con leche de coco, limón y culantro, 73–5
lubina asada con cerveza, 80–1
mejillones en salsa caribe y vino blanco, 95–7
nopalitos tiernos en chile rojo con tortas de camarón, 77–80
paella festiva Jacobo de la Serna, 91–3
pargo dorado con salsa de coco y lima, 83–5
pesca'itos fritos, 85–7
pudín de pescado, 87–8
salsa de perro, 81–3
pesca'itos fritos, 85–7
Perú, peruano-americanos, x, xv, 14, 54, 61, 118–19, 133, 302, 316
picadillo Carmen, 120–1
piña(s):
pato tropical en salsa de piña, 124–6
pisco agrio, 316–17
pizza:
empanadas jamaiquinas en las pizzerías de Nueva York, 223
los gauchitos, 147
plátano(s), 196–8, *197,* 203, 315
acerca de los, 196–8
cómo perlarlos y cortarlos, 198
pasteles, 237–40
plátanos maduros fritos a la Calle Ocho, 195
sancocho de gallina, 2–3
sancocho dominicano-americano, 165–7
tostones con tocino, cebolla y ajo para Herminia del Portal, 198–200
vea también banana(s)
pollo:
ajiaco con pollo, 9–10
asopao de pollo Piri Thomas, 100–2
croquetas de pollo caribe con salsa de durazno y chile habanero, 113–15
chicharrones de pollo, 43–4
enchiladas tapatías, 109–11
ensalada de pollo y jícama con mayonesa de culantro, 44–5
fricasé de pollo cubano-americano 103
gallina en pepitoria a la puertorriqueña, 107–9
manchamanteles de pollo, 104–5
pastel de choclo con pollo, 111–13
pechugas de pollo español a la parrilla adobadas en jugo de limón, 115–16
pollo en pipián de almendra mexicano-americano, 109
pollo estofado con tomates, pasas y aceitunas, 102–3
pollo guarachero de Celia Cruz, 116–18
pollo guisado con hongos y algas wangi al estilo chino-latino, 118–19
sancocho de gallina, 2–3
sancocho dominicano-americano, 165–7
sopa de pollo con fideos "*Latin From Manhattan,*" 3–5
tamales negros, 233–6
polvorones, 289–90
ponche de flor de Jamaica con ron, 314

porotos granados, 193
Portugal, xvii
posole o pozole:
menudo, 10–12
posole, 155–6
postres, 265–99
alfajores de almendras, 290
arroz con leche Gisèle Ben-Dor, 275–6
bananas rellenas con crema de mantequilla y ron, 292
biscochitos a la nuevomexicano, 287–8
budín de batatas jamaiquino-americano, 287
budín de pan de coco, 276–7
dulce de coco con merengue, 294–6
dulce de lechosa, 296–7
flan de café mexicano-americano, 270
flan de calabaza bajo las palmas, 269–71
flan de coco peruano-americano, 271
flan de leche de abuelita, 267–8
flan de queso con galletas de chocolate en corteza, 271–2
guineos con licor de china en crepas, 293–4
natillas Charlie Carrillo, 266–7
"pan" de batata, 286–7
polvorones, 289–90
sorbete de granadilla, 297–8
sorbete de mango y sorbete de frambuesa, 298–9
Sweet Potato Pudding jamaiquino-americano, 287
tamales lluvia de oro, 273–5
tocinho de céu brasileño-americano, 285
tocino del cielo cubano-americano, 284
torta borracha, 281–2
torta de merengue Tía Lulú, 279–81
torta de nueces del nogal brasileño-americano, 285
torta del cielo, 283–5
tres leches, 277–9
pudín de pescado, 87–8
Puerto Rico, puerto-rriqueño-americanos, vii, viii, 52, 92, 95–6, 100, 133–4, 144–5, 189–90, *296*
pukas, 224–5
pupusas de queso, 243
pupusas revueltas, 241–3, *241*

queso:
anillos de cebolla con queso parmesano, 204–5
flan de queso con galletas de chocolate en corteza, 271–2
locro gringo, el, 21–3
llapingachos con salsa de maní, 59–61
pukas, 224–5
pupusas de queso, 243
pupusas revueltas, 241–3
wontons fritos con chorizo, chile y queso *Monterey Jack* a la Bayamo, 36–7
quinua, 61
salpicón de quinua, 61–3

rabo encendido, 163–4
refrescos, 306
República dominicana, dominicano-americanos, xii, xiv, 43, 92, 165
Rincón chileno, Los Ángeles, 111
Rio de Janeiro, 167
ron:
bananas rellenas con crema de mantequilla y ron, 292
bolo bêbado, 281–2
coquito, 318–19
Jamaican sorrel rum punch, 314
mojito, 319
ponche de flor de Jamaica con ron, 314
torta borracha, 281–2
ropa vieja, 134–5
ropa vieja venezolano-americana, 135

roupa velha brasilero-americana, 135

salpicón de quinua, 61–3
salsa(s), 28–33
con frijoles negros y maíz, 33
criolla argentino-americana, 30
chileno-americana de tomates frescos, 29–30
de baya, 32
de chile malagueta y de lima brasilero-americana, 29
de durazno y chile habanero, 32
de mango y culantro, 31
picante peruano-americana, 28–9
verde mexicano-americana, 30–1
recursos para las, 322–4
sancocho de gallina, 2–3
sancocho dominicano-americano, 165–7
sandwich cubano, 41–2
Santo Domingo, República dominicana, xii, xiv, 43, 92, 165
sapodilla, 305
semillas de chiles, 328
seviche de camarones, 54–5
seviche del Canal de Panamá, 55–6
sopa(s), 1–24
ajiaco con pollo, 9–10
chupe de camarones, 14–15
locro gringo, el, 21–3
menudo, 10–12
sancocho de gallina, 2–3
sopa de calabaza con aroma de naranja, 19–21
sopa de habicas, 12–13
sopa de jaiba, 15–17
sopa de pollo con fideos "*Latin From Manhattan,*" 3–5
sopa de tortilla, 6–7
sopa fría de paltas con salsa de mango y culantro, 23–4
sopa fría de pimientos colorados y coco, 18–19
sopa paraguaya, 257–8
sopaipillas sendero de Santa Fe con miel, 261–3
sorbete de granadilla, 297–8
sorbete de mango y sorbete de frambuesa, 298–9
soursop, 303
Suramérica, xiii, *vea también* los países específicos
Surinam, viii, x, 226
Sweet Potato Pudding jamaiquino-americano, 287
sweetsop, 302
tamales y empanadas, 215–43
acerca de los tamales, *228, 231,* 231–3, *234*
caldudas al estilo chileno-americano, 218–21
dhal puri, 226–8
empadinhas de camarão, 216–17
empanadas de camarón, 216–17
empanadas de carne a la jamaiquina, 221–3
empanadas de carne argentino-americanas, 220
pan asado a la plancha con relleno de guisantes secos amarillos, 226–8
pasteles, 237–40
pukas, 224–5
pupusas de queso, 243
pupusas revueltas, 241–3
tamales cubanos, 232
tamales de cerdo con pasas y almendras, 228–30
tamales de elote, 232
tamales de queso y chile mexicanos, 232
tamales lluvia de oro, 273–5
tamales negros, 233–6
tamales nuevo latino, 232
vegetarianos, 324
venta de, 324, 325
taro, 212–13

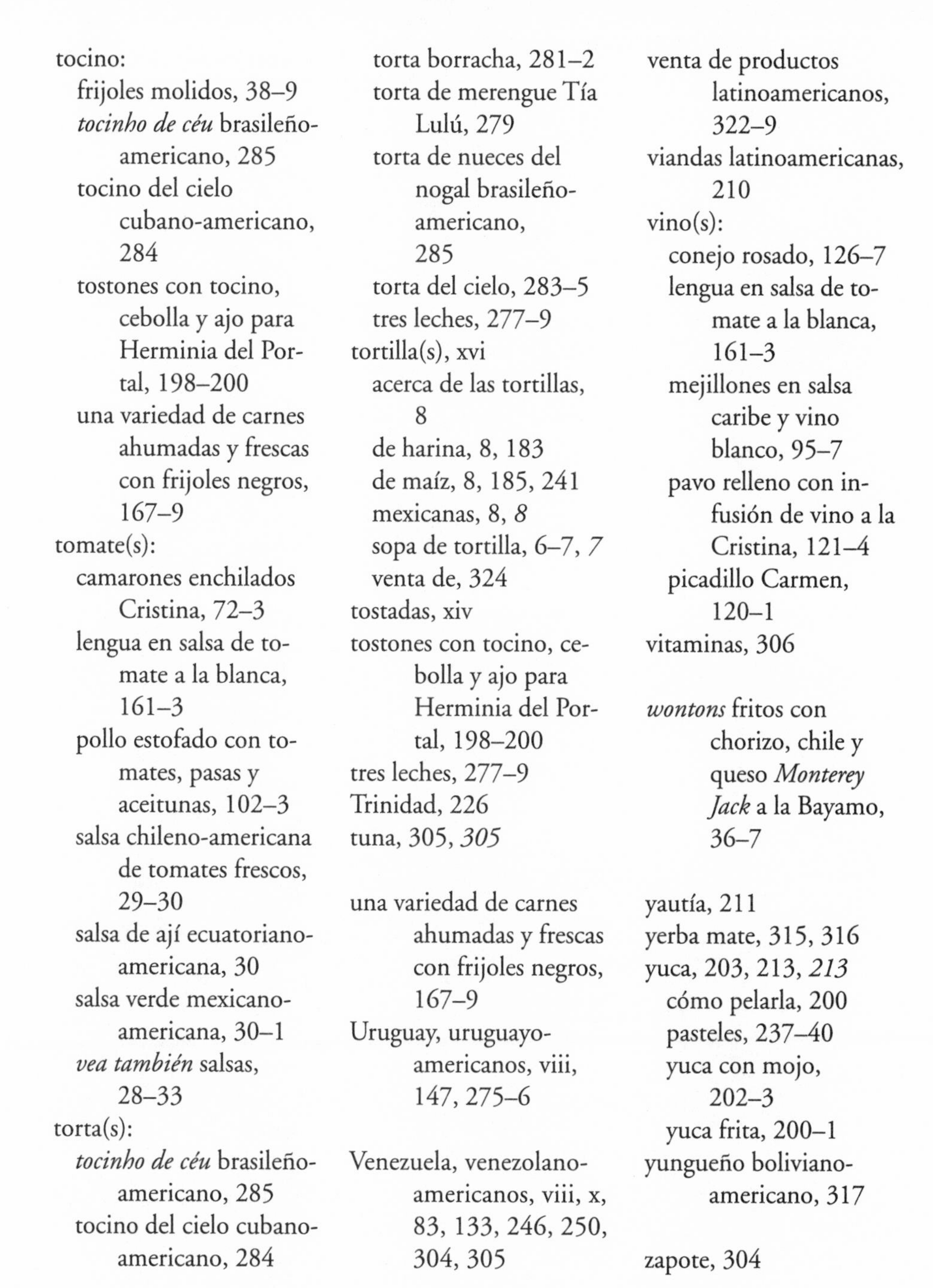
tocino:
  frijoles molidos, 38–9
  tocinho de céu brasileño-americano, 285
  tocino del cielo cubano-americano, 284
  tostones con tocino, cebolla y ajo para Herminia del Portal, 198–200
  una variedad de carnes ahumadas y frescas con frijoles negros, 167–9
tomate(s):
  camarones enchilados Cristina, 72–3
  lengua en salsa de tomate a la blanca, 161–3
  pollo estofado con tomates, pasas y aceitunas, 102–3
  salsa chileno-americana de tomates frescos, 29–30
  salsa de ají ecuatoriano-americana, 30
  salsa verde mexicano-americana, 30–1
  vea también salsas, 28–33
torta(s):
  tocinho de céu brasileño-americano, 285
  tocino del cielo cubano-americano, 284
  torta borracha, 281–2
  torta de merengue Tía Lulú, 279
  torta de nueces del nogal brasileño-americano, 285
  torta del cielo, 283–5
  tres leches, 277–9
tortilla(s), xvi
  acerca de las tortillas, 8
  de harina, 8, 183
  de maíz, 8, 185, 241
  mexicanas, 8, *8*
  sopa de tortilla, 6–7, *7*
  venta de, 324
tostadas, xiv
tostones con tocino, cebolla y ajo para Herminia del Portal, 198–200
tres leches, 277–9
Trinidad, 226
tuna, 305, *305*

una variedad de carnes ahumadas y frescas con frijoles negros, 167–9
Uruguay, uruguayo-americanos, viii, 147, 275–6

Venezuela, venezolano-americanos, viii, x, 83, 133, 246, 250, 304, 305
venta de productos latinoamericanos, 322–9
viandas latinoamericanas, 210
vino(s):
  conejo rosado, 126–7
  lengua en salsa de tomate a la blanca, 161–3
  mejillones en salsa caribe y vino blanco, 95–7
  pavo relleno con infusión de vino a la Cristina, 121–4
  picadillo Carmen, 120–1
vitaminas, 306

wontons fritos con chorizo, chile y queso *Monterey Jack* a la Bayamo, 36–7

yautía, 211
yerba mate, 315, 316
yuca, 203, 213, *213*
  cómo pelarla, 200
  pasteles, 237–40
  yuca con mojo, 202–3
  yuca frita, 200–1
yungueño boliviano-americano, 317

zapote, 304

UNA NOTA SOBRE LAS AUTORAS

Himilce Novas es novelista, dramaturga, poeta, historiadora y anfitriona de radio. Fue periodista y redactora para el *New York Times*, el *Christian Science Monitor*, *Connoisseur* y *Cuisine*, y también es autora de varios libros de ficción y de historia, así como anfitriona y productora de su popular programa de radio en Santa Barbara. Es profesora de literatura americana en la universidad de California, Santa Barbara, y da conferencias sobre la cultura latina por todo el mundo. Vive en California.

Rosemary Silva es profesora y autora de otros dos libros. Es una cocinera extraordinaria que pasó muchos años aprendiendo al pie de su mamá, dueña de un restaurante en Austin, Texas. Tiene un doctorado de Yale University y ha enseñado en Mount Holyoke College y Amherst College. Rosemary ha pasado los últimos ocho años estudiando y aprendiendo la cocina latinoamericana en los Estados Unidos. Vive en California.

UNA NOTA SOBRE ESTILO DE LETRA

Las letras de este libro son conocidas como Adobe Garamond. Deseñadas por Robert Slimbach, para la corporación Adobe, las letras estan basadas en un estilo primeramente utilisado por Claude Garamond (1480–1561). Garamond había estudiado bajo Geoffroy Tory, y al pesar de ser creído los modelos de escritura de Venecia, le introducio al estilo varias diferencias, que llegáron a ser conocidas como el "Estilo Viejo." Garamond le dio a sus letras una elegancia, un sentimento tán conmovedor hasta ganarse una buena fama de inmediato, incluso el patronaje de Franciso I de francia.

Compuesto por North Market Street Graphics, Lancaster, Pennsylvania
Impresado y hecho por Quebecor Printing, Martinsburg, West Virginia
Deseño del interior de libro por Lynette Cortez/Divine Design Studio, Inc.

KNOPF COOKS AMERICAN

Esta es la serie de libros de cocina que celebra la herencia culinaria de los Estados Unidos, describiendo distintas partes de nuestra historia a través de recetas y anécdotas históricas, mezclando reflecciones personales con cuentos de los ya mayores.

OTRAS PUBLICACIONES DE LA MISMA SERIE

Biscuits, Spoonbread, and Sweet Potato Pie por Bill Neal

Hot Links & Country Flavors por Bruce Aidells y Denis Kelly

Barbecued Ribs, Smoked Butts, and Other Great Feeds por Jeanne Voltz

We Called It Macaroni por Nancy Verde Barr

The West Coast Cook Book por Helen Evans Brown

Pleasures of the Good Earth por Edward Giobbi

The Brooklyn Cookbook por Lyn Stallworth y Rod Kennedy, Jr.

Dungeness Crabs and Blackberry Cobblers por Janie Hibler

Preserving Today por Jeanne Lesem

Blue Corn and Chocolate por Elisabeth Rozin

Real Beer & Good Eats por Bruce Aidells y Denis Kelly

The Florida Cookbook por Jeanne Voltz y Caroline Stuart

Jewish Cooking in America por Joan Nathan

Savoring the Seasons of the Northern Heartland por Beth Dooley y Lucia Watson

The Great American Meat Book por Merle Ellis

Easy Family Recipes from a Chinese-American Childhood por Ken Hom

"Nuestra comida nos dice de dónde venimos y quiénes somos..."